D0832214

Le Collectionneur

Chrystine Brouillet

Le Collectionneur

LA COURTE ÉCHELLE

Les éditions de la courte échelle inc.
5243, boul. Saint-Laurent
Montréal (Québec) H2T 1S4

Illustration de la couverture :
Hono Lulu

Photo de la page couverture :
Pierre Charbonneau

Conception graphique :
Derome design inc.

Révision des textes :
Jean-Pierre Leroux

Dépôt légal, 1er trimestre 1995
Bibliothèque nationale du Québec

L'auteure tient à remercier Gilles Langlois et Jean-Pierre Leroux de leur précieuse collaboration.

À Claude Dessureault

Chapitre I

Maud Graham éteignit le téléviseur d'un geste brusque, choquée par ce qu'elle venait d'apprendre. Un quinquagénaire promenait son chien quand il avait découvert un cadavre étrangement mutilé au parc du Mont-Royal. L'hiver avait conservé le corps et même si les policiers avaient demandé aux journalistes d'être discrets, la population savait maintenant qu'on avait amputé un pied, un sein et un poignet à la morte.

Un reporter n'avait pas manqué de rappeler la similitude entre ce crime et celui d'une touriste québécoise, Diane Péloquin, commis trois ans auparavant, dans le Maine. La femme avait été étranglée et mutilée. Le meurtrier lui avait coupé le sein droit et le pied gauche. Il ne fallait pas oublier non plus cette pénible affaire, à Miami, vingt mois plus tard, qui avait peut-être un lien avec ces deux crimes. On ne pouvait rien affirmer, car le cadavre était quasiment réduit à l'état de squelette, mais il manquait à ce macchabée le tibia, le péroné, le fémur, le tarse et le métatarse de la jambe gauche. On n'avait jamais pu identifier la victime et les journalistes l'avaient appelée Lucy, du nom d'une tornade qui avait ravagé la Floride la semaine précédente et ainsi déterré le squelette.

Personne n'avait alors parlé de tueur en série.

Jacques Mathieu y songerait avant la parution de son article, avant l'aube. Graham savait qu'elle lirait un éditorial alarmant sur les émules des assassins Jeffrey Dahmer et Ted Bundy, une colonne qui se terminerait par une question aux policiers : que feraient-ils pour démasquer le tueur et prévenir d'autres meurtres au Québec ? Le phénomène des *serial killers* était typiquement américain — même si les Anglo-Saxons avaient eu leur Jack l'Éventreur — et il devait le demeurer. Les touristes québécois redoutaient déjà la trop violente Floride, il était inconcevable que les monstres américains viennent les terroriser dans leur propre pays.

Graham plaignit ses collègues montréalais ; ils seraient critiqués et harcelés avant même d'avoir bougé. Louis Pelchat, le pro des relations publiques, devrait participer à vingt tribunes téléphoniques afin de calmer la population. Si la détective comprenait l'angoisse qu'une telle nouvelle pouvait susciter, si elle acceptait que les journalistes fassent leur métier et informent leurs lecteurs et leurs auditeurs, elle admettait mal qu'on saute aux conclusions avant même qu'une enquête ne soit commencée et qu'on condamne les policiers qui n'avaient pas découvert le cadavre juste après l'assassinat. Ils avaient en ce moment si peu d'indices qu'il faudrait un miracle pour trouver le coupable.

Maud Graham pensa au mari de cette victime, à ses amis, à ses parents qui pourraient enfin l'ensevelir. Ils n'exposeraient pas le corps, mais ils voudraient de vraies funérailles. Ils seraient furieux que les journalistes essaient d'y assister, même si leur présence et la photo de la tombe dans les journaux prouveraient que Muriel Danais était bien morte et bien enterrée. Elle les hanterait, mais ils n'erreraient plus. Ils sauraient. Ils ne regarderaient pas les lilas fleurir en se demandant si Muriel les voyait aussi, ou si elle avait été enlevée et emmenée loin de Montréal, forcée à se prostituer dans un pays où poussent des fleurs d'oranger, comment elle avait disparu — car tous rejetaient l'idée saugrenue qu'elle soit partie avec un autre homme —, si elle vivait toujours, où, comment et si elle reviendrait, si elle était devenue folle, si elle s'était enfuie, si elle mourrait du cancer, du sida, si on l'avait tuée, si on l'avait torturée avant de l'assassiner.

Oui, n'aimerait pas répondre Graham à ceux qui aimaient Muriel Danais, oui, on lui avait coupé un sein, un poignet et un pied. Et l'enquêtrice devinait qu'on l'avait piquée, comme Diane Péloquin.

L'été dernier, Graham avait reparlé du meurtre de cette touriste avec Rouaix, mais elle n'avait pas dit que l'instrument avec lequel on avait piqué la victime avant sa mort lui rappelait l'outil dont on usait jadis pour déceler la marque diabolique chez une sorcière. Les inquisiteurs enfonçaient le long stylet plusieurs fois dans le corps de leur victime jusqu'à ce qu'ils trouvent ce qu'ils cherchaient. Ou non. Ça ne changeait rien ; la femme était exécutée. La Femme.

Est-ce que le tueur détestait les femmes autant que les inquisiteurs moyenâgeux ? Les torturait-il avec le même plaisir ? Croyait-il, lui aussi, obéir à une loi divine ? Ou, mieux encore, être au-dessus des lois ?

Et voulait-il en tuer des dizaines, des centaines ?

Rouaix avait déclaré qu'un meurtre commis aux États-Unis ne les concernait pas, même s'il s'agissait d'une compatriote : on avait assez à faire au Québec. Graham avait acquiescé, mais elle ne pouvait chasser de son esprit l'image du corps meurtri, semblable à celui des milliers de sorcières condamnées sans procès.

Elle y repensait quand Léo miaula. Elle souleva son chat gris et le tint contre son épaule en lui grattant le cou. Lui au moins ne finirait pas au bûcher. Graham effleura les vibrisses en constatant qu'elles avaient pâli. Léo vieillissait-il ? Son poil avait légèrement bruni durant l'hiver. Un interminable hiver ; il n'était sorti qu'une douzaine de fois. Quand Graham partait travailler, il la regardait s'éloigner par la fenêtre en la plaignant sincèrement d'affronter des froids pareils.

— Je t'ai acheté des éperlans, mon beau Léo. Jure-moi de ne pas les cacher sous le tapis de la salle de bains ! Jure !

Le matou passa une patte derrière son oreille ; il pourrait toujours dire qu'il n'avait rien entendu.

— Les lilas seront en fleur dans deux mois, Léo. Te rends-tu compte ?

Graham fronçait le nez en déballant les poissons :

— Ça pue ! Je t'aime vraiment pour t'en offrir !

Elle agita le poisson argenté par la queue et Léo le fit valser sur le mur d'un coup de patte nerveux. Il courut vers sa proie, la saisit entre ses crocs avant de décider qu'il la mangerait derrière la table de la cuisine.

Est-ce que le tueur avait dissimulé le corps de sa victime loin du lieu où il l'avait exécutée ? Qu'avait-il fait de ses trophées sanguinolents ?

Graham déglutit ; elle n'avait jamais rencontré de cannibale et ne le souhaitait pas.

Que signifiaient ces piqûres ?

Elle frissonna, trois heures plus tard, quand elle épingla un sphinx sur un carton blanc. Elle aussi piquait ses victimes. Pourrait-elle s'intéresser encore longtemps à sa collection d'insectes ? Les timbres ne lui disaient rien, la monnaie non plus, les étiquettes des grands crus encore moins. Mais il fallait qu'elle ait une collection. C'était la seule manière d'oublier un peu son travail. Faire semblant de se passionner pour autre chose. La méthode Coué. Graham avait déjà vu une photo d'Émile Coué et s'était demandé comment il avait pu persuader tant de gens de l'efficacité de sa méthode d'autosuggestion. Il avait de petits yeux et des joues flasques. Il avait l'air d'un canard. Coué-coin-coin. On ne croit pas un tel homme. Elle se répétait pourtant qu'il n'y avait pas que le boulot dans la vie. Elle admirait les ailes jaune et bleu de la queue-d'hirondelle, comptait les taches amarante qui faisaient briller les lignes noires et s'extasiait sur la perfection de la nature. Tous les samedis, ou presque, elle se passionnait pour les lépidoptères.

Elle se frotta les paupières, se rappela qu'Yves disait qu'elle avait de beaux yeux. Le pensait-il vraiment ? L'avait-il aimée ? Physiquement ? Aimait-il réellement ses rondeurs ? Il l'affirmait régulièrement. Pour la convaincre ou s'en convaincre? Émile Coué, encore. Elle cherchait le regard d'Yves quand il caressait son ventre, mais il avait toujours les yeux fermés. Elle aurait voulu savoir s'il trouvait ses courbes maternelles, si elles le rassuraient. Non, par pitié. Elle ne voulait pas être la mère de son amant. Il l'aurait nié de toute manière. Elle supposait cependant qu'Yves était franc lorsqu'il louait sa chevelure rousse, car sa première femme l'était aussi. Mais elle avait les yeux noirs. Comme la brune qui vivait maintenant avec Yves. Et elle pesait cinquante-cinq kilos.

On n'avait jamais su de quelle teinte qualifier les yeux de Graham. Certains les croyaient verts, vert bouteille, avec des éclats porphyre, mais plusieurs les voyaient bleus. Plus pâles que l'ardoise ou l'anthracite, ils étaient peut-être gris-bleu? Mais de quel gris et de quel bleu s'agissait-il? Ni perle, ni cendrés, ni royal, ni saphir, ni pétrole, ni ciel, ni outremer, ni turquoise, ni marine. Opalins peut-être?

Les suspects les voyaient bleu acier. Couleur menottes ou canon de revolver.

Ils étaient fleuve d'automne vers seize heures quand le vent balaie le soleil aussi aisément que les feuilles mortes.

Alain Gagnon l'aurait dit à Maud Graham si elle avait voulu l'écouter.

Léo s'étira dans son fauteuil. Graham l'imita. Il lissa sa moustache, elle passa une mèche cuivrée derrière son oreille. Elle était tentée, comme lui, de se rouler en boule quand on frappa à la porte.

Graham se leva en souplesse, courut vers l'entrée; il n'y avait que Grégoire pour se présenter chez elle après minuit.

— J'ai vu de la lumière, dit-il. Tu t'amusais avec tes bibites?

Sa veste de cuir était grande ouverte sur sa frêle poitrine. Sa camisole verte très échancrée découvrait son sternum. Il n'avait presque pas de poils. Il n'en aurait peut-être jamais davantage. Il n'était pas certain qu'il vieillisse. Le sida et l'*overdose* se disputent âprement les jeunes prostitués. Grégoire disait qu'il était prudent. Graham ne le croyait pas tellement.

15

Il secoua son épaisse chevelure noire et l'enquêtrice songea qu'il lui faisait penser à un poulain sauvage, frémissant, fringant. Mais pouvait-il ruer quand on le maintenait par la crinière ? Qui avait fouillé plus tôt les boucles sombres ? Grégoire n'avait pas l'air trop las ; le dernier client devait avoir été gentil.

Graham proposa de faire des sandwiches.

— Non, j'ai mangé avant de venir. Au cas où t'aurais été couchée. Mais j'ai soif.

— Je ne m'endormais pas. Peut-être parce que les jours allongent.

— Oui, dit Grégoire d'un ton neutre en se dirigeant vers le réfrigérateur. L'été va finir par arriver.

S'il buvait, c'est qu'il retournerait travailler après sa visite. Il ne se prostituait pas à jeun.

— Je vais avoir plus d'ouvrage, certain.

On n'aurait pu dire s'il était satisfait ou non. Il l'ignorait lui-même. Il s'avança vers Léo qui cligna gentiment des yeux ; il reconnaissait l'odeur enfantine de Grégoire qui lui rappelait un grand papyrus. Il distinguait ce parfum vert sous la sueur et la fumée de cigarette et de joint. Il ronronna quand Grégoire lui caressa les oreilles.

— Il est fin, ton chat. Presque aussi fin que moi.

— Presque.

— J'avais un bon client ce soir. Un gars tranquille. Il a une tache de vin dans le cou. Il était un peu gêné. Il reste à Sillery. Il m'a bien payé. Il est professeur.

Graham hocha la tête tandis que Grégoire allumait une cigarette. Il aspira lentement la fumée, la rejeta avec volupté, sourit à l'enquêtrice.

— T'as pas recommencé ? Ça te dérange que je fume ?

— Non. Oui. Mais tu peux continuer. Ça va toujours me déranger.

Grégoire fit mine d'éteindre. Il avait voulu la narguer, mais il regrettait déjà son geste. Elle l'arrêta :

— Il faut que je m'habitue. Comme ça, j'aurai l'air moins

bête quand quelqu'un en grillera une dans mon bureau.

— Ça fait longtemps que j'ai pas été au poste de police.

— Tant mieux.

— Oui, tant mieux.

Grégoire but une gorgée de bière, reposa la bouteille, se cala dans le fauteuil.

— As-tu entendu parler du cadavre apode ?

— Pardon ?

Graham savait parfaitement de quel corps il s'agissait. Elle savait aussi que Grégoire était venu pour l'épater avec ce mot qu'il utilisait pour la première fois.

— Ça veut dire sans pieds, fit le jeune homme sur le ton de l'évidence.

Il contenait son sourire, mais ses yeux pétillaient. Il pouvait en montrer à Graham, certain !

— Tu as écouté les nouvelles ?

— Oui, chez le Prof. Je l'appelle comme ça. On a trouvé ça bizarre comme crime. Je lui ai dit que j'en saurais plus, mais sans parler de toi. Il comprendrait pas, même s'il est très intelligent.

Qui pouvait comprendre quels liens unissaient Grégoire, prostitué de seize ans, et Graham, enquêtrice de quarante-deux printemps ? Ou quarante-deux hivers ? Elle se sentait parfois si vieille, si usée. Encore deux enfants et cinq femmes battus ce matin, une gamine de douze ans droguée jusqu'aux os, une nonagénaire qui ne voulait pas se séparer de ses huit chats en allant à l'asile. La travailleuse sociale avait parlé d'un foyer, mais Graham et l'aïeule devinaient que l'asile était le terme exact. Graham avait songé qu'elle aussi se retenait pour ne pas adopter d'autres chats. Finirait-elle à l'asile ?

— À quoi tu penses, Biscuit ?

— À une dame de l'âge d'or. Pourquoi parle-t-on de l'âge d'or ? En général, on a encore moins d'argent quand on est vieux.

— La fille qu'on a tuée, à Montréal, était pas vieille.

Graham haussa les épaules ; Muriel Danais avait maintenant l'éternité devant elle.

— Le maniaque tue toujours des filles, hein, Biscuit ?

Grégoire voulait aussi être rassuré ? Elle n'y veillerait pas. Elle tenait à ce qu'il ait peur et lui dévoilait fréquemment les horreurs reliées à son métier. Elle n'essayait pas de le convaincre de s'arrêter ; elle voulait simplement qu'il reste sur ses gardes.

— On ne peut pas encore parler de maniaque. On n'a trouvé qu'un corps !

— Et ceux des États ? Ils en ont parlé après à la radio.

Graham expliqua que les meurtres présentaient des similitudes, mais on ne pouvait rien affirmer tant qu'on n'aurait pas enquêté plus longuement.

— En tout cas, c'étaient trois filles, insista Grégoire. Il tue pas les gais.

— Et ça fait longtemps. Le corps a été caché à l'automne.

— Il doit être retourné aux States.

Graham hocha la tête trop vite. Sa précipitation ne pouvait échapper à Grégoire ; il avoua que le Professeur pensait que le meurtrier allait recommencer. L'enquêtrice s'énerva :

— Il est prof de quoi, au juste, ton client ?

— Prof en arts. Il dessine super-bien. Il a griffonné mon portrait sur le bord d'une nappe en papier. Vraiment pas pire !

— Je ne vois pas quelles compétences il pourrait avoir en matière de crime. Manet n'était pas un meurtrier, ni Renoir ni Chagall !

Grégoire resta interdit ; son amie s'emportait rarement.

— Qu'est-ce qu'il y a, Biscuit ? As-tu peur pour vrai ?

Graham marmonna qu'il n'y avait pas de raison. Pourquoi un tueur américain viendrait-il œuvrer à Québec ?

— Les Américains aiment bien la ville ! Je les entends crier quand je travaille sur Saint-Denis. Chaque fois qu'ils voient un canon, ils gueulent : « *Look, mom, I have a good idea !* »

— Ils s'assoient à califourchon sur le canon ?

Grégoire applaudit en secouant sa belle tête. Il se remémorait les corps uniformément dorés, les cheveux blonds, parfois platine, les épaules larges, les fesses carrées, les grands pieds, les sourires épatés, les tenues aussi carnavalesques que sportives des Américains. Il ne les détestait pas, bien qu'il n'ait jamais fait beaucoup d'argent avec eux. Les Américains qu'il croisait près du château Frontenac voyageaient en famille. Les enfants ressemblaient à leurs parents et tous en étaient étonnamment fiers. On corrigerait les dents de Chris quand elle aurait dix ans et Brad porterait des lunettes d'aviateur comme son père qui avait toujours cru avoir un petit quelque chose de Peter Fonda. Oh! il y avait des gais parmi ces sages troupeaux, mais ils étaient habituellement accompagnés. Ils se regardaient s'extasier devant le Saint-Laurent qui n'aurait pas été si beau sans les gloussements admiratifs du copain.

Grégoire contemplait toujours le fleuve seul. Il ne voulait surtout pas partager le sentiment de plénitude et d'harmonie qu'il ressentait devant le Saint-Laurent. Qui aurait cru qu'il avait l'impression d'être lavé de ses nuits sordides quand le soleil constellait les vagues de milliers de prismes? Il clignait des yeux et se demandait s'il aurait un jour le courage de se jeter en bas du pont du traversier.

Il avait fait l'aller-retour entre Lévis et Québec au moins cinquante fois. Toujours seul. Mais peut-être proposerait-il à Graham de l'accompagner quand viendrait l'été.

— Il commence à faire moins froid. Ça fond pas mal, ces jours-ci.

— Léo va être content de ressortir, approuva Graham.

Elle se demandait si elle pouvait encore offrir à Grégoire de l'héberger pour la nuit et s'il allait encore refuser. S'il s'était parfois assoupi, il n'avait jamais dormi chez elle. N'était jamais entré dans la chambre d'amis. Elle aurait aimé qu'il y séjourne parfois. Elle avait changé les draps du lit sept mois auparavant; personne n'était venu depuis la visite de Léa Boyer.

Était-ce sa seule amie?

19

Elle décida qu'elle ne supporterait pas un refus ce soir-là. Pas le jour de l'anniversaire d'Yves. Elle se reprochait de ne jamais l'avoir vraiment fêté ; si elle lui avait organisé, au moins une fois, un beau *party*, il l'aurait peut-être trouvée moins sévère, moins triste.

Elle avait tenté de lui expliquer qu'elle n'était pas triste, juste normale. Elle ne pouvait évidemment pas sourire quand elle rentrait chez elle, non, chez eux, après une journée d'enfer. C'était ainsi. C'était son métier, il aurait dû le comprendre. Yves répondait que son collègue Rouaix s'amusait avec son fils Martin quand il regagnait son domicile. Qu'il laissait ses soucis au poste de police. Elle répondait qu'elle n'avait pas d'enfant et ne pouvait comprendre ce que Rouaix vivait. Yves disait qu'elle était butée. Il avait raison. Mais il aurait pu accepter qu'elle mette un peu de temps à oublier son travail. Une heure au moins. Une douche ne suffisait pas à la débarrasser d'une journée d'angoisse et de contrariétés. Ou d'excitation. De jubilation. Car ses journées n'étaient pas toutes un calvaire. Graham aimait son boulot. Férocement. Elle détestait la paperasserie, mais rien n'aurait pu remplacer la joie qu'elle éprouvait quand elle tenait un indice déterminant. Elle avait des picotements au bout des doigts et des orteils, ses cheveux la brûlaient comme s'ils avaient été de cuivre véritable et elle respirait plus lentement. Comme si elle recherchait l'apnée, comme si elle allait plonger.

Et elle plongeait. Au fond des choses. Elle déterrait des secrets repoussants et faisait des vagues en les ramenant à la surface. Déranger ne la gênait guère si elle découvrait le fin mot des histoires qu'on lui confiait.

— Je peux rester à coucher ? demanda Grégoire.

Graham écarquilla les yeux : comment pouvait-il savoir si souvent à quoi elle pensait ?

— Tu veux pas ?

Il se levait déjà, froissé par son silence.

— Arrête ! protesta-t-elle. Je suis contente. Je peux même te dire pourquoi.

— Certain ? Je suis fatigué. J'ai pas envie de rentrer.

Elle nota qu'il ne disait pas rentrer « à la maison » ou « chez moi ». Il n'avait jamais voulu lui dire où il habitait, même s'il savait qu'elle savait qu'il demeurait dans le quartier Saint-Jean-Baptiste.

— J'ai une chambre d'amis, dit-elle en regardant fixement le plancher pour ménager leur pudeur respective.

Grégoire n'aimait pas plus qu'elle exprimer ses sentiments. Les vivre leur suffisait amplement.

— C'est pas nécessaire. Je peux dormir sur le divan.

— Non, non, tu vas être mieux dans la chambre. Comme ça, je ne te réveillerai pas si je suis appelée durant la nuit. Ou demain matin quand je partirai. La porte se verrouille toute seule.

— Je vais m'en aller en même temps que toi, certain.

— On verra.

Grégoire ne put s'empêcher de tâter le lit comme s'il vérifiait s'il lui plaisait. Il ne voulait pas montrer trop d'enthousiasme à dormir chez Graham ; elle s'imaginerait ensuite l'avoir amadoué. Il n'était pas si facile à apprivoiser. Il ne s'appelait pas Léo.

Il espéra que le chat viendrait se coucher avec lui et l'empêcherait de rêver du tueur. Il ne pouvait chasser l'image d'une main coupée refaisant cent fois un signe de croix en suppliant le bourreau de l'épargner. Il se souvenait de son oncle qui l'obligeait à prier pour expier ses péchés après l'avoir sodomisé. Le tueur ne pouvait être pire, malgré tout ce qu'en diraient les journaux.

Graham regarda Léo en souriant. Il se dirigeait lentement vers la chambre d'amis.

* * *

— Vous me laisserez juste au coin, dit Johanne Turgeon au chauffeur de taxi.

21

Claude Brunet acquiesça et ralentit. Il regarda la jeune femme dans son rétroviseur. Elle était vraiment jolie. Elle avait ce sourire de femme comblée, ce sourire béat qui ne trompe pas ; elle venait de quitter son amoureux et pensait encore à lui.

— Ça fait cinq dollars vingt-cinq, madame.

— Madame ?

Elle eut un petit rire qui rappelait le ricanement nasillard des mésanges, expliqua qu'elle avait l'impression qu'on s'adressait à sa mère quand on l'appelait « madame ». Brunet s'esclaffa aussi en allumant le plafonnier. Elle lui tendit six dollars en lui faisant signe de garder la monnaie, puis elle chercha la clé de son appartement avant de sortir de la voiture.

Il la vit monter les trois marches de l'entrée, pousser la porte. Il leva la tête ; au bout de trois minutes, il vit de la lumière au deuxième étage. Sa cliente était rentrée chez elle. Bien.

Brunet démarra en trombe. À cette heure, il y avait peu de chances pour qu'un policier l'arrête et la vitesse le calmerait. Il ralentit, pourtant, après quelques minutes ; il ne pouvait pas prendre de risques. Il connaissait bien les policiers ; ils l'interrogeraient, questionneraient ses voisins, sa famille, fouilleraient chez lui et découvriraient fatalement son secret. Il ralentit encore en songeant à son hypothétique arrestation, jeta un coup d'œil dans le rétroviseur. Non, personne ne le suivait rue Maguire. Aucune voiture, même banalisée. Il s'inquiétait pour rien.

Ah ! Un client. Il avait bien fait de regarder derrière. Il klaxonna pour lui signifier qu'il l'avait aperçu. Au même moment, une femme sortit d'une maison voisine. L'homme se retourna, puis courut quasiment jusqu'à la voiture, ouvrit la portière avec brusquerie. Il s'engouffra si subitement dans l'auto que Brunet se demanda s'il fuyait la femme. Son épouse ? L'homme se ressaisit pour donner son adresse d'une belle voix grave. Brunet l'envia ; les femmes devaient fondre en l'entendant parler. Peut-être qu'il était animateur de radio ?

— Non, répondit simplement le client. Pas du tout.

— Il commence à faire plus chaud, reprit Brunet.

L'homme approuva mollement.

— On est toujours contents que le printemps arrive. On y a goûté cet hiver.

L'inconnu fit oui distraitement. Bon, il ne voulait pas parler. On ne parlerait pas. Plutôt rare, tout de même, la nuit. La majorité des clients, ivres ou sobres, tenaient à relater leur soirée ou se donnaient l'illusion de la poursuivre en devisant avec Brunet. Certains l'invitaient même à prendre un verre avec eux, s'il connaissait un endroit où on servait encore de l'alcool après trois heures du matin. Les clients taciturnes étaient ceux qui venaient de se lever pour aller travailler ; ils se réveillaient lentement durant le trajet. Ils étaient peu nombreux. Les infirmières, les éboueurs, les employés en entretien ménager ne circulent pas en taxi. Il y avait bien les animateurs de radio, ça, oui, il en conduisait parfois aux principales stations. Et les voyageurs, ceux qui prenaient le premier avion pour Montréal ou Toronto, mais ces gens-là appelaient un taxi depuis leur domicile. Ils ne le hélaient pas en pleine rue comme l'avait fait le dernier client. Qui n'avait pas de valise, de toute manière, qu'un petit sac de sport. Tiens, c'était curieux, car l'homme portait une chemise blanche et une cravate sous son imper. Pourquoi n'avait-il pas un attaché-case ?

Brunet aurait voulu parler. Pour se distraire. Il n'aimait pas penser aux policiers. Il ne pouvait pourtant s'en empêcher. Ils ne l'attraperaient pas, car il était très prudent, c'est sûr, mais il frissonnait chaque fois qu'il apercevait une voiture bleu et blanc.

— Aimez-vous mieux que je prenne par Laurier ou par... ?

— Comme vous voulez.

Le ton était si sec ! Ne pouvant insister, Brunet se renfrogna ; qu'il y avait donc des clients bêtes ! Incapables de comprendre qu'un chauffeur de taxi puisse avoir envie de jaser pour se changer les idées.

À un feu, il se retourna à demi pour regarder son client. Celui-ci se crispa et s'efforça de sourire, mais parut soulagé quand Brunet redémarra. Ce dernier n'aurait pourtant pas continué à observer longtemps son client : il était si banal. Brunet était habitué à des passagers plus colorés. Durant la nuit, les bars vomissaient une faune étrange, parfois inquiétante, souvent risible, cuir et jeans troués, camisoles et paillettes, maxirobes et minijupes, très jolies les minis, bas résille et cheveux roses, queues de cheval et crânes rasés. Et des gants noirs coupés à la deuxième phalange. Durant la soirée, il avait embarqué quatre personnes qui en portaient. Une nouvelle mode ? Coup d'œil furtif ; les gants de son client étaient normaux.

L'homme les garda pour payer Brunet. Il tira adroitement un billet de dix dollars de la poche gauche de son manteau et le tendit au chauffeur tout en ouvrant la portière.

Brunet démarra en se demandant pourquoi son client s'était dirigé vers une voiture. Il pensait le conduire chez lui ; or l'homme n'entrait pas à l'adresse qu'il lui avait donnée. Brunet avait roulé, mais avait eu le temps de constater que le type déverrouillait la portière gauche d'une Chevrolet 1991. Pourquoi n'avait-il pas pris sa voiture pour circuler cette nuit-là ?

Un prudent. Ça devait être un citoyen responsable qui ne voulait pas conduire lorsqu'il avait trop bu. Ou il n'avait pas prévu qu'il irait souper dans un restaurant si éloigné de l'endroit où il avait garé sa voiture. Un collègue de bureau devait l'avoir entraîné. Ils étaient peut-être allés voir des danseuses ?

Au coin des rues Berthelot et René-Lévesque, une femme agitait amplement les bras pour attirer l'attention du chauffeur de taxi. Elle ressemblait à un moulin à vent, songea Brunet en ralentissant. Il paria qu'elle serait plus bavarde que l'homme aux gants de peau.

Il avait raison. Elle narra sa soirée. Comme elle aimait dan-

24

ser — elle serait devenue professionnelle si son père ne l'avait pas forcée à être secrétaire —, elle regrettait qu'il n'y ait pas beaucoup d'hommes qui sachent danser. Lui, dansait-il ?

— Ça m'arrive, répondit Brunet. Mais je ne suis pas très bon.

— Je vais être contente d'enlever mes souliers en arrivant chez nous ! dit-elle.

— J'imagine. Vas-tu toujours à la même place ?

— Oui. Je connais les serveurs, j'aime mieux ça. Ils peuvent me dire si le gars qui veut danser avec moi est correct.

— Correct ?

— S'il est malade, Tony me le dirait. S'il le savait, évidemment.

— Malade ?

La blonde s'impatienta ; le chauffeur n'était pas atteint mentalement, mais il était un peu lent.

— Je veux dire maniaque. Il y en a aujourd'hui ! Une de mes amies a eu des problèmes avec un gars. Il paraît que la fille qui a été tuée à Montréal sortait d'un club de danse.

— Ah oui ? Ils n'en ont pas parlé à la radio. Ni dans les journaux.

— Non, mais j'ai une amie, son frère est policier et elle dit que c'est ça qui est arrivé.

— Ah oui ? répéta Brunet. C'est bizarre.

— Pourquoi ?

— Il y a trop longtemps qu'elle a été tuée. Qui peut se rappeler ce qu'elle a fait ce soir-là ?

Décidément sot, songea Marie-France. Dommage, il n'était pas vilain. Il avait de grands yeux et des cheveux. À trente-sept ans, elle rencontrait beaucoup de chauves. Elle ne trouvait pas ça si laid. Il y en avait à qui la calvitie apportait une certaine distinction. Seulement, quand elle dansait le tango, elle aimait glisser sa main gauche dans une épaisse chevelure. C'était sexy. Elle l'avait vu faire dans un show et avait retenu la leçon. Ce chauffeur avait vraiment de belles boucles. Quel gaspillage !

Marie-France alluma une cigarette avant d'expliquer que les amies de la morte se souvenaient sûrement très bien du soir de sa disparition.

— Moi, si mon amie Claire s'évanouissait dans la brume, je m'en rappellerais ! En tout cas, on est mieux de danser dans des places connues. Tu danses vraiment pas bien ?

— Pas si pire que ça, admit Brunet.

— C'est la prochaine rue à gauche.

Elle se désintéressait déjà de lui. Elle pensait à ses pieds endoloris. Elle les ferait tremper une demi-heure dans l'eau salée même s'il était tard. Elle claqua la portière sans un regard vers Brunet.

Chapitre 2

Maud Graham secouait vigoureusement son imperméable quand le téléphone sonna. Déjà! À peine sept heures et quart. Elle croisa les doigts; qu'il ne s'agisse ni d'un viol ni d'un meurtre, par pitié. Elle avait si peu dormi. Grégoire s'était relevé à cinq heures, expliquant qu'il ne pouvait pas rester plus longtemps. Il était parti en s'excusant: «Une autre fois peut-être, je suis pas habitué.» Habitué à quoi? À dormir dans un lit confortable? À dormir seul, sans personne pour exiger une fellation, sans personne pour lui tâter les fesses? À dormir tout court?

Il avait ajouté que Léo avait été bien fin avec lui, puis il s'était effacé aux premières lueurs du jour. Graham avait regardé sa mince silhouette s'éloigner dans l'aube indigo. Qu'il était beau! Sa gorge se serra; Grégoire l'émouvait trop. Elle avait tiré le rideau d'un geste saccadé, oppressée, inquiète. Où traînerait-il jusqu'à l'ouverture des centres commerciaux? À la gare, probablement.

Léo l'avait rejointe dans son lit, s'était collé contre son ventre et n'avait pas tardé à ronfler. Graham avait souri; ce ronflement signifiait tant d'abandon, tant de confiance. Un jour, Grégoire ronflerait peut-être dans la chambre d'amis. Elle s'était assoupie.

À son réveil, une heure plus tard, une pluie fine l'avait étonnée. L'aube promettait mieux. Elle avait bu un café distraitement, pensant à Grégoire. Puis à Rouaix qui ferait de nouveau équipe avec elle. Il semblait s'être enfin remis de sa pneumonie. Nicole, sa femme, avait confié à Graham que le médecin avait redouté des complications. « C'est dément, non ? Je m'imagine toujours qu'André va recevoir une balle, mais il peut mourir des poumons. »

C'était dément, oui, qu'un ami puisse mourir, avait pensé Graham qui n'avait jamais vraiment eu peur pour Rouaix. Jusqu'à ce jour, elle réservait son inquiétude pour Grégoire ; meurtre, *overdose* ou suicide étaient au menu de bien des prostitués. Puis Rouaix avait été absent durant plusieurs semaines et Graham avait compris qu'elle était terriblement attachée à lui. C'était plus qu'un collègue, c'était un frère. Elle avait parlé à Nicole très souvent. Au début, elle croyait qu'elle la rassurait avec ses paroles optimistes, puis elle avait dû reconnaître que c'était exactement l'inverse. Nicole Rouaix était comme son mari : un chêne.

« À force de vivre en couple, on finit par se ressembler », avait-elle dit à Maud Graham. Elle savait toujours ce que pensait son époux, ce qu'il éprouvait. S'il y avait un problème sérieux au bureau, elle le devinait. Il n'avait même pas besoin d'en parler ; ses silences étaient suffisamment éloquents. S'il vivait une situation périlleuse, elle la vivait aussi. Elle avait l'impression que son pouls s'accélérait, que le temps s'arrêtait. Elle pensait si intensément à son mari qu'il devait sentir sa présence à ses côtés alors qu'il poursuivait un voleur ou négociait avec un preneur d'otage. Et parce qu'elle était avec lui, elle avait un peu moins peur. C'était la seule façon d'accepter le travail de Rouaix. Le partager.

Graham l'enviait ; elle n'avait pas vécu assez longtemps avec Yves pour être télépathe. Peut-être que tout aurait été différent si elle avait pu ressentir toutes ses émotions.

La détective grimaça. Elle se rappela qu'en revoyant Rouaix elle retrouverait Trottier. Ses chapelets de plaisanteries, par dizaines. Par centaines, même. Il reprenait à peine son souffle entre deux histoires. Trottier ne semblait pas remarquer que Graham souriait poliment. Non, il ne *voulait* pas remarquer.

Et si c'était lui ? se demanda-t-elle en décrochant le récepteur.

— Maud Graham à l'appareil. Quoi ? Qu'est-ce qui se passe, Josette ?

La répartitrice était entrée dans son bureau en courant :

— Un moment, je vous prie, dit-elle à son interlocuteur.

— Un meurtre ! balbutia Josette.

— Un meurtre ?

— On vient d'appeler. Un joggeur a trouvé un corps. Je n'ai pas tout compris, le gars était trop énervé. Mais ça ressemble au tueur des États. Il paraît qu'il manque une jambe et un bras à la victime.

Graham ferma les yeux. Un goût de métal la fit grimacer. Ce goût de métal qui accompagnait ses funestes pressentiments. Les gens qui sont piqués et empoisonnés par des guêpes connaissent ce goût de fer. Elle vérifierait sans tarder si ses intuitions étaient venimeuses.

— J'y vais. Préviens Rouaix. Et Alain Gagnon.

Elle reprenait son imperméable quand Josette lui désigna timidement le téléphone. Graham reprit le récepteur.

— Graham. Ah ! Grégoire, je... je ne peux pas te parler. Non, attends, je... Et merde !

L'enquêtrice se dirigea vers le classeur. Lettre C. Pour cigarettes. Elle devait y avoir caché un paquet. Il n'était plus là. Elle se souvint de l'avoir donné à Grégoire. Grégoire. Elle n'aurait pas dû lui répondre ainsi ; il mettrait peut-être des semaines à la rappeler. Des jours en tout cas.

Elle quêterait une cigarette à un policier. Rouaix, qui avait cessé de fumer, la réprimanderait. Il sacrerait sûrement contre la pluie qui les obligerait à travailler à toute vitesse, avant que les indices ne s'effacent.

Il y avait déjà beaucoup de monde qui s'affairait autour du corps. Elle reconnut un journaliste, frémit en constatant que le cadavre était découvert. Paul Darveau écrirait un papier bien sordide, détaillerait les blessures avec soin, invoquant le professionnalisme, le souci d'informer correctement les lecteurs. Il était un peu pâle, malgré sa joie d'être arrivé le premier sur les lieux.

Il s'approcha de Maud Graham, mais son regard polaire l'arrêta. Il se détourna, il attendrait qu'elle ait vu le corps. Peut-être qu'émue elle se laisserait aller à une mince confidence. Sinon, il interrogerait André Rouaix. Même si Graham était plus populaire. Parce que c'était une femme et qu'elles sont plutôt rares chez les flics. Ça intriguait les gens ; ils voulaient en savoir plus sur l'inspectrice. Qui n'était pas inspectrice d'ailleurs, mais détective, enquêtrice. Ce n'était pourtant pas le genre de poupée qui emballe les hommes. Elle était bien trop ronde et trop petite. Elle avait les cheveux roux, d'accord, et de beaux yeux, mais elle ne souriait quasiment jamais. Le pire air bête de Québec.

Seulement, le public l'aimait depuis qu'un journaliste concurrent avait fait son portrait, un beau jeudi du mois de septembre. Une page entière à décrire les méthodes peu orthodoxes de Graham, une page à rappeler, à raconter ses succès, une page à vanter son humanité. Il en avait tartiné épais sur le centre pour femmes battues, le service d'écoute pour les enfants violentés et sa passion pour l'entomologie.

Maud Graham avait piqué toute une colère après avoir lu l'article, disant que ça lui nuirait d'être trop connue. Encore une manière de se faire de la publicité. Paul Darveau soupira ; il n'avait pas le choix, il devrait arracher quelques mots à l'enquêtrice. Il la vit se pencher vers le corps, porter une main à sa bouche comme si elle retenait un cri. Ou un haut-le-cœur. Elle ne vomirait pas. Ce serait trop beau !

Graham s'agenouilla. Elle demeura longtemps immobile, même si elle ne priait pas pour l'âme de Josiane Girard. Elle ne pouvait détacher son regard des blessures : on avait coupé le bras très haut, sous l'épaule et en le détachant, le meurtrier n'avait même pas abîmé le trapèze. Les chairs avaient été tranchées proprement. Chirurgicalement. Même méthode pour la jambe droite. Le criminel avait tranché la cuisse très haut, à l'aine, comme s'il suivait la marque d'un imaginaire bikini en amputant sa victime. Qui ne portait pas de sous-vêtement. Il le lui avait enlevé avant de commencer son travail. On avait retrouvé la culotte de coton à trois mètres du corps. L'enquêtrice compta trois piqûres très prononcées au ventre. La victime montréalaise avait aussi été marquée trois fois. On ne pouvait vérifier avec celle de Miami, mais la touriste Diane Péloquin avait été piquée.

Graham se tourna vers André Rouaix qui venait de s'accroupir près d'elle.

— C'est écœurant, hein?

— Oui, fit-elle. Le photographe?

— Il est allé vomir. Mais il a déjà pris des photos. L'averse venait juste de commencer. J'ai demandé des renforts pour empêcher le monde d'approcher. Elle n'a pas été tuée ici.

— Comment te sens-tu? demanda Graham en effleurant le bras de son ami.

Rouaix lui sourit. Il avait maigri, mais ses yeux avaient retrouvé cette lueur taquine qui lui plaisait. Et l'agaçait parfois. Il lui enleva ses lunettes, tira un grand mouchoir de sa poche et entreprit de les essuyer. Il avait le geste calme, placide même. Il lui rendit ses lunettes en livrant ses premières constatations : le corps avait été déposé dans le banc de neige dissimulé derrière les bateaux. Il n'y avait aucune trace de lutte, que des traces de pas que la pluie gommait doucement. On devinait toutefois que c'étaient les pas d'une seule personne. Qui portait des bottes massives.

— Le tueur doit être grand. Il chausse du 13 ou du 14. Je pense que c'est des semelles de Kodiak. Il n'y a presque pas de sang près du corps. Il l'a charcutée avant de l'emmener ici. Les gens vont paniquer!

— Oui, ils pourront lire tout ça dans le journal, murmura Graham en désignant Darveau.

— Il fait sa job, commenta Rouaix.

Graham haussa les épaules, chercha Savard du regard; elle

savait qu'il fumait. Elle lui quêta une cigarette. Savard fouilla dans ses poches, en tira un paquet froissé. Des Camel. Oh, non ! Elle ne fumerait pas des Camel. C'était la sorte de son ex. Pourquoi disait-elle « mon ex » ? Ils n'avaient jamais été mariés. Mais cinq ans de vie commune comptent beaucoup. Et elle était trop pudique pour dire « mon ex-amant ». Ex tout court. Comme *exit*.

Elle prit pourtant la cigarette et aspira une longue bouffée qui la fit tousser. Elle pensa à jeter la cigarette, mais elle ne voulait pas vexer Savard.

— L'hélicoptère ? demanda Rouaix. C'est obligé ? Ça va attirer bien du monde.

Graham hocha la tête ; les photos aériennes pouvaient être utiles quand il s'agissait de meurtres en série. Et c'était le cas, elle n'en doutait guère. On devait ramasser le maximum d'informations sur le territoire de chasse de l'assassin, photographier sous tous les angles la victime. Les images aériennes, comme la vidéo qu'on devait tourner à l'instant, révéleraient peut-être certains détails quand on les comparerait aux photos du meurtre précédent. Le tueur déposait-il ses victimes dans le même genre d'endroit ? Y avait-il toujours des arbres dans les environs immédiats ? À quelle distance de la rue se trouvait-il ? Combien de temps pouvait-il mettre à venir de la route en portant un cadavre ?

— Je me demande où il l'a tuée, dit André Rouaix. Et pourquoi il a déposé le corps ici ; c'est discret, sans plus.

— Je sais. Et l'assassin était déjà dans un endroit *plus* discret pour tuer et mutiler sa victime. Il avait besoin de temps et de calme pour la découper. Qu'est-ce qui l'a incité à la changer de place ? Y a-t-il des témoins ?

— Non, que des curieux qui ne savent rien. Pour l'instant. Trop tôt. Il y aura peut-être des voisins qui se souviendront de quelque chose. Mais rien n'est moins sûr. Les plus proches sont encore bien éloignés. La marina, c'est plutôt désert. Nos gars commencent pourtant à faire le tour du quartier.

Tandis que Graham félicitait Rouaix de sa célérité, elle

aperçut la voiture d'Alain Gagnon. Elle délaissa le cadavre pour accueillir le médecin légiste. Il faillit voir le sourire qu'elle lui adressait, mais Graham choisit le moment où il se penchait pour prendre sa trousse. L'instant suivant, elle lui confiait sa peur.

— Le tueur des États, comme on commence déjà à le surnommer. Je pense que c'est lui. Ou quelqu'un qui l'imite. Mais ça m'étonnerait.

— Moi aussi, dit Alain Gagnon. Je me suis renseigné sur ce criminel ; il inflige des blessures particulièrement nettes à ses victimes. Sectionner si précisément des membres n'est vraiment pas aisé.

Gagnon ne disait pas « facile », il disait « aisé ». Il était le seul à utiliser ce genre de mot sans affectation. Graham goûtait cette manière de s'exprimer, sans oser toutefois complimenter le jeune médecin. Jeune. Il n'avait que six ans de moins qu'elle. Mais elle avait l'impression d'en paraître douze de plus.

— Tu veux dire qu'il s'y connaît en dépeçage ? Il pourrait être boucher ? chirurgien ?

— Oui. Et même légiste, comme moi.

— Ou chasseur. Il y en a qui sont très doués pour découper leur orignal.

Alain Gagnon toussa et s'approcha du cadavre. Maud Graham savait-elle qu'il aimait le gibier ? Il détestait la chasse et n'aurait jamais pu tirer sur un animal, mais comment résister à un civet de lièvre, une pintade farcie, un steak d'orignal, des cailles en timbale ? Il sentait le regard de l'enquêtrice dans son cou ; pouvait-elle deviner ses pensées ? Non, il était idiot. Elle observait comme lui le corps de Josiane Girard. Elle ne penserait plus qu'à ce meurtre durant les prochains jours. C'était normal. Et embêtant. Il ne voyait Graham qu'en ces sordides occasions. Elle était alors si obnubilée par le crime qu'il ne pouvait l'intéresser qu'en lui parlant de l'impact d'une balle ou des lacérations *post mortem*. Il aurait préféré l'inviter au cinéma ou au restaurant.

Ses désirs manquaient d'originalité, ils ne pouvaient choquer Maud. Alain Gagnon murmurait « Maud » quand il pensait à elle, mais il ne s'était jamais permis de l'appeler par son prénom. Il disait « Graham », comme tout le monde. Alors qu'il ne voulait justement pas être comme tout le monde pour elle.

— Alors ?

— J'ai bien peur qu'on ait un...

Des exclamations interrompirent le légiste : un des policiers qui inspectaient les environs venait de découvrir le pied de la victime. Coupé à la cheville.

— Il a pris la jambe, mais n'aimait pas le pied ? fit Rouaix. Ça n'a pas de bon sens.

— Non. Mais c'est logique, dit Graham. Il en a déjà un. Il en a même deux : il a aussi amputé un pied de Muriel Danais. Et de Diane Péloquin.

Alain Gagnon examinait le membre ; le tueur travaillait remarquablement bien. Il avait lu les articles qu'on avait consacrés aux deux meurtres précédents ; on y mentionnait invariablement l'extrême habileté avec laquelle le *serial killer* amputait ses victimes. Le sein gauche et le pied droit de Muriel Danais, le pied gauche et le sein droit de Diane Péloquin et maintenant la jambe droite et le bras gauche de Josiane Girard.

Rouaix gémit en même temps que Graham ; cette enquête les mènerait en enfer. Des victimes atrocement mutilées, des journalistes bien excités parce que les polices de Montréal, de Québec et des États-Unis devraient collaborer entre elles, des supérieurs plutôt énervés et une montagne de paperasse.

— Je vais rédiger mon rapport le plus rapidement possible, dit Alain Gagnon afin de remonter le moral des enquêteurs. Pour l'autopsie, ça va dépendre...

— J'irai le chercher, fit Graham.

— Non, je vais l'apporter. La journée va être très longue pour vous.

L'enquêtrice frissonna, releva le col de son imperméable.

— Fatiguée ? murmura Alain Gagnon.

— Je n'ai pas dormi de la nuit.

— Il faut boire des jus de fruits. Et porter de la laine. Ce n'est pas le légiste qui parle, mais le médecin. Plusieurs personnes sont grippées en avril...

Il avait raison. Mais elle n'avait pas pris le temps de mettre son écharpe en sortant de chez elle. Ni de manger une pomme. Gagnon, évidemment, était frais et dispos. Comme toujours. Il ne recueillait pas les prostitués, lui.

— J'avais de la visite, dit-elle d'un ton rogue. Qui m'a empêchée de dormir.

— Grégoire ? avança-t-il.

Graham raconta brièvement leur nuit. Son appel écourté, plus tôt, par sa faute.

— Tu avais raison de l'interrompre. Il faut qu'il respecte ton travail ! Il ne restera pas fâché longtemps.

— J'espère.

Graham fouillait dans ses poches. Gagnon lui tendit son stylo. Elle pencha légèrement la tête de côté pour prendre des notes, ses lunettes glissèrent sur le bout de son nez et il eut envie de les remonter.

— Que penses-tu du meurtre ?

— Nous avons affaire à un être intelligent.

— Un tueur organisé.

— Très bien organisé.

— On sait déjà qu'il n'a pas tué sa victime ici. Il avait sûrement un véhicule pour transporter le corps.

— C'est vraiment curieux qu'il ait apporté le cadavre dans un lieu plus exposé que celui où il l'a dépecé. Ça ne correspond pas au comportement habituel de ce genre de psychopathe. Pourquoi ne l'a-t-il pas mieux caché ?

— Il n'a pas laissé tant d'indices... Il est très fort.

Graham repoussa l'idée qui s'imposait : le tueur était très expérimenté. Il ne devait pas en être à son troisième, ni même à son quatrième meurtre, pour agir avec tant d'assurance.

— On examine les traces de pneus, mais comme il a plu cette nuit... Pour cet après-midi ?

Alain Gagnon hocha la tête. Il tiendrait sa promesse ; elle aurait son rapport préliminaire avant le coucher du soleil. Heureusement, les jours étaient longs maintenant. La pluie avait cessé. Plusieurs enfants sortiraient leurs bicyclettes du garage même s'il restait des îlots de neige, du sable et du gravier dans les rues. Il faudrait redoubler de prudence, car les petits, ivres de liberté, ne voyaient rien, n'entendaient rien. Ni lumières, ni klaxons, ni cris, ni panneaux. Le printemps leur appartenait, comme la ville. Des ailes leur avaient poussé durant l'hiver, ils l'auraient juré, des ailes qui s'étiraient comme celles des papillons à peine éclos, des ailes qu'ils rêvaient d'étrenner, qui les transformaient en kamikazes. Ils s'élançaient, un conducteur freinait brusquement, blêmissait, son cœur s'arrêtait de battre quand il comprenait qu'il avait heurté une fillette qui ressemblait au Petit Chaperon rouge, mais qui ne dégusterait plus jamais de galettes. Et le sang sur la chaussée dégoûterait à jamais le chauffeur des confitures.

Graham grimaça en voyant Darveau s'avancer.

— Il y a très peu de sang, docteur Gagnon, dit Paul Darveau en évitant de regarder l'inspectrice. Comment expliquez-vous ça ?

— La pluie ?

— Ne vous moquez pas de moi. Que pensez-vous du crime ?

— Rien.

Le journaliste s'impatienta, pointa le doigt vers Graham :

— Vous n'avez rien à déclarer, vous non plus ? Vous êtes habituée à trouver des corps auxquels il manque un bras et une jambe ?

Alain Gagnon hésita, consulta Graham, puis Rouaix du regard :

— Les blessures sont l'œuvre d'un homme qui sait comment faire des amputations.

Rouaix ajouta qu'on supposait que l'assassin était doué d'une certaine force physique pour couper les membres et pour transporter le corps avec autant d'aplomb : les traces de pas dans la neige étaient régulières. Le tueur ne titubait pas sous le poids de son fardeau. Enfin, il avait perpétré son crime ailleurs.

— C'est tout ce que je peux vous dire pour l'instant, conclut-il.

Paul Darveau rangea son carnet dans une poche :

— Ça sera toujours ça. Pour l'identité de la...

André Rouaix s'emporta :

— Tu le sauras quand sa famille aura été prévenue. Pareil pour les photos.

— Mais la télé sera là dans cinq minutes ! Ils vont filmer avant que mon papier sorte !

— Non ! Personne ne va la voir. C'est toi qui en sais le plus pour le moment.

Graham ajouta d'un ton méprisant que Darveau en avait assez pour pondre quelque chose de bien sanglant.

— Comme le tueur ? C'est ça, inspectrice ?

— Je ne suis pas inspectrice. Maintenant, j'ai du travail, excusez-moi.

Elle regagna sa voiture d'un pas décidé.

— Ciboire ! éructa Darveau. Une vraie sauvage !

Alain Gagnon aurait pris la défense de l'enquêtrice s'il n'avait redouté qu'on devine son sentiment pour elle. Il n'aurait plus aucune chance si elle apprenait sa flamme par les insinuations d'un journaliste !

Rouaix l'assura qu'il enverrait très bientôt le corps à l'hôpital. Gagnon pourrait alors commencer l'autopsie. Il examinerait la bouche, les cheveux blonds, les poils plus sombres. Il chercherait des traces de sperme, de sueur, de larmes. Il scruterait à la loupe les ongles vernis, espérant y recueillir des particules de peau. La peau de l'assassin que Josiane avait peut-être griffée, la peau qui pourrait trahir un coupable. Il essaierait de trouver quelle arme avait utilisée l'assassin. Quelles armes plutôt ; Josiane Girard avait été poignardée avec un couteau court et mince. Il doutait que le même outil ait servi à dépecer le corps. Le tueur avait exécuté son travail avec la dextérité d'un chirurgien. Un de ses collègues était-il devenu fou ? Non, non, il ne pouvait connaître l'assassin ; le tueur était probablement américain. À moins qu'il ne l'ait rencontré à un congrès ? Alain Gagnon s'assit dans sa voiture et contempla le ciel. Des souvenirs d'orage fonçaient l'horizon ; durant huit secondes, l'azur imita la colère dans les prunelles de Graham. De Maud... Il aimait cette fureur, elle lui était familière ; il l'avait ressentie, douze ans plus tôt, quand il avait eu un accident de ski. Les médecins l'avaient d'abord condamné au fauteuil roulant, avaient ensuite parlé de béquilles et de canne pour le reste de ses jours, mais Gagnon était si enragé qu'on décide de son sort qu'il avait voulu l'infléchir ; durant des mois, il s'était entraîné comme un membre de l'équipe olympique. Et il avait retrouvé l'usage de ses membres. Il savait qu'il fallait parfois se fâcher. Ce n'était pas pour rien qu'il adorait l'actrice Anna Magnani et les volcans qui couvaient au fond de ses iris charbonneux.

* * *

Le tueur se souvenait de la première fois qu'il avait vu Elvis Presley à la télévision. Des cris d'admiration de sa mère. Elvis était encore plus beau que Jerry Lee Lewis. Est-ce qu'il y avait de plus belles fesses au monde ?

Ce n'étaient sûrement pas les siennes, en tout cas. Sa mère lui répétait tous les jours qu'il ressemblerait à son père s'il ne faisait rien pour contrer sa nature de mollusque. Elle le comparait à une palourde, et même à une méduse. Elle avait horreur des chairs molles. Elle-même s'entraînait plusieurs heures par semaine. Elle avait été Miss avant de se marier, avant d'être infirmière. Elle regardait l'album des photos de sa gloire tous les dimanches après la messe. Elle le faisait asseoir près d'elle et lui expliquait comment

elle avait gravi les marches du podium, lentement, féline-
ment, lascivement. Les juges n'avaient pu détacher leurs re-
gards de ses jambes, de ses seins, de ses fesses si fermes !
Pas comme celles de son fils... Avait-il au moins couru une
heure depuis son réveil ? Et ses exercices, qu'elle avait mis
au point exprès pour lui ? Les faisait-il quand elle était au
travail ? Ce n'était pas la peine de s'échiner à préparer un programme de gymnastique s'il ne le suivait pas ! Étirement,
musculation, respiration, souplesse et force, avait-il bien compris ces préceptes ? On n'arrivait à rien sans peine. Avait-il
avalé ses vitamines ? Il devait prendre exemple sur leur voisin, ce policier qui s'entraînait si régulièrement et qui devait
être la fierté de sa patrouille. Ses cuisses étaient en béton !
Bien sûr, il n'était pas aussi beau qu'Elvis. Qui pouvait rivali-
ser avec lui ? Cette belle gueule d'amour, et ce déhanchement !
Et il aimait sa mère, Elvis ; il l'avait gâtée dès qu'il avait commencé à gagner de l'argent.

Oh ! comme elle aurait voulu avoir un fils qui lui ressemble !

Lui, tandis qu'elle parlait, regardait briller les cheveux
noirs du chanteur sous les projecteurs et se jurait de devenir
aussi célèbre. Il songeait que la chanson avait duré exactement trois minutes vingt secondes. Les oiseaux qu'il enfer-
mait dans un bocal où il avait placé un tampon d'éther met-
taient un tout petit peu plus de temps à mourir. Pour les
insectes, bien sûr, c'était plus rapide. Quant aux souris, il
avait découvert récemment qu'il était plus économique, plus
simple et plus agréable, surtout, de les étrangler. Au début, il
avait eu peur de se faire mordre, mais il avait volé une paire
de gants au centre commercial et il n'avait jamais été blessé
par une bestiole. Il s'était entraîné comme le lui ordonnait sa
mère et il avait pu, quelques mois plus tard, étouffer des rats.
Enfin ! il était las des insectes et des vers de terre. Il avait
bien tué le chien des voisins à coups de pierre, mais ce n'était
pas aussi satisfaisant.

Il avait dix ans et huit mois quand il avait étranglé son
premier chat. Il l'avait attendu des heures près d'un bol de

nourriture. Quand il avait commencé à serrer le cou du félin de sa main gauche, il avait eu l'impression que ses doigts avaient une érection. Comme son sexe ! Ils étaient durs, si durs, plus durs que l'acier et que n'importe quelle paire de fesses ! C'était tout à fait étonnant. Et grisant. Ses reins étaient en feu, agités par un grand tremblement. Un tremblement plus fort que tous les déhanchements du King. Il avait éjaculé sans un cri, suffoqué d'émoi quand les yeux du chat s'étaient révulsés. Le sentiment de puissance qu'il avait alors éprouvé l'avait assez longtemps habité pour qu'il supporte le mépris de sa mère durant plusieurs semaines.

Le tueur écouta *Love Me Tender* pour la dixième fois. Il aimait rouler en voiture en écoutant Elvis. Enfin, l'Elvis des premières années. Avant qu'il ne soit bouffi, gras, monstrueux.

La sonnerie du téléphone l'agaça, mais il répondit poliment, finit par sourire ; il rencontrerait peut-être sa prochaine victime. Non, il rêvait : on ne déniche pas si facilement la proie idéale.

∗ ∗ ∗

Frédéric avait convaincu son père de lui donner de l'argent pour son douzième anniversaire. Il avait soutenu qu'il n'avait plus l'âge des surprises, ni des cadeaux. M. Jalbert avait acquiescé à sa demande en se disant que ses enfants vieillissaient aussi vite que lui. Anouk avait adopté un rouge à lèvres à rendre jalouse une clinique de sang et Frédéric délaissait déjà les jeux vidéo. Il préférait économiser pour s'acheter une super-bicyclette à l'été. M. Jalbert se félicitait que son fils n'aille pas dépenser son argent dans les arcades. Il ne se droguait pas non plus. Et il n'avait sûrement pas envie de boire ; l'exemple de sa mère devait être dissuasif. Il faudrait prendre une décision à ce sujet ; Denyse buvait vraiment trop de scotch.

Mais pourquoi était-elle déprimée, grand Dieu! Pourquoi? Elle avait une belle maison, de beaux enfants, autant de cartes de crédit que son portefeuille pouvait en contenir, une voiture neuve et un mari qui n'était ni alcoolique, ni joueur, ni violent. La tentation était pourtant grande de secouer, et même de gifler Denyse quand, en rentrant de l'hôpital, il la trouvait affalée sur le divan du salon, gémissant qu'elle n'était pas heureuse. Il lui avait donné des comprimés pour l'égayer. Il n'avait pas prévu qu'elle les adopterait au point de ne plus pouvoir s'en passer. Et qu'elle voudrait ensuite des pilules pour dormir, se réveiller, manger. Et qu'elle les avalerait un jour avec du scotch ou du vin blanc. C'était récent, l'alcool. Et souverainement déplaisant: qui voudrait sortir en société avec une femme qui boit? Il y avait les enfants, aussi, il fallait y penser; il n'avait pas le temps de s'occuper d'eux. Il avait trop à faire à la clinique, Denyse devrait le comprendre et se reprendre en main.

— Papa, dit Frédéric, je vais aller coucher chez Dan la fin de semaine prochaine. C'est sa fête à lui aussi.

— Ah! Ta mère est d'accord?

Pourquoi ajoutait-il cela? Qu'est-ce que ça changerait que Denyse approuve ou non ce projet?

— Je pense, oui.

— Tu nous donneras l'adresse et le numéro de téléphone de ses parents, dit M. Jalbert en regardant son fils.

Frédéric soutint son regard; il savait que son père pensait à sa fugue de l'automne dernier, mais n'en parlerait pas. Sujet tabou.

— Et tes devoirs?

— Je les ai faits avant le souper.

François Jalbert faillit demander «Quel souper?», mais il se retint; Frédéric semblait content de se gaver de pizza surgelée.

— Où est Anouk?

— Chez Stéphanie, mentit Frédéric avant de regagner sa chambre.

Il ne pouvait tout de même pas trahir sa sœur. Elle était amoureuse d'Olivier Michaud. Que lui trouvait-elle ? Elle prétendait qu'il était beau et fin et qu'il s'occupait d'elle. Frédéric ouvrit son cartable, en tira une feuille verte où il avait inscrit ce qu'il devait faire avant de quitter Montréal. Il raya « photos » ; la veille, il avait jeté toutes ses photos récentes. Il biffa également « couteau » ; il avait subtilisé le laguiole que son père avait rapporté de France. Il mordilla le bout de son crayon, repoussa sa longue mèche blonde avant de rajouter « kodak » à sa liste. Il pourrait peut-être prendre des photos polaroïd des touristes devant le château Frontenac sur la terrasse Dufferin ? Il trouverait aussi un cocher qui l'engagerait pour panser son cheval. Il y a toujours des calèches à Québec, même en hiver, même au printemps. La neige était presque toute fondue, les touristes reviendraient vite. Il apporterait son sac de couchage ; il pourrait l'utiliser dès la mi-mai. Il n'était pas frileux comme sa sœur. En attendant, il irait dans une auberge de jeunesse.

Daniel et Sébastien l'admiraient secrètement. Il leur avait proposé de l'accompagner à Québec, juste une fin de semaine — s'ils avaient trop peur de partir longtemps —, mais ils avaient prétendu qu'ils se feraient tuer s'ils fuguaient.

En tout cas, Dan avait promis de mentir à sa mère vendredi soir ; il ramènerait même Frédéric Dussault qui l'énervait un peu. Si M. ou Mme Jalbert téléphonait chez les parents de Daniel, ceux-ci répondraient que Frédéric et leur fils étaient allés voir un film. Ça devrait suffire.

* * *

Tandis qu'elle montait l'escalier qui menait à son bureau, un rayon de soleil caressa la nuque de Graham si gentiment qu'elle crut un instant qu'un homme la flattait d'une main chaude. Elle aurait tant aimé qu'on lui masse le cou, là, maintenant. Elle se tourna vers la fenêtre ; elle aurait bien prié Râ, Phébus ou Apollon de l'aider dans son enquête si elle avait pensé qu'un des dieux solaires pouvait l'éclairer. Elle ôta ses lunettes et se frotta les yeux trop longuement en soupirant ; elle devrait relire toutes ses notes avant de commencer à rédiger son journal d'enquête. Elle y consignerait la plus fugace impression, la plus infime intuition, la plus bête des idées. Elle ferait plus tard le tri en remettant son rapport au directeur. Elle préférait tout écrire, la visite au club sportif, Sylvie Dupuis, les voisins, et jeter ensuite des éléments au lieu de rejeter une hypothèse, l'oublier et la regretter. Encore fallait-il avoir une opinion.

Maud Graham but son neuvième verre d'eau de la journée. Elle résistait à l'envie de s'acheter un sac de chips, même si elle avait l'excuse d'avoir faim. À dix-sept heures, pas avant, décida-t-elle. Elle aurait dû quitter la centrale à seize heures, mais la découverte du corps de Josiane Girard avait modifié les horaires de plusieurs policiers. *Overtime.* Graham y était habituée. Le téléphone avait sonné sans arrêt, on avait envoyé de nombreuses télécopies à Montréal et à Miami et on en avait reçu plusieurs. À midi, on avait déjà rédigé un appel à témoins que Rouaix s'était chargé de transmettre à Paul Darveau. Qui avait vu une personne près de la marina la veille au soir ? Ou une fourgonnette gris métallisé, garée jusqu'à vingt et une heures en face de Sport 2000 et retrouvée rue Maguire ?

On avait su tout de suite que la fourgonnette appartenait à Josiane Girard, car une photocopie de son permis de conduire était rangée dans le coffre à gants. On avait remorqué le véhicule au laboratoire de la police en espérant que le meurtrier avait laissé des empreintes ou un indice. Rouaix avait vite trouvé de minuscules éclats de verre et de porcelaine sous le siège avant droit. Au laboratoire, on tenterait de reconstituer l'objet brisé. Mais dans la fourgonnette, il y avait surtout du sang. Les sièges en étaient imprégnés, le tableau de bord était éclaboussé, le tapis imbibé, collé. Malgré le froid matinal, l'odeur était forte et Graham songea que la chair humaine est

43

de la charogne comme celle de n'importe quelle bête. Seulement, ce n'était pas un aigle qui avait déchiqueté sa proie, mais un homme. Graham voulait qu'Alain Gagnon lui dise que Josiane Girard avait été violée. Enfin, non, elle ne souhaitait pas le viol en tant que tel, mais la découverte des traces de sperme. Recherche d'ADN possible. On supposait que Muriel Danais avait été violée, mais bien sûr, après des mois dans la nature, il n'y avait plus de traces de sperme.

C'est une vieille dame, rue Maguire, qui, très tôt le matin, avait alerté la police en remarquant la fourgonnette dans l'entrée de ses voisins, les Dufour. Ils étaient en vacances en Europe et ne devaient pas rentrer avant dix jours ; qui donc osait garer sa voiture chez eux ?

En attendant d'avoir les rapports des policiers qui interrogeaient les résidants et les commerçants de la rue Maguire, Graham était retournée avec Rouaix chez Josiane Girard. Son amie Sylvie Dupuis y était toujours. Son mari, qui l'avait rejointe, la serrait contre lui chaque fois qu'elle recommençait à pleurer.

— Vous pouvez rentrer chez vous, avait dit Maud Graham aux Dupuis.

— On va rester encore un peu. Je ne veux pas que n'importe qui...

— Fouille dans ses affaires ? C'est ça ?

Sylvie Dupuis avait baissé les yeux ; elle ne voulait pas insulter les policiers qui faisaient leur travail, mais ils n'avaient pas connu Josiane.

Au lieu de déclarer à Sylvie Dupuis que Josiane ne se soucierait plus jamais de la disposition de ses chandails dans son armoire, Graham avait tenté de la rassurer :

— Nous remettrons tout en place quand nous aurons fini, madame. Vous nous avez dit que Josiane ne s'entraînait pas régulièrement. Quelqu'un l'aurait-il décidée à aller au club sportif hier soir ?

— Je ne sais pas. Non. Elle avait essayé de nous persuader de nous inscrire en même temps qu'elle.

— Qui, nous ? avait demandé Rouaix.

— Marie-Claude et moi. On se connaît depuis le cégep. On sort souvent ensemble, mais Marie-Claude s'est cassé un bras en ski et moi, j'aime mieux le tennis. Mais si je l'avais accompagnée... Graham avait aussitôt désamorcé son sentiment de culpabilité :

— Non, Sylvie. Vous ne pouviez pas deviner ce qui lui arriverait. Mais vous pouvez nous aider à trouver le coupable en nous disant tout ce que vous savez sur votre amie.

— Quoi, tout ? Je vous ai déjà répondu.

Elle avait effectivement beaucoup parlé durant la matinée, après avoir identifié le corps. Elle avait appris aux détectives que Josiane Girard avait une boutique de vêtements féminins, que ses parents étaient morts depuis deux ans, qu'elle s'était mise au régime le mois précédent, qu'elle avait une bonne santé, qu'elle n'avait jamais touché à la drogue. Elle appréciait un verre de vin, mais ne faisait pas d'abus. Elle visitait chaque année un pays différent, elle collectionnait les objets représentant des chouettes, elle n'avait pas d'ennemis.

— Est-ce qu'elle accordait sa confiance facilement ?

— Josiane ? Oh, non ! Elle ne répondait même pas à la porte quand elle ne connaissait pas les visiteurs. Elle disait que les gens n'avaient qu'à téléphoner avant de sonner chez elle.

— Était-elle passionnée ?

Graham avait posé la question en espérant qu'on ne lui demanderait pas d'expliquer ce qu'était la passion. Elle ne voulait pas parler d'elle, mais le ferait immanquablement si elle devait expliquer un tel sentiment. On ne peut pas discourir sur l'amour sans se découvrir un peu.

— Passionnée ? avait répété Sylvie Dupuis. Vous voulez dire amoureuse ?

— Je ne sais pas, avait murmuré Graham, mais la jeune femme ne l'avait pas entendue ; elle consultait son mari.

Elle avait fini par secouer la tête :

— Non. Elle venait de quitter Marcel. Ils ne se sont pas chicanés. C'est juste qu'ils n'avaient plus rien à se dire.

Juste ?

— Elle n'aurait pas suivi un homme qui lui aurait plu ? avait suggéré Rouaix. Un type qu'elle aurait rencontré au club sportif, par exemple, et qui l'aurait invitée à prendre un verre ?

— Dès la première fois ? Oh, non ! Ce n'était pas son genre.

— C'était quoi, son genre ?

— Le genre correct.

Le ton de Sylvie Dupuis indiquait qu'elle approuvait les choix de son amie.

— Elle avait peut-être vu cet homme avant ? S'ils fréquentent le même club sportif...

— Elle m'en aurait parlé !

— Mme Girard n'avait pas de problèmes financiers ?

— Elle venait d'acheter cet appartement !

La voix virait à l'aigu ; Graham avait tenté sans succès de calmer Sylvie Dupuis. Celle-ci les avait accusés de salir la mémoire de son amie ; c'était elle la victime, mais on s'acharnait à faire d'elle une coureuse, une droguée ou une ratée ! Et le criminel, lui, est-ce qu'on y pensait un peu ? C'était lui qu'il fallait interroger !

— C'est ce que nous souhaitons, madame, avait dit Rouaix en se levant.

Dehors, il avait demandé à Graham s'ils y parviendraient. Ils avaient si peu d'indices.

— Nos collègues montréalais en avaient encore moins.

— Leur as-tu parlé du club sportif ?

— Ça fait trop longtemps. Personne ne se souvient si Muriel Danais était allée s'entraîner le jour où elle a été tuée.

— Mais elle fréquentait un club sportif.

Graham avait hoché la tête.

— C'est un point commun entre les deux victimes. Quoique l'une allait au Nautilus et l'autre à Sport 2000.

Avant d'entrer dans la voiture, Graham s'était félicitée de l'absence de Trottier sur les lieux du crime. Puis elle avait cru voir des bourgeons aux arbres de la rue Bourlamaque. Il était encore trop tôt, mais elle se réjouissait à l'avance de leur tendre lumière. Elle n'aimait aucune couleur autant que ce vert frais et brillant. Elle s'était promis de trouver un blouson de cette teinte pour Grégoire. Lui-même avait fait la folie de lui offrir un chandail aubergine. Il adorait faire des cadeaux, mais elle n'était pas capable de lui expliquer qu'elle l'aimerait autant s'il ne la gâtait pas. La plupart des prostitués dépensaient leur argent aussi vite qu'ils le gagnaient, comme s'ils étaient pressés de s'en débarrasser. La patronne d'un restaurant français lui avait expliqué qu'elle avait toutes les peines du monde à refréner la générosité de certaines de ses clientes. «Elles veulent que j'accepte leurs cadeaux. Si je refuse, je les vexe. Comme si je ne voulais pas d'un présent acheté avec l'argent d'une passe. Comme si je les méprisais.» Elle avait montré à Graham un bracelet et un foulard de soie, secoué la tête avec affection : «Tu vois, elles exagèrent!»

Grégoire les imitait trop bien.

Chapitre 3

Les roses, orange, verts et bleus que portaient les clients du club sportif avaient déplu à Graham. Si elle constatait l'utilité d'un tee-shirt fluo pour un enfant, elle comprenait mal les adultes qui s'imaginaient rajeunir en arborant ces violets violents et ces jaunes criards, hurleurs même. Les femmes étaient moulées dans des combinaisons rutilantes et plusieurs hommes les concurrençaient avec des shorts et des camisoles en lycra pour leur rappeler que, dans la nature, ce sont les mâles qui sont les mieux parés. Le tueur suivait-il la mode ou s'en tenait-il aux bons vieux pantalons de coton molletonné gris ou marine ?

Le directeur de Sport 2000 avait rejoint Graham et Rouaix à la réception du club et s'était empressé de les emmener dans son bureau en espérant les convaincre d'enquêter discrètement. Les journalistes apprendraient bien assez vite que la victime fréquentait le club. Quelle publicité ! « Josiane quitte Sport 2000 ; on l'assassine à la sortie ! »

— Vous comprenez mon point de vue, inspecteur...

Il ne s'adressait qu'à Rouaix, supposant que la femme qui l'accompagnait — et qui aurait dû fréquenter le club pour perdre quelques kilos — était sa subalterne.

— Avez-vous la liste des clients qui sont venus hier soir ?

Jean Casgrain avait levé les yeux au ciel : une liste ? Avec l'inscription de l'heure d'arrivée et de départ de chaque membre du club tant qu'à y être ?

— Non, bien sûr que non. Nos membres ne poinçonnent pas quand ils arrivent ici. Sauf les invités, évidemment. Je peux vous donner leurs noms et ceux de leurs hôtes, mais en ce qui concerne les autres...

Graham lui avait dit de faire un petit effort pour se souvenir. Il l'avait dévisagée avant de répéter :

— Un petit effort ? Je n'ai pas que...

— Vous avez un fichier ? avait fait Rouaix. Consultez-le. La mémoire vous reviendra peut-être.

Jean Casgrain s'était exécuté. Au bout de dix minutes, il avait imprimé une liste et décrivait sommairement les clients en question. De vrais sportifs pour la plupart qui s'entraînaient chaque jour au lieu de regarder les matches à la télévision. Quelques femmes, des célibataires qui travaillaient trop la semaine pour avoir le temps de passer au club. Elles venaient en groupe.

— Et Josiane Girard ? Elle avait retrouvé une copine, ici ?

— Non. Elle ne parlait à personne. Sauf au moniteur, bien sûr.

— Bien sûr. On peut le voir, ce moniteur ?

— Je suppose que Bob est chez lui. Vous pouvez l'appeler.

Graham avait promis qu'elle le ferait, avant de poursuivre :

— Parlez-nous donc des nouveaux membres.

Casgrain avait soupiré, consulté son ordinateur et imprimé une seconde liste qu'il avait tendue à Rouaix. Celui-ci lui avait souri, complice. Casgrain s'était détendu, avait plaint l'enquêteur d'avoir à supporter Graham.

— La liste est courte, avait-il expliqué, car nos membres sont fidèles depuis des années.

Il n'allait tout de même pas avouer que l'ouverture du club de l'Avenir lui avait enlevé une partie de sa clientèle !

— Josiane est partie à neuf heures, avait fait Graham.

— Comme je vous l'ai dit. Elle avait l'air contente ; elle s'était entraînée deux heures : bicyclette, exerciseur, poids, rameur, course. Elle avait tout fait. C'est vraiment

bête qu'elle soit morte, car elle devenait bonne !
Il avait précisé qu'elle était sortie seule du club. Elle avait
fouillé dans son sac pour trouver les clés de sa voiture. Il
avait supposé qu'elle l'avait garée tout près du club sportif.

— Personne ne l'a suivie ?

— Comment voulez-vous que je le sache ? Personne ne
l'accompagnait quand elle a quitté le club, mais je ne peux
pas savoir si on la guettait à l'extérieur. Moi, je m'occupe
seulement de ce qui se passe ici.

— Vous n'avez rien remarqué ? Un client qui lui aurait
parlé durant la soirée ?

— Je vous répète que non.

Graham avait rangé son carnet, exigé une visite des lieux.
Casgrain avait gémi, mais il n'avait pas le choix ! Rouaix et
Graham s'étaient promenés à travers le gymnase. Tranquillement, comme s'ils faisaient une balade ! Et ils étaient
sortis en promettant de revenir.

— Et si on demandait au moniteur de venir faire un tour
au bureau ? avait proposé Rouaix en quittant Sport 2000.

Graham avait approuvé. Bob Carpentier s'était pointé
à quatorze heures. Il avait rapporté les derniers propos de
Josiane ; elle avait parlé de sport et de son prochain voyage.
Non, aucun homme n'était venu discuter avec elle.

— On ne sait rien de plus, avait soupiré Graham.

— On sait que si c'est un membre du club, elle ne lui
avait pas parlé avant de le faire monter dans sa voiture.
Alors pourquoi a-t-elle accepté ?

Parce que le tueur avait trouvé un moyen de la convaincre
de le prendre à bord.

— Le tristement célèbre Ted Bundy faisait semblant
d'être blessé ; il avait des béquilles ou un bras en écharpe et
demandait de l'aide pour porter un paquet jusqu'à sa voiture. Et là, il assommait sa victime. Ses victimes. On ne sait
même pas combien il en a tué.

— Mais c'était sa voiture à elle, avait objecté Rouaix.

— Elle connaissait le tueur, j'en suis certaine.

— Ah ?

Graham pensait qu'une femme seule, et méfiante, n'aurait jamais ouvert sa portière à un étranger. Elle avait déjà vu son meurtrier. Si ce n'était pas un membre du club qui l'avait attendue, abordée et amenée à le laisser monter dans sa voiture, c'était un homme qu'elle avait rencontré auparavant. Et plus d'une fois.

— Il y aurait donc un lien entre le tueur et ses victimes, avait conclu Rouaix. Et entre les victimes...

Il avait soupiré, sachant très bien ce que cela signifiait. Il faudrait éplucher le passé des deux femmes : que partageaient-elles ? Avaient-elles étudié, travaillé, voyagé ensemble ? Venaient-elles du même quartier, avaient-elles un amant, des amis, un ennemi communs ? Avaient-elles fréquenté les mêmes lieux ? Quand ? Se ressemblaient-elles ?

— Physiquement, elles sont parentes, si j'en juge par les photos qu'on nous a envoyées de Montréal. Blondes, plus ou moins un mètre soixante, environ soixante kilos. Penses-tu que le tueur veuille se venger de sa mère ?

Rouaix avait posé cette question d'un ton léger, mais Graham savait déceler l'inquiétude derrière l'ironie. Il faisait allusion au fait que plusieurs tueurs en série avaient trucidé des femmes qui évoquaient étrangement leurs mères.

— Il a guetté Josiane, l'a persuadée de le laisser monter dans sa fourgonnette, l'a tuée dans ce véhicule, l'a dépecée sur place, puis l'a ramenée jusqu'à la marina. Il y a déposé le corps, a repris la camionnette de Josiane Girard qu'il a garée sans s'énerver chez des inconnus, puis il est rentré calmement chez lui. Notre homme n'en est pas à son deuxième meurtre.

Rouaix avait approuvé, demandé à relire les rapports d'Interpol et du FBI sur des cas similaires. Il avait ajouté qu'il ne comprenait toujours pas pourquoi l'assassin n'avait pas utilisé sa voiture pour kidnapper Josiane.

— Il devait avoir une bonne raison. On le saura !

Alors qu'ils quittaient le club sportif, le cellulaire de Rouaix avait retenti : un collègue les informait qu'une

femme avait vu un taxi s'arrêter près de la maison des Dufour, ses voisins, vers une heure du matin. Elle se souvenait
du numéro de la compagnie, car elle venait justement d'appeler pour avoir une voiture. Elle avait cru que le taxi qui s'arrêtait devant chez elle lui était destiné, quand elle avait vu un
homme ouvrir la portière et disparaître à l'intérieur. Une seconde voiture, la sienne, était arrivée deux minutes plus tard.

— Elle devrait être décorée de l'ordre du mérite ! avait dit
Rouaix, ragaillardi. Je vais aller la voir.

— Moi, je retourne au bureau, avait répondu Graham,
perdue dans ses pensées.

Le tueur pouvait être un chauffeur de taxi, à qui on fait
spontanément confiance. Elle-même ne se posait jamais de
questions quand elle hélait une voiture. Mais non, Josiane
avait la sienne. Et si elle avait demandé un renseignement à
un chauffeur ? Il avait pu monter à bord de sa voiture, une
minute seulement, pour lui expliquer la route à suivre ? Ou
sa voiture avait eu un ennui mécanique et le chauffeur s'était
offert à chercher une solution ? Ou...

* * *

Quand le tueur avait monté la côte de l'Église, il avait repensé à ses treize ans. Pour son anniversaire, il avait décidé
d'escalader un mur du couvent Notre-Dame-de-Bellevue :
les pensionnaires seraient affolées. Il avait voulu parier, mais
personne ne s'y risquait plus à l'école. On savait qu'il était
assez téméraire pour faire ce qu'il annonçait.

N'est-ce pas lui qui avait grimpé sur le toit de l'église ?
Aucun autre garçon n'avait son courage. L'année suivante,
quand ses parents avaient divorcé, il avait emprunté la voiture d'un professeur et l'avait conduite jusque dans le fleuve.
Pierre et Louis avaient été témoins de la chute dans le Saint-
Laurent glacé. Ils étaient aussi blêmes que lui quand il était
ressorti de l'eau. Il avait ri en voyant leurs têtes. Des poules

mouillées. Il était entouré de poules mouillées. À commencer par sa belle-mère ; la nouvelle compagne de son père le craignait, il le sentait bien. Il se demandait seulement si c'est parce qu'elle devinait quelle force coulait en lui ou si elle savait qu'il avait éventré son dalmatien durant les vacances de l'Action de Grâces. C'était très joli le rouge sur le pelage noir et blanc. Un dalmatien trois couleurs, s'il vous plaît ! Pour emporter ? Non, pour manger sur place. Pour goûter plutôt. Juste un peu. Ça manquait d'épices. Il aimait les mets relevés. Cela dit, aucun piment, aucun poivre n'aurait pu lui échauffer les sens autant que le bruit de la lame qui s'enfonçait dans les flancs du chien. En plus, il ne l'entendrait plus japper quand il irait voir son père. Une fin de semaine sur trois. Puis une sur quatre.

Son père l'avait mis pensionnaire. Pour son bien. Au début, il avait espéré être renvoyé, mais finalement il impressionnait ses camarades à un point tel qu'il avait préféré rester au collège. C'était quand même plus excitant de concocter ses coups en douce. Il avait ainsi monté un commerce d'alcool et gagné pas mal de fric avant d'être dénoncé par un élève qui n'avait pu payer sa bière et qu'il avait malmené pour récupérer son dû. Les directeurs lui avaient dit qu'il était chanceux de ne pas être placé dans un centre de redressement. Ils avaient raison ; on l'aurait arrêté si on avait connu le coup des portraits. Il en était encore fier ! Par trois fois, il avait proposé à des filles de faire leur portrait. Elles avaient accepté. Il les avait emmenées sur les Plaines pour travailler en toute tranquillité... Puis il les avait agressées. Il n'avait conclu l'acte sexuel qu'avec une qui avait eu bien trop peur pour songer ensuite à parler.

Puis son père l'avait accompagné à l'aéroport et il s'était retrouvé à Miami pour fêter ses quinze ans. Sa mère l'avait accueilli froidement, répétant qu'il aurait dû aller chez son mari et sa belle-mère qui vivaient à Sherbrooke, c'était plus logique, non ? Enfin, elle ne supporterait pas qu'il lui fasse des ennuis. Il avait eu le privilège d'étudier dans des collèges huppés, mais il n'avait pas su en profiter même s'il était doué pour les sciences et le dessin. Tant pis pour lui. Il travaillerait. Elle lui avait trouvé un boulot au club sportif où elle s'entraînait entre deux tours de garde au Memorial Hospital. Il s'était rapidement disputé avec le directeur qui voulait lui imposer un uniforme, mais il avait trouvé du travail dans un autre club, à Fort Lauderdale, où on savait l'apprécier. On lui avait vite confié des tâches plus compliquées que l'entretien ménager. Le jour de ses dix-huit ans, son patron lui avait offert de suivre un stage en informatique. Avait-il déjà deviné que cette formation lui permettrait de choisir ses victimes ? Non, il ne s'en était aperçu qu'après avoir repéré Joan. Elle avait des jambes parfaites. Hélas, il manquait d'expérience ; après lui avoir coupé le pied, il avait dû admettre qu'il avait fait un boulot de cochon. Les chairs étaient déchiquetées, les muscles broyés et il avait cassé le métatarse en l'immobilisant pour scier la cheville. Il ne pensait pas que l'os serait si dur à scier. Pourtant, il avait déjà empaillé un loup et il s'en était bien tiré.

Mais il n'était pas aussi excité.

Quant à sa mère, c'était différent. Il n'avait pu la tuer, un chauffard l'avait déjà décapitée. Il avait dû attendre quelques jours avant que la morgue ne lui remette le corps et la tête de sa mère. Il avait refusé l'incinération même si c'était le désir de la défunte. Elle aurait compris qu'il ne pouvait la voir réduite en cendres. Il était retourné au cimetière le soir de l'inhumation. Il aimait l'atmosphère de calme qui régnait en ces lieux, la propreté, les tombes bien alignées. La terre fraîchement remuée était encore molle et il avait déterré Francine avec plus de facilité qu'il ne l'aurait cru. C'est tout juste s'il transpirait. Son cœur battait quand il avait ouvert le cercueil ; il avait eu si peur qu'on ne lui rende pas sa mère. La belle tête de Francine. Il l'avait mise dans la glacière et, trois jours plus tard, il avait pu commencer à l'empailler. Il avait travaillé des heures et des heures tant c'était difficile. Il manquait d'expérience. Enfin, il était content d'avoir un souvenir de sa mère.

Joan faisait de l'auto-stop. À Miami! Alors que les viols et les meurtres sont quotidiens. Elle était assez vieille pour savoir qu'elle prenait un risque. C'était de la provocation. Elle s'était mise à crier après avoir constaté que la portière droite était verrouillée. Elle l'avait supplié, avait tenté de le mordre, avait réussi à le griffer, mais il avait sorti son revolver et l'avait matraquée. Il l'avait ensuite emmenée dans un parc peu fréquenté, l'avait déshabillée et violée. Joan s'était alors réveillée et avait recommencé à hurler. Il l'avait poignardée à plusieurs reprises — là encore, il avait été étonné de constater qu'elle ne mourait pas aux premiers coups. Ses soubresauts avaient accéléré sa jouissance.

Il s'était détaché d'elle pour prendre ses outils. Il avait failli garder le pied, en souvenir, mais il n'était vraiment pas utilisable. Il avait enseveli la fille. Il était encore excité en rentrant chez lui. Il avait repensé à cette scène des dizaines, des centaines de fois, se répétant qu'il ferait mieux la prochaine fois. D'abord, il aurait des outils de qualité supérieure. Comment peut-on faire du bon travail quand on n'est pas bien équipé?

Neuf mois plus tard, il avait remarqué la jambe gauche d'une grande blonde. Il l'avait violée sans qu'elle bouge, sans qu'elle proteste, comme si elle était paralysée. Il avait beaucoup ri quand il avait lu par la suite qu'on la surnommait Lucy à cause de la tornade; elle avait été une si faible proie. C'était la dernière fois qu'il avait éjaculé sans protection. Il ne pouvait plus rigoler avec l'ADN. Et puis, il y avait le sida. Il n'avait aucun mal à dérouler le condom sur son sexe; il était si excité par les plaintes de ses victimes. Il était si puissant! Lucy n'avait eu qu'un couinement quand il lui avait tranché la gorge. Comme Diane Péloquin, la précédente, qui avait été si contente de rencontrer quelqu'un qui parlait français dans un garage du Maine.

Muriel Danais, elle, s'était défendue avec la rage du désespoir.

Josiane Girard aussi.

Quelles chances avaient-elles face à lui ? Il était si fort. Et si discret. Au travail, il ne montrait pas ses biceps en portant des tee-shirts. Non, il respectait sa clientèle et était toujours bien vêtu, d'une chemise blanche ou d'un chandail immaculé. Il y avait un tel laisser-aller maintenant ! Il était consterné en lisant les journaux ; des amateurs avaient tué un chauffeur de taxi pour le voler et s'étaient fait pincer le lendemain du meurtre, car ils avaient laissé un million d'empreintes dans la voiture.

Ce n'était pas à lui qu'arriverait une telle chose. Il était trop malin pour ça. Sa mère lui avait toujours répété qu'il était empoté, manchot comme son père ; il lui prouvait aujourd'hui le contraire. Il était remarquablement organisé. Il imaginait la scène du meurtre si précisément avant de passer à l'action ! Le lieu, ses propres gestes, ceux de sa proie, ses cris, tout se déroulait dans son esprit comme un film. Un film qu'il se repassait inlassablement. Quand la tension était trop grande, il pouvait tuer sans s'inquiéter ; tout était prévu pour favoriser la bonne marche des opérations. Les policiers avaient beau prétendre que l'enquête progressait, il savait qu'il n'en était rien. On avait retrouvé le corps de Josiane Girard une semaine plus tôt, mais aucun agent ne l'avait interrogé. Bien mieux : il continuait à prendre son petit déjeuner au restaurant de quartier où plusieurs flics buvaient leur café. S'il ne s'attendait pas à ce qu'ils révèlent des détails de l'enquête devant lui, il pouvait cependant vérifier leur ignorance, leur impuissance. Il s'autorisait même à les saluer.

On ne remonterait jamais jusqu'à lui. Il pouvait continuer son œuvre.

Il devrait s'arrêter à la quincaillerie pour racheter du borax et de la poudre d'amiante.

À sa grande surprise, il avait déjà trouvé sa prochaine victime. Mais c'est la suivante qui lui donnerait plus de fil à retordre. Quoique, de nos jours, les enfants de douze ans courent les rues.

* * *

Frédéric était descendu le dernier de l'autobus. Il n'était pas pressé et il avait les jambes engourdies. C'était bien normal après deux heures quarante-sept minutes d'immobilité. Il avait aussi une roche dans l'estomac, mais ça devait être à cause des trois bananes qu'il avait mangées à la gare d'autobus de Montréal. Il avait eu peur, à la dernière minute, de les écraser dans son sac et de salir ses vêtements. Outre son sac de couchage, il avait apporté un jean et trois chandails, deux caleçons et deux paires de bas ; il les laverait dans les toilettes de la gare quand ce serait nécessaire.

Le soleil était si ardent qu'il inondait la salle d'attente. Les voyageurs semblaient surpris de voir toute cette lumière qui accentuait la blancheur des murs. Frédéric comptait ranger son sac à dos dans un des casiers, mais la location revenait à deux dollars par jour. Juste pour poser un petit sac !

Il le traînerait avec lui. Il sortit du côté de la rue Saint-André et demanda à un gars vêtu d'une veste de cuir comment rejoindre le Quartier latin.

Grégoire, qui venait d'apercevoir la voiture d'un de ses clients, répondit à Frédéric en songeant que le garçon n'avait pas plus de douze ans et qu'il semblait un peu perdu. Il n'avait pas été maltraité et ses yeux étaient plutôt gais, malgré une certaine appréhension. Le prostitué eut envie de lui dire d'être prudent, mais son client klaxonna, nerveux, redoutant d'être vu en compagnie d'un adolescent, et Grégoire sourit à Frédéric en lui indiquant brièvement la route à suivre.

Il n'avait qu'à monter la côte de la Canoterie, puis la rue Sainte-Famille, il arriverait au Petit Séminaire de Québec. Il verrait la rue Buade ; la terrasse Dufferin était juste derrière, un peu plus haut. Il ne pouvait pas la manquer.

Frédéric reconnut les tourelles du château Frontenac avec soulagement. Il fut frappé par la couleur du Saint-Laurent, un bleu si pur que les oiseaux le confondaient avec le ciel, un bleu pareil à celui qu'on voyait dans ce clip conçu comme une carte postale, un bleu superbe qui lui rappelait les yeux d'Anouk. Il éloigna sa sœur de ses pensées et se dirigea vers le kiosque qui abritait l'entrée du funiculaire ; peut-être quelqu'un pourrait-il le renseigner sur les auberges de jeunesse.

Le préposé au funiculaire regarda Frédéric et lui dit qu'il était bien jeune pour voyager seul.

— Je suis avec mon frère, mais il est avec sa blonde sur la terrasse. Il m'a envoyé m'informer.

Le préposé parut rassuré. Il n'en était pas certain, mais il croyait qu'il y avait une auberge rue Couillard, à côté d'un restaurant où le café était trop fort à son goût. Frédéric le remercia poliment sans oser demander où était la rue Couillard. Il demeura près d'une heure sur la terrasse. Il la quitta désenchanté ; il y avait bien moins de touristes qu'il ne l'avait espéré. Se servirait-il de son appareil photo ?

On pourrait peut-être lui en dire davantage à l'auberge. Il se souvint subitement d'une petite rue, derrière la côte de la Fabrique, qu'il avait remarquée plus tôt. En descendant vers l'auberge, il songea qu'il parlerait de nouveau de son grand frère ; on serait moins soupçonneux à son égard. Il conta donc que Philippe devait le rejoindre dans la soirée, qu'il avait dix-huit ans, mais il voulait être tranquille avec sa copine tout l'après-midi. Il avait demandé à son cadet de l'attendre à l'auberge. Frédéric proposa de payer tout de suite son lit pour rassurer l'employé qui hésitait à accueillir un mineur. Toutefois, si son frère revenait bientôt...

Frédéric promit tout ce qu'on voulait. Il s'allongea sur son lit pour réfléchir. Les choses ne se passaient pas exactement comme il l'avait imaginé. Son jeune âge était vraiment un obstacle. Et quand on constaterait que son grand frère n'existait pas, on lui poserait sûrement beaucoup de questions. Il dirait que Philippe était allé chez sa blonde Josée, pour avoir plus d'intimité. Mais le stratagème ne fonctionnerait pas durant des jours et des jours. Et il n'avait pas les moyens de rester à l'auberge plus d'une semaine. Il se demanda ce que Sébas et Dan faisaient à cette heure. Trois heures quarante-cinq. Ils jouaient peut-être dans les arcades. Frédéric releva le col de son Chevignon. Sa mère le lui avait offert pour Noël. Il avait été surpris qu'elle ait compris ce qu'il désirait ; il était certain qu'elle aurait oublié. Il était toujours honteux en repensant au manque de confiance qu'il témoignait à Denyse. Pourtant, il l'aimait. C'est juste qu'il aurait préféré qu'elle soit comme les mères de ses amis. Le temps s'était rafraîchi et le soleil déclinait rapidement derrière les immeubles de la rue Saint-Jean. Les jeunes qui discutaient près de la porte serraient les pans de leurs vestes de cuir contre leurs poitrines. Les néons du Capitole étaient allumés et le serein nimbait les lampadaires du carré d'Youville d'une brume opalescente. Le ciel mauve virerait à l'indigo avant une demi-heure ; il ferait nuit quand Frédéric sortirait des arcades. Il y pensa, mais il avait trop besoin de se distraire pour se préoccuper maintenant de la soirée.

Il fit le tour des jeux avant de se décider ; il cherchait une machine dont il connaissait bien les faiblesses. Il ne devait pas perdre d'argent. Il jouait depuis vingt minutes et n'avait raté qu'une partie quand un homme l'approcha et lui proposa un pari : s'il gagnait cinq parties de suite, il lui paierait son souper, sinon, eh bien, tant pis...

Frédéric fronça les sourcils :

— Si je perds, je n'ai rien, c'est tout ? C'est ça ?

— C'est ça.

— Pourquoi m'inviteriez-vous à manger ? On ne se connaît même pas.

Il n'était pas si idiot ! Un étranger l'abordait pour lui offrir à bouffer, comme ça, par gentillesse, et il le croirait ? Il avait tout de même entendu parler de prostitution !

— Je n'ai pas faim.

— Plus tard, peut-être. Il faut que tu gagnes tes cinq parties.

Pourquoi parlait-il de parties s'il avait envie de l'entraîner dans un coin sombre ? Frédéric ne s'était jamais prostitué, mais il devinait que les clients devaient être plutôt pressés de partir avec leur choix.

— Cinq parties ?

— Oui. Je vais t'expliquer. Je cherche un crack de ces jeux. Un as.

— Un as ?

— Tu m'as l'air plutôt doué. Tu pourrais m'aider.

L'homme expliqua à Frédéric qu'il venait d'inventer un nouveau jeu, mais il cherchait à l'améliorer et à le tester avec des adolescents. Bien sûr, il fallait que ceux-ci maîtrisent bien les machines à boules.

— Je t'ai observé depuis que tu es entré ici ; tu n'as perdu qu'une partie. Tu es vraiment bon.

Frédéric se détendait, l'homme le devinait, s'en réjouissait. Le coup des jeux marchait chaque fois. Il amènerait le blondinet chez lui, le nourrirait, lui montrerait sa machine — car elle existait réellement —, Frédéric la testerait, ils parleraient longuement, il lui offrirait de rester à dormir chez lui. Plus tard, dans la nuit, il lui expliquerait qu'il y avait des jeux plus excitants que ceux des arcades. Il savait très bien que le garçon n'était pas vénal.

— J'habite près d'ici, mais on peut manger avant, où tu veux, aussi vite que tu auras gagné tes parties.

Frédéric n'hésita plus. Il actionna une manette, puis une autre, se concentrant sur le mouvement des boules. Il sentait les vibrations de l'appareil contre son ventre. Il regardait les chiffres grimper dans le coin gauche ; il allait gagner. Il était si pris par le jeu qu'il ne vit pas Grégoire s'approcher d'eux. C'est juste quand il entendit l'homme protester que Frédéric s'avisa de sa présence. Il ne le reconnut pas tout de suite, mais lui sourit poliment. Grégoire lui fit signe de s'écarter de la machine. L'homme s'interposa :

— Va jouer ailleurs.

— Non, c'est toi qui vas t'en aller. Tu sais bien que si tu restes trop longtemps avec moi, la police va venir nous écœurer. T'aimerais-tu ça ?

— Mêle-toi de tes affaires, crisse, je ne fais rien de mal.

— Ben non, je suppose que tu lui proposais de voir ton nouveau jeu vidéo. Mais tu y disais pas que c'était une drôle de machine, avec un gros canon. Un gros canon que tu lui fourrerais dans la gueule ou dans le cul ? Va-t'en !

— Si les bœufs viennent, tu ne seras pas mieux que moi.

— C'est vrai. On va tous s'en aller.

Grégoire ramassa le sac à dos de Frédéric et se dirigea vers la sortie. Frédéric courut derrière lui.

— Eh ! c'est mon sac !

— Je le sais. Mais il est pas pesant.

— Il est presque vide.

— Comme ta tête ! Tu serais parti avec le gros porc si j'avais pas été là.

Frédéric haussa les épaules :

— Je ne sais pas.

— Moi, oui. Je l'ai suivi, il y a trois ans.

Ils marchèrent en silence durant quelques minutes, puis Grégoire tendit son sac à Frédéric en lui recommandant d'un ton sec d'être plus prudent à l'avenir.

— T'es fâché ?

— Non.

— Où tu vas ?

— Travailler. Salut.

Grégoire fit un geste de la main et tourna le dos à l'adolescent. Frédéric hésita quelques secondes, puis rattrapa Grégoire.

— Sais-tu où je pourrais dormir demain ?

— Demain ?

— Je vais à l'auberge de jeunesse ce soir. J'ai inventé une histoire. Mais je ne veux pas être obligé de retourner chez mon père.

— Pis ta mère ?

— Non plus.

Grégoire examina Frédéric, soupira, grogna qu'il n'était pas mère Teresa, que personne ne s'était occupé de lui quand il avait quitté le domicile familial. Frédéric s'immobilisa, tendit la main à Grégoire :

— Ce n'est pas grave, je vais me débrouiller. Merci pour le bonhomme, tantôt.

— Câlice ! C'est quoi, ton nom ?

— Fred.

Grégoire répéta « Fred » deux fois, puis il se présenta. Ils marchèrent durant dix autres minutes avant que l'adolescent ne rompe le silence, mais Grégoire, déjà, appréciait ce garçon qui savait cheminer sans bavasser continuellement. Grégoire aimait beaucoup partager le silence. C'était peut-être pour cette raison qu'il avait adopté Graham.

Parlerait-il de Fred à Biscuit ?

— On va se retrouver demain, Grégoire ?

— Oui. Attends-moi sur la terrasse Dufferin à midi.

— J'y serai, n'aie pas peur.

— J'ai jamais peur, mentit le prostitué.

— Moi non plus.

— Continue tout droit sur Saint-Jean pour te rendre à l'auberge.

— Je sais où je suis ! affirma Frédéric.

— Mais tu sais pas encore qui tu es.

Grégoire tourna si vite au coin de la côte Sainte-Geneviève que Frédéric ne put lui demander d'explication. Il savait qui il était, voyons ! Ce n'était pas parce qu'il avait donné un faux nom à l'auberge qu'il en avait oublié le véritable. Grégoire était un peu bizarre. Il parlait d'un ton tranchant, mais ses gestes étaient doux et souples. Il regretta qu'il se prostitue ; il devrait lui préciser le lendemain qu'il n'avait pas l'intention de l'imiter.

* * *

Claude Brunet tremblait tellement qu'il manqua renverser son café. La compagnie de taxis avait demandé à tous ceux qui travaillaient le soir du meurtre de se présenter au poste de police.

Il n'irait pas. Il partirait quelques jours à Montréal. Deux semaines, s'il le fallait. Il ne parlerait pas aux enquêteurs. Ils devaient avoir déjà sa fiche. Et savoir qu'il en avait pris pour onze ans. Vol à main armée. Mais ce n'était pas lui qui avait tué la fille Girard. On ne le croirait pas. Et si on apprenait ce qui se passait avec Juliette ? Il retournerait au pen. Oh non, jamais ! Plus jamais.

Il faisait frais, mais Claude Brunet transpirait. Il reconnaissait l'odeur âcre de la peur. Il avait sué cette acidité durant des années. Chaque fois qu'un autre détenu s'approchait de lui. Le jour et la nuit, à la cafétéria, à l'atelier, dans la cour, chez le directeur, aux douches bien sûr, à l'infirmerie, partout. Tout le temps. Quand il était sorti de prison, il avait eu envie de travailler dans une poissonnerie afin qu'une odeur plus forte chasse celle de la peur. Puis il avait trouvé cet emploi de chauffeur. Il fumait dans sa voiture. Ses vêtements sentaient le tabac, ses cheveux, sa peau, et c'était très bien ainsi. Juliette fumait aussi, ça ne la gênait pas.

De toute manière, il ne se souvenait pas de tous les clients qu'il avait fait monter ce soir-là. Il voyait tant de monde dans une nuit ! Et s'il regardait les femmes avec un peu plus d'attention, il ne remarquait pas les hommes, sauf s'ils étaient très excentriques. Même s'il le voulait, il ne serait d'aucun secours aux policiers.

En verrouillant les portières de sa voiture, Claude Brunet constata qu'un client avait laissé *Le journal de Québec* sur la banquette. Il le prit, même s'il l'avait lu, et observa de nouveau les photos relatives au meurtre. Le corps était recouvert d'un drap, mais le regard des policiers sur la photo de la page de gauche en disait long sur l'horreur de la découverte.

Il relut le dernier paragraphe ; le journaliste prédisait que le criminel recommencerait.

Comment pouvait-il le savoir ? Connaissait-il tant de meurtriers ? Lui en avait côtoyé en taule, et il pensait que les neuf dixièmes de ces assassins ne récidiveraient pas. Pourquoi le tueur frapperait-il encore ? Il ne pouvait pas l'en empêcher, de toute façon. À quoi bon se ronger les sangs ? Il jeta le journal dans une poubelle avant de chercher la clé de son appartement. Il verrait Juliette, puis quitterait Québec. Juliette lui en voudrait, mais il ne l'emmènerait pas avec lui. C'était beaucoup trop dangereux. La voir le mettait en péril. Il attendrait des lustres avant de voyager avec elle. Et pourtant, il ne pouvait se passer d'elle. De sa bouche cerise, de son petit nez, de ses seins ronds et de ses yeux légèrement bridés. Elle avait ri quand il lui avait offert un kimono en satin bleu, mais elle le portait chaque fois qu'ils se rencontraient. Elle le glissait dans son grand sac-panda et le sortait au cours de la soirée. Le satin s'étirait hors de la tête noir et blanc de l'animal en peluche et ce mélange d'enfance et de promesses de plaisir troublait profondément Claude. Il regrettait parfois de lui avoir acheté le vêtement. Mais pas très longtemps. Ses scrupules étaient balayés dès que le kimono bâillait sur les seins fermes, s'ouvrait sur les jambes fuselées. Juliette.

Elle l'avait appelé Roméo, une fois. Il avait adoré ça, mais il ne le lui avait pas dit. Ce qu'elle aimait en lui, c'était son dur passé de prisonnier, ses tatouages gravés en cellule. Elle flattait le diable rouge et noir chaque fois qu'il la prenait. Pour son anniversaire, il se ferait tatouer « Juliette » sur l'avant-bras gauche, elle serait épatée !

Elle avait dit qu'elle réussirait à lui téléphoner vers dix-neuf heures. Il était dix-huit heures trente. Il avait tout juste le temps de manger un sandwich et de préparer sa valise. Il la cacherait jusqu'à la fin de la soirée. Il n'allait pas gâcher les deux heures qu'ils pouvaient passer ensemble.

Deux heures ! C'était vraiment très peu. Au début, il pensait que ça lui conviendrait, qu'il aurait l'impression de conserver sa liberté. Maintenant, ça l'ennuyait. Il aurait voulu la voir plus longtemps, plus souvent.

Mais c'était impossible.

Chapitre 4

Graham plia hâtivement son kimono de judo ; elle ne voulait pas être en retard au bureau. Elle n'avait pas prévu qu'elle s'entraînerait si longtemps, mais elle était tellement furieuse qu'une vraie détente était nécessaire. La veille, une retraitée avait porté plainte pour vol. Et de six ! Comme si on n'avait pas assez du tueur.

Maudite solitude. Les vieilles dames n'auraient jamais fait confiance au pseudo-peintre si elles ne s'ennuyaient pas tant. Il était grand, plutôt bel homme, très poli. Et pas du tout négligé comme certains artistes. Il portait des mocassins de daim, des vestons bien coupés, des chemises empesées, un foulard de soie ou une cravate. Il abordait ses victimes dans la rue. Elles avaient peur, au début, mais il procédait toujours en plein jour, dans des endroits publics. Il prétendait qu'elles ressemblaient à une amie, trop tôt disparue. Il était peintre et s'il osait...

« Oser ? », avaient-elles toutes dit. « J'aimerais faire votre portrait, je retrouverais un peu ma chère Arlette. » Elles étaient touchées, les retraitées. Il leur proposait un café, il esquissait leurs traits sur la nappe en papier. Elles lui trouvaient du talent. Certaines précisaient quand même qu'elles ne voulaient pas payer pour le portrait. Il se vexait ! C'était lui qui devrait les payer si elles acceptaient ; il les dérangeait, abusait de leur temps. Elles protestaient à leur tour ;

67

elles n'avaient pas grand-chose à faire. Il finissait par aller chez elles où il installait son chevalet et ses couleurs. Il commençait son travail. Il insistait pour inviter l'élue dans un excellent restaurant. Elles se confiaient après quelques tête-à-tête. Il les flattait, les faisait rire, les plaignait. Et les conseillait en matière de finances, car il avait un cousin qui lui avait permis de gagner beaucoup d'argent en investissant dans l'immobilier. Un concept nouveau, inspiré d'un modèle européen, norvégien même : des villas pour des gens de l'âge d'or. Mais attention ! des personnes autonomes. En forme. Handicapés, séniles, grabataires s'abstenir. On voulait jouer au tennis et au golf, danser, sortir. Une sorte de club privé qui ferait aussi pension. Antoine jurait qu'il retirait déjà des intérêts du premier immeuble. Il montrait des plans des prochaines villas, des dessins d'architecte. Il glissait adroitement qu'elles pourraient retrouver leur mise de fonds si jamais elles décidaient, plus tard, bien plus tard, de ne pas s'installer dans une des villas.

Elles lui confiaient leurs économies. Antoine disparaissait avec.

Qui était-il ? Graham avait distribué un portrait-robot à tous les restaurateurs et marchands de matériel d'artiste ; sans succès. Pierre Beauchemin s'était pourtant appliqué en dessinant le fraudeur. Il avait écouté attentivement les directives de ses victimes, mais le suspect était somme toute assez banal. C'étaient les souvenirs d'un verre au Concorde, d'un brunch au château Frontenac, d'un souper chez Laurie Raphaël qui embellissaient le voleur. Graham, elle, le trouvait quelconque. Il avait des yeux, un nez, une bouche tout à fait ordinaires ; aucun signe distinctif. Les commerçants voulaient collaborer avec la police, mais ils n'étaient pas détectives. De plus, l'homme était assez jeune pour être le fils des femmes trompées ; comment différencier un garçon aimant d'un fraudeur séduisant ?

Graham avait épluché tous les fichiers concernant les escrocs. Consulté les répertoires d'étudiants en arts et en architecture. Rencontré les professeurs de peinture des cégeps et de l'université. Aucun ne correspondait au suspect. Tiens, elle devait avoir rencontré le Prof de Grégoire sans le savoir. Comment arrêterait-elle le fraudeur ? Elle se doucha en se demandant si elle serait aussi vulnérable quand elle aurait soixante-cinq ans. Non, elle serait habituée depuis longtemps à la solitude. Elle recommençait déjà à s'y faire. Elle avait très bien vécu seule, avant Yves. Elle n'aurait pas dû lui téléphoner pour son anniversaire. Les souvenirs avaient afflué, brisé sa résistance. La débâcle, la mémoire qui s'impose comme l'eau qui gronde, rugit et rompt les glaces. Elle voulait juste être gentille, lui offrir ses vœux. Il était étonné, mais l'avait remerciée, s'était informé de son travail, de Rouaix, de ses parents. Elle avait répondu tout en essayant d'imaginer comment il était habillé ; portait-il toujours le chandail turquoise qu'elle lui avait donné pour leur premier Noël ? Avait-il encore cette chemise en rayonne champagne qui lui allait si bien ? Avait-il grossi, minci, vieilli ? Elle espéra qu'il avait plus de cheveux blancs. Mesquine, va. Il devait l'avoir vue dans le journal, au début de la semaine, et avoir trouvé qu'elle avait engraissé. Sûrement.

En sortant du gymnase, Graham avait acheté un yaourt et une pomme verte dans un distributeur en s'en félicitant intérieurement, car elle avait louché vers les chips au ketchup. Elle avait éternué en regardant le soleil et pensé qu'il y aurait beaucoup de monde sur les Plaines durant la fin de semaine s'il continuait à faire beau. On annonçait un record de chaleur. Elle y croyait ; elle avait vu des hirondelles en se levant et des roselins en prenant son petit déjeuner. Ils s'affairaient tant à ramasser des brindilles, des bouts de fil, des poils, des plumes pour les nids qu'elle les envia de savoir exactement ce qu'ils devaient faire. Ils fondaient en vrille, en piqué sur le matériau convoité ; aucune hésitation, jamais. Graham apprenait beaucoup en observant les oiseaux.

Oui, il ferait beau. Les gens seraient heureux, ivres de printemps, soulagés de voir disparaître les dernières plaques de neige, aussi excités que leurs enfants à l'idée de huiler les patins à roulettes ou de préparer un pique-nique. Les gens seraient si contents qu'ils oublieraient peut-être le tueur. Mais celui-ci ne les oublierait pas, Graham en était intimement persuadée. Elle avait relu entièrement l'importante documentation concernant les tueurs en série et ne s'illusionnait pas ; il recommencerait. À Québec. Elle n'allait pas confier à Rouaix qu'elle pensait même que l'assassin voudrait la défier. Parce qu'elle était une femme. Son coéquipier la trouvait déjà paranoïaque. Il avait peut-être raison. Elle l'espérait. Le rapport d'autopsie l'avait écœurée ; nombreux coups avant la mort, trois piqûres et amputations faites par un professionnel. Même s'il n'y avait pas de sperme, Gagnon penchait pour le viol, vu les graves contusions vaginales.

On avait consulté tous les dossiers des meurtriers de la région et de la province, mais aucun des types fichés n'avait montré de goût pour ce genre de mutilations. Restaient les médecins, et les bouchers, plus aptes que la plupart des gens à faire de parfaites incisions. Et plus équipés ; il faut de bons outils pour réussir à couper un membre sans le déchiqueter, Alain Gagnon le lui avait répété.

On avait aussi pensé aux embaumeurs, même si ceux-ci ne se déplaçaient pas sur de longues distances pour faire leur travail. Les bouchers avaient parfois des livraisons ou des achats importants dans une autre ville, comme les médecins avaient des congrès, mais les embaumeurs...

On les interrogerait quand même. Très discrètement. Comme les autres. Et on n'aurait pas rencontré la moitié des médecins que le tueur aurait frappé de nouveau. Graham était prête à parier cent dollars.

Il fallait aussi penser que le criminel pouvait s'être déguisé en prêtre ou en policier pour vaincre la méfiance de sa victime. Graham se souvenait de ce violeur qui sonnait à la porte de ses proies en se faisant passer pour un fleuriste. Est-ce qu'on se méfie d'un livreur de roses ? d'un curé ? d'un représentant de l'ordre ? ou même d'un préposé d'Hydro-

Québec ? Non, on ouvre très facilement sa porte.

Plus tard, entre la cinquième et la sixième marche de l'escalier qui menait à son bureau, Graham croisa les doigts, souhaitant que la piste du taxi ait apporté des résultats. Rouaix s'approcha d'elle alors qu'elle déposait la Granny Smith sur son bureau.

— Tiens, on a sept chauffeurs qui sont venus témoigner. Ils ne se souviennent pas trop de leurs clients, mais à cette heure, il y en a seulement un qui a pris une femme en charge dans cette rue.

— D'autres chauffeurs vont encore venir. Quelqu'un a conduit ce meurtrier.

— Ben, justement, il y a un gars qui n'est pas venu. Un nommé Brunet.

— Pourquoi ?

Le patron de Brunet, expliqua Rouaix, avait dit que son employé, dont il était satisfait, était pourtant un repris de justice. « Je ne suis pas un stool, mais j'ai une femme et une fille et je ne voudrais pas qu'il leur arrive pareil qu'à Josiane Girard », avait-il ajouté.

— Alors ?

— Claude Brunet a quitté son appartement hier. Avec une valise.

— Une valise ?

— On a donné son signalement un peu partout : aéroports, douanes. On attend. On a son profil. Vol à main armée. Son troisième et dernier.

— Il n'a jamais tué ? violé ?

— Pas qu'on sache. Il ne ressemble pas à un tueur en série.

— Non, soupira Graham, pas du tout. Je me demande ce qu'il fuit. Penses-tu qu'il connaissait le tueur ?

— Peut-être. Peut-être qu'il l'a côtoyé en prison et qu'il a peur de lui, qu'il sait de quoi il est capable. Il est peut-être complice. Ou forcé de l'être. J'ai fait sortir la liste des gars qui ont été en dedans en même temps que Brunet. En voilà une copie. Je l'ai lue sans rien trouver.

Graham prit la liste tandis que Rouaix attrapait son veston. Il le palpa, sourit :

— La semaine prochaine, je vais en mettre un en toile. Il fait tellement beau ! Je me rends à l'île d'Orléans avec Nicole ce soir. Pour voir les oies. Même si elles sont presque toutes arrivées.

— Chanceux !

Le retour des oies blanches était un spectacle qui enchantait Graham. C'était son père qui l'avait amenée à la pointe de l'île la première fois. Il avait tendu l'index vers le ciel, désignant un énorme nuage sombre qui fonçait sur eux. Puis la rumeur qui s'amplifiait, les battements d'ailes par milliers, la rumeur qui volait au-dessus de leurs têtes en formation fléchée, la rumeur qui descendait pour s'égailler sur les battures. Les longs cous bruns, les becs noirs, les grandes ailes blanches frémissantes avaient charmé Graham pour la vie, même si elle savait qu'elle n'aurait jamais autant de discipline que ces oiseaux. Elle savait que chaque élément est important dans une équipe ; les oies ne pourraient traverser les mers si elles ne cédaient à tour de rôle la première position, mais elle ne pouvait travailler en harmonie avec Roger Moreau. C'était trop lui demander.

— Des nouvelles de Mme Goulet ?

— Non, Graham. Rien de plus. Notre artiste-peintre a assez d'argent pour tenir un petit bout de temps. Même en logeant au Hilton.

— Les hôtels ?

— Personne n'a téléphoné. Aucun client ne correspond au signalement du fraudeur.

Rouaix sorti, Graham saisit la pomme et la mordit d'un coup de dents rageur. Rien sur le meurtrier, rien sur le fraudeur, un suspect en fuite. Elle lut le dossier de Claude Brunet et le referma avec la conviction que Rouaix avait raison ; Brunet n'était pas de la race des tueurs en série. Il fallait pourtant le retrouver. Elle pensa à tous les policiers qui le rechercheraient et revit le déploiement des oies.

L'enquêtrice remonta les manches de son pull aubergine et entreprit de rédiger un rapport sur la fraude dont avait été victime Mme Goulet. Elle n'avait pas osé décourager cette dernière, mais même si on arrêtait le bel Antoine, il aurait probablement tout dépensé son argent. Supporterait-elle en plus les frais d'un procès qui ne lui rapporterait sans doute rien ? Les victimes payaient souvent deux fois pour leur malheur. On se fait arnaquer, mais les assurances ne remboursent pas tout ; on avait mal lu la petite clause en bas à gauche. On se fait violer et on doit subir un procès. On se fait voler et on poursuit un plus pauvre que soi. On perd toujours quand on est victime, Graham le savait, mais elle admettait mal que la justice ne puisse aider davantage les citoyens.

Comment, par exemple, pourrait-elle secourir Josiane Girard ?

Graham remonta ses lunettes pour la trentième fois de la journée, regarda l'énorme horloge de la salle voisine. Seize heures cinquante. Deux heures de paperasserie déjà ! Elle repoussa les rapports, se leva, s'étira comme son chat, fit quelques flexions et se rassit sagement, reprit le dossier du FBI sur Lucy et Diane Péloquin et celui sur Muriel Danais. Elle les connaissait par cœur, mais espérait trouver un détail qui lui ouvrirait une piste. Des seins, des pieds, des jambes ; le tueur était-il fétichiste ? Ou avait-il été privé de l'usage des jambes ? Par une femme ?

Elle était idiote ! Comment un handicapé aurait-il pu capturer sa proie, la tuer, la découper et aller porter le corps dans un endroit désert ? Graham devinait que bien des handicapés étaient plus autonomes et débrouillards que certains de ses collègues ou de ses voisins, mais il ne fallait rien exagérer. Elle devait avoir faim pour avoir des idées aussi saugrenues. Elle ne bougea pourtant pas de sa chaise, sachant que les chemins de traverse qu'empruntait sa pensée la conduisaient souvent à une forme de solution. Elle repensa aux handicapés, leurs membres coupés, remplacés par des prothèses.

Prothésiste ?

Pourquoi ? Quel but pousserait un prothésiste à collectionner des membres vivants ? Pour mieux les copier ? Ridicule. Elle inscrivit pourtant le mot « prothésiste » dans le rapport. Elle en parlerait à Rouaix.

Une lumière clignota sur son appareil téléphonique : des nouvelles du chauffeur de taxi ?

C'était Grégoire.

— Salut, Biscuit.

— Salut.

— Tu travailles encore ?

— Jusqu'à minuit. Tu as l'air en forme ?

Elle regrettait cette question chaque fois qu'elle la posait ; Grégoire pouvait-il être bien dans sa peau en se prostituant et en se droguant ? Il prenait moins de coke depuis quelques semaines, mais ce n'était pas suffisant pour parler de sérénité.

— C'est correct. J'ai passé la journée avec quelqu'un.

— Ton Prof ?

— Non. Mon petit cousin.

— Ton cousin ? demanda doucement Graham.

Elle était toujours prudente quand elle parlait de sa famille à Grégoire.

Celui-ci hésita et transigea avec sa conscience. Il détestait mentir à Graham. Heureusement qu'elle était la seule personne qui lui faisait cet effet.

— Un cousin éloigné. Il s'est engueulé avec son père. Je vais m'en occuper cette semaine.

— Tu l'aimes bien ?

— Exagère pas, ricana Grégoire, je le connais même pas.

— Mais c'est ton cousin.

— Tu connais tous tes cousins, toi ?

Graham admit qu'il avait raison.

— Ça m'arrive souvent. C'est pas parce que je vends mon cul que je suis pas intelligent. C'est pas mon cerveau qui s'use, c'est mes fesses.

— Arrête !

— O.K., Biscuit.

— Voulais-tu quelque chose ?

Erreur. Elle venait de commettre une gaffe, elle le devinait d'après l'épaisseur du silence de Grégoire. Il était vexé. Il penserait qu'elle insinuait qu'il était intéressé, qu'il l'appelait dans un but précis.

— Non, rien. Salut.

Il raccrocha avant qu'elle n'ait le temps de réagir. C'était toujours la même histoire. Il était plus vite qu'elle. Et tout aussi orgueilleux.

* * *

Le tueur était allé se promener près du parc Victoria, misant sur le fait que le beau temps agirait sur les policiers comme sur les citoyens qu'ils réussissaient parfois à protéger. Ils seraient distraits, béats, *cool*. Ils remarqueraient davantage les jambes des filles, les décapotables, les cow-boys en Harley qu'un joggeur solitaire rôdant autour de la centrale de police. Au pire, si on l'interpellait, il dirait qu'il voulait rencontrer Turcotte, qu'il avait entendu son nom au restaurant du coin, qu'il désirait lui remettre un portefeuille qu'il avait trouvé dans la rue. Au pire, mais ça n'arriverait pas. Il le sentait.

Il voulait voir Graham. Même de loin, ça l'excitait.

Il avait eu très envie d'écrire au journal pour dire qu'il continuerait à tuer sans s'inquiéter, puisque c'était une femme qui menait l'enquête, puis il s'était ravisé. Il ne s'inquiétait pas, de toute manière. Satan en personne aurait pu jouer au détective qu'il aurait persévéré. Il n'allait pas s'arrêter maintenant, si près du but.

Il était étonné qu'avec la fonte des neiges on n'ait pas encore trouvé le corps de Mathilde Choquette. On avait bien découvert celui de Muriel Danais à Montréal. Il l'avait bien caché, mais les chiens adorent les restes. Il est vrai que les pauvres bêtes n'avaient pas le loisir de courir souvent sans laisse ; le règlement était de plus en plus sévère à ce sujet. Dommage, avec la chaleur, le corps se décomposerait. Cela déplairait sûrement à l'inspectrice.

Non qu'elle eût trouvé plus d'indices avec de la chair fraîche ; il n'avait rien négligé, il le savait. Il procédait avec tant de méthode. Mathilde Choquette avait été si facile à piéger, aussi intelligente qu'une perdrix ! Elle n'était pas la seule à être sotte, loin de là. Combien de femmes se promenaient le soir dans des endroits déserts ? Attendaient l'autobus à minuit dans une rue trop tranquille ? Et ces raccourcis, à travers un parc de stationnement ou un terrain vague ? Une ruelle ou les bois de l'université ? Il fallait être de sacrées imbéciles pour les emprunter.

Mathilde Choquette l'avait suivi jusqu'à sa voiture sans hésiter ; il avait montré ses lunettes cassées, expliqué qu'un chien l'avait agressé et qu'il n'y voyait rien. Pouvait-elle l'aider à retrouver son auto ? Il avait des lunettes fumées dans le coffre à gants qui pourraient le dépanner. C'était une Chevrolet 1991 de couleur bleue. Au bout de la rue, croyait-il. L'idiote l'avait accompagné, lui avait même pris le bras comme s'il était aveugle. Elle avait ouvert la portière. Il l'avait poussée. Elle s'était assommée contre la portière. Il l'avait attachée. Ensuite, il avait roulé durant une vingtaine de minutes pour atteindre l'endroit rêvé : sous les boulevards-échangeurs. Jamais personne ne traînait par là. Elle était revenue à elle, avait commencé à crier. Il lui avait montré son poignard en lui disant de se taire. Elle l'avait supplié. À genoux dans la neige. Son mascara coulait et lui faisait des yeux de raton laveur. Ça l'avait excité. Ses cheveux ressemblaient au poil de l'animal. Dorés, non, bronze. Il l'appelait Rackoon en la poignardant. Il ne l'avait pas violée. Il faisait trop froid, - 27 °C. De toute manière, ce n'était pas ce qui lui plaisait le plus. La pénétration de la lame dans la chair valait bien des coïts. Ce n'est pas qu'il avait des problèmes à bander. Il n'avait jamais vraiment eu d'ennuis de ce côté-là. Jamais.

Non, c'est juste qu'il fallait manquer d'imagination pour se contenter d'une petite baise à la papa quand on peut ressentir mille fois mieux. Il s'étonnait qu'il n'y ait pas plus de meurtres. C'est le premier pas qui compte ; les hommes n'osaient pas tuer malgré leur envie. Des cons. Tous des cons. Comme ces policiers qui croyaient qu'ils l'arrêteraient. On verrait ça !

* * *

Frédéric remonta la couverture de laine sous son menton. Comme sa mère le faisait. Non, il ne fallait pas penser à Denyse. Elle devait savoir qu'il avait fugué maintenant. Dan ou Sébas avaient sûrement tout dit. Bah, ce n'est pas ça qui permettrait qu'on le retrouve.

Qui viendrait le chercher chez un copain de Grégoire ?

C'était évidemment moins beau que chez lui, à Montréal, mais on l'hébergeait gratuitement. Grégoire avait expliqué qu'il habitait rue Ferland pour deux ou trois semaines pendant qu'un copain était en voyage. C'était un studio où il n'y avait qu'un lit, une table, deux chaises et un petit frigo. Et un vieux réchaud, l'ami détestait cuisiner. Frédéric n'avait pas osé demander s'il se prostituait aussi ; la discrétion de Grégoire l'incitait à l'imiter. Ce dernier ne lui avait posé aucune question. Il lui avait dit qu'il pouvait rester avec lui rue Ferland. Il lui avait conseillé de traîner au Salon du livre durant la journée.

— Il y a tellement de monde qu'on te remarquera pas. Et c'est pas là que tu vas te faire achaler.

En regardant un livre sur le tennis, Frédéric avait décidé de proposer ses services dans un club sportif. S'il travaillait après quatre heures et les fins de semaine, le patron ne se douterait pas qu'il n'allait plus à l'école.

Il ne gagnerait pas autant d'argent que Grégoire, mais il ne voulait pas se prostituer.

Est-ce que son ami hantait les centres commerciaux

depuis longtemps ? Grégoire lui avait conté que de nombreux hommes, magasinant en famille, aimaient se faire sucer entre deux courses. Ils plantaient là femme et enfants une petite heure, prétextant un achat ennuyeux dans une quincaillerie, ils repéraient le jeune qui leur plaisait et partaient avec lui. Tout se faisait très vite et c'était moins dangereux que la rue. Frédéric n'aimait pas ce genre d'histoires, mais il ne voulait pas que Grégoire s'imagine qu'il le méprisait, c'est pourquoi il l'écoutait attentivement. Il aurait préféré que son nouvel ami lui raconte pour quelle raison il avait aussi fugué. Est-ce que sa mère consommait autant de pilules que la sienne ? Est-ce que sa vie était aussi plate ? L'école, les amis, les vidéos, l'école, les amis, les vidéos ? Même Dan et Sébas lui paraissaient bien fades maintenant, timorés, depuis qu'il connaissait Grégoire.

Lui, c'était un *king*.

La vie était bien étrange ; il avait menti en s'inventant un frère et le hasard lui en envoyait quasiment un. Il ferait tout son possible pour ne pas le déranger. Il voulait rester avec lui. Mais où ? Grégoire n'avait pas de domicile fixe. Il devait trouver rapidement une solution.

Il n'avait pas tellement goûté que Grégoire ait une amie policière. Biscuit ? C'est ça, Biscuit Graham. Il lui avait montré sa photo dans *Le journal de Québec*. Frédéric savait que son copain ne le dénoncerait pas à cette enquêtrice, mais s'il parlait trop sans le faire exprès ? Graham devait avoir la liste et les photos des fugueurs de toute la province dans son bureau. Elle l'identifierait et demanderait à Grégoire où il se cachait.

Il entendit un bruit de clé ; Grégoire rentrait. Frédéric regarda sa montre : cinq heures. Il ferait clair dans trente minutes. Il écouta les pas de son ami, il était content qu'il revienne. Il devina qu'il allait prendre sa douche avant même que l'eau ne jaillisse. Il s'endormit en souriant ; il était chanceux d'avoir rencontré Grégoire.

* * *

Graham esquissa un sourire avant de suivre Rouaix dans la salle d'interrogatoires.

— On l'a arrêté par hasard, expliqua Rouaix, excès de vitesse.

Claude Brunet était assis sur le bord de sa chaise et menaçait de tomber à chaque respiration. Il était livide, tressaillait au moindre bruit, se mordait sans cesse les lèvres. Il était évidemment coupable. De quoi?

Graham s'installa face à lui et l'observa durant deux minutes. Elle entendait son cœur battre. Qu'avait-il à cacher? Elle ne pensait pas qu'il eût tué et mutilé Josiane Girard; l'assassin devait avoir plus de sang-froid que cet homme qui se liquéfiait devant elle. Mais il pouvait être son complice.

— Vous êtes chauffeur de taxi depuis longtemps? dit-elle enfin.

Il sursauta, ses paupières papillotèrent :

— Depuis que je suis sorti de taule, vous le savez bien.

— Aimez-vous ça?

— Être dehors ou chauffeur? ironisa Brunet. Les deux. J'aime les deux.

Rouaix lui offrit un café, qu'il accepta, sortit le chercher afin que Graham reste seule quelques minutes avec Brunet.

— Êtes-vous marié? demanda l'enquêtrice.

— Marié? bredouilla Brunet. Quel rapport avec le taxi?

— Aucun, répondit Graham en notant le trouble de Brunet, aucun. C'est juste que j'aime connaître les gens avec qui je parle.

— Allez-vous me garder longtemps ici? Je n'ai rien fait!

— C'est vrai.

Brunet la dévisagea, plissa les yeux, méfiant : on essayait de l'amadouer pour qu'il se trahisse. On lui envoyait une femme pour poser des questions, pensant qu'il serait moins vigilant? Il avait fait onze ans! L'avaient-ils oublié? Il restait silencieux, attendant que Graham se découvre.

— Je sais que vous n'avez pas tué Josiane Girard. Vous êtes droitier et l'assassin est gaucher. Elle semblait sincère. Elle prit une enveloppe, en tira des photos qu'elle tendit à Brunet. Il grimaça, jura en reconnaissant un cadavre mutilé. Il laissa tomber les photos à terre. Graham se pencha pour les ramasser, se releva lentement.

— Ce n'est pas joli, non ?

— Qu'est-ce que vous voulez que je vous dise ?

— Pourquoi vous avez quitté Québec si promptement.

— On n'a pas le droit d'aller se promener à Montréal, maintenant ?

— Bien sûr. Il doit faire encore plus beau qu'ici. Est-ce que les lilas sont en fleur ?

Claude Brunet se renfrogna ; elle se moquait de lui. Ou non ? Elle continuait à parler, elle évoquait les funérailles de Josiane Girard ; les bourgeons des tilleuls qui bordaient l'allée centrale du cimetière commençaient à poindre. Elle adorait ce vert printemps qui était de la même couleur que les yeux de son chat.

Claude Brunet avait presque hâte de revoir Rouaix ; Graham était trop bizarre. Il s'étira le cou pour regarder dans le corridor.

— Il va revenir, dit Graham. Rouaix revient toujours. Contrairement aux meurtriers. Ce n'est pas si vrai que ça qu'ils retournent sur les lieux de leur crime. Ça serait trop facile pour nous ! Êtes-vous d'accord ?

— Je... je ne sais pas.

— Mais vous avez rencontré des assassins en prison, non ? Claude Brunet haussa les épaules.

— Seriez-vous capable d'en reconnaître un ?

— Je ne sais pas.

— Est-ce que votre femme allait vous voir en prison ?

— Je ne suis pas marié !

— Une petite amie ?

Il évita la question et en posa une autre :

— Qu'est-ce que vous voulez ?

— On veut savoir si vous connaissez un assassin.

— Comment ?

— Tu travaillais la nuit du meurtre, dit Rouaix en poussant la porte. On veut juste savoir si tu as fait monter un homme vers une heure du matin, dans le bout de Maguire. Tiens, voilà ton café. J'ai mis du sucre et du lait.

— Merci.

L'arrivée de Rouaix soulageait visiblement Brunet. À moins qu'il ne fût rassuré par sa question ? Une heure du matin ; bien sûr qu'il roulait. Il n'était pas avec Juliette, il n'était jamais avec elle si tard dans la nuit.

— Je ne me souviens pas trop.

— On veut des détails.

— Toute la soirée ?

Il était avec Juliette jusqu'à onze heures. Il ne le leur dirait jamais.

— Un petit effort, Brunet. Tu pourrais être soupçonné de complicité.

— Vous êtes malades ! Je n'ai rien fait.

— Mais tu es un bon suspect, expliqua Rouaix. Antécédents judiciaires, chauffeur de taxi et dehors au moment du crime. C'est pas mal...

— Qu'est-ce que vous avez contre les chauffeurs de taxi ?

— On s'est dit que la victime avait fait confiance à quelqu'un pour qu'il l'embarque facilement. On ne se pose pas de questions quand on prend un taxi, non ?

Non ? Encore ! Cette manière de terminer ses phrases énervait Claude Brunet.

— Oui. Et c'est une chance pour moi, sinon je n'aurais pas de job. Mais je vais la perdre si vous me gardez ici trop longtemps.

— Tu as juste à nous dire pourquoi tu es parti si vite à Montréal, fit Rouaix. On verra s'il y a un rapport avec le meurtre.

— Il n'y en a pas, baptême ! Je vous le jure ! Je n'ai rien à voir avec le meurtre ! Je ne suis pas fou, moi !

— Non, mais pas loin.

— Vous ne pouvez pas comprendre ! Ça ne vous est jamais arrivé !

— Quoi ? De tuer quelqu'un ? De le découper ? Tu vas nous expliquer tout ça ?

— Pourquoi est-ce que vous pensez que c'est moi ? Vous n'avez pas de preuves !

Rouaix se pencha vers Brunet, lui expliqua qu'une femme avait relevé les numéros de sa plaque d'immatriculation. S'il s'était présenté spontanément au poste de police, on aurait cru plus volontiers à son innocence, mais maintenant, il devait s'attendre à retourner en prison.

— Vous ne pouvez pas faire ça ! cria Brunet. Vous n'avez pas le droit !

— Tu sais très bien qu'on a beaucoup de droits, dit Rouaix. Bon, on a assez perdu de temps avec toi. Je l'emmène ? dit-il à l'adresse de Graham.

— Oui. Avez-vous un message pour votre amie ? Je ne suis pas vache, je le lui ferai, qu'elle ne s'inquiète pas.

Claude Brunet s'effondra, se couvrit le visage pour raconter qu'il sortait avec une fille de quinze ans.

— Juliette est super-mature. Je pensais qu'elle avait vingt ans quand je l'ai rencontrée. On s'aime. Je ne veux pas retourner en dedans pour détournement de mineure.

Rouaix soupira profondément en regardant Graham ; ils avaient perdu tout ce temps pour une histoire de cul ? Maudite job !

— Tu étais avec elle le soir du meurtre ?

— Oui, mais je ne veux pas qu'elle soit mêlée à ça. Ses parents sont sévères.

— Pauvre type ! marmonna Rouaix. Tu ne peux pas prendre des filles de ton âge ?

— On ne choisit pas, chuchota Brunet. On ne choisit jamais.

— C'est jeune, quinze ans, dit Graham.

— Je n'étais pas le premier. Et je suppose que je ne serai pas le dernier.

Résigné. Brunet était résigné.

— Tu l'as quittée à quelle heure ?

— Onze heures moins quart. Ensuite, j'ai roulé. J'étais trop tendu. Ça me stresse quand je vois Juliette.

— Pourquoi ? demanda Graham.

— Parce que.

— Tu te souviens des clients que tu as eus après onze heures ?

Claude Brunet se frotta les tempes, le front, repoussa une mèche de cheveux.

— Je ne sais pas. Pas de tout le monde... Mais il y a eu une fille, une énervante qui n'arrêtait pas de parler de danse. Elle revenait d'une discothèque. Elle avait mal aux pieds. Elle m'a regardé comme si j'étais une merde. Alors qu'elle n'arrive pas à la cheville de Juliette.

Il se tut, puis secoua la tête, ajouta que le client précédent était bête, lui aussi.

— Ce n'était pas ma soirée.

— Comment était ce client ?

— C'est le gars que vous cherchez ? C'est juste pour ça que vous m'avez amené ici ? Vous auriez pu le dire !

Rouaix s'impatienta :

— Comment il était ?

— Ordinaire. Tellement ordinaire. Sauf sa voix. Une voix grave. Je lui ai même demandé s'il travaillait à la radio. Mais non.

— Tu pourrais l'identifier ?

— Je ne pense pas. Il était comme tout le monde. Habillé propre, avec une chemise blanche, je pense. Rien de spécial. Ça m'a juste surpris qu'il se fasse conduire à sa voiture.

— Sa voiture ?

— Je l'ai embarqué près de Maguire, puis je l'ai laissé sur Aberdeen, au coin de Bourlamaque. Je pensais qu'il sortait d'un restaurant et se rendait chez lui. Non, il se rendait à son auto. Vous ne m'achalerez pas avec mon histoire avec Juliette ?

— Tu sais la marque de la voiture ?

— Et Juliette ?

Graham fulminait, mais Rouaix hocha la tête, promit.

— C'était une Chevrolet Oldsmobile 90 ou 91.

— Quelle couleur ?

Brunet s'excusa, il était légèrement daltonien. Et c'était la nuit.

— Foncée, en tout cas, très foncée. C'est tout ?

— Ton client n'a pas parlé ?

— Rien. J'ai essayé de jaser pour me changer les idées, mais il se taisait. Par contre, il m'a donné un bon pourboire. Ah ! ses gants.

— Ses gants ?

— Il ne les a jamais enlevés. Même pour me payer.

Rouaix raccompagna Claude Brunet en lui demandant de rester dans les parages, puis rejoignit Graham. Elle était allée s'acheter un sac de chips barbecue.

— Une Chevrolet, c'est tout ce qu'on a. Combien de concessionnaires en ont vendu depuis trois ans ? On ne sait même pas si le tueur l'a achetée ici. Peut-être aux États-Unis. Il a commencé sa carrière en Floride, non ?

Rouaix se laissa pesamment tomber sur une chaise, desserra sa cravate.

— Quinze ans ! Sa Juliette est de l'âge de Martin. Des fois, je suis content de ne pas avoir eu de filles. Je m'inquiéterais bien trop !

— Grégoire a seize ans.

Rouaix dévisagea Graham. Une lassitude voilait son regard, mais il ne trouvait rien à dire pour la rassurer ; son protégé n'avait pas d'avenir. Il frissonna : est-ce que son fils en avait vraiment un ?

Chapitre 5

Il referma vivement le journal. Il s'approcha de la fenêtre, l'ouvrit pour permettre à une mouche de retrouver sa liberté. La première de l'année. Il aimait beaucoup les insectes. Comme l'inspectrice. La semaine précédente, il avait appris qu'elle se passionnait pour l'entomologie ; en parleraient-ils un jour ensemble ? Non. Car Graham ne l'arrêterait jamais. Il avait vu son visage fermé au journal télévisé du soir. Juste une seconde. Elle se tenait derrière son patron tandis qu'il expliquait qu'on avait trouvé un autre cadavre mutilé, mais il ne pouvait rien ajouter, puisque le corps était dans un état lamentable.

Il mentait. Et Graham, en hochant la tête derrière son *boss*, se faisait sa complice. Même si des bêtes et le temps avaient rongé les chairs de Mathilde Choquette, le médecin légiste pouvait dire qu'il lui manquait le bras droit et la main gauche ! Découvriraient-ils qu'il l'avait également amputée de ses organes sexuels ?

Il rouvrit le journal, relut l'article concernant la découverte du cadavre. Un journaliste avait consulté un psy pour éclairer les lecteurs sur la mentalité de l'ennemi public numéro un. Le spécialiste parlait de « psychopathe qui se prend pour un dieu, ivre de puissance, en quête de sensations de plus en plus fortes ». Il ajoutait que « le crime est un état d'esprit constant chez ce genre de meurtrier, et que ce dernier veut asservir l'univers à son désir, tout mettre en place pour réaliser son fantasme. Un fantasme qu'il perfectionne à chaque nouveau crime. Il est possible que le tueur veuille se venger de sa mère et cherche la gloire, la célébrité. » Le tueur cracha sur le journal. *Fuck.* Ce journaliste et ce psy étaient idiots ! Ils se trompaient sur toute la ligne, hormis le fait qu'il était un perfectionniste. Il avait déjà la célébrité ! On ne parlait que de lui dans cette petite ville. C'était bien plus excitant qu'à Miami où il se commettait trop de crimes. À Québec, tous les projecteurs étaient braqués sur lui. Si sa mère pouvait voir ça !

Se venger de sa mère ? C'était ridicule. Au contraire, il lui semblait qu'elle lui souriait dans sa boîte de fibre de verre. Les docteurs du cerveau n'avaient rien compris. Encore une fois.

Il plia soigneusement le journal et le déposa dans le bac de récupération, à côté d'une bouteille bien rincée. Il appréciait beaucoup ce nouveau souci de l'environnement chez les Québécois. Quand il était parti vivre aux États-Unis chez sa mère, les gens ne saisissaient pas l'importance de ces milliers de petits gestes qui concourraient à sauver la planète. Son père l'avait compris avant sa mère. Il s'était d'ailleurs remarié avec une femme qui militait contre l'implantation de centrales nucléaires. Elle prônait aussi le végétarisme.

Ça, bien sûr, il n'y adhérerait jamais. Il aimait trop la chair pour s'en priver. Et ne voyait d'ailleurs pas pourquoi ; la nature offrait mille exemples de cannibalisme. C'était tout à fait normal de manger de la viande. On avait des dents et un système digestif conçus pour ça.

Il ouvrit le réfrigérateur. Il choisit du foie de veau. Il aimait sa texture. Comme le boudin. Du sang. Il goûtait toujours le sang de ses victimes. Il fit cuire le foie avec des oignons et des pommes et se félicita de ses talents de cuisinier ; il sourit en pensant qu'il pourrait publier ses recettes. Il fit la vaisselle, puis rangea sa chambre et se mit au travail. Il devait réparer un moniteur pour mercredi.

Il l'avait promis à Jean Casgrain et il tenait toujours parole. Casgrain était si nerveux depuis l'ouverture du club concurrent, ce n'était pas le moment de lui déplaire. Au club de l'Avenir, on était plus détendus qu'à Sport 2000. Il était content de travailler pour les deux clubs sportifs. Si l'un ou l'autre fermait, il ne se retrouverait pas devant rien. Il y avait tous les gymnases des cégeps et des universités, bien sûr, de New York à Toronto, en passant par Chicoutimi. Il n'avait pas peur des distances, la route ne le fatiguait pas. Heureusement ! Il avait bien fait d'étudier en informatique, puis en électronique. C'était M. Jones qui lui avait donné sa première chance, qui avait deviné son potentiel. Il ne l'avait jamais déçu. Chaque fois qu'il retournait aux États-Unis, il revoyait M. Jones et ajustait tous les appareils du club sportif gratuitement, pour le plaisir. Il lui conseillait d'acheter tel rameur, ou tel exerciseur, expliquait les merveilles technologiques qui attireraient les clients. Il aurait pu être un excellent vendeur, car il était bon orateur. Il aurait pu être avocat s'il l'avait voulu. Ou politicien.

Jean Casgrain, d'ailleurs, commençait à l'écouter avec plus d'attention. Il l'avait même invité à luncher pour discuter du profil de sa clientèle. Casgrain avait changé d'avis sur lui quand il l'avait vu s'entraîner pour vérifier le rameur. Il l'avait impressionné en lui contant qu'il devait « sentir » ses appareils. L'imbécile l'avait cru alors qu'il voulait simplement rester plus longtemps à Sport 2000, car il venait de repérer Josiane Girard.

Casgrain avait été estomaqué quand il l'avait vu lever des haltères de trente-cinq kilos. Il ne se doutait pas qu'il était si musclé sous son impeccable chandail blanc. Il lui avait alors expliqué que sa mère l'avait poussé à s'entraîner dès son jeune âge et qu'il ne l'avait jamais regretté. Il avait reposé les haltères dès que Josiane s'était approchée d'eux. Il avait pris sa trousse d'outils et s'était mis à réparer un appareil sans la regarder. Il avait fait mine, tout à coup, de s'apercevoir de sa présence et l'avait saluée poliment avant de recommencer à travailler.

Il avait trafiqué l'appareil afin d'avoir une raison de revenir rapidement au club sportif. Et de revoir Josiane Girard ; elle avait exactement le bras qu'il cherchait. Et la jambe ! Idéale. Elle ne l'avait pas déçu. Les pieds, c'était plus difficile, les gens portaient toujours des chaussures. On ne pouvait pas deviner si les orteils étaient mignons ou tordus, si l'arc était joliment cambré. Mais Josiane n'avait pas besoin d'avoir un beau pied, il avait déjà ceux de Muriel Danais et de Diane Péloquin. Les pieds lui donnaient des sueurs froides ; la peau était si inégale. Très fine entre les orteils, rugueuse, parfois cornée à la plante, plissée au-dessus du talon. Que d'échecs avant d'obtenir ce qu'il voulait ! Mais un artiste tel que lui ne pouvait se contenter d'un résultat approximatif. Il atteindrait la perfection.

Il était si tenace. Il ne s'avouait jamais vaincu.

Il avait lu la même chose au sujet de Maud Graham, qu'elle était la pire des entêtées. Il se demanda ce qu'elle pensait à cet instant même. Il aurait aimé lui parler, lui expliquer sa philosophie. C'était impossible pour le moment. Dommage.

Il mit plus de temps que prévu pour réparer le moniteur couleur. Avant de se coucher, il regarda de nouveau le journal télévisé : on parlait toujours de la découverte du corps. On n'en savait pas davantage. L'identité de la victime était encore inconnue et les enquêteurs se refusaient à tout commentaire. Ils avaient très peu d'indices, puisque le corps avait été abandonné plusieurs semaines auparavant. Les recherches effectuées auprès des chauffeurs de taxi n'avaient donné aucun résultat. On continuait les investigations du côté des habitudes ou du passé des victimes, cherchant quels liens les unissaient.

Les policiers ne savaient toujours rien.

Ça ne changerait pas, il y veillerait.

Il se demanda si sa prochaine victime serait au club mercredi.

Sûrement. Il l'avait vue deux semaines d'affilée. Sa proie semblait avoir un horaire régulier.

* * *

Grégoire eut un fou rire en regardant les photos que lui tendait le Prof.

— Il faut tripper sur soi en câlice pour se faire mouler la queue!

Le Prof tenta de se justifier :

— C'était une mode. On se trouvait cool. La liberté sexuelle.

— T'en as moulé beaucoup, constata Grégoire en comptant les photos.

— Ça me payait bien. Puis j'aimais ça, faut être honnête. Le Prof prit une photo, la regarda, la reposa sur la table du salon. C'est vrai qu'il s'amusait autant à mouler des sexes que des visages, car pas deux n'étaient semblables. Il faisait les masques des célébrités quand un chanteur rock lui avait demandé de mouler son membre. Il voulait offrir à sa fiancée une réplique de son attribut. En or. Le Prof avait si bien réussi son travail que plusieurs vedettes avaient trouvé l'idée amusante. On venait dans l'atelier l'après-midi, rasé de près pour se faire appliquer de la cire et du plâtre sur le sexe, puis on revenait plus tard chercher son phallus d'argent ou de bronze. En 1977, à Paris, il y avait autant d'hétéros que de gais qui fréquentaient l'atelier du Prof. Certains demandaient qu'on perce l'objet de façon qu'il serve de soliflore, d'autres voulaient qu'on multiplie ses dimensions par dix de manière à en faire un pied de lampe.

— Une lampe? Tu me niaises! dit Grégoire.

— Non, je te le jure. C'était psychédélique, délirant. On ne se prenait pas au sérieux.

— En as-tu refait quand t'es rentré au Québec?

Le Prof ramassa les photos, dévisagea Grégoire :

— Pourquoi? Ça te dirait?

— Mais non!

— J'ai encore mon matériel. C'est mon hobby, la sculpture.

J'ai même loué un atelier.

— Ah oui ? Tu moules toujours la même chose ? D'après nature ?

Le ton ironique ne pouvait échapper au Prof. Il se rebiffa.

— Il n'y a pas que le sexe, tu sauras. C'est tout le corps qui m'intéresse. Je suis très bon en anatomie. J'ai failli être médecin, mais j'aimais trop les arts. Je voulais être peintre avant d'être sculpteur. Finalement, j'enseigne.

— Tes élèves te trouveraient cool s'ils savaient que tu coules des bites en acier.

— Pas en acier, n'exagère pas !

— Je pourrais en parler à certains de mes clients. Peut-être que ça les intéresserait ? Tu me donnerais une commission, bien entendu...

Le Prof secoua la tête avec nervosité ; il n'était pas question que Grégoire raconte cette histoire à n'importe qui. Il ne voulait pas avoir d'ennuis.

— Mais y'a aucune loi interdisant de mouler des queues, je vois pas pourquoi tu t'énerves.

— C'était un à-côté, quand j'étais étudiant à Paris. Ce n'est plus mon gagne-pain. J'étais prêt à t'immortaliser, mais j'ai des projets plus intéressants en chantier. Je n'ai pas de temps à perdre à m'occuper des sexes de tes clients. Ça ne m'excite même pas d'y penser.

Grégoire haussa les épaules, puis leva son verre vide. Son hôte protesta :

— Tu as assez bu.

— Je suis capable d'en prendre.

— Je sais, mais...

— Mais quoi ?

L'homme soupira, se dirigea vers le réfrigérateur, prit une bière et la tendit à Grégoire qui refusa.

— Ça me tente plus. Je m'en vais.

— Tu n'es pas bien ici ?

— Oui, mais je peux pas rester pour tes beaux yeux,

comprends-tu ça ? On s'est entendus au départ et t'as eu ce que tu voulais.

— Je le sais... Ah ! Encore ?

L'homme poussa un soupir d'exaspération en entendant la sonnerie du téléphone. Il attrapa le combiné sans quitter Grégoire des yeux comme s'il craignait que celui-ci n'en profite pour partir sans le saluer. Il lui fit signe qu'il en avait pour deux minutes.

— Oui ? Quoi ? Antoine, je t'ai dit cent fois que je ne voulais plus te voir. C'est archiclair. Tu fais ce que tu veux, mais moi, j'ai le droit de ne pas aimer ça. Non ! J'ai dit non ! Compte-toi chanceux que je ne te dénonce pas. Salut.

Il reposa violemment le récepteur, ferma les yeux, inspira profondément.

— C'était qui ? Un ex ?

— Non. Oui. Juste une aventure.

— Qu'est-ce qu'il fait ? Il vend de la dope ?

— Ça t'intéresse toujours ?

Grégoire s'impatienta, dit qu'il était assez vieux pour faire ce qu'il voulait de son corps. Et que certaines de ses habitudes plaisaient énormément aux adultes.

— Je te parle de drogue, Grégoire.

— Moi, je te parle d'âge. Je suis bien plus vieux que tu le penses.

— Antoine ne vend pas de dope, il arnaque les vieilles dames. Et peut-être les jeunes aussi...

— Quoi ?

— Tu ne répéteras pas tout ça à ta copine Graham ?

— Tu sais son nom ?

— J'ai deviné. Je l'ai aperçue au téléjournal. Il n'y a pas des douzaines de femmes flics.

— Tu sais donc qu'elle s'occupe de meurtres. Pour l'instant, l'assassin n'a pas tué de grands-mères.

— Tu sais, je l'ai peut-être vu, le tueur.

Grégoire se pencha vers le Prof qui lui expliqua qu'il fréquentait le même club sportif que Josiane Girard.

— Elle, je ne l'ai jamais remarquée. Je ne regarde pas trop les filles. Mais lui, je lui ai peut-être parlé... C'est peut-être un beau gars. Quand on regarde les photos des criminels, ils n'ont pas tous une mine patibulaire. Et puis j'aime assez les voyous.

Grégoire sourit d'un air entendu, avant de dire à son client qu'il rentrait parce qu'il avait laissé son cousin seul.

— Ton cousin?

— Oui, il m'attend chez Victor.

— Victor?

— C'est un restaurant. Trippant. Les meilleurs club sandwiches. La serveuse me regarde pas comme si j'étais une poubelle.

— Pourquoi t'occupes-tu de ton cousin?

— Parce que. J'ai pas le choix. Il se ferait fourrer. Dans tous les sens du mot. Il faut que je trouve une place où rester.

— Qu'est-ce que tu me racontes?

Grégoire décapsula la bière, se rassit devant le Prof et énuméra ses problèmes. Il n'avait plus son logement de la rue Saint-Olivier parce que les voisins avaient porté plainte contre lui et qu'il avait préféré partir plutôt que de s'expliquer avec des policiers. Son ami reprenait son appartement rue Ferland et si lui, Grégoire, pouvait vivre dans la rue et dormir à droite et à gauche, il n'était pas question que Frédéric traîne ainsi.

— Es-tu amoureux de lui?

Grégoire dévisagea son hôte avant de hurler en lançant sa bouteille sur le mur. Le bruit de son explosion ne couvrit pas les cris de l'adolescent.

— Hostie de malade! Il a juste douze ans!

L'odeur de la bière était moins amère que les pensées qui assaillaient Grégoire. Douze ans. Son oncle. Sur lui, dans lui. Parce qu'il l'avait surpris avec son ami Jean-Marc. Mais Jean-Marc avait douze ans, comme lui. Ils regardaient leurs sexes et s'interrogeaient sans pouvoir le dire. Étaient-ils de la bonne taille, de la bonne grosseur? Est-ce que les autres gars de la classe bandaient durant la nuit ? Et le jour ? Son oncle lui avait dit qu'il était vicieux et qu'il savait ce qu'aimaient les petits cochons comme lui.

L'odeur de la bière était si douce à côté du goût de putréfaction qui emplissait la bouche, la tête de Grégoire quand il pensait à son oncle Bob. Il aurait préféré manger un cadavre plutôt que de sucer cet oncle. Et quand il y était forcé, il se répétait que son bourreau mourrait comme tout le monde et que cette queue qui le forçait pourrirait aussi. Puis il imaginait qu'il enterrait plutôt son oncle vivant afin qu'il sente les insectes lui ronger le sexe.

L'odeur de la bière était chaude alors que la voix d'oncle Bob était glaciale.

— Grégoire ?

Le prostitué sursauta quand on lui effleura l'épaule.

— Pardonne-moi. Je pensais que... Non, je n'ai pas pensé du tout avant de poser ma question. Ça ne me regarde pas. Je supposais que ton cousin avait le même âge que toi.

Grégoire regarda les éclats de verre qui mouchetaient le sol, le mur blanc éclaboussé de coulures dorées, le tapis taché. Il n'avait pas envie de s'excuser. Il se contenta de sourire :

— Je calerais bien une autre bière.

— Tu bois trop, dit le Prof en s'avançant vers le réfrigérateur.

Bon Dieu ! Qu'est-ce qui m'arrive ? J'ai un délinquant dans mon salon qui lance des bouteilles sur les murs et je lui apporte des munitions. Pourquoi faut-il qu'il ressemble à Tadzio ? Est-ce que je me prends pour Dick Bogarde ? Je suis fou. Je ne mourrai certainement pas à Venise. Je suis juste un client. Un client gentil, mais un client. Il ne m'aime pas plus que les autres. Qu'est-ce que je vais faire ? Je ne peux pas le voir toutes les semaines. Ça ne me plaît pas. Mais lui, je l'aime. Pourquoi est-ce que je suis si vieux ? Pourquoi est-ce que j'ai vingt-cinq ans de plus que lui ? Je peux bien lui parler de drogue, je ne vaux pas mieux.

— Merci, dit Grégoire en prenant la bouteille. Comme ça,

tu penses que t'as déjà vu le meurtrier?

— Je ne sais pas. C'est possible, c'est tout.

— T'as remarqué quelqu'un de bizarre au club?

— Non, pas vraiment.

— C'est plate, t'aurais pu aider Biscuit. Graham, je veux dire.

— Si je repense à quelque chose, je te le dirai. Ton cousin est de Québec?

Grégoire secoua la tête. Non, Frédéric venait de Montréal. Oui, il avait fugué.

Grégoire posa sa bouteille à moitié pleine sur la table du salon et se dirigea vers la sortie. Sans se retourner, il fit, du bout des doigts, un signe amical à son hôte. Un de ces gestes si gracieux, si aimables, si sincères, si «grégoriens» que le Prof réprima un gémissement.

Il prit la bouteille de Grégoire et but ce qui restait de bière en espérant connaître les pensées du prostitué, puis il entreprit de ramasser les éclats de verre. Il s'aperçut plus tard, bien plus tard, qu'il s'était agenouillé sur un tesson. Il n'avait rien senti, obsédé par la perfection de l'Adonis en veste de cuir. En épongeant son sang, il songea au jeune cousin de Grégoire. Était-il aussi beau que ce dernier? Aussi parfait?

* * *

Frédéric avait envie de pleurer depuis le matin. Il ne comprenait pas pourquoi Grégoire voulait le renvoyer chez lui. Ils s'entendaient si bien. Frédéric avait pourtant trouvé un petit boulot: il distribuait des circulaires après les heures scolaires. L'homme qui l'avait engagé ne se doutait pas qu'il avait fugué.

Était-ce une fugue? Retournerait-il un jour chez lui? Grégoire n'avait jamais retrouvé sa famille; officiellement, il vivait toujours avec sa mère, mais celle-ci s'était désintéressée du sort de son fils depuis longtemps. À l'école, quand on s'était inquiété de l'absence de Grégoire, elle avait prétendu qu'il avait rejoint son père à Montréal. Elle avait enfin la paix, Grégoire était si difficile ! Il avait été expulsé de plusieurs écoles de Québec et des environs pour trafic de drogue. Elle avait prétendu qu'il l'avait menacée. Elle ne voulait plus le voir.

— C'est vrai ? avait demandé Frédéric.

— J'ai même pas eu le temps de lui faire peur ; elle m'a sacré dehors assez vite. Tandis que toi...

Grégoire avait alors tenté de le convaincre de rentrer à Montréal. Que sa mère soit un peu déprimée n'était pas bien grave, il pouvait manger, aller à l'école, voir ses *chums* quand il le désirait. Il n'était pas obligé de gagner de l'argent avec un père médecin. Grégoire lui avait expliqué qu'ils n'auraient plus de logement le surlendemain et qu'il ne pouvait se charger de lui indéfiniment. Frédéric avait fini par le persuader de le garder encore une semaine.

Ce n'était pourtant pas l'envie de retourner à Montréal qui manquait à Frédéric. Il s'ennuyait de ses amis et même de sa sœur. Grégoire était si souvent absent. Il dormait jusqu'à midi, une heure et parfois deux heures, il jasait un peu avec lui, puis il partait travailler, le laissant seul à l'appartement. Frédéric sortait à son tour, se promenait dans le Quartier latin ou dans Saint-Jean-Baptiste, mais il connaissait maintenant les rues par cœur ! Ses après-midi étaient vraiment ennuyeux, car il ne pouvait dépenser tout son argent dans les arcades. Ce n'est pas qu'il aimât l'école, mais au moins il y avait Dan et Sébas. Et la prof d'anglais n'était pas si pire. Elle souriait tout le temps. Est-ce qu'elle s'était inquiétée de son absence ?

Il l'espérait. Ses parents ne devaient pas trop s'en faire, car il n'avait vu sa photo nulle part. Sans doute attendaient-ils tout simplement qu'il revienne. Mais s'il rentrait, il serait puni. On le mettrait probablement dans un centre pour délinquants.

Il ne savait pas quoi faire. Il n'avait personne à qui parler. Et il avait terriblement envie d'un pâté chinois ; sa mère le réussissait encore assez bien. Il était un peu tanné de manger des sandwiches, des hot-dogs et des frites. Il ne voulait pas avoir de boutons comme Tony Dérosiers. La nourriture devait être grasse dans les centres de redressement. Et il ne verrait plus Dan et Sébas.

Mais il ne les voyait pas non plus maintenant... Il avait un peu peur aussi ; on avait trouvé deux cadavres de femmes depuis son arrivée à Québec. Pour se rassurer, il se répétait que le tueur ne s'en prenait qu'aux filles. Il avait pourtant rêvé la veille qu'un homme armé d'une grande scie le poursuivait au parc Jeanne-Mance.

Frédéric se demandait pourquoi le meurtrier découpait ses victimes ; la presse avait parlé de cannibalisme, mais il ne comprenait pas pour quelle raison le criminel gardait certains membres et dédaignait le reste du corps. Quand il raconterait ça à Dan et Sébas !

Frédéric tressaillit en entendant la sonnerie du téléphone. Durant une fraction de seconde, il lui sembla avoir entendu la voix d'Anouk criant « Laisse, c'est pour moi ». Ce n'était ni pour elle, ni pour lui, ni pour Grégoire, mais pour leur hôte. Frédéric expliqua à son interlocuteur que ce dernier reviendrait bientôt à son appartement.

Où dormiraient-ils alors ? Grégoire affirmait qu'il y avait un centre pour les jeunes itinérants où on était discret, mais Frédéric redoutait d'y aller ; on ne l'accueillerait pas dans un asile de nuit sans poser de questions. Seulement, il n'avait pas tellement le choix.

* * *

— Tu n'as pas le choix, Graham, dit Rouaix.

— Je sais. Mais c'est une perte de temps ; je n'ai rien à dire de plus aux journalistes. On ne peut tout de même pas leur demander de nous aider à trouver un borgne, non ?

Graham faisait allusion à l'œil de verre que Rouaix avait découvert dans la voiture. On avait mis du temps à le reconstituer, il y avait trop de colle et n'aurait jamais pu resservir, mais il indiquait peut-être que le tueur était borgne, qu'il avait perdu son œil dans sa lutte avec Josiane. On avait vérifié auprès des amis de Josiane, elle ne connaissait aucun borgne. Le patron de Sport 2000 non plus ; aucun de ses clients n'avait ce regard étrange à la Columbo. On avait donc cherché ailleurs. Dans les fichiers de la police où on n'avait rien trouvé, puis dans les dossiers médicaux. Mais on n'avait pas accès à tous les dossiers. Devait-on mettre une annonce et convoquer tous les borgnes de la ville et des environs ?

— Les gens ont vraiment peur.

— Moi aussi ! Toi aussi. Même Alain Gagnon est écœuré.

D'une voix éteinte, le médecin avait expliqué à l'enquêtrice que le tueur avait vraisemblablement prélevé les organes génitaux de la victime. Il ne restait plus grand-chose du corps, mais la manière dont on avait brisé les os du bassin ne laissait guère de doute : le tueur avait pris une main, un bras et un vagin.

— Qu'est-ce qu'il lui manque maintenant ?

Dès la découverte du corps de Josiane Girard, Graham et Rouaix avaient dessiné un corps de femme et avaient identifié les parties dont s'était déjà emparé l'assassin. Avec Mathilde Choquette, il avait quasiment complété son macabre casse-tête. Il lui manquait la tête et le tronc.

— À moins qu'il ne les ait pris à une autre ? avança Rouaix.

— Je pense plutôt qu'il va continuer. Il ne peut plus s'arrêter.

— Même quand il va avoir la tête ?

— Ça me paraît trop beau.

Beau. Elle venait de dire qu'elle apprécierait qu'on ait coupé le tronc d'une inconnue et que ce serait formidable si le criminel cessait de tuer dès qu'il posséderait une tête. On en arrivait à proférer des énormités quand on était dépassé par les événements. Et elle l'était. Comment composer avec un monstre ? Elle n'aimait pas cette créature qui la forçait à s'interroger sur la mort, une fois de plus. Elle aurait tant voulu faire son travail sans tout remettre en question à chaque nouveau meurtre. Les crimes du tueur en série étaient les plus horribles qu'elle avait vus dans sa carrière. Parce qu'il y avait torture et mutilation. Il serait pourtant inconcevable de conclure que les autres meurtres, par balle ou par strangulation ou d'un seul coup de poignard, étaient moins répréhensibles. Elle détestait l'idée que l'horreur des crimes commis par le tueur atténue l'atrocité des meurtres perpétrés par des assassins moins démonstratifs. Que l'apocalypse excuse la tragédie.

— Il faut l'amener à se découvrir avant qu'il tue de nouveau, déclara-t-elle à Rouaix.

— Peut-être que c'est déjà fait. Qu'on va trouver un autre cadavre. La neige fond à vue d'œil. Il l'aura caché dans un bois. À l'université ?

— Ou ailleurs. Ou nulle part. Il se prépare à recommencer, parce qu'il touche au but.

— Si son but est d'assembler un corps complet. Mais pourquoi, bordel, pourquoi ?

Graham remonta ses lunettes avant de répondre que des dizaines de psys se penchaient sur le cas de ce tueur. Qu'est-ce qui le poussait à reconstituer un corps de femme ?

— Je sais, fit Rouaix. Ils prétendent qu'il veut recréer sa mère. Mais je me demande comment. Il ne va pas coudre les bouts de bras et de jambes ensemble ? Il faudrait d'abord qu'il les conserve. Ça voudrait dire qu'il garde tous ces membres dans un immense congélateur en attendant d'avoir la totalité d'un corps ?

Graham regardait le grossier dessin du corps, les pointillés qui marquaient la cheville, frontière entre un membre volé à Josiane Girard et un autre à Muriel Danais.

— Un monstre réinventant un monstre.

— Frankenstein junior. On va se renseigner sur les ventes de congélateurs. Et sur les chambres froides.

— Des restaurants ? On a déjà enquêté sur les bouchers et leurs boucheries, sans succès.

— Je sais. Mais il faut bien que notre type garde les membres quelque part.

— Il travaillerait dans un restaurant et rangerait les morceaux dans la chambre froide ? Sans qu'un seul de ses collègues les remarque ? Ça n'a pas de bon sens, Rouaix. Il a simplement un congélateur. Il doit rester dans un bungalow ou un grand appartement où il y a assez de place pour un vingt pieds cubes. À moins que certains journalistes n'aient raison et que notre dessin ne serve à rien.

Rouaix grimaça ; le cannibalisme était une hypothèse plausible. Il se demandait comment il réagirait quand il serait en présence d'un anthropophage. Serait-il capable de le toucher ? Surmonterait-il sa peur et son dégoût ?

— Je ne peux pas croire que toutes ces femmes n'aient rien en commun sinon d'être blondes et seules, soupira Graham. Les journalistes vont nous massacrer.

— Tu es donc pessimiste !

— Oui, mais j'ai toujours raison.

Rouaix lui tendit son imperméable en lui expliquant que plusieurs journalistes cherchaient à les aider. Qu'il fallait en profiter.

— Ils ont la trouille, eux aussi. Ceux qui ont des femmes ou des filles.

— Ou des sœurs ou des mères. On verra... De toute manière, je vais laisser parler notre boss. Il aime ça plus que moi. Pourquoi est-ce qu'il m'oblige à l'accompagner ?

La salle de réunions était pleine à craquer ; les journalistes de Québec discutaient avec leurs confrères de Montréal, de Sherbrooke, d'Ottawa et de Toronto. Les meurtres en série fascinaient bien des lecteurs. Si on trouvait un autre corps, des reporters de tous les pays afflueraient dans la capitale. Les hôtels afficheraient complet. Ce macabre tourisme serait peut-être payant. Les édiles de Salem l'avaient bien compris ; les gens frémissaient en songeant qu'on avait condamné des innocentes. Ils pénétraient dans la salle du tribunal et imaginaient le juge, les jurés, les témoins accuser de pauvres filles. Ils frissonnaient de plaisir. C'était mieux que la maison des horreurs même s'il n'y avait pas d'effets spéciaux. Ils entendaient les cris des sorcières au bûcher et se disaient que certaines devaient revenir hanter la ville.

Les piqûres. Pourquoi le tueur avait-il piqué Josiane Girard, Muriel Danais, Diane Péloquin ? Alain Gagnon n'avait pu confirmer ce fait concernant Mathilde Choquette, car les chairs étaient décomposées, mais il avait dit à Graham que le meurtrier avait utilisé une sorte de poinçon pour marquer ses autres victimes. Signait-il ainsi ses crimes ? Si oui, pouvait-elle espérer qu'il les revendiquerait bientôt ? Il fallait le pousser, oh oui ! l'amener à se vanter de ses exploits, l'amener à parler de lui, à se découvrir.

Graham écouta son patron qui répétait que tous les policiers faisaient des heures supplémentaires afin d'élucider les crimes, qu'on étudiait le passé des victimes en espérant y trouver une réponse, qu'on avait revu les dossiers de centaines de criminels qui pourraient correspondre au vague signalement qu'avait donné un chauffeur de taxi, bref, qu'on faisait tout ce qu'on pouvait, mais on recommandait la prudence aux femmes. Elles ne devaient accorder leur confiance à personne. Le patron rappelait que plusieurs criminels avaient joué les handicapés ou les blessés pour tromper leurs victimes. C'était bien dommage pour les vrais infirmes, mais en attendant la capture du meurtrier, il fallait se méfier d'un homme qui vous aborderait avec un bras dans le plâtre ou clopinant et s'aidant d'une béquille. Le plâtre était peut-être faux. Il fallait aussi vous garder, mesdames, de sortir avec un homme que vous connaîtriez peu. Nouveau collègue de travail ? Nouveau voisin ? À éviter !

— Pour combien de temps ? demanda une femme. On va être obligées de s'enfermer combien de temps ? Et mon frère qui vient d'emménager dans un nouveau quartier : ça veut dire que ses voisines le fuiront ? On va tous se regarder comme des chiens de faïence ?

Le patron répondit que le criminel allait commettre une erreur. Que tous les policiers étaient sur les dents, prêts à intervenir, et que certaines informations, qu'il ne pouvait divulguer, avaient été très utiles aux enquêteurs. Graham pouvait en témoigner.

Elle eut envie d'étrangler son patron et d'expliquer qu'ils étaient moins avancés que jamais, mais elle répondit que le tueur des États était un monstre qu'elle arrêterait bientôt. Elle eut la joie de voir Robert Fecteau s'étouffer : était-elle devenue folle pour faire pareille promesse ?

— C'est un malade, renchérit-elle. Il est intelligent, mais il a peur des femmes, ce qui me donne un bon avantage sur lui.

— Comment ?

Graham éluda la question en rappelant que plusieurs psychiatres avaient affirmé que la psychose du tueur avait pour origine un grave problème face à sa mère. Il ne pouvait avoir de relations normales avec les femmes.

— Je suis une femme, dit Graham, et, représentant l'autorité, je peux faire figure de mère. Le tueur voudra se mesurer à moi, me prouver sa force. Je l'attends...

— Vous avez peur, inspectrice ?

— Pas autant que lui.

Elle mentait ; elle dormirait très mal. Elle n'imaginait pas qu'il s'attaque directement à elle, non, il ne la tuerait pas. Mais elle frissonnait en sachant qu'il penserait à elle, qu'il regarderait sa photo dans les journaux, qu'il l'épinglerait peut-être sur le mur de sa chambre, qu'elle l'obséderait, qu'elle pénétrerait ainsi dans sa folie. Elle ne sortirait pas indemne de cet univers ; on ne s'approche pas impunément des frontières du Mal, elle en était consciente. Mais elle n'avait pu s'empêcher de défier le tueur ; elle ne pouvait supporter d'être impuissante, ignorante. Elle lui montrait sa vulnérabilité pour l'obliger à faire de même.

Jeux de caméléons. Elle devait penser comme lui, il devait vivre dans sa peau. Enjeux d'espions.

— Je vous parie qu'il fera une erreur avant la fin du mois, déclara-t-elle aux journalistes.

Des flashes crépitèrent ; le tueur trouverait la photo de Graham dans tous les journaux de la province.

— Pourquoi ?

— Il se sent supérieur, de plus en plus fort. Trop fort. C'est toujours à ce moment, à ce point de rupture, que les tueurs se trompent. Il n'est pas différent de ses prédécesseurs.

— Quand tuera-t-il de nouveau ?

— Pas si vite. On ne peut répondre à cela, mais il a laissé des indices lors du meurtre de Josiane Girard qui nous permettent de croire qu'on en apprendra davantage à son sujet dans les jours qui viennent.

— Des indices ? Vous pourriez être plus précise ?

— Non.

Elle se tourna vers son patron, qui hésita une seconde avant d'ajouter que le fait de révéler plus de détails nuirait à l'enquête, mais il donnerait personnellement certaines informations aux journalistes au fur et à mesure qu'il le jugerait pertinent.

— C'est à nous de juger ! protesta Paul Darveau. Le public a le droit de savoir ! Qui est menacé ? Pas les flics, mais Madame Tout-le-Monde !

C'est vrai, il a raison. Il faut leur en dire plus. Une rumeur s'éleva, étourdit Graham. Elle secoua la tête : non, désolée, vous ne saurez rien.

Parce qu'on n'a rien à vous dire.

On avait tenté de retrouver le mystérieux client de Claude Brunet. On avait même interrogé discrètement les animateurs des stations de radio. On les avait enregistrés, on avait fait écouter les bandes au chauffeur de taxi ; il n'avait pas reconnu la voix de son client.

On avait évidemment scruté le passé des victimes, sans

découvrir de liens entre elles. Diane venait de Trois-Rivières, Muriel de Montréal, Josiane de Québec et Mathilde de Chicoutimi. Elles n'avaient pas le même âge, n'avaient pas fréquenté les mêmes écoles, ni les mêmes garçons, les mêmes restaurants, les mêmes clubs sportifs. Elles n'avaient pas été admises dans le même hôpital et n'avaient pas voyagé dans les mêmes pays. Elles ne dépensaient pas leurs salaires dans les mêmes boutiques, ni chez les mêmes dentistes, acupuncteurs, esthéticiennes ou coiffeurs. Elles travaillaient dans des secteurs différents et ne partageaient aucun hobby, n'appartenaient à aucun club philatélique ni ornithologique. Elles ne jouaient pas aux échecs, ni au scrabble ni aux cartes ; elles n'avaient jamais mis les pieds dans un casino. Une avait pris l'avion, une autre le bateau. On imaginait difficilement qu'elles se soient rencontrées dans un train entre Miami et Québec et que le tueur, également passager, ait décidé de les assassiner toutes les quatre. Toutes les cinq ! Il ne fallait pas oublier Lucy. Graham s'était souvenue la veille que Lucy était aussi le nom qu'on avait donné à un squelette datant de la préhistoire ; des hommes de science avaient analysé ses radius et ses humérus, ses tarses et ses métatarses pour découvrir quelle avait été sa vie. Ils savaient ce qu'elle avait mangé, où elle avait vécu, et supposaient qu'elle avait partagé sa vie avec un mâle et eu des enfants.

Contrairement aux victimes du tueur qui étaient célibataires et sans charge de famille.

Les clubs de rencontres ! Elle n'avait pas pensé aux clubs de rencontres, aux courriers, aux boîtes vocales ! Quelle imbécile !

Chapitre 6

Il regardait fixement la photo de Graham ; il aurait eu pitié de l'inspectrice s'il n'avait pas été aussi déçu. Il avait cru cette adversaire coriace, et voilà qu'elle parlait de ses erreurs ! Il n'en avait pas commis. Il le savait bien. Et puis ces insinuations sur sa peur des femmes. C'était vraiment trop simpliste. Il relut tous les articles consacrés à Maud Graham. Trop de gens s'accordaient pour louer son intelligence. Ses résultats étaient concluants.

Il avait failli se faire piéger. Elle s'était montrée idiote pour endormir sa méfiance. C'est elle qui l'était alors ! Comme quoi on pouvait être bête et intelligent tout à la fois. Il avait toujours pensé cela de son père qui inventait des gadgets aussi utiles qu'amusants, mais qui était incapable de les vendre à des commanditaires. Sa mère s'était bien moquée de ses papiers adhésifs sans colle en disant que personne ne voudrait avoir des tas de bouts de papier sur son bureau, mais quand elle avait vu le succès des Notocollant, elle avait accusé son mari de ne pas avoir frappé à la bonne porte et de s'être fait voler son idée. Il se souvenait qu'elle avait eu envie de faire un procès à la compagnie 3M. À cette époque, elle parlait sans cesse de procès. Elle avait été citée comme témoin quand un médecin avait été accusé d'avoir commis une erreur médicale et cette expérience l'avait enchantée. Elle avait assisté à d'autres procès et en était revenue avec la conviction qu'il ne fallait pas se laisser marcher sur les pieds, qu'il fallait se défendre.

« Se défendre de quoi ? », avait dit son mari lors du divorce. Personne ne lui en voulait, pas même lui qui pensait qu'elle devait plutôt être aidée. Qu'elle devait rencontrer un psychologue. Il ne regrettait pas, cependant, qu'elle retourne vivre aux États-Unis. Quelques années plus tard, il avait été soulagé, vraiment soulagé, d'avoir aussi reconduit son fils à l'aéroport. Le ciel était bas et il avait craint qu'une tempête de neige ne retarde le départ de Montréal pour Miami. Il avait répété trois fois qu'il continuerait à envoyer de l'argent à sa femme tant que son fils resterait avec elle.

Il avait posté des mandats jusqu'à ce que Francine soit décapitée dans un accident d'auto.

Le tueur se souvenait toujours de l'enterrement avec colère. Il était injuste qu'un homme lui ait ravi sa mère si subitement, sans qu'il puisse intervenir : personne n'avait le droit de la lui prendre. Il aurait tué le chauffard qui avait fauché Francine si la police l'avait retrouvé. Mais la police de Miami n'était pas plus compétente que celle de Québec et on n'avait jamais arrêté l'ivrogne criminel.

Aux États-Unis, les enquêteurs aussi avaient parlé d'indices importants après la découverte du squelette de Lucy et du corps de Diane Péloquin. Et ils ne l'avaient pas arrêté. Ils ne l'avaient pas même soupçonné !

Graham mentait comme eux : elle ne savait rien sur lui.

Il avait envie de lui en apprendre davantage.

Le prochain cadavre serait instructif. Et l'amènerait à plus d'humilité.

Et tout d'abord, qu'est-ce qu'une femme faisait dans la police ? Graham avait confié à un journaliste qu'elle aurait aimé être assistante sociale ; bonne idée. Ou être infirmière si elle avait tant envie d'aider les gens. Voilà ce qu'elle aurait dû choisir. Elle aurait ressemblé à un ange. Comme sa mère. Il revoyait la coiffe qui couronnait ses beaux cheveux, l'uniforme blanc avec l'épinglette bleue, les lettres blanches

« Francine ». Elle disait que les malades pensaient qu'elle venait d'Europe avec un nom si français. Elle ne les détrompait pas. N'avait-elle pas la grâce des mannequins parisiens ? Elle aurait pu faire carrière si elle ne s'était pas mariée, si elle n'avait pas eu un enfant. Elle avait été Miss ! Elle aurait bien voulu qu'il soit M. Univers. Mais il n'avait pas réussi à se classer au concours. Il avait développé sa musculature, ça oui, mais il n'y pouvait rien s'il avait des épaules en bouteille et des os menus. Il n'était pas Stallone. Toutefois, il terrifiait une ville bien plus efficacement que ce M. Muscles. Et sans vraiment se servir de ses muscles. Oh, pour étrangler, peut-être, et encore... Il savait s'y prendre maintenant. Même sa prochaine victime, plus forte que les autres, ne saurait lui résister. Il se demandait simplement comment il l'attirerait à sa voiture.

Il ferait un numéro de charme.

Et il tuerait avant la fin du mois pour plaire à Graham. Ce serait à son tour de se croire supérieure. C'est elle qui ferait des erreurs. Pas lui. Quelle faute pouvait-il commettre ? Il avait répété la scène des dizaines de fois dans sa tête. Il l'avait même esquissée, comme une bande dessinée. Il s'en délectait à l'avance. Il devinait que les comédiens devaient éprouver la même excitation quand ils montaient sur les planches, quand ils jouaient la scène cent fois redite, quand ils faisaient exactement les gestes appris lors des répétitions. Il avait aiguisé ses outils et aurait été prêt à parier qu'il trancherait les chairs encore plus vite que d'habitude ; il avait acquis beaucoup d'adresse. Il avait toujours été très doué pour les travaux manuels. Il était fier du boulot exécuté sur Josiane Girard ; il savait par cœur les commentaires d'Alain Gagnon rapportés par un journaliste : du travail de professionnel. Il avait été flatté qu'on interroge médecins et bouchers, comparant ainsi son œuvre avec celles de ces hommes habilités par leurs métiers à sectionner des membres.

Il aimait le travail bien fait. Cette pauvre Graham serait ébahie !

* * *

Le jour n'en finissait pas de mourir, comme s'il avait décidé qu'il durerait aussi longtemps qu'en juin. Le soleil avait
tant brillé que les immeubles, les arbres, les pelouses déla-
vées par la fonte des neiges gardaient sa lumière. L'air était
doré, léger, affable et les sizerins qui gazouillaient dans
l'érable semblaient inviter Graham à profiter de la douceur
du crépuscule.

Elle ouvrit sa fenêtre et Léo se glissa à travers l'ouverture
dans le vague espoir d'attraper un de ces petits oiseaux si
énervants. Graham le regardait s'avancer vers une mésange
sans s'inquiéter pour celle-ci ; son chat était trop lent pour
réussir à la croquer. Elle se demandait même s'il avait une
bonne vue : quand elle déposait un morceau de viande dans
son assiette, elle devait parfois lui mettre le museau dessus
pour qu'il le mange. Comme s'il avait été presbyte et privé
d'odorat subitement. Comment expliquer alors ses cris dé-
chirants quand elle rapportait un poulet barbecue ?

Léo rampa vers son but, puis s'immobilisa. Pas un poil de
sa fourrure grise ne frémissait. Respirait-il encore ? Il ressemblait aux sculptures qui ornent l'entrée de certains tem-
ples asiatiques. Est-ce que le tueur se changeait en statue de
sel pour tromper la vigilance de ses victimes ? Comment
réussissait-il à les piéger ? La mésange pépia, Graham devina
que les pupilles de Léo se dilataient. Il s'élança. L'oiseau
s'envola. Il avait plus de chances que les femmes.

La brise souleva les cheveux de Graham. Elle les lissa.
Devait-elle les faire couper ? Yves trouvait que les cheveux
courts lui allaient bien. Elle les gardait mi-longs depuis qu'il
l'avait quittée. Elle en parlerait à Grégoire. Il avait téléphoné, dix minutes plus tôt, pour lui dire qu'il passerait
prendre l'écharpe oubliée lors de sa précédente visite. Elle
avait eu envie de la laver et de la repasser, mais elle avait eu
un doute : peut-être que c'était la mode de la porter fripée

et que Grégoire serait furieux de son initiative. Le fils de Rouaix était si précis quand il s'agissait de vêtements! Il fallait tel blouson, telles chaussures, tel jean pour être admis dans telle ou telle bande. Rouaix soupirait en sortant sa carte de crédit et se plaignait qu'il coûtait plus cher d'habiller un adolescent qu'un adulte, mais il ne refusait pas le vêtement convoité si son fils lui présentait un bulletin satisfaisant. Même s'il trouvait que suivre la mode était un manque de personnalité. Il aurait aimé que Martin se démarque de ses copains, qu'il ait des projets, un but, un désir d'avenir. Graham le savait bien. Il lui avait confié ses craintes concernant Martin, qui n'avait aucune passion particulière. Il aimait le hockey, mais ne se serait jamais imposé un entraînement pour en faire une carrière; il aimait la musique, mais préférait l'écouter allongé par terre dans le sous-sol plutôt qu'apprendre à jouer d'un instrument; il était doué pour le dessin, mais passait des heures à tapoter le clavier d'un ordinateur pour créer des images de synthèse qui représentaient invariablement des robots, des vaisseaux spatiaux, des planètes impossibles.

— C'est tout ce qui l'intéresse: la bande dessinée, ses maquettes d'avions et ses robots! gémissait Rouaix. On dirait qu'il retombe en enfance.

Martin ne se droguait pas, ne buvait pas, répondait alors Graham pour rassurer son collègue. C'était un garçon chaleureux, bien élevé, il ferait sûrement quelque chose dans la vie.

En fait, l'insouciance de Martin l'agaçait un peu; elle ne pouvait s'empêcher de comparer son univers à celui de Grégoire. Il aurait fallu qu'il vive une journée dans la peau du prostitué pour comprendre sa chance d'être né dans une bonne famille. Elle grimaça, mécontente de son prêchi-prêcha: Martin était un adolescent semblable à tous les adolescents du monde. Il critiquait ses parents et leur style de vie avec l'enthousiasme propre à son âge. Il était simplement normal.

N'empêche, il n'avait qu'à ouvrir le réfrigérateur et se

servir quand il avait faim. Sa mère veillait à le remplir.

Est-ce que Grégoire aurait faim ? Graham referma la fenêtre après avoir vainement appelé Léo et poussa la porte battante de la cuisine. Elle avait acheté des *panzaretti* chez un traiteur italien ainsi que des pâtes aux épinards et du pesto. Son jeune ami se laisserait peut-être tenter. Il était tard pour souper, dix heures et demie, mais ils n'avaient ni l'un ni l'autre d'horaire régulier. Graham mit de l'eau à bouillir. Tandis qu'elle attendait que l'eau frémisse, elle songea à Mathilde Choquette et à Josiane Girard. Elle avait plus d'informations sur elles que sur les autres victimes, puisqu'elles avaient vécu à Québec. Plusieurs personnes avaient témoigné à leur sujet et Graham avait une excellente idée de leur existence. Elle avait rencontré leurs proches, connaissait leurs goûts, leurs manies, leurs espoirs. Et aucune amie de ces deux femmes n'avait pu dire à Graham si Josiane ou Mathilde avaient fréquenté un club pour célibataires. Les journaux n'avaient pas publié la prose de l'une ou de l'autre, mais elles pouvaient avoir répondu à une annonce. Et rencontré un borgne.

Quel genre d'annonce pouvait écrire un tueur en série ? Graham avait consulté des pages remplies d'« homme cherchant femme » dans le journal *Voir* des six derniers mois. Comment deviner s'il y avait un assassin parmi ces gros minets désirant ronronner avec de jolies chattes, ces non-fumeurs aimant la nature et le cinéma, ces sosies de James Dean rêvant de traverser l'Amérique, ces hommes qui repoussaient les obèses, ces « professionnels » souhaitant dresser une fille dans un climat de respect, ces pères à temps partiel offrant un week-end sur deux en tête-à-tête ?

Trois annonces seulement l'avaient touchée ou amusée. Elle s'était dit qu'il était bien trop tard pour répondre au numéro 1247. Elle resterait vieille fille. Qui voudrait d'une enquêtrice de quarante ans ? Léa Boyer lui affirmait que bien des hommes l'admiraient, mais elle ne la croyait pas. Léa jurait que ses collègues l'avaient trouvée fascinante quand ils l'avaient vue au journal télévisé après la découverte des deux corps. Léa disait qu'elle avait une si belle peau, si fine, si claire, de si beaux yeux, de si beaux cheveux. Léa ne pensait pas qu'elle devait les couper. Léa lui avait offert des lentilles cornéennes pour son anniversaire. Léa était sa meilleure amie.

Graham se sentit coupable de ne pas avoir fait davantage d'efforts pour s'habituer à ses lentilles correctrices. Elle les porterait ce soir et s'obligerait à les mettre tous les jours durant au moins trois heures. Et à l'anniversaire de Léa, le 23 mai, elle y serait parfaitement accoutumée.

Le 23 mai. Aurait-elle arrêté le tueur à cette date ?

Elle ouvrit et ferma les yeux plusieurs fois, pleura un peu ; les lentilles l'irritaient déjà. Elle les garderait pourtant. Elle finirait bien par les oublier.

Quand Grégoire sonna à sa porte, elle résistait à l'envie de se frotter les yeux, mais il la complimenta aussitôt en disant qu'elle avait raison de se décider à porter des lentilles, qu'on n'attrape pas les hommes sans montrer ce qu'on a de bien.

— Moi, je tortille toujours mon petit cul.

— As-tu faim ?

— Je sais pas. Toi ?

— Un peu. J'ai des fettuccine. Avec de la sauce au basilic. Mais j'ai aussi du jambon. On peut se faire un sandwich.

— T'as toujours du jambon, hein, Biscuit ?

— C'est pratique.

— Et Léo aime ça ? Il est pas là ?

— Il joue dehors. Il va peut-être capturer une souris d'ici un an ou deux. Il n'est pas très doué.

— C'est pas un tueur, certain. Je t'ai vue à la télévision.

— Il y a une télévision où tu habites ?

Grégoire expliqua qu'il habitait toujours rue Ferland, mais qu'il s'en irait le surlendemain. Avec son cousin.

— Il est toujours avec toi ? Ça fait longtemps, tu ne trouves pas ?

— C'est ce que je lui dis. Mais il est obstiné. Je le garde encore une semaine, après je le retourne chez lui. Je pense que je vais t'aider, sinon on va manger notre spaghetti pour déjeuner demain matin.

Graham, médusée, découvrit que Grégoire était très efficace dans une cuisine. Tandis que les pâtes cuisaient, il fouillait dans le réfrigérateur. Il trouva une laitue frisée, une tomate, du persil, un demi-citron. Il disposa les feuilles joliment, coupa d'une main assurée des quartiers de tomate qu'il arrosa de jus de citron et d'huile d'olive. Il hacha le persil finement, en saupoudra les assiettes, tout en parlant de Frédéric à son amie. Il veillait à ne jamais le nommer.

— Il faut que je le surveille. Il est si innocent ! Il se fait cruiser sans s'en rendre compte. Le gros Pelletier s'est essayé dans les arcades. Comment ça que vous l'avez pas encore arrêté ?

— Manque de preuves. Tu le sais. Tu ne veux pas témoigner. Les autres non plus.

Grégoire faillit protester, mais se ravisa ; il préférait changer de sujet. Il n'irait jamais faire une déposition en Cour. Il ne prendrait pas le risque de retourner en dedans. Graham lui répétait qu'il était une victime de Pelletier, mais il savait qu'on n'aurait aucune pitié pour une petite tapette qui vendait son cul : on lui poserait trop de questions et ses réponses lui nuiraient. On arrêterait peut-être le pédophile, mais lui aussi. Biscuit jurait que non, mais elle devait se tromper parfois.

— As-tu peur que le tueur décapite quelqu'un bientôt, Biscuit ?

— C'est Maud, mon prénom, dit-elle pour la millième fois en songeant que leur complicité s'évanouirait le jour où Grégoire l'appellerait ainsi.

— Oui, je sais. Les journalistes ont écrit que tu te vantais en disant qu'il ferait une erreur et que tu le piégerais. T'as fait exprès ?

— Oui. C'est si évident ?

Elle était déçue ; si Grégoire décelait la ruse, le tueur en ferait autant.

— Je te connais, Biscuit, expliqua Grégoire. Je sais que tu te vantes pas. Mais lui, il le sait pas. Il va marcher dans ta combine.

— De toute manière, j'étais prête à dire n'importe quoi pour qu'il réagisse. On ne peut pas attendre les bras croisés sans rien faire.

— Vous avancez pas ?

— Non.

Elle repoussa son assiette. Elle n'avait plus faim.

— Mange pareil, fit Grégoire. Pour une fois que c'est pas un sandwich.

Elle piqua un quartier de tomate pour ne pas le vexer, lui sourit :

— C'est vrai. J'ignorais que tu te débrouillais aussi bien en cuisine ?

— Mon père était cook. Je l'aidais au restaurant quand j'étais petit.

— C'est vraiment bon.

Il protesta ; ce n'était qu'une petite salade. Il n'aimait pas tant que ça faire la cuisine. Et surtout, il ne voulait pas ressembler à son père. Elle aimerait lui dire, plus tard, qu'il ne devait pas se priver d'un avenir par crainte du passé. Il pouvait faire autre chose que vendre son corps. Elle l'avait toujours su, mais n'avait pas d'arguments pour le lui démontrer. Elle sèmerait l'idée d'un travail dans un restaurant. Elle demanderait à Enzo de l'aider à trouver quelque chose.

Et Grégoire refuserait. Il dirait qu'il était habitué à faire de l'argent. Et elle le persuaderait d'essayer. Dans quelques mois, quand ils seraient plus intimes. Elle ne pouvait pas encore lui parler de ses parents ou critiquer sa manière de vivre. Elle se permettait seulement de le prier de renoncer à la drogue. Il avait diminué les quantités et il n'en vendait plus. C'était déjà beaucoup. Elle espérait qu'il mettait des préservatifs comme elle le lui avait conseillé, mais elle n'osait pas le lui demander. Elle aurait pourtant dû lui dire qu'elle tenait à lui ; elle se le reprocherait quand il serait reparti. Mais elle ne savait pas exprimer ses sentiments. Elle ne l'avait jamais su. Yves en avait été dérouté ; il s'attendait à ce que toutes les femmes s'épanchent. Au début, il avait apprécié sa réserve. À la fin, il lui reprochait son silence. Il la taxait même d'hypocrisie, ou tout au moins de dissimulation : que taisait-elle ainsi ?

Une peur atroce qu'il ne la quitte. Pouvait-elle lui dire qu'elle redoutait terriblement la rupture, puis la solitude ? Yves aurait cru qu'elle s'accrochait à lui et il aurait fui encore plus vite. Elle était prête à tant de concessions pour rester avec lui ; une telle disponibilité l'aurait effaré s'il l'avait su. Et elle était absolument incapable de lui exprimer qu'il y avait une grande liberté dans cette sujétion. Elle-même concevait mal que ses convictions féministes s'accommodent de cette idée. Mais le fait est qu'elle aurait souvent eu envie de laisser Yves tout décider et qu'elle devait se faire violence pour donner son opinion, pour ne pas se fondre en lui, ne pas perdre son identité, demeurer indépendante. C'était pourtant sa nature ; alors ? Elle pensait que c'était parce qu'elle rentrait épuisée du bureau où elle devait toujours tout prévoir, tout juger, tout évaluer. Et sans se tromper. Parce que l'erreur pouvait être fatale.

Yves l'aimait autonome. Et elle l'était, d'une certaine manière. S'il s'agissait de son travail, par exemple. Oui, elle oubliait Yves quand elle était sur une affaire. Non, elle n'aurait pas sacrifié une soirée avec un indic pour souper avec son *chum*. Peut-être que son travail avait autant d'importance que son amour. Non, tout de même pas ; elle ne pensait pas qu'à son boulot quand elle sortait avec Yves. Et elle avait été atrocement malheureuse quand il l'avait quittée. Mais elle n'avait jamais perdu son travail ; comment réagirait-elle si on la virait ? Ne se sentirait-elle pas aussi démunie, aussi diminuée, aussi rejetée ? Nulle, laide, stupide, grosse, triste et bête ? Il y a des chômeurs qui finissent par se suicider.

— À quoi tu penses, Biscuit?

— À moi. Je me fais peur. J'essaye d'imaginer que je perds ma job pour me consoler d'être toute seule. C'est drôle, non?

— Non. Je vais te raconter quelque chose pour te changer les idées.

Grégoire débarrassa les assiettes en lui parlant des moulages qu'exécutait autrefois le Prof. Des sexes en or, en argent, en bronze.

— Il faut être prétentieux en crisse pour vouloir une copie de sa queue!

Graham hocha la tête, tentant de se figurer l'atelier du Prof où s'amoncelaient les moulages des sexes.

— Ton Prof, il n'en fait plus? Il ne fait plus de sculpture?

— Oui, mais pas des sexes. Il fait des choses bizarres. Des bouts de métal collés sur des grillages avec des clous ou de la corde. Il en a suspendu dans son salon. Ça ressemble à rien, mais j'aime ça ses mobiles. Je les trouve vraiment beaux. Il était content que je lui dise. C'est vrai que c'est pas n'importe qui qui doit tripper là-dessus. C'est tellement flyé. Il en fume du bon!

— Avec toi?

Grégoire éclata d'un rire enfantin, content de sa plaisanterie:

— C'est une manière de parler. C'est un gars sérieux. Il pense la même affaire que toi de la dope. Il est très en forme, très sportif. Il s'alimente super-bien. Il doit pas boire plus qu'une bière par semaine. Je suis son seul vice...

Il souriait encore, mais les commissures des lèvres s'étaient affaissées et il défiait Graham du regard. Elle lui demanda quel âge avait son client.

— C'est dur à dire; il s'entretient.

— Est-ce que vous avez reparlé des meurtres?

— Oui. Il pense que le tueur va recommencer. Mais tout le monde s'y attend. C'est capoté, cette histoire-là.

Graham approuva: pour être dément, ça l'était. Au lieu de

se barricader chez eux, les gens étaient portés à se réunir. Un comité de citoyens s'était constitué pour amasser la somme d'une récompense destinée à quiconque donnerait des informations susceptibles d'entraîner l'arrestation du criminel. Des patrouilles formées d'amateurs arpentaient les rues de Québec, et curieusement, avec la peur qui étreignait les habitants, régnait une sorte d'excitation presque joyeuse. Chacun voulait participer à cette gigantesque chasse à l'homme. On discutait partout, avec n'importe qui, au supermarché, chez le coiffeur, à la Société des alcools, au dépanneur, à la pharmacie. Québec était devenue un gros village où chacun parlait à son voisin comme s'il le connaissait. On savait qu'il y avait un ver dans le fruit, mais le ver ne pouvait être. ce voisin, on l'aurait deviné.

— Le Prof, il pense qu'il a peut-être vu le tueur.

— Quoi ?

— Il s'entraîne au même club que Josiane Girard.

Graham fut déçue. Elle avait espéré... Quoi, au juste ? Que Grégoire lui livre le nom du coupable sur un plateau d'argent ? Elle comptait trop sur lui. Parce qu'elle voulait lui donner de l'importance. Qu'il se sente indispensable, précieux, rare.

— Ton Prof n'a rien dit de plus précis ?

— Il pense que le tueur doit être mignon pour attirer si facilement les femmes. Il va ouvrir les yeux la prochaine fois, ça ne le fatiguera pas de regarder plus attentivement les gars ! Même s'il aime mieux les jeunes comme moi.

— Le meurtrier doit avoir autour de trente ans.

— Es-tu capable de l'imaginer ?

Graham secoua la tête, mais murmura tout de suite après qu'il devait être blond, musclé, de taille moyenne et même petit.

— Petit ? Vous avez dit le contraire au début.

— Oui, c'était à cause des traces de pas. Du 14. Mais il peut avoir changé de chaussures pour nous tromper. Il est terriblement habile : pas d'empreintes. On a trouvé des cheveux dans la voiture de Josiane Girard, mais il paraît qu'elle donnait des lifts à tous ses amis. Tu sais, on se méfie moins d'un homme de petite taille quand on est une femme. Tu as l'impression d'être à égalité, d'être aussi forte. Surtout pour une fille comme Josiane qui s'entraînait régulièrement ; elle ne craignait pas son assassin, sinon elle ne l'aurait pas suivi si aisément.

Aisément. Elle eut une pensée fugitive pour Alain Gagnon. Qu'est-ce qu'il avait fait mardi soir ? Elle l'avait croisé dans un couloir de la centrale et lui avait offert un café, mais il avait un rendez-vous. Il avait pris un ton énigmatique. Elle s'était demandé si ce rendez-vous était en rapport avec son enquête, puis elle s'était trouvée stupide. Qu'est-ce que le médecin pouvait lui cacher ? Dans quel but ? Il s'était toujours montré coopératif. Alors, où allait-il ? Avec qui ? Elle eut honte de sa curiosité.

— Qu'est-ce que tu as ? questionna Grégoire.

— Rien.

Il se renfrogna, alla chercher une bière sans en offrir à son hôtesse.

— C'est rien pour de vrai, Grégoire. C'est juste que je m'interrogeais à propos d'Alain Gagnon.

— Le légiste ?

— Tu te souviens de lui ? Tu l'as vu rien qu'une fois.

— Son nom était écrit dans le journal. Il trippe sur toi ?

Elle bafouilla que non, certainement pas, il était beaucoup plus jeune et avait des rendez-vous tous les soirs.

— Ah ? J'aurais pensé le contraire. Il te regardait d'une drôle de manière la fois que je l'ai vu avec toi.

Elle avait envie que son ami s'explique, mais elle était trop timide pour lui confier qu'elle aimait penser, même si c'était idiot, qu'un homme pouvait la désirer. Grégoire devait le deviner, car il observa un long silence avant de reparler du tueur :

— Le Prof dit qu'il doit être très intelligent.

— Ton Prof a raison. Tu le rencontres souvent ?

— Une fois par semaine. Moi, je pourrais le voir plus, c'est lui qui veut pas. Je sais pas pourquoi ; il trippe sur moi en câlice ! Et c'est pas une question d'argent. Il fait du bacon avec ses mobiles ; c'est pas tout le monde qui aime ça, mais ceux qui aiment sont prêts à payer cher. Non, on dirait qu'il est fâché de tripper sur moi. Mais je l'ai pas forcé... C'est pas de ma faute s'il peut pas me résister plus qu'une semaine. Il est fin, tu sais. Il est pas exigeant. La dernière fois, il voulait juste qu'on dorme ensemble. J'ai dit non. À cause de mon cousin.

— Pourquoi ton cousin s'est chicané avec ses parents ?

— Je sais pas trop, mais sa mère est sur les pilules, son père est insignifiant. Un médecin qui pense juste à ramasser du cash. Mais ils le battent pas et il peut manger ce qu'il veut. Puis personne l'achale pour le pogner dans un coin...

— Voudrais-tu que je parle avec une assistante sociale ? Elle pourrait rencontrer ses parents...

— Es-tu folle ?

— Il va bien falloir qu'il se passe quelque chose, non ?

— Il veut pas se séparer de moi, je suis son héros, tu comprends ?

Grégoire ne voulait pas non plus quitter Frédéric ; il aimait tant l'image que lui renvoyait l'adolescent. Il était si fier de penser qu'il l'avait sauvé.

— Où allez-vous rester cette semaine ?

— Le Prof va me prêter les clés de son atelier. Il dit qu'il a pas le temps d'y aller les prochaines semaines.

— Pourquoi ?

— À cause de la fin de la session. Il a trop d'ouvrage. Trop d'examens à corriger.

— Ton Prof, il est vraiment cool. Où est son atelier de sculpteur ?

— Je sais pas. On est censés se voir mercredi.

— Qu'est-ce qu'il veut en échange ?

Quelle importance ? Le Prof ne dépasserait jamais certaines limites, celles que Grégoire avait atteintes avec son oncle quand il avait douze ans. On ne pouvait faire pire. Il n'avait plus peur de rien maintenant. Il déglutit, ce goût amer, toujours, qui revenait quand il pensait à ses viols. Qu'est-ce qu'il avait fait pour mériter ça ? Il avait cherché si longtemps quelle faute il avait commise. Il devait être mauvais pour que sa mère le jette à la rue. Frédéric et Graham semblaient pourtant penser le contraire. Le Prof aussi. Il lui avait offert de lui montrer à dessiner.

— Ça me servira pas tellement avec mes clients, avait-il répondu.

— Tu ne te prostitueras pas toute ta vie.

— Non, bientôt je vais être trop vieux. J'ai quasiment dix-sept ans.

— Ce n'est pas ce que je voulais dire. Tu vas faire autre chose. Tu es intelligent.

Il avait ri. Confié qu'une couple de professeurs lui avaient dit la même chose à la polyvalente, mais ça n'avait pas donné de grands résultats.

— Tu verras que j'ai raison.

— Je retournerai pas aux études, te fatigue pas. Je prendrai pas des cours privés non plus !

Le Professeur avait acquiescé. Il n'avait pas l'intention de le forcer à quoi que ce soit, mais il avait le droit de le trouver intelligent.

Grégoire posa sa bouteille vide sur le comptoir, prit son écharpe :

— J'y vais, Biscuit. Mon cousin m'attend.

— Ton Prof, est-ce qu'il accepterait de me rencontrer ?

— Pourquoi ?

— Il a l'air observateur. Peut-être qu'il pourrait se souvenir d'un détail qu'il aurait perçu au club de sport et qui m'aiderait ?

— Je sais pas. Il va avoir peur de toi. À cause de moi. Je suis mineur.

— Tu es capable de lui faire comprendre que je me mêle de mes affaires, non ?

— Je peux pas dire le contraire... Mais tu sais que je disparaîtrais pour un bout de temps si tu m'achalais.

Graham eut un sourire triste ; leur complicité était si fragile.

— Dis bonjour à Léo pour moi, murmura Grégoire en refermant la porte derrière lui. Je te rappelle si le Prof veut te voir.

Elle entendit ensuite un « merci pour le souper ».

Elle décida qu'elle verrait ce Prof coûte que coûte. Grégoire semblait l'estimer, mais elle n'attendrait pas qu'il vienne à elle spontanément. Elle le retrouverait à l'université ou dans un cégep. Il ne pouvait y avoir des dizaines d'enseignants marqués d'une tache de vin. Elle s'entretiendrait avec lui sur le tueur. S'il en savait plus qu'il ne l'avait dit à Grégoire ? S'il soupçonnait un des membres du club ? Oui, elle le verrait dès demain. Elle ouvrit la fenêtre pour appeler son chat, qui daigna enfin revenir. Son poil était frais, il sentait la nuit, son mystère. Graham enfouit son visage dans le ventre de Léo comme pour s'approprier son odeur fauve. Elle pensa à *La féline* et envia Nastassja Kinski de pouvoir se transformer en panthère. Les panthères ne doivent pas avoir peur très souvent.

L'angoisse la tint longtemps éveillée après qu'elle eut éteint sa lampe de chevet ; comment pouvait-elle empêcher le tueur de commettre un nouveau crime ? Les notes d'enquête tourbillonnaient dans sa tête comme un manège, elle revoyait les dossiers des victimes, tous les points de comparaison qu'elle avait établis avec l'aide de Rouaix et des autres enquêteurs, tous les témoignages, des dizaines et des dizaines de feuilles, des croquis même, des plans des corps avec des coupes, des photos des auteurs de crimes sexuels qui avaient purgé les deux tiers de leur peine, les rapports d'autopsies, tout cela voltigeait dans une ronde infernale.

C'était le tueur qui menait le bal.

Elle rêva d'un mobile où tous les dossiers de l'enquête étaient piqués de tiges ensanglantées, comme si les victimes décrites dans ces dossiers y dormaient réellement et avaient été empalées. Les fils de fer qui retenaient les documents gémissaient si fort qu'elle s'éveilla. Elle avait mal refermé sa fenêtre qui grinçait, malmenée par le vent.

* * *

Maud Graham buvait son café en regardant un passant courir derrière son chapeau. Les bourrasques étaient si violentes qu'on avait oublié la douceur des jours précédents. Une pluie froide, cinglante repoussait le printemps et attristait la ville. Les habitants parlaient avec autant d'acrimonie de ce méchant temps que de l'enquête qui ne progressait pas. Leurs propos se déversaient sur les ondes des stations de radio. Un auditeur avait proposé un slogan : « Police-Printemps, même combat : on n'arrive jamais à temps, on n'y arrive pas.»

Le café aussi était amer, mais Graham le but distraitement ; elle répétait ce qu'elle dirait à son patron. Robert Fecteau était d'une humeur si hargneuse qu'ils ne seraient pas trop de deux pour l'affronter, même si elle savait que sa colère serait dirigée contre elle. Rouaix n'avait pas commis l'erreur de faire des déclarations aux journalistes.

Elle tenta de joindre à l'université la secrétaire qui l'avait aidée quand elle cherchait le détrousseur de vieilles dames, mais Sophie Labrie n'était pas encore à son poste. Il était tout juste huit heures trente. Graham était arrivée depuis deux heures. Une télécopie de New York l'attendait. On avait découvert dans une poubelle, un an auparavant, un demi-corps : abdomen, fesses, jambes et pieds. On n'avait jamais trouvé l'autre moitié, ni l'identité de la victime de cette boucherie. On supposait, comme Graham, que l'auteur pouvait être le tueur des États qui commençait à être connu sous le nom du Collectionneur, ainsi que l'avait baptisé Paul Darveau.

Où trouverait-il la tête ?

— Il me semble qu'il ne peut pas choisir n'importe quel crâne, dit Graham à Rouaix quand il poussa la porte du bureau.

— J'y ai pensé aussi. Il faut que ce soit l'apothéose, puisqu'il aura ainsi un corps entier. Quelle tête le couronnerait ? Une blonde, évidemment. Il n'a tué que des blondes. Il y en a des milliers à Québec, même si Nicole m'a dit hier soir qu'elle était contente d'être revenue à sa couleur naturelle. Il doit y avoir d'autres femmes qui ont fait pareil.

— Sûr. Il n'y a presque plus de teintures sombres dans les pharmacies.

— Mais quelle blonde choisira-t-il ?

— Il n'y en a pas une qui aurait attiré l'attention récemment ? Une vedette ? Une sportive ?

Rouaix secoua son imperméable. Non, il ne voyait personne, mais il ne suivait pas tellement l'activité artistique.

— On devrait demander à Nicole. Elle lit parfois les petits journaux.

— Appelle-la. Il faut qu'on ait quelque chose à dire à Fecteau. Réunion dans trente minutes.

Nicole Rouaix dit qu'elle réfléchirait. Une blonde ? Non, elle ne devinait pas de qui il s'agissait.

Elle rappela cinq minutes plus tard : un mannequin devait arriver à Québec durant la fin de semaine pour faire la promotion d'un parfum. Elle était si blonde qu'on la surnommait Honey.

— Je vais téléphoner à Lizotte pour en savoir plus, fit Rouaix. Il sait être discret.

— Tu penses ?

— On va lui promettre le scoop.

Graham, elle, rejoignit Sophie Labrie, qui devina tout de suite de quel homme il s'agissait.

— Il n'est pas du tout professeur de dessin. C'est l'inverse : il prend des cours en histoire de l'art. François Berger est technicien en informatique. Il est très calé. Mais je sais qu'il est aussi sculpteur.

122

Elle donna ses coordonnées à Graham après que celle-ci lui eut juré qu'elle voulait simplement parler avec lui.

— Il est vraiment gentil. Et drôle. Tout le monde l'aime, il a un charme fou, malgré sa tache de vin.

Graham décida qu'elle lui rendrait visite après la réunion. Elle n'avait pas envie que Grégoire ait le temps de lui parler d'elle. Comme il se levait vers midi, elle aurait le loisir de voir le Prof juste avant.

Il habitait rue Preston et Graham regretta qu'il ne demeure pas à Orsainville ou Bernières ; elle aurait aimé conduire plus longtemps. Elle était si énervée : Fecteau l'avait blâmée comme elle s'y attendait, et elle n'avait rien eu à rétorquer, car son supérieur avait raison.

Elle sonna trois fois à la porte du Prof sans obtenir de réponse. Elle hésita avant de sortir son passe-partout, mais personne ne la verrait pénétrer chez lui. Elle poussa la porte lentement, s'avança vers le salon où elle reconnut le mobile dont lui avait parlé Grégoire. Elle se rappela son cauchemar, mais elle admit que l'œuvre était puissante. Le Prof avait choisi du verre et plusieurs métaux différents, de l'aluminium, du bronze, du fer, certains brillaient, d'autres étaient oxydés. Il y avait même des morceaux de moustiquaire froissés et peints en blanc, et bien que la sculpture fût abstraite, Graham y vit un formidable insecte, prêt à s'envoler vers d'étranges galaxies. Elle fit le tour des pièces, revint vers la chambre, s'approcha du bureau. Elle ignorait ce qu'elle cherchait et se détestait d'être entrée ainsi chez un inconnu, mais elle craignait pour Grégoire. Elle avait besoin de preuves pour étayer son impression.

Impression qui se modifia rapidement quand elle consulta un carnet d'adresses ; les pages étaient pleines d'une belle écriture ronde, soignée. Il y avait autant de noms féminins que masculins, une liste de restaurants à la fin, ainsi que des adresses de lieux gais de Montréal, Paris, Londres et Rome. François Berger semblait vivre naturellement son homosexualité. Elle n'eut même pas à chercher des revues pornographiques, elles traînaient dans sa bibliothèque comme si le Prof se souciait peu qu'on connaisse ses goûts pour les beaux garçons. Les photos étaient souriantes : aucune ne contenait de scène sadique. Elle sortit de la chambre, visita la cuisine, ouvrit le réfrigérateur : Grégoire avait raison, son client prenait soin de lui. Que des légumes et des fruits frais, un poulet cuit, des fromages, une quiche aux poireaux. Et plusieurs flacons de vitamines. Dans le salon, elle admira deux fusains et une sanguine hyperréalistes qui représentaient des hommes nus et s'aperçut qu'ils la troublaient. Elle se pencha pour les voir de plus près, les dessins étaient signés F. Berger. Il n'était pas professeur, mais un élève de talent.

Les murs de la pièce étaient crème, les plinthes iris et noir, les meubles de bois et de velours, et Graham ne put s'empêcher de penser qu'elle aimerait vivre dans un endroit qui respirait autant l'harmonie. François Berger n'était sûrement pas aussi riche que le croyait Grégoire, mais elle comprenait qu'il se soit trompé sur ce point : l'appartement était si douillet qu'il semblait cossu. Elle songea aux maisons de la Nouvelle-Angleterre, coquettes, agrémentées des mille petits détails qui font le vrai confort.

Elle ne se trouvait pas chez un tueur, même organisé ; ces psychopathes pouvaient donner le change en société, mais ils ne continuaient certainement pas à jouer ce rôle en privé. Aucun indice ne permettait de croire que le Prof était déséquilibré. Bien au contraire. Elle quittait l'appartement avec un sentiment de malaise, mécontente d'avoir violé l'intimité d'un étranger, quand une lueur bleutée provenant d'une des pièces du mobile attira son attention. Elle s'approcha et vit que le morceau de moustiquaire contenait des billes.

Non. Des yeux de verre. Bleu et brun et noir et vert. De la couleur exacte de ceux de Grégoire.

Son cœur cessa de battre, puis s'affola. Une décharge d'adrénaline la secoua fortement, sa main se crispa sur l'appareil téléphonique, mais elle ne bégaya pas quand elle parla à Rouaix. Elle lui expliqua ses soupçons, répéta dix fois que

Grégoire était en danger, qu'il fallait retrouver Berger au plus vite.

En regardant de nouveau les nus, elle se demanda si Grégoire avait posé pour le Prof. Il n'en avait rien dit. Mais il était si secret...

Elle se souvenait de ce soir de décembre où il avait tenté de fuir quand elle l'avait croisé rue Saint-Jean ; il ne voulait pas qu'elle voie son visage tuméfié. L'arcade sourcilière et la lèvre fendues, l'œil à demi fermé, il avait prétendu avoir déboulé l'escalier de la côte d'Abraham.

— J'ai pris une crisse de plonge !

Elle n'avait même pas demandé qui l'avait battu ; il ne dirait rien. Mais elle en avait profité pour lui démontrer les dangers de la prostitution. Grégoire l'avait rejetée.

— Je sais tout ce que j'ai à savoir ! avait-il protesté.

Vraiment ? Savait-il que bien des clients deviennent fous et agressifs ? Qu'ils se croient tout permis parce qu'ils payent ? Graham connaissait une putain qui lui avait affirmé que la moitié de ses copines étaient mortes avant d'avoir atteint quarante ans : *overdose*, sida et meurtre. Elle-même s'était fait traîner derrière une voiture pour avoir déplu à son souteneur qui n'était pas satisfait de ses performances.

— Mille clients par année au moins, pis y'est pas content !

Graham pensait que Grégoire devait rencontrer cinq cents hommes en douze mois, mais elle n'avait jamais osé le questionner sur ce point précis. Ça lui ferait mal. À elle aussi.

Elle retourna dans la chambre et entreprit une fouille en règle ; elle devait trouver l'adresse de l'atelier de François Berger.

Peut-être que Grégoire y était.

Elle cherchait toujours quand Rouaix la rejoignit.

— Ton Grégoire n'a pas téléphoné, mais un petit gars t'a appelée trois fois. Il y a peut-être un rapport. Il se nomme Dan. Voilà son téléphone. J'ai essayé de le faire parler, mais il ne veut pas dire pourquoi il t'appelle. Il répète juste que c'est pressant.

Graham courut vers le salon, composa le numéro en retenant son souffle. Frédéric répondit à la première sonnerie d'une voix anxieuse. Expliqua qu'il était un ami de Grégoire et que ce dernier n'était pas rentré dormir.

— Ça ne lui est jamais arrivé depuis que je reste avec lui. Il rentre tard, des fois à six heures du matin, même à huit, une fois, mais il rentre toujours.

— Il n'a pas laissé de message ?

— Non.

Frédéric s'efforçait d'affermir sa voix ; Graham ne devait pas se douter de son âge. Ça ne le dérangeait pas qu'elle croie qu'il était le petit ami de Grégoire. Il n'était plus certain de mépriser autant les gais depuis qu'il vivait rue Ferland. Lui, il n'accepterait jamais qu'un homme le touche, mais Grégoire avait bien le droit de faire ce qu'il voulait. L'important, c'était que son ami revienne !

— As-tu bien cherché ?

— Oui ! Je ne sais pas quoi faire. Vous êtes aussi son amie. Il me l'a dit. Vous devez le protéger !

— Je le cherche aussi. Dis-moi où il se tient. Est-ce qu'il t'a dit s'il voyait le Prof aujourd'hui ?

— Oui, pour les clés. Il est en danger, c'est ça ? Vous pouvez me le dire, je suis assez vieux.

— Oui, tu es assez vieux pour comprendre que Grégoire a une vie qui risque d'être raccourcie s'il continue à faire ce métier-là. Mais tu n'es pas assez vieux pour rester tout seul. Je sais que tu es le cousin de Grégoire. Il m'a parlé de toi. Il faut que tu viennes me retrouver.

Frédéric aimait la voix de Graham, qui lui rappelait celle de son professeur d'anglais, mais il résista :

— Je ne veux pas retourner chez mes parents. Je ne vous ai pas appelée pour moi, mais pour Grégoire !

— Dan, je peux avoir ton adresse sans problème, même si je n'ai que le numéro de téléphone.

Il rit, content de ses ruses :

— Je n'appelle pas de l'appartement quand même !

Maud Graham serra le combiné ; il ne fallait pas que l'enfant lui échappe.

— On se rencontre où tu veux.

— Non. Si Grégoire donne signe de vie, je vous rappelle.

Graham raccrocha en grimaçant ; elle détestait l'expression « signe de vie ». De pareilles formules, si définitives, appelaient moins la vie que la mort.

Chapitre 7

Michaël Rochon suivait François Berger depuis une heure. Il l'avait vu entrer dans un casse-croûte, en ressortir avec deux adolescents, parler au plus grand tandis que l'autre s'éloignait. Si le noir avait été plus jeune, il aurait été parfait pour lui. Mais Rochon cherchait un garçon de douze ans, pas davantage. Il le trouverait bien.

François Berger avait remis quelque chose — ce devait être de l'argent — au garçon à la veste de cuir, puis il s'était enfin décidé à revenir vers l'arrêt d'autobus. Rochon savait que sa voiture était en panne, car c'est lui qui avait trafiqué le moteur tandis que François Berger s'entraînait. Il l'avait imité peu après, afin de suer comme lui et le suivre dans les douches pour vérifier une dernière fois s'il avait raison de l'avoir choisi. Il avait souhaité qu'il n'appelle pas un taxi, mais l'arrêt d'autobus était si près du club sportif. Et il ne pleuvait plus. On pouvait même parler d'embellie.

Il klaxonna en passant devant l'arrêt du bus. François ne le reconnut pas immédiatement. C'était un phénomène courant. On identifie mal, quand ils sont ailleurs, les gens qu'on voit toujours dans le même lieu : la pharmacienne sans sa blouse au restaurant, la caissière du supermarché sans son uniforme chez le fleuriste ou le chauffeur d'autobus dans une boutique de vêtements. Michaël Rochon profitait toujours de la gêne que créait la méprise ; en se penchant vers la portière, François Berger, comme les autres, s'excusa de ne pas l'avoir reconnu. Il affirma avec véhémence qu'il était distrait. Son interlocuteur plaisanta, dit que lui-même avait peine certains matins à se reconnaître dans la glace. Puis il lui offrit de monter dans sa voiture; pouvait-il le déposer quelque part?

— Je passe par le boulevard Champlain, à cause de la vue, mentit Rochon.

Il avait entendu Berger, au gymnase, parler de son atelier situé sur le chemin du Foulon.

— C'est drôle, dit sa proie, j'ai un atelier dans ce coin-là.

— Ah oui?

— Oui. Chemin du Foulon.

— J'ai des amis qui restent là. À quelle adresse es-tu?

François Berger donna son adresse, puis ils parlèrent de tout et de rien, de cinéma, de Sport 2000, des nouveaux restaurants, des bars. Des bars gais. Michaël Rochon dit qu'il avait rencontré un magnifique garçon la semaine précédente. Des cheveux noirs, un perfecto et un chandail rouge.

— Il y avait des étoiles sur son chandail, mais même si elles brillaient, j'étais plus porté à regarder autre chose.

Le tueur avait vu tout de suite que le petit jeune à la veste de cuir intéressait François Berger. Celui-ci demanda s'il l'avait revu. Non, le gars ne voulait pas de lui. Il ne lui avait même pas dit son nom. Mais il avait accepté d'être pris en photo.

— Je suis assez fier du résultat, ajouta-t-il. Mais c'est vrai que le modèle était si beau.

— Je pense que je le connais, dit François Berger. J'en suis même sûr. Je trouverais ça drôle d'avoir une photo de lui. Est-ce que...?

— Je peux t'en donner une, j'en ai un paquet. Je ne sais pas ce que j'avais cet après-midi-là, mais mes photos sont presque toutes bonnes. Ce n'est pourtant pas facile dans un bar, même avec le flash. Je vais te reconduire chez toi, tu me donneras ton téléphone et je viendrai te les porter. On est voisins.

Il craignait que Berger ne flaire le piège, mais non, celui-ci protesta mollement, disant qu'il pouvait aussi venir chercher les photos. Rochon lui rappela que sa voiture était en panne. Il insista : ça ne le dérangeait pas. Il viendrait à l'atelier dans la soirée.

Il l'assomma dès qu'il sortit de la voiture, puis il l'assit dans la voiture tandis qu'il fouillait dans son portefeuille. Il chercha l'adresse exacte de l'atelier. Il avait l'intention de le tuer là. Il ne voulait pas être embarrassé du corps après avoir prélevé les parties qui l'intéressaient.

Que dirait l'inspectrice quand elle trouverait le cadavre de François Berger dans son atelier ?

Il avait même pensé à apporter un cadeau à l'inspectrice. Il l'avait suivie chez elle deux fois déjà et avait difficilement résisté à l'envie de lui laisser un mot, un souvenir. Comme elle aimait bien les insectes, il lui donnerait un scarabée. Elle s'imaginerait immédiatement qu'il collectionnait les insectes et entreprendrait des recherches dans ce sens. Et lui s'amuserait de la voir patauger, piétiner sans obtenir le moindre résultat. Elle n'avait aucune chance.

François Berger gémit, mais ne s'éveilla pas quand le Collectionneur retira les clés de ses poches. Ce dernier sourit ; il n'y aurait peut-être pas trop de monde sur le chemin du Foulon à cette heure. Et même encore, il avait des lunettes fumées, et si quelqu'un le voyait transporter Berger, il expliquerait que son ami avait un problème de drogue, qu'il l'emmenait chez lui, d'où il appellerait un médecin. Mais il n'y aurait personne, il le sentait, c'était une bonne journée pour lui.

Il passa deux fois devant l'atelier. Il avait raison, c'était une excellente journée : aucune voiture chez les voisins, aucune lumière. Le calme idéal. Il laissa sa victime dans la voiture pour aller ouvrir la porte de l'atelier. Il dut essayer toutes les clés du trousseau avant de trouver la bonne. Il suait malgré un vent frais. Il voyait déjà le corps émasculé de François Berger. Il se demandait s'il pourrait rendre la

131

courbe de son sexe quand il l'empaillerait. Pourquoi pas ? Il était de plus en plus habile dans son art. Si jamais il se lassait de réparer des appareils sophistiqués, il pourrait devenir taxidermiste ; il était aussi doué que M. Hamel, son fournisseur. Ce dernier se vantait de son orignal, mais s'il avait vu ce que son client réussissait ! Quand il s'était arrêté à sa boutique dans la matinée, le vieillard lui avait dit qu'il aimerait voir ses pièces ; n'avait-il pas des photos de ses œuvres ?

Si, il en avait. Il avait des photos de toutes les étapes de son travail. Il avait même des images de Diane Péloquin quand elle vivait encore. Dans les manuels de taxidermie, on disait qu'il fallait observer attentivement son sujet dans la nature afin de le rendre avec plus de réalisme le moment venu. On parlait de la couleur des yeux. Il avait déploré de ne pas avoir de photos plus précises de sa mère. On aurait dit que les yeux n'étaient jamais du même bleu, malgré le fait qu'il possédait des centaines de photos. Francine Rochon adorait se faire photographier. Elle adoptait la même pose que sur la photo du concours de beauté, la jambe droite s'avançant légèrement devant la gauche, une main sur la hanche, l'autre derrière le dos, le torse bien droit faisant ressortir sa poitrine.

Chaque fois que sa mère était fâchée contre lui, il parvenait à obtenir son pardon en lui demandant de la photographier, en lui répétant comme elle était belle. Elle oubliait alors les déceptions qu'il lui causait en ressemblant trop à son père, et elle souriait à l'objectif après s'être remaquillée.

Il se dit qu'il aurait dû acheter plus de poudre de borax chez M. Hamel. Mais il en avait déjà plein les bras : de la colle à bois, de la poudre de finition, de l'alun, du feutre à rembourrer, de nouvelles brucelles de quatre pouces et du plâtre de Paris. Heureusement, M. Hamel lui avait donné une carte de fidélité. Il avait acheté des dizaines d'outils dans sa boutique. Il n'aimait plus ceux qu'il avait rapportés de la Floride. Il avait préféré s'équiper de neuf en arrivant à Québec, car il avait eu l'impression que ses cisailles étaient moins malléables quand il avait coupé le pied de Muriel

Danais. Pour son sein, bien sûr, ç'avait été plus facile. N'empêche, un artiste mérite d'avoir des outils à la mesure de son talent. Les concertistes jouent sur des Steinway.

Il poussa la porte et s'immobilisa ; une odeur de cigarette flottait dans l'air.

— François ? C'est toi ? cria Grégoire de la salle de bains. Michaël Rochon jura, puis s'enfuit à toute vitesse, tandis que l'adolescent ouvrait la porte des toilettes. Il entendit Grégoire qui répétait : « Eh ! C'est qui ? Vous êtes qui ? », mais il eut le temps de remonter dans sa voiture et de démarrer avant que le prostitué ne puisse le voir.

Il tuerait Berger à son appartement de Sillery.

* * *

— On va trouver son adresse, Graham, ne t'inquiète pas.

Rouaix voulait rassurer sa coéquipière, mais il manquait de conviction même s'il répétait que Berger, si c'était bien le tueur, n'assassinait que des femmes. Graham s'efforçait de le croire quand le téléphone sonna.

— Grégoire ! Où es-tu ?

— Chez le Prof !

— On en vient !

— Quoi ?

— Je te cherchais. Es-tu correct ?

Grégoire décela une tension inhabituelle dans la voix de son amie, une tension qui augmenta sa propre angoisse.

— Je suis à l'atelier depuis une heure.

— Où ?

— Le Prof m'a donné ses clés. Je sortais de la salle de bains quand quelqu'un est entré dans l'atelier. J'ai crié, mais le gars est parti en courant. Sur le coup, j'ai pensé que c'était quelqu'un qui voulait voler.

Il marqua une pause. Graham griffonna un mot pour Rouaix, puis reprit :

— Cet homme, ce n'était pas le Prof ? Tu en es sûr ?

— Évidemment. Il s'est sauvé en m'apercevant. Le Prof, c'est plutôt le contraire ! Je viens juste de me rappeler la Chevrolet Oldsmobile 91.

— La Chevrolet Oldsmobile ?

— C'était ça qu'il conduisait, mais j'ai pas été capable de lire la plaque. Penses-tu que c'est le Collectionneur ? Qu'est-ce qu'il faisait ici ?

Et François Berger, qui était-il ? Elle ne comprenait plus rien.

— Oui. Appelle Dan.

— Dan ?

— Ton cousin avait peur qu'il te soit arrivé quelque chose, dit Graham en notant de l'étonnement chez Grégoire. Où étais-tu ?

— Ailleurs.

Ailleurs ? Il devait planer. Qu'avait-il pris ? Quelle dose ? Depuis combien de temps ?

— Eh ! Graham ? Le Prof conduit une petite Renault d'habitude. Il déteste les grosses voitures. Qu'est-ce que tu faisais chez lui ? Il n'était pas là ?

— Tu m'as dit qu'il avait peut-être vu le tueur au club sportif. Je voulais lui demander d'ouvrir l'œil. De nous aider.

— Je vais essayer de le trouver de mon...

— Non, l'interrompit Graham. Tu viens me rejoindre ici ! C'est trop dangereux !

— Dangereux ?

— Viens ici ! Avec Dan !

— Il peut pas ; il passe des circulaires. Je te retrouve tantôt à la terrasse Dufferin. À l'heure du souper. Je vais chercher le Prof.

— C'est peut-être lui, l'assassin ! On a trouvé un indice chez lui. Grégoire ? Es-tu là ?

Le silence se prolongeait désagréablement quand Grégoire chuchota qu'elle était folle pour s'imaginer que le Prof pouvait tuer.

— Ne te mêle pas de ça, Grégoire.

— Où est-ce que vous irez ? Vous allez en profiter pour faire des descentes dans les bars gais ? À tantôt.

— Grégoire !

Il avait raccroché. Graham se tourna vers Rouaix, anxieuse :

— Alors ?

Il lui tendit son imperméable ; on avait réussi à retracer l'appel. Graham demanda à Rouaix de rester dans la voiture quand ils arrivèrent à l'atelier. Grégoire serait furieux de la voir. Elle ne voulait pas qu'il se sente humilié devant un tiers.

— Il faut toujours bien qu'il comprenne qu'on ne joue pas ! bougonna Rouaix.

— Il ne joue pas non plus, protesta Graham. Il n'a jamais joué. De sa vie.

Rouaix se tassa contre la portière, prévint Graham qu'il l'attendrait dix minutes, pas une de plus. Il avait promis à Nicole d'aller magasiner avec elle.

— Je peux revenir après, mais j'ai juré d'être là à sept heures. Elle dit que ça me prend un nouveau trench. C'est vrai qu'il va sûrement pleuvoir encore.

Graham hocha la tête, regarda le fleuve au loin qui charriait des eaux tumultueuses, encolérées par l'orage. Ciel et mer se confondaient, se noyaient dans une tourmente grise et glacée. Graham songea qu'on serait bientôt à la fin d'avril ; qu'est-ce qui se passait avec le climat ? Était-il devenu fou ? Lui aussi ? Était-ce sa faute si les gens étaient de plus en plus violents et défaitistes ? Étaient-ils las du temps au point de faire des bêtises ? Non, il y avait bien plus de crimes en Floride où le climat était très agréable.

Le vent souleva son sac à main. Elle eut envie qu'il le lui arrache et l'emporte, lui vole son insigne. Plus de cartes, plus d'argent, plus rien pour l'identifier. Elle partirait pour une destination lointaine où elle prendrait des cours de peinture. Elle avait envié les dons du Prof en admirant ses dessins, et elle avait un pincement au cœur chaque fois qu'elle voyait

Pierre Beauchemin crayonner le visage d'un suspect. Elle aurait aimé avoir cette dextérité, mais est-ce que des années de cours aux Beaux-Arts lui permettraient de rendre l'émotion que suscitait le fleuve ? Elle en doutait, même si certaines marines de Wilson Morrice la touchaient profondément. Elle regrettait seulement qu'il n'en ait pas peint qui soient moins calmes. Si elle aimait le fleuve étale, elle prisait tout autant sa fureur. Elle goûtait le sentiment apocalyptique des toiles de Géricault.

Devrait-elle prendre des cours en septembre ?

Grégoire l'accueillit froidement, mais elle savait qu'il était heureux qu'elle ait décidé de le retrouver, qu'elle s'inquiète réellement pour lui. Il répéta que le Prof était doux et n'avait jamais parlé des femmes avec mépris.

— Il aime les gars, O.K., mais il a plusieurs amies. Il dit même en farce qu'y'est pas chanceux, qu'il pogne plus avec elles qu'avec les hommes. Mais que ça fait des bonnes chums quand elles savent qu'y'a rien à espérer de lui.

— Parle-moi de lui.

— Qu'est-ce que tu veux que je te dise ? Je l'ai pas vu si souvent. Pourquoi vous pensez que c'est lui ? Il est super-fin, tu sais. Ben correct.

— Mais il n'est pas borgne !

Grégoire s'étonna ; borgne ? Non. Il avait une tache de vin, c'est tout.

— On a trouvé un œil de verre dans la voiture de Josiane Girard. Et il y a des yeux dans la sculpture de François Berger, dans un bout de moustiquaire froissé. Tu ne les as pas vus, mais...

— C'est une coïncidence !

— Je ne sais pas. Il devra me donner de bonnes explications. Je me demande aussi pourquoi il t'a menti. Il n'est pas prof.

— Je suppose qu'il voulait l'être. Et faire mon portrait.

— Grégoire, on n'a pas d'autre suspect, comprends-tu ?

Il leur fallait progresser, apporter des éléments nouveaux

à l'enquête. Maintenant que Grégoire était bien vivant devant elle, Graham doutait un peu de la culpabilité de Berger malgré l'œil de verre, car elle se souvenait comme elle avait apprécié la sérénité qui se dégageait de son appartement. Mais elle ne pouvait négliger cette seule piste. Elle espérait parler rapidement à Berger.

— Où est-ce qu'il se tient ? On va enquêter discrètement.

— Tu devrais rappeler chez lui, il doit être rentré. Il était fatigué quand je l'ai vu, il venait de s'entraîner, il m'a dit qu'il louerait un film dans la soirée. Qu'il ne sortait pas. Il a peut-être pris un verre dans un bar, mais ça m'étonnerait. Il voulait rentrer chez lui avec son film. Envoye, appelle-le.

Graham rougit en révélant qu'un policier était resté à l'appartement de François Berger.

— Je vais être avertie dès son retour.

— Il y a un gars qui l'attend chez lui ?

— On ne peut pas faire autrement. On soupe toujours ensemble ?

* * *

Non, finalement, ce n'était pas une bonne journée. Michaël Rochon s'était rendu jusqu'à l'appartement de François Berger pour rien. Il y avait une voiture banalisée à quelques mètres du domicile de sa victime. Au moment où lui-même cherchait à garer sa Chevrolet, il avait vu un jeune policier descendre de la voiture et saluer le conducteur avant de s'engouffrer dans le portique de l'immeuble où habitait François Berger. Comment avaient-ils su qu'il voulait le tuer ?

Graham était-elle plus intelligente qu'il ne le pensait ?

Il démarra doucement, soucieux de ne pas attirer l'attention. Comment cette femme avait-elle deviné ses intentions ? Il avait beau se remémorer tout ce qu'il avait lu dans des revues sur les techniques policières, il ne parvenait pas à comprendre son cheminement. Graham l'indisposait vraiment et il songea un instant à la punir. Elle n'avait pas le droit de le contrarier ainsi.

François Berger remua, ouvrit les yeux et le dévisagea avec incrédulité, puis avec une terreur grandissante. Il lui sembla qu'il blêmissait. La couleur de sa peau lui rappela celle de Diane Péloquin quand elle avait su ce qui l'attendait. Berger vit ses poignets menottés à la ceinture de sécurité. Il tenta de se défaire de celle-ci. C'était drôle ! Il mit du temps à constater qu'elle était trafiquée, verrouillée et qu'il ne pourrait pas s'en débarrasser. Il battait des jambes, mais trop mollement pour l'atteindre, il plissait les yeux, fronçait les sourcils, voyait double ou triple probablement.

— C'est du bon stock, hein ?

Berger l'avait supplié de le laisser. Qu'est-ce qu'il lui voulait ? Il ne comprenait pas. Ceux qui désirent tabasser les gais les attendent dans des ruelles ou dans des parcs, en bande organisée, et leur sautent dessus tout simplement, sans craindre réellement d'être arrêtés. Pourquoi Michaël Rochon l'avait-il enlevé ?

— J'ai besoin de toi.

Berger avait alors adopté une voix hyper-douce pour tenter de lui faire croire qu'il voulait l'aider, qu'il était avec lui. Une voix pareille à celle du psy de l'armée ; le prenait-il pour un imbécile ? Personne ne le réformerait une seconde fois ! C'était plutôt lui qui décidait de déformer.

Berger recommença à le supplier, à gémir qu'il le paierait, qu'il ne dirait jamais rien de cet incident à personne, qu'il coucherait avec lui si c'était ce qu'il souhaitait. Même s'il ne comprenait pas qu'on enlève un type de quarante et un ans, marqué d'une tache de vin. Il pleurait, et chaque sanglot résonnait en lui, accentuait son plaisir. Il avait pris soin de brancher le magnétophone et il pourrait réécouter ses cris après sa mort. Il avait envie à la fois de retarder son exécution et de le poignarder immédiatement. Non, il ne pouvait plus attendre, il tremblait d'excitation.

Il réfléchissait à l'endroit où il pourrait le tuer. Et la nuit qui tardait à venir ! Il roula durant une heure, incapable de se décider, repoussant les lieux l'un après l'autre : trop de monde partout. Il ne pouvait tout de même pas ramener Berger chez lui. Que ferait-il du corps ? Bien sûr, il pouvait le découper en morceaux et se défaire de ceux qui ne lui convenaient pas. Il préférait cependant le tuer ailleurs ; il aimait poignarder, et surtout piquer, mais dépecer était assez fatigant. Il tâta le marteau à panne fendue, sur le tableau de bord, et s'exalta en songeant au bruit sur le crâne de Berger. Celui-ci pleurait toujours, mais ne criait plus. Puis il déféqua ! Sur le siège de sa voiture !

Michaël Rochon se gara derrière une des grosses citernes du boulevard Champlain. En fin de compte, il tuerait Berger tout près de l'endroit où il avait assassiné Josiane Girard. Il le bâillonna, l'attacha avec de la corde d'alpiniste avant de le sortir de la voiture. Berger tentait de se débattre et il était assez fort, mais pas autant que lui. Il ne s'entraînait pas depuis toujours pour ne pas ressembler à son père. Il le souleva et le transporta dans un coin, derrière le garage attenant à la citerne. Il le piqua une douzaine de fois avec son stylet, se releva pour mieux le voir se tortiller, puis s'agenouilla pour le poignarder à plusieurs reprises. Il avait enlevé son blouson pour ne pas le tacher, mais il ne pouvait ôter aussi son jean, au cas où il serait surpris et devrait fuir. Il brûlerait son pantalon ; les taches de sang ne se nettoient jamais parfaitement. Les flics avaient maintenant des méthodes très sophistiquées qui permettaient de révéler l'invisible. Il avait entendu parler d'une poudre ou d'un liquide qui, pulvérisé sur la scène du crime, révélait les taches de sang, même si on les avait effacées avec un savon très fort.

Rochon avait pensé à déshabiller complètement sa victime afin de retarder son identification, mais à quoi bon, puisque Graham surveillait déjà François Berger.

Il trancha le sexe avec une facilité déconcertante et, tout en éprouvant cette formidable sensation de puissance qu'il aimait tant, il regretta que Berger n'ait pas eu d'érection au moment de sa mort. Réussirait-il à empailler correctement cette queue ratatinée ?

Songeant que Graham n'aurait pas le droit de conserver le scarabée monté en broche, puisque ce serait une pièce à conviction, il renonça à l'épingler au chandail de sa victime. Bah ! c'est l'intention qui compte.

* * *

Maud Graham était surexcitée en sortant du bureau de Robert Fecteau, mais seul Rouaix pouvait le déceler tant elle paraissait calme. Il connaissait ces signes de jubilation intérieure quand elle avait l'impression qu'ils s'approchaient du but. Elle parlait plus lentement, était distraite, entièrement tournée vers la solution. Pourtant, la réunion avait mal commencé, car Graham avait dû insister lourdement pour faire comprendre à certains policiers qu'une descente dans les bars gais n'était pas la réponse idéale. Il fallait enquêter discrètement. Si François Berger était le Collectionneur, il ne devait se douter de rien. On n'avait trouvé qu'un indice chez lui : ce n'était pas suffisant pour l'envoyer en prison. La fouille de son atelier n'avait rien donné non plus ; ni traces de sang, ni liens, ni armes.

— Ni trophées ? avait demandé un jeune policier.

Graham avait secoué la tête ; il n'y avait pas de bijoux, de vêtements ou de cartes d'identité ayant appartenu aux victimes chez Berger. Aucun de ces fétiches destinés à augmenter la jouissance du tueur quand il repensait à ses crimes. On n'avait pas trouvé non plus de revues policières. Considérées comme une mine d'informations pour les professionnels, ces revues revêtaient un caractère fantasmatique pour les tueurs en série qui savouraient les récits d'enquêtes portant sur des viols et des meurtres sordides.

— Mais cet œil de verre n'est pas tombé dans la voiture de Josiane Girard par miracle ! À moins que le tueur ne soit assez rusé pour faire porter ainsi les soupçons sur quelqu'un d'autre...

— Nous le savons, avait dit Rouaix. Nous devons pourtant continuer à chercher un borgne.

— Tous les spécialistes qui peuvent les avoir soignés.

— Et celui qui vend ces yeux ! avait ajouté Robert Fecteau.

— Et les taxidermistes ! avait crié Graham.

On avait applaudi ; il ne devait pas y avoir des dizaines de taxidermistes à Québec, ni même à Montréal. Et les amateurs ne se comptaient sûrement pas par milliers.

L'entonnoir, enfin, s'était dit la détective. Ce moment magique où elle sentait que les recherches s'orientaient vers une seule direction et qu'en procédant par élimination il ne resterait que le coupable.

Elle doutait de plus en plus que ce soit Berger, mais elle avait proposé de continuer le soir même à suivre cette piste ; elle retournerait au club sportif où Berger s'entraînait avant d'aller dans les bars. Elle y découvrirait sûrement des éléments intéressants, elle en apprendrait peut-être encore sur Josiane Girard. Ses collègues se chargeraient de la nouvelle piste des taxidermistes. Elle éviterait ainsi les descentes tant redoutées.

— Tu es contente, hein, Graham ? dit André Rouaix.

Elle sourit et il pensa que ce sourire la rajeunissait de dix ans.

— Va retrouver ta femme, dit-elle d'un ton amène. Je vais travailler avec les deux petits nouveaux.

— Il faudrait que tu t'arrêtes, toi aussi. Tu n'es pas une machine.

— Je vais souper tranquillement avec Grégoire, puis je reviendrai ici.

Elle gara sa voiture rue Sainte-Geneviève et descendit lentement vers la terrasse. Une lumière vermeille courtisait maintenant toute la façade du château Frontenac, accentuant sa majesté, et la terrasse Dufferin semblait s'étirer jusqu'à l'île d'Orléans. Le soleil voulait se faire pardonner son inconstance ; il enluminait le Saint-Laurent, offrait son royal coucher aux touristes et à ces Québécois qui, comme Graham, n'imaginaient pas se priver du panorama une seule journée. Elle fut déçue de constater que Grégoire n'était pas accompagné. Aurait-elle bientôt l'occasion de rencontrer Dan et de le convaincre de retourner chez ses parents ? Ou d'en discuter, au moins ? Elle expliquerait à Grégoire qu'il devait lui emmener son protégé. Dan était si jeune ! Elle regardait régulièrement les avis de recherche concernant des enfants disparus en se demandant quand ils réapparaîtraient : Alexis, Jaïa, Sébastien, Frédéric, François, Stephen, Émilie, Marie-Ève, Matthew, Anthony. Où étaient-ils ? Avec qui ? Dan n'était pas en sûreté avec Grégoire, malgré tous les efforts de ce dernier.

— Dan n'a pas voulu venir avec toi ?

— Dan ?

Il hésita une seconde de trop avant de répondre que son cousin n'avait pu venir avec lui.

— Il n'a pas voulu. Et il ne s'appelle pas Dan, non ?

Grégoire éluda la question en confiant qu'il avait bien réfléchi : le Prof ne pouvait être coupable. Ils étaient ensemble le soir où Josiane avait été assassinée.

— C'est sûr que mon témoignage vaudrait rien en Cour, mais c'est la vérité. Je suis même passé chez toi après l'avoir vu. Je suis resté avec jusqu'à minuit, certain.

Graham avoua que Josiane avait été tuée plus tôt.

— Mais ton Prof n'a pas réapparu depuis que j'ai vu les billes chez lui. Comme s'il savait qu'on le soupçonne. Je vais faire les bars ce soir.

— Tu le trouveras pas. Il aime juste la musique plate. Pour lui, c'est juste du bruit dans les bars. Comme toi. Faut dire que vous êtes à peu près du même âge !

— Il t'a quand même rencontré dans un bar ?

— Oui, mais ça faisait des mois qu'il était pas sorti. Je pense qu'il avait un ami avant. Je sais pas s'ils ont cassé ou s'il est mort, mais il était pas tout seul.

Il se tut, regarda le fleuve durant un long moment, puis suggéra à Graham de se calmer :

— Le Prof doit être allé souper chez des amis ou au restaurant. Il a changé ses plans, c'est tout. Tu vas y parler demain matin.

— Tu continues à l'appeler le Prof.

— Oui. Où est-ce qu'on mange ?

— Où tu veux. Pizza ?

Grégoire lui sourit ; Graham était la seule personne au monde qui devait aimer la pizza autant que lui.

— On devrait peut-être changer, pour une fois ?

Elle fit une moue :

— Comme quoi ?

— Je sais pas.

Ils allèrent à la Piazzetta. Ils avaient essayé toutes les pizzerias de Québec et ne parvenaient pas à savoir encore laquelle ils préféraient. Ils continuaient donc à tester leur mets préféré en retournant plusieurs fois aux mêmes endroits.

Entre deux bouchées, Graham demanda à Grégoire où il comptait dormir :

— Tu ne peux pas aller à l'atelier. On le surveille, comme l'appartement.

— Il va avoir l'air bête, le Prof, quand il va rentrer chez lui et trouver un flic.

— C'est vrai, mais on n'a pas le choix, je te l'ai dit. Où allez-vous coucher, toi et ton... Dan ?

— Te tracasse pas pour nous autres. Je sais me débrouiller.

— Vous pouvez venir chez nous, mais je devrai...

— Signaler Dan. Non merci, il veut rien savoir.

— Ça ne pourra pas durer éternellement !

— Je le sais. Arrête, tu me coupes l'appétit. Parle-moi donc du Collectionneur, à la place.

— On n'a pas tellement d'indices.

Grégoire dévisagea Graham qui mâchait sa dernière bouchée. Elle était trop quiète pour être honnête.

143

— T'as pas l'air trop découragée pourtant ?

Elle but une gorgée d'eau minérale avant d'avouer qu'elle était plus confiante que les jours précédents. Mais ce n'était qu'une intuition. Elle n'avait pas la moindre preuve pour étayer cette nouvelle foi, cette conviction qu'elle aurait bientôt des éléments qui la conduiraient au tueur.

— Penses-tu qu'il va avoir le temps de tuer avant que tu l'arrêtes ?

Elle confessa son angoisse sur ce point précis : le Collectionneur avait rapproché ses crimes dans le temps et montré une plus grande violence d'une fois à l'autre. Sa prochaine victime devait être déjà choisie.

— Ce n'est pas par hasard s'il tombe sur une fille ou une autre ?

— Les tueurs organisés élisent leur proie. Presque toujours.

— Je me demande bien ce qu'il trouve à ces femmes-là. Elles n'avaient rien de spécial dans les photos des journaux.

— Pour nous, non. Mais pour lui...

Elle murmura qu'elle n'avait jamais enquêté sur une affaire aussi complexe. Elle se retenait pour ne pas en parler davantage avec Grégoire, considérant qu'il vivait déjà suffisamment dans un climat de violence, mais elle savait qu'elle se privait d'observations judicieuses.

— Ton cousin, je suppose qu'il ne va pas régulièrement à l'école depuis qu'il vit avec toi. Il va rater son année scolaire.

— Je lui ai dit.

— Vous devez vous ressembler.

Grégoire la dévisagea : comment l'avait-elle su ?

— Ma crisse ! Tu m'as suivi ! dit-il en prenant sa veste de cuir.

Ses yeux fonçaient sous l'effet de la colère. Et de la déception. Comment Biscuit s'était-elle permis ça ?

Elle se leva brusquement, renversant sa bière, mais put l'attraper par une manche.

— Lâche-moi, câlice !

— Je te jure que non, Grégoire. Je te le jure.

Il la jaugea, puis finit par se rasseoir juste sur une fesse, tout au bord de la chaise, prêt à repartir aussi vite.

— J'ai dit ça comme ça, expliqua-t-elle en épongeant la table avec une serviette de papier. Parce que j'ai supposé que, pour que tu t'entendes avec Dan, vous deviez avoir des points communs.

Il se détendit :

— Je pensais que tu parlais de notre physique. Moi, je m'en suis pas rendu compte tout de suite. Mais on est allés ensemble dans un magasin et le vendeur a dit qu'on se ressemblait en maudit, sauf que... Dan est blond. Mais c'est vrai. C'est comme moi en plus petit. En pas mal plus petit.

Il soupira :

— Je sais plus quoi faire avec, mais je veux pas stooler. Tu comprends, Biscuit ?

— Qu'est-ce que tu veux qu'on fasse ?

— Je sais pas. On réglera pas ça ce soir.

Ils préférèrent se quitter devant le restaurant. Graham aurait pu déposer Grégoire, mais elle n'avait pas envie de le laisser au centre commercial ou dans une des rues où il tapinait. Elle savait tout, mais jouait du mieux qu'elle pouvait à l'autruche. Elle n'était pas tellement douée et le regarda avec amertume s'éloigner.

Chapitre 8

Quand Jean Casgrain vit Maud Graham en survêtement, il comprit qu'elle resterait une bonne partie de la soirée au club. Il lui fut d'abord reconnaissant d'avoir opté pour cette tenue qui lui permettrait d'aller et venir dans le club sans se faire remarquer, puis il songea qu'elle éveillerait inévitablement les soupçons en questionnant les abonnés.

Au téléphone, quand elle l'avait prévenu de sa visite, elle lui avait dit qu'elle recherchait un des habitués de Sport 2000, qu'elle devait continuer à enquêter sur son club sportif. Il l'avait assurée de son concours. Elle avait promis de lui en dire davantage lorsqu'elle le verrait.

Casgrain s'était alors avisé que l'inspectrice avait dû se renseigner à son sujet. Il avait eu une bouffée de chaleur : et si elle avait découvert qu'il avait fraudé l'impôt ? Non, c'était impossible, elle n'avait ni désiré voir les livres comptables ni consulté les ordinateurs. De toute manière, il avait à peine trafiqué les chiffres. Il avait seulement omis de déclarer la vente des anciens appareils de gymnastique. Qui pouvait vérifier ces gains ridicules ? Il aurait tout aussi bien pu offrir ces appareils à un ami. Non, il n'avait pas à se tracasser pour ces broutilles, personne ne lui demanderait avec quel argent il avait acheté sa nouvelle voiture. Il suffisait d'être naturel et de coopérer. Il ressortit la liste de tous les membres du club et tenta de deviner qui avait attiré l'attention des policiers.

Savaient-ils que Mario Jasmin et André Brulotte prenaient des stéroïdes ? Oui, probablement. Ils devaient avoir donné la liste à un ordinateur qui avait craché les informations qu'il possédait sur tous les clients du club. Jean Casgrain était persuadé que les policiers avaient accès à tous les dossiers d'un individu : médical, social, financier. Il ne croyait pas au secret professionnel et pensait qu'un médecin, comme un patron, remettait tel ou tel document aux policiers quand ils le leur demandaient.

Mais Brulotte et Jasmin lui semblaient bien normaux. Certes, ils avaient la force physique pour étrangler une femme en toute facilité mais, d'après les journaux, le Collectionneur préméditait ses meurtres. Là-dessus, les deux athlètes n'avaient qu'une idée en tête, participer à des concours et des championnats sans être disqualifiés pour dopage. Ils ne regardaient jamais les femmes qui suaient à côté d'eux. Même de jolies poupées comme Vanessa Dubois !

Jean Casgrain salua discrètement Graham, qui lui répondit d'un petit geste de la main avant d'enfourcher une des bicyclettes d'exercice. Elle lui tourna le dos et commença à pédaler. Bon, très bien, elle lui parlerait quand elle le déciderait. Faisait-elle exprès de l'énerver ?

Michaël Rochon faillit échapper son tournevis numéro 7 quand il aperçut Maud Graham. Avait-elle déjà trouvé le corps pour revenir enquêter si rapidement au club sportif ? Même si Jean Casgrain était derrière lui, il devina que celui-ci avait remarqué son trouble. Il se décida à le rejoindre :

— Est-ce que c'est la détective dont on parlait l'autre jour dans le journal ? chuchota-t-il.

Jean Casgrain se plaignit : il n'aurait pas choisi d'être propriétaire d'un club sportif s'il avait envisagé qu'il aurait tant d'ennuis. Ses clients iraient s'entraîner ailleurs quand ils sauraient qu'on les espionnait. Pas tous, bien sûr ; certains goûteraient un frisson de peur quand ils pousseraient la porte du gymnase. Ils le savoureraient, puis ils se vanteraient de leur désinvolture à leur bureau.

— Elle ne se ressemble pas tellement, dit Rochon. Je l'ai reconnue parce que... Mon amie l'admire beaucoup et m'en parle sans arrêt ! Elle veut devenir comme elle.

— Ah oui ?

— Moi, je ne suis pas trop pour ça. Une femme dans la police. Les femmes ne sont pas faites pour ce genre de job. Elles sont faites pour être jolies et gagner des concours de beauté.

Casgrain approuva avec fougue :

— Regarde-la. Elle n'a pas pédalé plus de cinq minutes. Personne ne va croire qu'elle s'entraîne pour de vrai ! Je me demande pourquoi elle essaye tous les appareils... C'est une visite gratuite pour elle, ça doit être ça. Elle est bizarre.

— Je me demande ce que les journalistes lui trouvent pour en parler si souvent.

— Ils ne savent plus quoi inventer. Attends de la voir soulever des poids, on va rire. Je pense que je vais lui proposer de l'aider à s'entraîner. Je vais jouer au coach !

— Je ne verrai pas ça, il faut que je rentre.

— Tu viens d'arriver, Mike, protesta Casgrain. T'as pas déjà réparé ma machine ?

— Non, je pensais que je pourrais faire ça vite, mais il manque une pièce. Je vais aller au centre d'électronique avant qu'il ferme. Peut-être que je pourrai la changer demain.

Michaël Rochon avait rangé son matériel très calmement, mais Jean Casgrain n'avait pu s'empêcher de s'inquiéter de sa pâleur subite.

— Ça va ? T'es devenu tout rouge, pis là, t'es blanc comme un drap.

— Je pense que mon amie n'est pas très douée pour la cuisine, dit-il avec un sourire contraint.

Casgrain éclata de rire et répliqua qu'elle ne pouvait être pire que sa première femme :

— Même le chien ne voulait pas manger de sa bouffe ! Elle a bien failli m'empoisonner. Dans le fond, elle devait y penser.

Le Collectionneur s'efforça de rire et sortit du gymnase sans regarder Maud Graham malgré l'envie qui le tenaillait. Il avait l'impression qu'elle ne le verrait pas s'il ne lui prêtait pas attention. Il atteignit la porte dans un état second. Dehors, il respira à pleins poumons avant de se diriger vers la voiture qu'il venait de louer. Jusqu'au meurtre de François Berger, il avait conservé la Chevrolet sans s'inquiéter ; il avait acheté sa voiture aux États-Unis trois ans auparavant et avait pensé à se procurer des plaques volées dès le meurtre de Mathilde Choquette. Cependant, après qu'on eut manqué le surprendre à l'atelier de Berger et que ce dernier eut souillé le véhicule, il avait dû en changer. Il enfonça la clé, mais ne démarra pas immédiatement, cherchant la voiture de Graham. Voilà, c'était la petite Fiat. Il l'avait déjà repérée dans le stationnement du parc Victoria. Il l'avait vue aussi en face de l'appartement de Josiane Girard.

Il fut tenté de se garer non loin du club et d'attendre le départ de Graham pour la suivre, mais c'était trop périlleux. Il y avait peut-être des voitures banalisées aux alentours. Et elle pouvait s'apercevoir qu'on la filait. Bien sûr, il changerait de voiture et même d'agence de location quand il rôderait près de la scène du crime. Il se mêlait toujours aux badauds avec un plaisir intense, se retenant pour ne pas clamer la vérité à ces curieux délicieusement horrifiés. Ils étaient si curieux qu'ils auraient été ravis d'apprendre comment il avait procédé pour amener sa victime à le suivre. Ils l'auraient admiré secrètement. Ils l'admiraient ! Ils poussaient des cris dégoûtés en lisant les journaux, mais ils se précipitaient sur la dernière édition, regardaient la télévision avec avidité et se disaient que le Collectionneur, lui, avait le courage d'aller au bout de ses désirs. S'ils réprouvaient tant la violence, pourquoi étaient-ils si nombreux à venir renifler l'odeur du sang ? Ils l'enviaient.

Ils ne l'égaleraient jamais. Il était si fort !

Graham avait discuté avec une douzaine de membres du club sportif et avec deux fois plus d'hommes dans les bars gais sans apprendre quoi que ce soit d'intéressant. Jean Casgrain, à qui elle avait parlé de François Berger, avait répété trois fois que ce dernier et Josiane Girard ne s'entraînaient pas aux mêmes heures. À moins d'un hasard formidable, ils ne s'étaient jamais rencontrés. De toute façon, Berger ne regardait pas trop les filles. Casgrain supposait qu'il était homo.

Déçue de sa soirée, Maud Graham ouvrit une boîte de thon pour Léo qui lui frôlait les jambes. Il ronronnait et miaulait à la fois en entendant le bruit de l'ouvre-boîte qui perçait le métal.

— On dirait que tu roucoules, Léo. Comme un gros pigeon ! Ça vient, ça vient.

Elle sourit en voyant son chat frémir de contentement devant l'assiette de poisson, rangea la boîte à demi vide dans le réfrigérateur, hésita puis s'empara d'une Molson Dry. Elle ne put résister à l'envie d'appeler Rouaix. Il avait l'air plus fatigué qu'elle. Elle le lui dit.

— Évidemment ! gémit-il. Va magasiner avec Nicole, puis tu m'en donneras des nouvelles. J'ai parlé à Fecteau de Julia West, celle qu'on appelle Honey. On a envoyé une équipe pour la surveiller discrètement à son arrivée à l'aéroport, à l'hôtel, à la radio. Elle ne reste que deux jours à Québec ; le tueur va être obligé de se surpasser s'il veut ajouter sa tête à sa collection. Et toi ?

— François Berger s'est volatilisé. J'ai passé une partie de la soirée à Sport 2000 et dans les bars gais. Personne ne l'a vu depuis hier. Ou plutôt, personne ne l'a remarqué ; « c'est un genre tranquille », m'a-t-on dit un peu partout. J'ai appelé au poste ; ils vérifient la liste des clients dressée par les taxidermistes. Penses-tu que ça va apporter des résultats ?

— Graham ! Tu avais l'air contente tantôt, tu n'es pas déjà découragée ?

— Non, je suis   eu impatiente, c'est tout.

— Un peu... Quoi ?

Graham l'entendit parler à Nicole, lui revenir :

— Veux-tu prendre un verre à la maison ? On vient d'ouvrir une bouteille de Pessac-Léognan. Je l'ai bien méritée !

Graham s'imagina Rouaix, humant le vin avec recueillement, le goûtant, le faisant rouler sous sa langue avec un plaisir évident, fermant les yeux, rêvant aux coteaux ensoleillés où avait mûri la vigne. Même s'il n'y était allé que deux fois dans sa vie, la France lui manquait ; il aurait aimé connaître mieux le pays où étaient nés ses parents. Quand il dégustait du vin, il avait l'impression de retrouver ses origines.

— Je suis trop fatiguée, merci. Je vais regarder la télé et m'endormir. À demain.

Graham s'affala sur le canapé, laissa tomber ses espadrilles au sol sans les délacer, croisa les jambes, attrapa la télécommande et espéra qu'il y avait un bon film pour la distraire.

Elle écoutait les « chabadabada » d'*Un homme et une femme* quand la sonnerie du téléphone l'empêcha de jouir des retrouvailles de Trintignant et d'Anouk Aimée. Vingt-trois heures douze. En décrochant l'appareil, elle pensa qu'elle aurait aimé ressembler à Anouk Aimée ou à Françoise Fabian et qu'on l'appelait pour lui annoncer qu'on avait retrouvé Berger ou un autre cadavre.

On lui apprit qu'on avait découvert un corps mutilé près de la marina. Un corps d'homme. Non, on ne l'avait pas décapité. On l'avait émasculé.

Il s'appelait François Berger.

Graham reposa l'écouteur comme s'il lui brûlait la main. François Berger ! Grégoire devait avoir raison quand il disait que le Prof avait peut-être vu le tueur au club sportif. La liste ; il faudrait revérifier toutes les informations concernant les clients de Sport 2000. Le Collectionneur fréquentait sûrement ce club et il fallait qu'elle l'identifie avant qu'il n'y élise une autre victime. Mais avait-il vraiment choisi Berger ou ce dernier avait-il été supprimé parce qu'il aurait été un témoin gênant ? Pourquoi n'était-il pas venu lui parler ? Peut-être que Grégoire se souviendrait d'un détail.

Casgrain avait répété vingt fois qu'aucun des habitués n'était inquiétant, ni même bizarre. La plupart pensaient à gagner du muscle ou à perdre de la graisse. Ils se pesaient souvent et draguaient peu. Leurs invités, peut-être ? Il lui avait fourni la liste des clients qui étaient venus récemment avec un invité ; le Collectionneur devait se trouver parmi eux. Graham avait remercié Casgrain même si elle croyait que le meurtrier était un abonné du club qui repérait ses proies en toute tranquillité. Il fallait trouver qui s'était entraîné en même temps que François Berger et Josiane Girard.

« Chabadabada ». Est-ce qu'un homme découvrirait bientôt qu'il l'aimait à la folie ? Graham entendait la musique de Francis Lai en mettant ses espadrilles et elle se demandait comment elle pouvait penser à l'amour après l'annonce d'un nouveau meurtre. Et pourquoi on acceptait l'expression « aimer à la folie ». Est-ce que la folie n'était pas plus inquiétante qu'heureuse ? Le tueur était fou, non ? Elle croisait des tas de gens dérangés chaque semaine et jamais, jamais elle ne pouvait croire que leur démence était aimable. Elle prit sa veste de cuir et s'assit dans sa voiture en songeant qu'elle-même délirait. Elle espérait pouvoir dormir durant la fin de semaine, mais elle en doutait. Avec ce nouveau meurtre, tout le monde ferait des heures supplémentaires. Elle pensait aussi à Grégoire.

Boulevard Champlain, les gyrophares avaient attiré les curieux ; n'importe quelle lumière fascine n'importe quelle mouche, elle l'avait souvent constaté. Paul Darveau devait être arrivé le premier.

Rouaix n'était pas encore là. Un jeune policier lui dit qu'Alain Gagnon ne tarderait pas. Il était chez sa sœur à Lévis, mais il prendrait le prochain traversier. Il ajouta que les adolescents qui avaient trouvé le cadavre étaient assez secoués.

— C'est un petit couple. Ils voulaient baiser, je suppose. Ils cherchaient un coin calme. Si vous pouviez les interroger tout de suite, j'ai l'impression qu'il faudrait qu'ils rentrent chez eux au plus sacrant. Elle, elle se met à crier chaque fois qu'elle se tourne en direction du corps, même si elle est trop loin pour le voir de la voiture, et lui, il a de la difficulté à respirer. Il a l'air terrorisé. Faut dire que je le comprends un peu. Se faire couper...

Le policier grimaça, comme s'il ressentait intimement l'effet de la lame sur son sexe. Graham songea que tous les hommes de Québec l'imiteraient quand ils connaîtraient la nature de l'amputation. Ils auraient aussi peur que les femmes. Non, mais non, qu'elle était sotte ! Seuls les gais auraient vraiment peur. Les hétéros ne se croiraient pas menacés. Les journalistes apprendraient vite à la population que François Berger était homosexuel. Plusieurs concluraient aussitôt que Berger était assez efféminé pour plaire au Collectionneur.

— Prévenez les témoins que j'arrive. Je veux voir le corps avant.

Elle s'avança très lentement vers le cadavre, comme si elle devait s'habituer à la blessure qui trouait son bas-ventre. Les nombreuses piqûres trahissaient le Collectionneur, mais il y avait tant de sang que seul Alain Gagnon saurait lui dire si le meurtrier avait procédé à l'amputation avec autant de dextérité qu'il l'avait fait pour Josiane Girard. François Berger était blond, comme les autres. Et célibataire. C'était la seule chose qu'elle aurait pu prédire. Elle avait pensé qu'on décapiterait une femme. On poignardait et on châtrait un homme.

Rouaix et quelques journalistes avaient cru comme elle que le Collectionneur tentait de recréer un corps. Ils s'étaient trompés.

Et si l'assassin voulait reconstituer deux corps ? Était-il travesti ou transsexuel ? Qu'est-ce que les psychiatres diraient de ce nouveau crime ?

154

Elle remarqua la tache de vin dont lui avait parlé Grégoire ; elle souhaitait pouvoir lui annoncer elle-même la nouvelle. C'était un client, certes, mais François Berger avait été gentil avec lui. Il lui était attaché.

— On relève les traces des pneus, dit un de ses collègues.

Les deux nouveaux essaient d'empêcher le monde de tout piétiner. Ils doivent regretter d'être entrés dans la police ce soir ! On a fait venir d'autres gars. Ça va être tout un cirque. Le boss va gueuler.

Turcotte avait raison ; Robert Fecteau gueulerait. Avant une heure, le maire et une demi-douzaine de gros bonnets l'auraient appelé afin d'apprendre ce qu'il comptait faire pour arrêter le massacre. Il devrait également répondre aux journalistes. On lui demanderait si le sergent-détective Graham lui avait obéi quand elle avait provoqué le Collectionneur. Il répondrait que le criminel aurait tué de toute manière et que c'était donner beaucoup d'importance à la détective Graham que d'imaginer que le meurtrier tuait pour relever ses pseudo-défis. Même s'il avait envie, sûrement, de la jeter en pâture aux journalistes, Fecteau la soutiendrait. Elle faisait partie de son équipe, que cela leur plaise ou non.

Graham s'attendait pourtant à être désignée comme responsable. Darveau, déjà, s'approchait d'elle.

— Alors ? Est-ce que c'est votre tueur ?

Graham haussa les épaules, répondit froidement qu'elle attendait le légiste.

— Allez-vous le combattre avec autant d'énergie s'il s'occupe maintenant des hommes ?

Elle faillit répondre qu'elle était féministe, oui, mais elle n'avait jamais eu pour autant envie de castrer les hommes et elle tenterait de les protéger de la même manière qu'elle protégeait les femmes. Puis elle regarda le cadavre de Berger et trouva inconvenant de discuter ainsi devant ce mort. Elle se dirigea vers la voiture où un policier tentait de réconforter les témoins. Il parut soulagé en reconnaissant Graham.

— Jean-Philippe et Stéphanie se promenaient quand ils sont tombés sur le corps, résuma-t-il en désignant les témoins. Graham promit aux adolescents qu'on les ramènerait bien vite chez eux.

— Vos parents doivent s'inquiéter.

Stéphanie poussa un petit cri. Jean-Philippe expliqua que les parents de sa blonde ne voulaient pas qu'elle le fréquente. Elle avait dit qu'elle était chez une amie et devait rentrer à minuit et demi.

— Ma mère va me tuer, madame ! bredouilla l'adolescente en jouant avec la boucle qui parait son nez. S'il faut qu'elle apprenne que j'étais ici !

— Ce n'est pas la première fois que vous venez, non ?

— Oui. Non, on est déjà venus dans le jour.

— Mais il faisait un peu trop clair, c'est ça ?

Jean-Philippe hocha la tête, puis déclara qu'ils avaient le droit de s'aimer, que personne ne pouvait les en empêcher.

— Ce n'est pas ce que je désire. J'espère seulement que vous utilisez des préservatifs.

Il y eut un silence éloquent, puis Jean-Philippe protesta. Ce n'était pas de ses affaires ; avait-elle le droit de les interroger sur leur vie privée ? Elle leur promit qu'on les reconduirait chez leurs parents en disant qu'ils avaient été simplement témoins d'un accident de la route.

Soulagés, ils contèrent leur découverte : ils étaient venus vers midi pour repérer un endroit désert. Ils étaient allés à un *party* puis s'étaient éclipsés.

— On a garé la voiture, dit Stéphanie, car je voulais marcher un peu pour regarder le fleuve.

Et amener ton *chum* à plus de romantisme, traduisit Graham.

— On n'a pas regardé le fleuve longtemps, continua Jean-Philippe. La lune est super-brillante ce soir. On l'a vu tout de suite ! Au début, je me suis dit que je me trompais. Mais on s'est approchés.

Stéphanie déglutit, respira longuement par la vitre baissée :

— On n'a rien touché. Je n'aurais pas pu, de toute manière.

Elle se mit à pleurer.

— Pauvre lui... Ma mère va le savoir. Elle devine tout le temps tout. Je ne pourrai pas dormir ce soir.

— Tu diras que c'était un super-gros accident! protesta Jean-Philippe. Tu diras que les chars ont capoté!

— Elle va lire dans le journal que ce n'était pas vrai! Et qu'on a trouvé un autre cadavre. Elle va deviner qu'on était dans le coin. Pensez-vous qu'il l'a tué avant de... madame?

L'adolescente voulait qu'on lui dise que Berger avait été tué avant d'être torturé. Graham aurait bien aimé la rassurer, mais elle détestait mentir.

— Je ne le sais vraiment pas. C'est le médecin qui va me l'apprendre. Mais je pense que vous êtes mieux de rentrer chez vous plutôt que de l'attendre.

— Il faut prendre mon auto, dit Jean-Philippe. Je peux conduire.

— Ce serait mieux autrement. Quelqu'un va la ramener chez toi. Si vous sortez maintenant de cette voiture, les journalistes vont vouloir vous parler.

Jean-Philippe rêva peut-être un instant d'avoir son visage à la une des journaux, mais la détresse de Stéphanie le fit chevaleresque. Il protégerait leur anonymat.

* * *

Frédéric avait failli se mettre à pleurer en lisant les titres des quotidiens quand il était allé acheter un litre de lait au chocolat chez le dépanneur. Il avait rapporté le journal chez Lionel — enfin, dans l'immeuble désaffecté que squattait Lionel — et avait attendu au moins une heure avant de réveiller son ami pour lui annoncer la nouvelle. Il était triste et apeuré; il commençait à penser qu'il devrait rentrer à Montréal. Et persuader Grégoire de le suivre. Après tout, il pouvait travailler dans n'importe quelle ville. La métropole semblait moins dangereuse que la capitale. Si le Collectionneur se mettait à tuer aussi des hommes, ils n'étaient plus en sûreté à Québec. Et si le tueur avait vu Grégoire parler avec François Berger ? S'il pouvait le reconnaître ? Ils devaient sacrer leur camp, certain ! Frédéric ne voulait pas se séparer de lui, même s'il détestait être à sa charge. Il gagnait un peu d'argent en distribuant ses circulaires à la fin de l'après-midi, mais c'était insuffisant. Heureusement que Grégoire avait rencontré Lionel ! Sinon ils seraient à la rue.

Frédéric ne savait pas trop s'il aimait Lionel. Celui-ci les hébergeait, bien sûr, mais il prenait beaucoup de coke. Et Grégoire acceptait une ligne sur deux. Il devrait fumer au lieu de sniffer. De la coke, c'était chimique ; c'était sûrement pire que du hasch.

Anouk avait déjà fumé, elle le lui avait dit. Elle n'avait pas tellement aimé ça, elle s'était étouffée. Elle avait essayé pour faire plaisir à son *chum*. Il s'ennuyait d'elle. Et un peu de sa mère, aussi. Son père, ça ne changeait rien, il ne l'apercevait que dans la cuisine, le matin.

Il se souvint de l'odeur du chocolat chaud qu'aimait Anouk. Et des toasts. Il n'y avait pas de grille-pain rue Ferland, et encore moins chez Lionel. Grégoire mangeait des céréales quand il se levait. S'il avait faim. Mais la plupart du temps, il buvait du jus de pomme ou du Ginger ale. C'était surprenant qu'il n'ait pas de boutons, car il mangeait aussi beaucoup de chips barbecue. Quand il retournerait à Montréal, il se ferait un super-déjeuner avec des toasts au beurre de pinottes et des pommes vertes.

À condition qu'on ne l'envoie pas dans une maison de redressement.

Il avait essayé deux fois de téléphoner à Dan et à Sébas, mais c'était toujours leurs mères qui répondaient. Il tenterait de les joindre dans la soirée ; peut-être qu'eux en savaient plus sur l'attitude de ses parents. Il devait tâter le terrain avant de rentrer.

Il était midi et demi quand il se décida à réveiller Grégoire.

Il ne savait pas comment lui annoncer la nouvelle. Il l'appela, par trois fois, puis il vit une boîte de comprimés à côté du lit. Des Valium. Comme sa mère. Il lui secoua l'épaule, tendit le verre de jus de pomme.

— Quoi ? Qu'est-ce qu'il y a ?

— Il est passé midi.

Grégoire se frotta le visage, se gratta le nez, plissa les yeux, les referma. Il avait mal à la tête, la gorge sèche, ses mains tremblaient un peu. Il pensa qu'il avait pris trop de coke. Et que les Valium n'avaient rien arrangé.

— On serait mieux de s'en aller à Montréal, Grégoire.

— Qu'est-ce que tu me racontes ?

Frédéric posa une main sur l'épaule droite de Grégoire, celle qui était ornée d'un tatouage.

— C'est le Collectionneur. Maintenant, il tue des hommes.

— Quoi ?

— Tu connais celui qu'il a tué hier soir.

Grégoire se redressa brusquement ; qu'est-ce que Frédéric disait ? L'adolescent lui tendit le journal. Il comprit avant de lire l'article. Il devait même avoir compris la veille quand il avait tenté de retrouver François dans les bars, quand il avait appelé chez lui et n'avait réussi qu'à parler au flic de service.

— Câlice de crisse ! hurla-t-il en lançant le journal loin du lit.

Les feuilles voletèrent en tous sens et retombèrent dans un chuchotement de papier froissé.

— Le tueur t'a peut-être vu avec ton client ? Il pourrait vouloir te tuer aussi ! Viens-t'en à Montréal avec moi !

— Es-tu malade ? Ciboire ! Pourquoi il l'a tué ?

Il se leva, ramassa les pages consacrées au meurtre, s'assit sur le bord du lit et lut la prose de Paul Darveau. Le corps était mutilé, mais les policiers n'avaient pas voulu révéler la nature des blessures. Maud Graham avait provoqué la colère du Collectionneur. Elle n'avait pas voulu donner son opinion sur ce nouveau crime, mais on pouvait se demander si elle mettrait autant de diligence à arrêter le coupable s'il cessait de s'en prendre aux femmes, ses protégées depuis toujours.

— Maudit Darveau ! Biscuit va être bleue !

— C'est un épais, surenchérit Frédéric.

Il était soulagé que son ami manifeste sa peine par la colère. Il redoutait de le voir pleurer, car il n'aurait pu retenir ses propres larmes.

Grégoire lut l'article d'un bout à l'autre et se laissa retomber sur les oreillers ; il avait envie de se rendormir pendant des jours et des jours et de tout oublier. Il revoyait François Berger, sa manière de le dévisager avec un désir intense, fait de douceur et d'étonnement. Il se rappelait son mobile, son enthousiasme quand il expliquait comment il l'avait conçu. Il regrettait de l'avoir rabroué quand il lui avait offert de lui montrer à dessiner.

Il téléphona au bureau de Graham, mais elle était absente. Le répartiteur se souvint que sa collègue lui avait parlé d'un Grégoire qui l'appellerait peut-être et se montra amical, répétant qu'il n'oublierait pas de faire le message. Mais si c'était urgent, il pouvait lui donner le numéro du téléphone cellulaire. Grégoire le prit en note, mais glissa le papier dans sa poche sans composer le numéro. Il ne se sentait plus la force de parler de François Berger. Plus tard.

Lionel offrit de la coke à Grégoire quand il apprit la nouvelle, mais au grand soulagement de Frédéric, son ami refusa. Frédéric devina alors qu'il voulait être plus net quand il verrait Maud Graham. Il pourrait peut-être parler à cette femme, tout compte fait ? Grégoire ne la respectait pas sans raison. Super-correcte, avait-il affirmé. Presque *cool*. Elle n'avait même pas l'air vieille.

Ils sortirent ensemble tous les trois pour aller manger un club sandwich. Lionel habitait tout près de la côte d'Abraham. Ils faillirent aller chez Valentine, mais Grégoire trouvait que le restaurant sentait trop la friture et qu'il était inutile de marcher jusque-là. Ils n'avaient qu'à s'arrêter au Laurentien.

Ils picorèrent plus qu'ils ne mangèrent. Lionel manquait

d'appétit à cause de la drogue, Grégoire avait du chagrin, Frédéric avait peur. Il ne toucha même pas à ses frites. Il s'était déjà forcé pour avaler son sandwich, car il n'aimait pas gaspiller depuis qu'il avait fugué, mais il serait malade s'il continuait à manger. D'ailleurs, Grégoire ne remarquerait même pas qu'il laissait la moitié de son assiette. Il regardait droit devant lui comme s'il voyait le fantôme de François Berger, et Lionel, après avoir tenté deux ou trois fois de le distraire, abandonna et se tut.

Grégoire paya et ils quittèrent le restaurant pour remonter la rue Saint-Jean. Ils iraient jouer au billard.

— T'es trop petit pour venir avec nous, dit Lionel à Frédéric.

— Non, laisse faire, il vient, protesta Grégoire.

— Je sais jouer, affirma Frédéric.

— C'est pas de ça qu'on parle !

Frédéric regarda ses pieds un long moment, attendant la décision finale. Il en avait assez d'être trop jeune. Pourquoi est-ce que ça prenait autant de temps pour vieillir ? Une bourrade dans les côtes lui indiqua qu'il avait le droit de suivre Grégoire et Lionel.

Il le regretta rapidement tant la salle de billard était enfumée. Ce n'est pas lui qui dépenserait son argent pour des cigarettes ! Il l'avait dit à Grégoire, qui avait répondu qu'il ne vivrait pas assez vieux pour mourir du cancer. Grégoire disait parfois des choses si épouvantables qu'il ne trouvait rien à répondre. Les fous rires partagés avec Dan et Sébas lui manquaient alors cruellement.

Grégoire était très habile au billard, mais il ne semblait pas en tirer vanité ; il jouait mécaniquement, sans s'amuser même s'il gagnait. Frédéric n'avait pas dit un mot depuis qu'ils avaient poussé la porte de la salle. Il se tenait derrière Grégoire, l'observait, le comparait à Lionel, espérait qu'il continuerait à gagner et qu'ils quitteraient les lieux.

Il finit par s'asseoir dans un coin de la pièce avec un vieux *Rock star* du mois de janvier qu'on avait oublié là. Il y avait un article sur le batteur du groupe Metallica. Il le lut en se demandant si Dan deviendrait batteur comme il le souhaitait. Grégoire gagna une autre partie ; il devrait être joueur professionnel s'il était aussi bon. Ce serait mieux que de se prostituer. Pourquoi n'y avait-il jamais pensé ?

Frédéric leva machinalement la tête en entendant la porte s'ouvrir ; un homme âgé d'une trentaine d'années jeta un coup d'œil aux joueurs avant de faire le tour de la salle. Il était plus âgé que la plupart des habitués. Frédéric, qui ne l'avait jamais vu, se replongea dans sa lecture quand il sentit le regard de l'homme s'attarder sur lui ; il ne fallait pas qu'il croie qu'il était à vendre.

Frédéric ignorait que Michaël Rochon n'avait pas l'habitude de payer pour ce qu'il désirait.

Il ignorait également que le Collectionneur cherchait un enfant qui lui ressemblait en tous points.

* * *

Alain Gagnon proposa un café à Maud Graham quand elle vint le rejoindre à l'hôpital, mais elle refusa : elle en avait déjà pris quatre depuis le début de la journée. Elle s'était couchée à trois heures du matin pour se relever à six heures trente. Elle avait l'impression d'être dédoublée, d'avoir ordonné à une autre femme de s'habiller, de s'asseoir, de conduire la Fiat, d'achever le rapport de la nuit, de relire les notes envoyées par la CUM, de parler au frère de François Berger, de reprendre la voiture, de la garer derrière l'hôpital, de marcher dans d'interminables corridors, de penser que le vert qu'on trouve dans les établissements de ce type n'est pas une couleur calmante mais déprimante, de reconnaître l'odeur glacée de l'éther, de serrer la main d'Alain Gagnon. De refuser son café. De remarquer, curieusement, qu'il semblait déçu.

— C'est le Collectionneur, je peux le jurer. Même manière de procéder.

— Ce n'est pas un imitateur ? Qui voudrait faire porter le chapeau au Collectionneur ?

— Non. Il y a les piqûres avec une aiguille à tricoter ou une tige métallique, puis la manière de faire les incisions. On ne pouvait rien voir hier soir à cause du sang, mais les chairs sont coupées net.

Lui aussi grimaça, lui aussi ne pouvait s'empêcher d'imaginer sa douleur et sa terreur si on lui coupait le sexe. Et l'incommensurable sentiment de perte qu'il éprouverait. Il n'avait pourtant pas l'impression de penser avec sa queue comme certains de ses collègues qui ne parlaient que des fesses ou des seins de telle infirmière, telle patiente. Il n'était pas obsédé par l'acte sexuel. Il aimait même assez faire l'amour pour s'en priver plutôt que de se contenter d'un n'importe comment, avec une n'importe qui. Mais s'en abstenir en espérant rencontrer une femme qui serait une complice était bien différent que d'en être privé par un fou armé d'un scalpel.

— Crois-tu que ça puisse être un taxidermiste ?

Alain Gagnon hocha la tête :

— Oui, c'est une bonne hypothèse. Avez-vous déjà trouvé quelque chose dans ce sens-là ?

— Pas encore. Il l'avait tué depuis longtemps quand les jeunes l'ont découvert ?

— Je dirais cinq, six heures. Berger n'avait pas soupé. Il avait grignoté des frites dans l'après-midi, mais rien ensuite. Le tueur l'a assommé, puis il l'a piqué avant de le tuer. Ensuite, il l'a châtré.

— Violences sexuelles ?

Gagnon dévisagea Graham, ne put se retenir de plaisanter :

— Tu ne trouves pas que c'est assez ?

Devant son mutisme, il capitula, déplora qu'elle soit toujours aussi grave. Pour faire leurs métiers, il fallait rire pour se libérer de l'horreur. Il reprit son sérieux pour dire qu'il pensait qu'on avait tenté de violer François Berger.

— Son anus est meurtri, mais il n'y a aucune trace de

sperme. Je crois que le Collectionneur a commencé à le pénétrer, mais s'est arrêté. Il faudrait trouver avec qui Berger a couché avant de s'allonger définitivement.

Maud Graham regarda les cheveux de Berger qui brillaient sous les néons ; ils étaient de la même couleur que l'argent du mobile. Qui hériterait de sa sculpture ? Son frère, probablement. Graham l'avait vu avant de passer à l'hôpital ; il répétait que la mort de François Berger était prévisible, vu la manière dont il vivait.

Est-ce qu'elle ne pourrait pas obtenir le mobile en prétendant que c'était une pièce à conviction ? Elle parlerait des yeux de verre. Si Robert Berger ne tenait pas à la sculpture, elle pourrait la conserver. Grégoire serait heureux de la revoir quand il la visiterait.

Grégoire. Où était-il ? Savait-il déjà la nouvelle ? Elle avait beau se répéter que le Collectionneur ne l'avait pas vu, puisqu'il s'était enfui de l'atelier dès que Grégoire l'avait interpellé, elle n'aimait pas que le prostitué soit lié à ce meurtre, même de très loin. Sa vie était assez dangereuse comme ça, merci.

— Où en êtes-vous ?

— Les taxidermistes interrogés ne semblent pas suspects ; ils ont tous des alibis. Ils sont tous sédentaires. Il y en a même qui ne sont jamais allés aux États-Unis.

— Vous cherchez parmi leurs clients, déduisit Gagnon.

— Oui. Ils nous ont tous remis une liste. On l'épluche. On a aussi une liste des embaumeurs ; leurs métiers se ressemblent un peu même si les embaumeurs ne vendent pas d'yeux de verre. On la compare avec la liste du club sportif. Pour l'instant, il n'y a aucun nom commun entre elles.

— Pour l'instant... Vous approchez du but, je le sens. Votre homme est aussi près de son but ; il va craquer.

Graham fronça les sourcils : sur quoi basait-il cette impression ?

— Ce n'est pas une impression ; les piqûres sont plus nombreuses, plus profondes et il n'a pris aucun membre à part le sexe. Comme s'il avait déjà tout ce qu'il lui faut du côté des jambes et des bras. Il ne se serait pas gêné s'il lui manquait un élément.

— On pensait qu'il voulait reconstituer un corps... Mais là, il faudrait que ce soit un transsexuel, qui veut un mannequin qui a les deux sexes.

— On a vu plus fou. Enfin, peut-être pas, mais c'est possible. Je peux essayer d'obtenir une liste des hommes ou des femmes qui se sont fait opérer ou qui souhaitent changer de sexe dans la région de Québec. Mais pour Montréal...

— Le Collectionneur habite sûrement à Québec ou en banlieue. Depuis au moins six mois. Depuis le meurtre de Mathilde Choquette. S'il est transsexuel, il lui faut des comprimés, des hormones. On comparera ta liste avec les autres dès que nous l'aurons.

— Je ferai diligence.

Graham remercia Alain Gagnon, songea qu'elle aimait décidément sa manière de s'exprimer, toujours juste. Et qu'il avait de belles mains.

— D'après les études, les tueurs en série tuent de plus en plus loin de leur domicile à chaque meurtre.

— Autrement dit, ton assassin ne vient pas de Québec?

— Je le suppose; pourquoi aurait-il commencé à tuer aux États-Unis? En général, les premiers meurtres sont commis près du domicile. Comme si l'assassin, connaissant les lieux, savait où cacher les cadavres. Mais ensuite, il les dissimule plus loin de chez lui pour écarter les soupçons.

— Mais le Collectionneur a l'air de s'être installé ici. Et il prend peu de précautions. Il n'enterre pas ses victimes, il se contente de les cacher aux passants.

— Il n'a peut-être pas le temps de dissimuler les corps quand il a fini son travail. C'est long, je pense, toutes ces mutilations. Ou il nous méprise. Il devait les enterrer au début. Maintenant, il n'a plus peur de nous.

Alain Gagnon l'approuva, ajouta qu'il continuait ses recherches; il espérait obtenir quelque chose des analyses.

— On a trouvé des fibres et de la terre sous les ongles de Berger ; on va essayer de savoir d'où ça vient. Mais je ne te promets rien. Tu vas y arriver quand même.

— On cherche un transsexuel taxidermiste fréquentant les clubs de sport ! Ce n'est pourtant pas courant...

Elle semblait épuisée ; le regard était pâle derrière les lunettes. Les verres étaient sales comme toujours. Il ne put résister à l'envie de les laver pour mieux voir ses grands yeux pers. Elle protesta mollement. Elle était contente qu'on s'occupe d'elle. Quand elle remit ses lunettes, il lui sembla que François Berger était encore plus blond. Platine, non pas argent.

— Je retourne au bureau. Appelle-moi s'il y a du nouveau. Moi, je vais affronter Fecteau.

— Comment il est ?

— Comme un homme qui se demande comment il pourrait se débarrasser d'une femme sans la tuer malgré une envie grandissante.

— Tu exagères ; il ne peut pas t'en vouloir autant. Ce n'est pas de ta faute si Dracula hante Québec !

Elle s'éloignait déjà et il n'avait pas osé l'inviter à aller voir une exposition de chats. Il aimait les chats, sans plus, mais Graham, elle, était félinophile ; elle aurait sûrement accepté. Il maudit sa timidité en entendant ses pas décroître, puis il se jura de lui téléphoner. Au pire, elle dirait non. Il se demanda s'il ne devrait pas porter des lunettes pour avoir l'air plus vieux. Il regrettait presque de ne pas perdre ses cheveux. Elle le prendrait peut-être au sérieux. Encore heureux qu'il ait toujours réussi à l'impressionner par son travail !

Il regretta la pudeur qui l'empêchait de rechercher Grégoire pour lui parler de Graham. Il l'enviait d'être si près d'elle, de partager des pizzas avec elle, de dormir chez elle. Il jalousait même son chat Léo.

Chapitre 9

Il avait hésité. Trop. S'il s'était décidé plus tôt, il n'aurait pas perdu le trio. Il avait quitté la salle de billard bien avant Grégoire, Lionel et le beau Frédéric. Dès qu'il avait su leurs noms. Il les avait attendus dans sa nouvelle voiture durant près d'une heure. Il avait chaud même s'il avait baissé toutes les vitres. Extrêmement chaud quand il pensait à Frédéric. Il lui ressemblait tant ! Mêmes cheveux blonds, même front, même menton, même nez. Il n'avait pas pu voir la couleur de ses yeux, mais c'était sans importance, puisqu'il les changerait. Il avait un si bel assortiment d'iris qu'il aurait du mal à choisir.

L'enfant était parfait.

Il n'y avait plus qu'à savoir où il habitait. Il se demandait ce que Frédéric faisait avec les deux putes ; il avait bien compris qu'il était pur. Ni sexe, ni drogue, ni alcool. Oh, ils se ressemblaient tant. Il l'arracherait à ce milieu malsain et l'élèverait. Si haut. Si haut. Comme un ange. Un ange éblouissant de santé et d'énergie. Un ange que rien ne pourrait plus atteindre.

Ils se dirigeaient vers le carré d'Youville, Grégoire devançant Lionel et Frédéric, comme s'il était fâché. Sa démarche était souple et rapide ; Frédéric courait presque derrière lui. Lionel, bon dernier, se frottait le nez ; il prenait sûrement de la cocaïne. Mais c'était bientôt fini pour Frédéric, il n'aurait plus à vivre avec de tels déchets. Ils avaient traversé le boulevard Dufferin. Il les suivait en voiture, car il redoutait que Frédéric le remarque ; il avait vu comment l'enfant l'avait dévisagé quand il était entré à la salle de billard. Et puis là, la tapette aux cheveux noirs avait décidé de revenir sur ses pas ! Et Lionel et Frédéric lui avaient emboîté le pas. C'est à ce moment qu'il avait hésité ; il ne pouvait abandonner son véhicule en plein milieu de la rue. Le temps qu'il adopte pourtant cette solution, il était trop tard ; il avait perdu le trio. Il ne pouvait revenir rapidement dans la rue Saint-Jean, puisqu'elle était à sens unique. Il vit un autobus boulevard Dufferin ; peut-être y étaient-ils montés ?

Le 8. Il connaissait bien le parcours ; il pourrait le rattraper avant qu'il n'atteigne la rue Cartier. Il s'arrêterait dès qu'il verrait les garçons descendre. Il s'arrêterait n'importe où, tant pis, la voiture était louée au nom de Michel Richer. On ne pouvait pas remonter jusqu'à Michaël Rochon. Il n'avait même pas enlevé ses gants en conduisant. Il aurait dû se décider plus tôt !

Il suivit l'autobus jusqu'à l'université. Sa rage augmentait à chaque arrêt, à chaque déception ; le trio s'était volatilisé avant, rue Saint-Jean. Comment les retrouverait-il ? Devrait-il passer ses journées à la salle de billard ? Y gagner la confiance de Frédéric ? Il ne pourrait jamais attendre si longtemps.

Il s'arrêta à Sport 2000 pour savoir si Maud Graham était revenue. Il dut d'abord expliquer à Casgrain qu'il n'avait toujours pas la pièce pour réparer le rameur, puis il l'interrogea subtilement. Il apprit que l'inspectrice était partie avec une liste des clients du club. Casgrain espérait de tout cœur qu'elle l'oublierait.

Michaël Rochon en doutait ; elle semblait assez tenace. Il avait eu envie de lui téléphoner pour la provoquer, mais il avait renoncé. Les téléphones devaient être sur écoute ; le meurtre de François Berger avait bouleversé la population de Québec. Les policiers étaient sur les dents ; ce n'était pas le moment de les taquiner. Quoique... Ils ne pourraient rien contre lui s'il appelait d'une cabine publique. Le temps qu'ils le retracent, il aurait sauté dans sa voiture et aurait filé. Oui, il téléphonerait peut-être quand il atteindrait la frontière. Il ne retournerait pas, de toute manière, à la salle de billard, car il supposait que le trio n'y passait pas toutes ses journées. Les deux tapettes devaient tapiner. Que devenait Frédéric pendant ce temps ? Il fallait le retrouver rapidement. Avant qu'on ne l'incite au vice.

Il acheta de la glace dans une station-service Esso quand il fit le plein d'essence, même s'il était persuadé d'en avoir mis assez dans la petite glacière ; il n'avait qu'un bout de chair à conserver jusqu'à son refuge. Il atteindrait le Maine avant le souper. Il s'arrêterait au Howard Johnson pour manger un club sandwich ; en général, les tomates étaient tranchées assez mince. Il détestait les restaurants où l'on mettait d'énormes tranches qui dégoulinaient et trempaient le pain ; ce n'était tout de même pas difficile de couper finement un légume. Il réussissait bien, lui, à faire un travail propre. Même Maud Graham, dans un premier temps, n'avait pas dû trouver qu'il avait bien fait son boulot avec François Berger. Il y avait tellement de sang. Heureusement, quand on l'avait nettoyé, elle avait dû voir qu'il avait toujours la main sûre pour les incisions. Ce n'était pas encore aussi bien qu'il le souhaitait, aussi beau que dans son fantasme, mais il y parviendrait ! Il fallait qu'il aiguise les tiges métalliques numéro 16 ; s'il n'avait pas été aussi costaud, il aurait éprouvé certaines difficultés à piquer Berger.

Il avait entendu parler de sa victime toute la journée, où qu'il allât. Il y avait de plus en plus de journalistes étrangers à Québec. Il en arriverait encore d'ici la fin de la journée. Toutes les unes lui étaient consacrées. La ville tremblait. Il ébranlait ses fondations ; il était le plus fort. Plus tôt, autour des tables de billard, les jeunes discutaient du meurtre. Il y en avait même un qui avait déclaré son admiration pour l'homme qui narguait les bœufs. Grégoire lui avait demandé s'il aimerait qu'on la lui coupe. Il avait ajouté que c'était plutôt la langue qu'on devrait lui hacher afin qu'il cesse de dire des conneries. Lionel s'était interposé. Se battre ne ressusciterait pas Berger.

À la station-service, l'employé lui parla aussi de son crime quand il paya l'essence. Il devait se retenir pour ne pas rire en écoutant l'employé lui confier ses craintes :

— Le Collectionneur est peut-être déjà venu dans mon garage ! Il y a tant de monde qui vient ici. Moi, je dis que c'est un politicien qui doit avoir tué ces femmes-là et que Berger le savait. C'est pour ça qu'il l'a assassiné. À moins que ce ne soit un médecin, mais il paraît que la police a cherché de ce côté-là et qu'ils n'ont rien trouvé.

— Ils ne trouveront rien.

— C'est ce que je pense. C'est épouvantable ! Ce ne sera pas long qu'on va être aussi pires qu'aux États. Le tueur, il vient de là aussi. C'est certain que c'est un Américain ; ils sont fous là-bas.

Michaël Rochon avait démarré sans répondre qu'il était né effectivement en Floride et qu'il avait passé bien des étés dans le Maine quand il vivait au Québec. Et que c'était précisément au chalet familial qu'il s'en allait. Il était habitué au trajet, les deux heures passèrent rapidement avec les chansons d'Elvis. Et le club sandwich était bon. Un client précédent avait laissé un journal sur le siège voisin ; on parlait aussi du crime dans un journal du Maine. On rappelait que le Collectionneur avait déjà tué une femme dans la région, Diane Péloquin. On disait aussi que le FBI se mêlerait de cette enquête. Pauvre Graham.

Il lui téléphona avant de quitter le restaurant, mais elle n'était pas à la centrale du parc Victoria.

Il faisait encore clair quand il entra chez lui. La photo de Francine Rochon était toujours à sa place, avec les deux petites billes plantées dans les prunelles. On aurait dit que ses yeux de verre lançaient des éclairs. Comme autrefois. Il se souvenait de ses colères. Il rit : sa mère ne s'emporterait jamais plus contre lui.

Il sortit la glacière du coffre de l'auto. Elle était lourde, car il l'avait remplie, comme toujours, à ras bords. Des légumes, de la bière, de la viande ; quand il s'était présenté à la frontière les premières fois, il n'y avait que des aliments dans la glacière. Il avait discuté avec les douaniers, expliqué qu'il avait un chalet aux États-Unis, qu'il y allait toutes les fins de semaine. On s'était habitué à le voir traverser la frontière. On n'ouvrait plus la glacière. On ne découvrirait pas le membre caché sous les carottes et le céleri.

Rochon sourit en songeant qu'il avait tous les ingrédients pour un pot-au-feu, puis il retourna à la voiture chercher le matériel acheté chez M. Hamel. Il avait hâte d'empailler le sexe, même s'il prévoyait qu'il rencontrerait quelques difficultés. C'était un si beau défi ! Son cœur battait à se rompre quand il atteignit la porte d'acier protégeant son œuvre. Il portait la glacière au-dessus de sa tête, comme s'il allait l'offrir à un dieu. Il brancha le magnétophone, écouta les cris de sa victime. Il se masturba en regardant le sexe de Berger. Il n'était pas vraiment détendu après avoir joui et il se força à respirer lentement, très lentement avant de peser le sexe. Il n'aurait pas besoin de beaucoup de plâtre pour le mouler. Il pensa au premier écureuil qu'il avait empaillé, comme les oreilles étaient fragiles ! Et il avait utilisé trop de borax. Cependant, dès son premier travail, il avait adopté pour règle de tout mesurer, car on disait bien, dans le manuel de taxidermie, que ces mensurations seraient utiles pour reproduire la forme originale de l'animal. Il avait eu du mal avec la peau humaine au début. Ce n'était pas la même chose qu'un poisson ou un lièvre, mais il était tenace. Et il y avait suffisamment de modèles pour qu'il apprenne à décoller ou à recoudre une peau, à couper délicatement les ligaments ou à utiliser correctement le dessiccatif.

* * *

Rouaix consulta les listes des amateurs de taxidermie : aucun nom ne correspondait à ceux qui composaient la liste des clients, des invités et des employés de Sport 2000. Les policiers avaient travaillé avec célérité, mais plusieurs taxidermistes avouaient qu'ils ne connaissaient pas le nom de tous leurs clients : certains payaient comptant. On inscrivait la vente dans un cahier sans noter le nom de l'acheteur. Quelques-uns avaient opté pour un système informatisé et les policiers avaient dû photocopier des carnets, des registres, des calepins quadrillés, des fiches, chaque taxidermiste ayant sa propre méthode de classement. Par chance, ils étaient peu nombreux.

Après avoir comparé les listes, Graham et Rouaix avaient vérifié les alibis des invités des membres du club. Deux d'entre eux ne pouvaient prouver leurs faits et gestes, puisqu'ils étaient restés tranquillement chez eux le soir du meurtre de François Berger, mais Graham ne croyait pas à leur culpabilité. S'ils avaient tué, ils auraient, au contraire, préparé un alibi.

— Il nous reste la liste d'Alain Gagnon, fit Rouaix. Les psys n'ont pas l'air de penser que le Collectionneur est transsexuel. Mais moi, les psys...

— Je pense qu'ils ont raison.

Ils se penchèrent pourtant sur la liste. Ils la lurent plusieurs fois sans s'arrêter sur un seul nom. Graham la repoussa rageusement :

— Rien. Encore rien. Il doit avoir donné un faux nom chez le taxidermiste.

— Comment le retrouver ?

Les néons accentuaient leurs traits tirés ; les enquêteurs n'avaient pas dormi plus de huit heures en deux jours. Ils avaient envoyé et reçu des dizaines de télécopies, avaient passé d'innombrables coups de téléphone, avaient fui les journalistes à l'entrée et à la sortie du bureau et avaient mangé grâce à Nicole Rouaix qui leur avait préparé des lunches. Il était près de dix-huit heures, les sandwiches du midi étaient depuis longtemps oubliés.

— J'ai faim, Graham, dit Rouaix.

— Pizza ?

— Pas encore ?

— D'accord, j'en mangerai avec Grégoire. Tu sais ce qu'il m'a proposé ? De se soumettre à l'hypnose pour se souvenir des détails concernant ses conversations avec François Berger à propos du Collectionneur. Ça ne servirait à rien, mais c'est gentil. Chinois ? On sort ?

— Poulet frit.

— Tu sais que Nicole n'est pas d'accord. Ton cholestérol...

— Elle ne le saura pas.

Graham sourit avant de relire les télécopies reçues depuis quarante-huit heures ; les familles de Diane Péloquin et Muriel Danais avaient répété que les jeunes femmes étaient sportives et qu'elles s'étaient entraînées dans un club sportif. L'une avait fréquenté un Nautilus, l'autre, un Plurial Sports.

— Notre tueur cherche ses victimes dans les gymnases, mais s'il faut qu'on compare la liste de tous les membres de tous les gymnases de la province et qu'ensuite on vérifie qui a déménagé à Québec, on n'est pas sortis d'ici avant des semaines...

— J'aurais dû commander plus de poulet.

Quand le livreur arriva, Rouaix avait déjà débarrassé un coin de son bureau pour pouvoir manger. Il saliva en respirant l'odeur de volaille frite. Les morceaux étaient dorés, bien gras et la sauce semblait si onctueuse ; il y avait bien quatre mois qu'il n'avait eu droit à un pareil festin. Nicole cuisinait très sainement depuis son dernier bilan médical. Il avait beau répéter qu'il se portait très bien et que les médecins exagéraient, elle avait supprimé le gras de leur alimentation. Il croquait dans un morceau de poulet quand Graham s'exclama :

— Le livreur ! Il entre et il sort sans que personne le remarque. Mais lui, il peut voir tout le monde.

— Qu'est-ce que tu veux dire ?

— Il y a quelqu'un qui fait la même chose à Sport 2000.

173

— On a interrogé les fournisseurs et les employés de O'Net qui s'occupent de l'entretien de l'immeuble.

— Il y a pourtant quelqu'un qui vient régulièrement. Peut-être que Jean Casgrain commande ses repas comme nous ?

— On y a pensé aussi, rappelle-toi. On a même vérifié quelle compagnie de taxis envoyait le plus souvent des chauffeurs, s'ils venaient toujours chercher les mêmes clients aux mêmes heures.

— Un médecin ? Qui serait venu une couple de fois pour des accidents ? Non ! Un masseur. J'appelle Casgrain.

Celui-ci ne cacha pas son impatience quand il reconnut la voix de Graham ; il n'avait pas assez d'ennuis avec le rameur qui s'était détraqué et que Richard devait revenir réparer dans les plus brefs délais ?

— J'ai répondu à un million de questions, qu'est-ce que vous me voulez encore ? Vous pensez que personne ne vous a remarquée au club ? Mike Richard, justement, m'a demandé si vous étiez bien vous.

— Mike Richard ?

— Le technicien en électronique qui aurait dû finir sa job...

— Il vient souvent ?

— Quand les machines se détraquent. Le matériel est hypersophistiqué. J'ai le plus beau club de Québec, puis il faut qu'un maudit fou brise ma réputation. Il y en a qui disent que ça me fait de la publicité, mais moi, je m'en passerais ! Si je le tenais votre gars, c'est moi-même qui l'étranglerais.

Casgrain se tut, songeant à l'énormité de sa phrase, tenta de se reprendre. Il ne voulait tuer personne bien sûr, c'était juste une manière de parler, mais il avait passé une mauvaise journée.

— J'ai bien peur que ça continue encore un peu, fit Graham, au bout du fil.

Elle avait les yeux brillants en reposant le récepteur. Rouaix s'impatienta :

— Parle ! Qu'est-ce qu'il y a ?

— Un réparateur ! Qui va et vient depuis des semaines au gymnase. Il s'appelle Michel, non, Mike Richard. J'aimerais lui parler.

— Michel Richard ?

— Non, Casgrain m'a dit Mike, j'en suis certaine maintenant.

Rouaix se frotta le menton :

— Ça me dit quelque chose, attends. J'ai lu ce nom-là.

— Non, tu penses au chanteur Michel Rivard.

— Non, c'est le prénom ; ça m'a frappé.

— Mais ce n'est pas un nom rare, objecta-t-elle tandis que Rouaix s'emparait des listes vingt fois parcourues.

Il fit claquer ses doigts :

— Voilà, Michel Richer ! Ça ressemble pas mal à Michel ou Mike Richard ! C'est dans la liste des taxidermistes. Je l'ai remarqué parce qu'on vient de baptiser mon neveu Michel. Un beau prénom simple. Il y a assez d'enfants qui ont des prénoms à coucher dehors aujourd'hui ! Des Rodolphe-Alexandre et des Marie-Québec ! On y va.

— Mike n'est pas au gymnase, Casgrain vient de me le dire. Tu peux rester ici.

— Il n'est peut-être pas loin. Oublies-tu que c'est un fou furieux ?

— Je préviens Turcotte et les deux nouveaux de nous rejoindre.

— Plus des voitures de patrouille.

— Pas de sirène au gymnase. Si le tueur surveille les environs, il va fuir pour de bon.

— Pourquoi surveillerait-il le gymnase ? Il cherche encore quelqu'un ?

— Peut-être bien. Moi, par exemple. Dépêche-toi !

Rouaix s'empara d'un gros morceau de poulet frit. Il aurait le temps de le dévorer avant d'arriver au club sportif.

Graham dévala l'escalier encore plus vite que d'habitude. Dans la voiture, elle avait l'impression que les battements de son cœur s'accordaient avec le bruit des essuie-glaces. Elle conduisait trop rapidement, mais Rouaix savait que ses réflexes étaient bons. Elle se gara devant la porte d'entrée, piaffant d'impatience en attendant que leurs collègues les retrouvent. Quand ils furent postés à chacune des portes, elle pénétra lentement dans le gymnase en regardant autour d'elle. Tous les sportifs étaient en survêtement. Il n'y avait aucun technicien. Rouaix la suivit de peu. Les clients leur jetèrent un œil curieux. Casgrain s'approcha, leur serra la main. Graham l'énervait, mais elle avait tout de même sa photo dans le journal régulièrement et Rouaix pourrait peut-être s'occuper d'une contravention qu'il n'aurait jamais dû avoir.

— Est-ce que ce Mike Richard est revenu ? demanda-t-elle.

— Il est passé en vitesse, mais il n'a encore rien réparé !

— Je voudrais voir sa fiche d'embauche.

— Je n'en ai pas vraiment. Il vient chaque semaine pour voir si tout est correct. Il travaille bien si on le laisse tranquille. Il est un peu susceptible.

Comme l'enquêtrice l'écoutait avec une attention toute particulière, Casgrain écarquilla les yeux avant de demander si Richard était le tueur.

Graham mentit avec assurance :

— Non, mais je pense qu'il l'a vu, car François Berger a confié à un témoin qu'il avait parlé du tueur avec un technicien du club sportif. Vous n'employez pas des dizaines de techniciens en électronique, non ?

— Seulement Mike. C'est bête, il était trop gêné pour aller vous parler quand vous êtes venue l'autre jour.

— On va prendre les devants, fit Rouaix.

Il nota les coordonnées de Richard pendant que Casgrain le décrivait physiquement. Graham ne parvint pas à se remémorer le visage du technicien qu'elle avait aperçu une fraction de seconde. Casgrain lui montra des factures d'entretien rédigées par Mike Richard. Les lettres majuscules étaient démesurées et les barres sur les *t* très longues. Ses notions de graphologie n'étaient pas élaborées, mais elle avait la nette impression que Richard avait un ego important et qu'il était tyrannique.

Casgrain répéta que son technicien s'énervait facilement et ne supportait aucune critique.

— Mais il est intelligent et il a souvent de bonnes idées ; il pourra vous aider s'il a vu le tueur. Il aurait dû m'en parler !

— Il ne sait peut-être pas qu'il l'a vu.

— Mais c'est pareil pour moi ! s'affola Casgrain. Tout d'un coup le maniaque pense que je sais qui il est. Il va vouloir me massacrer !

Graham le rassura. Des vigiles garderaient discrètement son club sportif. On ne pourrait s'en prendre à lui.

Rouaix et elle annoncèrent à toutes les unités qu'ils se dirigeaient vers la maison d'un suspect.

Et ils arrivèrent chez une vieille dame, Blanche Dubois, qui refusait de les laisser entrer, car elle avait lu les journaux. Elle finit par ouvrir quand Graham lui dit qu'elle avait sa photo dans *Le journal de Québec* et qu'elle pouvait ainsi prouver son identité. Blanche Dubois entrebâilla sa porte ; elle n'avait rien de la créature de Tennessee Williams. Elle était très ronde, avec d'incroyables joues rouges et des lunettes retenues par une chaîne en argent trop brillante pour être vraie.

— Je n'ai jamais entendu parler de Mike Richard, expliqua l'aïeule, il n'habite pas ici. C'est moi qui vis dans cette maison depuis soixante-seize ans. Je n'ai jamais vu ce M. Richard. Qu'est-ce qu'il a fait ?

— On ne sait pas encore, madame. C'était juste une vérification.

Graham courait-elle après un fantôme ? Le Collectionneur avait-il donc tout prévu ? Il s'évanouissait dans la nature après ses crimes : faux nom, fausse adresse. Mais vrais meurtres. Tandis que Rouaix expliquait par radio que l'opération était abandonnée, Graham remerciait la vieille dame.

Elle confessa ensuite à son équipier qu'elle regrettait de ne pas avoir mangé de poulet : ils avaient perdu leur temps.

— Tu exagères toujours, Graham ! On a un nom qui correspond à un autre sur la liste des empailleurs. Beauchemin va voir Casgrain et le taxidermiste qui a parlé de Michel Richer et il va faire deux portraits-robots. On verra s'ils se ressemblent. Je suis sûr que c'est le même gars. Je me demande seulement où il est. Il doit bien avoir une adresse postale, un numéro d'assurance sociale.

— Oui, à son vrai nom.

— Il faut qu'on ait la liste de tous les techniciens en électronique. D'ici et des États-Unis. Richard a dû étudier comme tout le monde. Il a laissé des traces de son passage quelque part. Sous son vrai nom, avant qu'il commence à tuer. Tu penses qu'il a de trente à trente-cinq ans, il travaille donc depuis une bonne douzaine d'années. On va retrouver son école.

— Il a le temps de tuer une couple d'autres personnes avant qu'on l'arrête ! gémit Graham.

Rouaix faillit répondre qu'elle devait savoir que leur travail était un travail de moine, souterrain, obscur, même si les flashes de l'actualité donnaient l'impression inverse. Les policiers cherchaient la faille infime dans le système érigé par un meurtrier, ils cherchaient avec l'acharnement d'un *pitbull* et la patience des centaines de femmes qui avaient réalisé les tapisseries *La dame à la licorne* du musée de Cluny. Ils travaillaient comme elles en groupe et chaque nouvel élément permettait de cerner lentement le motif. Les contours se précisaient, des visages apparaissaient, la vérité se dessinait.

— Avec l'informatique, dit-il pourtant, ça va aller vite.

— Si les écoles ont aussi un système informatique.

— Ça m'étonnerait qu'un établissement où on enseigne l'électronique et l'informatique n'en ait pas ! s'impatienta Rouaix. Tu es vraiment de mauvaise foi !

Elle se renfrogna jusqu'au poste de police, où elle admit qu'elle était légèrement pessimiste.

— C'est probablement parce que j'ai faim.

— Il reste du poulet.

— Je vais plutôt essayer d'inviter Grégoire.

— Tu le vois de plus en plus souvent.

— Je l'aime beaucoup, répondit-elle simplement. Je n'ai pas eu de frère, ni d'enfant.

Et il n'y a personne d'autre dans ma vie, pensa-t-elle. Personne qui me fasse des surprises, qui m'émeuve ou qui m'amuse. Elle était lasse de sa solitude, lasse de regretter le temps où elle était amoureuse d'Yves. Elle avait entendu un séropositif déclarer que l'idée de ne plus pouvoir tomber amoureux, de ne plus aimer ou s'en reconnaître le droit l'irritait plus que la mort elle-même. « C'est comme mourir avant de mourir. »

— Eh! Graham, dit le répartiteur quand elle poussa la porte de la grande salle, ton Grégoire a téléphoné. Il va te rappeler. Gagnon aussi a téléphoné. Tu peux le rejoindre chez lui. Mais ce n'est pas urgent.

Alain Gagnon? Que voulait-il? Elle déposa son sac à main distraitement, en composant le numéro du médecin légiste. Il répondit à la première sonnerie.

— Tu m'as appelée?

— Oui, c'est ça. Je voulais... Votre enquête progresse? Les listes?

— On a un nom, mais il est faux. Tu as trouvé autre chose?

— Non.

— Ah bon.

— Je voulais seulement te signaler qu'il y a une exposition de chats la fin de semaine prochaine. Peut-être que ça te tenterait d'y aller?

Il n'osait pas ajouter « avec moi », mais retenait sa respiration. Graham, elle, s'étonnait de cette invitation ; elle ne savait pas que Gagnon aimait les chats à ce point.

— Peut-être, finit-elle par dire. Ça va dépendre de l'enquête, je crois. On n'a plus d'horaire. On n'a même pas le temps de dormir. Ni de manger.

179

— Tu n'as pas encore soupé ?

— Non.

— Moi non plus, mentit Alain. On peut se retrouver devant une pizza si tu veux.

Elle pensa à Grégoire ; il n'avait pas laissé de message et elle ne savait pas où le retrouver.

Elle accepta la proposition d'Alain Gagnon. Ce dernier se demanda comment il réussirait à avaler une bouchée ; il en aurait été incapable même s'il n'avait pas déjà mangé, alors... Il enfila son veston bleu, puis l'ôta, revêtit son imper. Sa sœur Louise lui avait déjà dit que le vert forêt lui allait à merveille. Il décida de garer sa voiture loin de la pizzeria ; marcher lui redonnerait peut-être un peu d'appétit.

Et Graham le raccompagnerait probablement à son auto après le repas ; il resterait quelques minutes de plus en sa compagnie.

* * *

Le Collectionneur s'était levé avant l'aube. Il dormait très peu depuis quelques semaines. Il avait rêvé de Barbe-Bleue ; il revoyait nettement les longs couloirs du château, véritable labyrinthe dont aucune femme ne pouvait s'échapper. Et toutes ces chambres où chaque victime était crucifiée sur un chevalet tendu de velours rouge ; il avait l'embarras du choix pour ses morceaux. Il allait et venait d'une pièce à l'autre, cherchant un joli pied avec de petits orteils. Les hurlements des prisonnières emplissaient le château d'une incessante clameur qui ressemblait au bruit de la scie mécanique qu'il devait parfois employer.

En s'éveillant, Michaël Rochon décida qu'il retournerait en France pour ses vacances d'été ; il avait trop envie de revoir le château de Gilles de Rais. Il l'avait visité huit ans plus tôt, et se rappelait régulièrement les hautes tours, les murs épais ; les cris des garçons devaient résonner dans la cour. Le lieutenant de Jeanne d'Arc avait pu tuer autant d'enfants parce qu'il était un aristocrate ; aujourd'hui, c'était plus compliqué. Le Collectionneur se souvenait comme le soleil tapait dur au château, dorait ses vieilles pierres. Il s'était alors demandé s'il faisait soleil quand on avait pendu et brûlé Gilles de Rais pour sorcellerie. Il était persuadé qu'on l'avait exécuté plus pour ses accointances avec le diable que pour les centaines de meurtres commis entre deux campagnes militaires. Rochon déplora que ce Barbe-Bleue n'ait pas été décapité ; il aurait dû avoir droit à ce privilège réservé à la noblesse. Peut-être avait-il lui-même exigé le bûcher afin d'imiter la Pucelle d'Orléans ? C'était dommage d'imaginer les flammes au lieu d'une tête roulant sur le sol. Il avait beaucoup goûté ses après-midi à la Tour de Londres ; Anne Boleyn, Marie Stuart, Thomas More avaient péri par le fer. Quand le guide racontait l'histoire de l'Angleterre, le tueur se figurait aisément une belle épée très lourde, une bonne hache et un bourreau aux gestes sûrs. Aussi sûrs que les siens.

Il s'étira, se massa la nuque ; il avait travaillé très tard la veille, mais n'avait pas achevé son ouvrage. Il fallait être patient pour être taxidermiste : entre le moment où on avait trouvé sa proie et celui où elle était empaillée, il pouvait s'écouler des semaines. Patient, habile et rusé. Il avait déjà trouvé comment il forcerait Frédéric à le suivre.

L'air était frais à cette heure, mais il baissa toutes les vitres de la voiture pour rentrer à Québec ; il avait tellement chaud ! On aurait dit qu'il avait dormi sur une plaque chauffante, qu'il s'était cuit les omoplates et le bas des reins. Surtout le bas des reins. Il avait hâte de retrouver Frédéric. Il irait d'abord à la salle de billard ; Lionel ou Grégoire y seraient peut-être. Il les paierait bien pour savoir où habitait le petit. Lionel aimait trop la coke pour refuser de le renseigner.

Il passa devant Sport 2000, mais ne ralentit pas ; Casgrain avait remarqué son trouble quand il avait reconnu Graham. Il avait eu l'audace de retourner au gymnase, mais c'était trop dangereux maintenant. Son patron avait sûrement parlé de lui à l'inspectrice. Grand bien lui fasse, Mike Richard n'avait pas donné la bonne adresse quand il avait rempli une fiche pour Casgrain. Quoique les flics devaient avoir trouvé à quelle adresse correspondait son numéro de téléphone. C'était sans importance. Il n'avait rien laissé dans la chambre, pas un vêtement, pas un livre ; il vivait dans sa valise depuis six mois quand il était en ville. Ça ne le gênait pas. Il avait tant d'espace dans le Maine : le chalet, l'atelier, le lac. Si son père avait fait une seule bonne chose dans sa vie, ç'avait été d'acheter cette propriété ! Il avait bien tenté de la récupérer à la mort de Francine, mais son fils s'y était opposé : il tenait trop à cet héritage. Il avait réussi à effrayer suffisamment sa belle-mère pour qu'elle oublie ses rêves de villégiature. Ils ne s'étaient revus qu'une fois, après le décès de Francine, mais elle avait compris qu'elle devait renoncer au Maine. Frédéric aimerait sûrement cet endroit. Dommage qu'il n'y ait pas encore de feuilles dans les arbres, ce serait moins clair, moins gai.

Les deux gais. Quel rapport pouvait-il entretenir avec eux ?

Le Collectionneur se gara rue d'Aiguillon. Il était trop tôt pour aller à la salle de billard. Il irait déjeuner avant, lirait les journaux ; il ne doutait pas qu'on parle encore de lui. Son désir d'écrire à Graham était capricieux, il disparaissait sans raison pour ressurgir avec une grande intensité. Il aurait voulu être présent quand l'inspectrice décachetterait sa lettre. C'était impossible. S'il l'avait déjà suivie jusque chez elle, il ne s'y risquerait plus désormais. Se déciderait-il toutefois à lui envoyer une photo de Frédéric ?

Il fallait d'abord le retrouver. Il frémit en crevant les jaunes de ses œufs avec sa fourchette ; la pointe métallique numéro 16 s'enfoncerait aussi aisément dans le cou de Frédéric. Il découpa le jambon en lamelles qu'il trempa dans le jaune d'œuf avant de les déposer sur sa rôtie au pain brun. Il mâchait très lentement, car sa mère avait toujours dit que c'était la meilleure garantie pour une bonne digestion. Il but un seul café en lisant les journaux. Les reporters n'avaient pas grand-chose à ajouter à ce qu'ils avaient annoncé la veille. Les policiers refusaient de révéler comment progressait leur enquête, mais il y avait une entrevue avec Jean Casgrain. Après s'être lamenté sur son sort, ce dernier avait confié au reporter que Maud Graham était venue plusieurs fois à son club sportif. Il ne pouvait rien révéler de leurs conversations afin de ne pas nuire à l'enquête.

Avait-il peur ? avait demandé le journaliste.

Oh oui ! Il connaissait peut-être le Collectionneur. Les policiers avaient promis de le protéger. Pourtant, il tenait à le répéter, il ne savait rien. Rien de rien. Ne pouvait même pas deviner. N'essayait pas. Il laissait cela aux policiers. Lui rêvait seulement que le calme — et ses clients — revienne au gymnase.

Pauvre Casgrain ! Il ne pensait qu'à son club sportif ! Un minable, un borné, un idiot. Tant mieux ; il ne pourrait rien dire sur lui aux policiers. Il aurait aimé l'appeler pour en savoir davantage sur les visites de Graham. Savoir si cette femme commençait enfin à comprendre qu'elle perdrait la partie.

Il faisait un vent à écorner les bœufs quand il traversa le boulevard Dufferin. Un vent semblable à ceux qui précèdent les formidables ouragans de la Floride. Il revoyait les arbres fracassés, les maisons démolies, les rues dévastées, il entendait les cris de sa mère qui lui ordonnait d'aller chercher les photos du concours de beauté dans la chambre du haut. Il se souvenait de cette fille qu'il avait entraînée si facilement dans sa voiture en lui proposant de se mettre à l'abri. Il ne s'était même pas inquiété de cacher le corps, car il avait assommé la fille au lieu de l'étrangler ; il n'avait eu qu'à jeter le cadavre derrière un palmier effondré. Il y avait des avantages à vivre à Fort Lauderdale. Mais c'était beaucoup trop loin du Maine où il bâtissait alors son atelier.

Il remonta le col de son blouson de cuir brun. Il entra

dans une tabagie pour acheter de la gomme à mâcher sans sucre et s'étonna que tant de gens achètent encore tant de variétés de cigarettes ; il fallait être vraiment faible pour ne pas pouvoir s'arrêter de fumer. On savait pourtant quels ravages causait la nicotine ! Il n'avait pas une belle peau et des dents aussi blanches pour rien ; il rejetait ce qui était mal pour son corps. Il tenait à être parfait. Frédéric avait des dents merveilleuses. Il avait hâte de les toucher.

Rue d'Aiguillon, il crut reconnaître la silhouette de Grégoire. À voir son regard vague, il devait terminer une nuit de débauche. Il avait le teint pâle, même malade, les cheveux ébouriffés et il s'était rhabillé en vitesse, car sa chemise noire était boutonnée en menteuse. Il le suivit dans l'espoir que Grégoire allait retrouver Frédéric, mais il entra dans un snack-bar et s'appuya au comptoir. Bah, drogué comme il l'était, il répondrait à ses questions sans se méfier. Il s'assit près de lui, commanda un café. Puis il lui offrit une gomme à la chlorophylle. Grégoire refusa. Il le dévisageait, attendant que le prostitué réagisse.

— Qu'est-ce qu'y a ? Tu veux mon portrait ?

C'était amusant qu'il parle de portrait quand on pensait que François Berger avait justement été piégé grâce à des photos de Grégoire. Des images qui n'existaient pas.

— Peut-être. As-tu des photos de toi ?

— Pour quoi faire ?

— Tu es un peu vieux, mais je pourrais te trouver de la job sur notre film.

Grégoire but une gorgée de Ginger ale, fit un effort pour comprendre ce que lui disait l'homme au blouson marron. Un film ? Le pensait-il si naïf ? On lui avait fait le coup du producteur au moins cent cinquante fois. Et il lui semblait que les yeux de son interlocuteur s'agrandissaient en virant au noir. Il ferait bien de l'ignorer. L'autre continuait pourtant :

— On tourne à Québec dans un mois. Je suis chargé de recruter de nouvelles têtes. Les gens aiment le changement. Ça te dirait ? Tu sais, il me semble que je t'ai déjà vu.

Grégoire entendait cette phrase si souvent qu'il ne sourcilla même pas, se contentant de regarder son verre de Ginger ale.

— Oui! s'exclama le Collectionneur. À la salle de billard! Tu joues super-bien au billard! Tu étais avec un grand brun et un petit blond.

Grégoire se contenta de hausser les épaules, avant de demander un hot-dog garni à la serveuse.

— On cherche du monde de votre âge pour notre film. Entre douze ans et seize ans. T'as quel âge?

— Seize.

— Le grand a l'air trop vieux, mais le blond ferait peut-être notre affaire. Toi, je suis sûr qu'ils vont te prendre. Mais lui, il faudrait que je le revoie.

Grégoire se tourna imperceptiblement vers son interlocuteur. Ce type ne le draguait pas : c'était Fred qui l'intéressait. Il finit son verre de Ginger ale, en commanda un second avant de répondre.

— Je sais pas. Je le connais pas beaucoup. Mais tu penses qu'il pourrait convenir?

Il espérait que toute la candeur du monde enveloppait sa question. Il mènerait cet homme en bateau. Bien loin... Ce devait être un détective engagé par les parents de Frédéric. Il devait en savoir plus.

— Oui, il serait parfait.

— Vous ne tournez pas le film à Montréal, plutôt? demanda Grégoire.

Michaël Rochon parut étonné :

— Montréal? Non, pourquoi? On cherche un petit gars qui habite Québec. On va prendre le plus de comédiens possible ici, pour éviter les frais d'hôtel. Sais-tu où habite le petit blond? Il faudrait que je parle à ses parents pour avoir leur autorisation, puisqu'il est mineur. Toi-même, il faudrait que tu en aies une la prochaine fois qu'on se verra.

— Avec des photos de moi?

— Non, on les fera en studio, avec un bon éclairage. Tu restes près d'ici?

185

— Non, à Sainte-Foy, chez ma sœur.

— Et ton copain ?

— Je ferais mieux de lui en parler avant.

— Il va rater la chance de sa vie si je le manque ; je repars tantôt pour Montréal. On a une grosse réunion de production.

Grégoire fit mine d'hésiter encore un peu, puis se décida à donner l'adresse de Maud Graham : l'homme tremblait d'excitation en la notant ! Grégoire souriait en imaginant la tête que ferait le détective quand il comprendrait où il l'avait envoyé ! Il sonnerait chez Graham et... Merde ! Il lui montrerait une photo de Frédéric. Expliquerait qu'il avait fugué. Qu'il venait de Montréal. S'il parlait d'un jeune avec une veste de cuir étoilée, elle devinerait tout. Il cherchait autre chose à dire, mais l'homme déjà se pressait vers la sortie. En tout cas, il avait bien deviné, ce type ne s'était même pas donné la peine de lui fixer un autre rendez-vous. Son discours était cousu de fil blanc. Du cinéma !

L'homme était si désireux de retrouver Fred qu'il faillit se frapper la tête en ouvrant la porte. Grégoire le vit s'éloigner à la course.

Il ne pouvait pas savoir dans quelle colère il avait mis le Collectionneur en lui mentant. Les passants qui croisèrent Michaël Rochon s'écartèrent spontanément sur son passage, comme ils l'auraient fait à la vue d'un animal enragé. L'assassin se calma pourtant en se répétant qu'il piégerait Frédéric s'il suivait Grégoire toute la journée ; ce dernier conterait sûrement à son jeune ami qu'on le recherchait et qu'il avait berné l'homme qui voulait son adresse.

Il l'aurait avant la fin du jour !

Chapitre 10

La fouille de la chambre du suspect avait été décevante. On cherchait encore des empreintes sur les murs et les cadres de portes. La pièce était vide à l'exception d'ustensiles et d'une pile d'assiettes. Propres et sans empreintes. Si cette précaution prouvait que Mike Richard avait quelque chose à cacher, elle n'indiquait pas dans quelle direction chercher et Graham misait beaucoup sur le portrait-robot réalisé par Pierre Beauchemin. Le visage de Mike Richard alias Michel Richer avait été envoyé dans tous les clubs sportifs de la province. On saurait rapidement si ce technicien avait travaillé au Nautilus ou à Plurial Sports où s'entraînaient Diane Péloquin et Muriel Danais. Même si Diane Péloquin était morte plus de trois ans auparavant, on se souviendrait peut-être de cet homme chez Plurial Sports, car le directeur du club, Gilbert Venne, était toujours en poste. Il s'était absenté pour assister à un mariage, mais il trouverait la télécopie le lendemain matin en rentrant au bureau. Un employé avait expliqué à Maud Graham que Gilbert Venne n'engageait que des réparateurs formés à Fort Lauderdale chez Plurial Sports. L'équipement était un modèle de haute technologie et seuls des techniciens accrédités par Plurial Sports pouvaient travailler dans une des franchises. Il y en avait deux seulement au Québec, mais une bonne vingtaine aux États-Unis.

Graham avait retenu son souffle tout le temps que l'employé

lui parlait ; il fallait que Venne reconnaisse Michel Richer !
C'était lui le Collectionneur, elle le sentait. Et elle l'arrêterait ; il cesserait de terroriser sa ville. Un angoissant sentiment d'irréalité paralysait Québec ; les cinémas, les centres
commerciaux, les parcs étaient déserts durant la soirée. Les
chauffeurs de taxi, qui avaient apprécié le tourisme généré
par l'événement, constataient qu'ils travaillaient moins le
soir, malgré les visiteurs. On vivait chez soi, en famille.
Après un premier élan de sympathie pour leurs concitoyens
qui éprouvaient les mêmes peurs, les gens oubliaient leur
désir de symbiose, car ils n'avaient rien pour l'alimenter : on
s'ennuyait à ressasser les mêmes nouvelles, le plaisir de critiquer les autorités s'usait indéniablement. L'enquête ne progressait guère ; aucun rebondissement. On se parlait de moins
en moins dans les endroits publics. On n'allait pas tarder à
se méfier de ses amis. Il faudrait bien trouver un coupable.

La délation. Graham voulait arrêter le Collectionneur
avant que les dénonciations n'entachent la capitale. Elle espérait évidemment qu'un informateur lui donnerait des indices pour trouver le tueur, mais elle savait qu'on accuserait
bien des innocents si le massacre se poursuivait. On avait
déjà commencé. Il fallait enquêter sur les personnes dési-
gnées par les lettres anonymes, mais elle priait ses adjoints
d'être discrets. Très discrets. La calomnie détruit si aisément.

Alain Gagnon lui avait expliqué que l'erreur judiciaire
l'inquiétait tant qu'il lui arrivait de recommencer des tests
plusieurs fois. Il lui avait raconté qu'un de ses professeurs, à
Detroit, était hanté par le souvenir d'un homme injustement
condamné par les mauvais résultats d'un test.

Graham éteignit les lumières de son bureau en se disant
qu'elle mangerait bien une autre pizza en compagnie du
médecin. Elle n'imaginait pas qu'il fût si bon conteur. Après
l'avoir écouté parler de son enquête, il l'en avait distraite en
relatant ses voyages. Il s'était beaucoup promené après son
long séjour à l'hôpital : l'Europe, l'Asie. Il avait une manière
très poétique de décrire les pays visités. Elle voyait les palais

des émirs, la Grand-Place de Bruxelles, les pousse-pousse des Thaïlandais, leurs éternels sourires, l'immensité du Sahara, les Goya de l'Espagne, les gondoles vénitiennes, les mangues de l'Indonésie, les chanteurs de sérénade, les belles Andalouses et les Corses si ombrageux. Il avait beaucoup parlé, mais elle n'en avait pris conscience qu'au moment où il s'était excusé, confus.

En plus d'être intéressant, il avait de belles mains. Dommage qu'il fût si jeune. Elle devait le considérer comme Rouaix, repousser le rêve, elle ne se briserait pas les ailes encore une fois. Elle commençait à peine à oublier Yves. Alain Gagnon l'avait invitée à manger parce qu'il était gentil, tout simplement. Il n'était certes pas attiré par une femme plus âgée et plus grosse que lui.

Elle devait s'en persuader, cesser de se rappeler ses maladresses, sa façon de la regarder, trop intensément, trop souvent, en rougissant parfois, ses invitations aussi vagues que nombreuses pour l'exposition de chats, la voile l'été, le ski l'hiver, le cinéma un dimanche, un restaurant à l'île d'Orléans, et même une virée à New York où il connaissait des tas de gens. Et d'autres soirées-pizzas, pourquoi pas? Il adorait la cuisine italienne et ne s'en lasserait jamais. Elle avait alors parlé de Grégoire, de son attachement pour lui, des craintes qu'elle avait face à son avenir, de son impuissance à le raisonner, à l'amener à changer de vie.

Elle songeait précisément au prostitué, se disant qu'elle aimerait lui raconter sa soirée avec Alain Gagnon, quand il téléphona. Il était tout près de la centrale; avait-elle faim? Oui, bien sûr, elle avait toujours faim; c'était ça son drame. Pourquoi pensait-il que c'était si difficile de cesser de fumer? Ils convinrent de souper chez elle. Grégoire dit que son cousin se joindrait à eux. Elle ferait livrer des mets chinois. Le poulet à l'ananas ne serait que friture, les nouilles seraient trop cuites, comme les germes de soya, le riz serait un peu sec, les travers de porc à l'ail sucré seraient trop gras, mais elle en avait une envie tenace. Un désir impérieux d'une nourriture qui ne serait pas bonne pour la santé.

Grégoire la rejoignit à l'entrée du stationnement. Il avait l'air soucieux malgré ses sourires. Il lui cachait quelque chose. À propos de François Berger ? Elle mit une cassette de Chet Baker, fredonna les premières mesures. Grégoire jouait trop nerveusement avec ses lunettes fumées pour goûter *My Funny Valentine*. Que savait-il ? Il avait parlé à Frédéric, le vrai nom de Dan, qui acceptait de la rencontrer.

— Je pense qu'il est décidé à retourner à Montréal.

— Quoi ?

— Ben oui, il avait fait une fugue. Il reste pas à Québec d'habitude.

— Tu ne me l'as pas dit.

— Tu me l'as pas demandé, Biscuit.

Il flatta longuement Léo, demanda à Graham d'ajouter des *won ton* frits à sa liste et décapsula une bière tandis qu'elle téléphonait au restaurant. Elle l'observait du coin de l'œil ; il buvait de grandes gorgées. Il s'alluma une Player's, chercha un cendrier.

— Tu les as jetés ?

— Ça m'a tenté. Mais ne te gêne pas, vraiment. À quelle heure Frédéric doit-il arriver ?

— Vers sept heures. Engueule-le pas. Il est déjà assez mal comme ça. Il veut savoir si ses parents l'ont fait rechercher...

— Ah ! C'est pour ça que vous me visitez ?

Grégoire lui tira la langue, puis s'assit près de Léo. Au bout de cinq minutes, Graham le questionna :

— As-tu quelque chose à me dire à propos de Berger ?

Il secoua la tête, étonné. Il ne lui avait rien caché à son sujet.

— Je n'ai pas dit ça. Mais il me semble que tu veux me parler et que tu n'oses pas, alors j'essaie de comprendre, de deviner.

Il s'impatienta ; il détestait quand elle avait ce ton d'assistante sociale. Puis il s'esclaffa :

— Tu pourrais jamais ! Mais comme c'est drôle, je vais te

le conter. Ce matin, j'ai vu un bonhomme qui voulait faire faire du cinéma à Frédéric ! Il pensait que je marchais dans sa combine, mais moi, je savais bien qu'il recherchait Fred. J'ai vu que c'était un détective privé. Quand il m'a demandé l'adresse de Fred, je lui ai donné la tienne.

— Grégoire !

— T'es fâchée, Biscuit ? C'était juste pour rire. Je trouvais ça comique d'envoyer un détective chez un détective.

— Je ne l'ai pas vu. Et je suis restée ici jusqu'à onze heures. À quelle heure lui as-tu parlé ?

— Tôt. J'allais me coucher. Vers huit heures.

— Il n'est pas venu. Il ne t'a pas cru.

Grégoire termina sa bière d'un trait pour dissimuler sa déception. Il aurait pourtant juré que le type était parti chez Graham ; il était sorti si rapidement du snack-bar. Il alla chercher une autre bière sans en offrir une à son hôtesse.

— Tu vas bouder longtemps ?

— Le temps que ça va me tenter. J'ai pas le droit ? De toute manière, je boude même pas, mais c'est tout ce que tu trouves parce que je t'énerve avec mes cigarettes.

— Grégoire !

— Quoi, Grégoire ?

— Je ne suis pas si immature.

Elle se servit aussi une bière, perplexe ; était-elle aussi mûre qu'elle le prétendait ? Elle était très sensible aux petits tracas de la vie quotidienne, à ses puérilités. Une boîte de conserve qui lui résistait, un magnétoscope qui n'avait pas enregistré le film, un messager en retard, tout cela l'horripilait. Elle entreprit de mettre la table en se demandant si elle serait sage un jour. Elle jeta un coup d'œil sur Grégoire. Il était particulièrement nerveux. Trop de coke ? Un mauvais client ? L'assassinat de Berger, probablement.

— Qu'est-ce que t'as à me regarder comme ça ? Tu veux mon portrait ? C'est ce que j'ai dit au gars ce matin.

Elle préféra changer de sujet. Il était souvent agressif quand ils se retrouvaient puis, après quelques minutes, il se

191

calmait, se rappelant qu'elle ne le jugeait pas.

— Beauchemin a fait un portrait-robot d'un suspect aujourd'hui. Est-ce que je peux te le montrer ? Peut-être que tu as déjà vu cet homme avec François Berger ? Je sais que tu es observateur.

— Si ça peut te rendre service.

Il tentait de mettre de la désinvolture dans son ton, mais Graham y décelait sans peine une certaine fierté. Elle fouilla dans sa mallette, en tira une tablette et l'ouvrit, tendit le dessin à Grégoire.

— Câlice ! Biscuit ! C'est lui !

Graham dévisagea Grégoire qui avait blêmi. Elle sentit qu'elle l'imitait :

— Lui ?

Elle espéra qu'elle se trompait, qu'elle avait mal deviné.

— Le gars que j'ai envoyé ici ! Je savais pas qui c'était ! Je l'aurais jamais fait, sinon !

Elle posa ses mains sur ses épaules pour le calmer ; il devait tout raconter lentement et en détail. Grégoire s'exécuta, puis interrogea Graham : comment est-ce que le tueur pouvait savoir qu'il la connaissait ? Il n'avait même pas mentionné son nom. La sonnerie de la porte les fit sursauter. Graham ouvrit après avoir regardé par l'œil magique. Elle était stupide : le Collectionneur ne viendrait pas frapper à sa porte pour discuter de ses meurtres ! Le livreur donna les sacs à Grégoire tandis que Graham payait, même si Grégoire insistait pour partager les frais.

— Arrête, je vais mettre ça sur ma note. Tu es témoin, après tout.

— J'aime pas ça, Biscuit.

Il ne parlait pas du règlement des mets chinois, elle le savait.

— C'est depuis le début de la journée que je le sens. Quand j'ai vu ce bonhomme-là, ce matin, j'étais un peu gelé. Il me semblait que j'hallucinais quand je le regardais. Que sa face devenait rouge et noir au fur et à mesure qu'on parlait. Il était habillé tout en blanc. J'avais l'impression de voir une roulette de casino. Ou un infirmier. Je voulais m'en débarrasser. Il suait en hostie !

— Il ne t'a rien dit de plus ?

— Non.

Grégoire regarda sa montre, puis l'horloge murale qui indiquait sept heures quinze. Il désigna les sacs de livraison :

— On attend Frédéric ou t'as trop faim ?

— On l'attend, voyons.

— Ça me surprend qu'il soit pas arrivé. Il est toujours à l'heure. C'est presque fatigant. Il dit rien quand je suis en retard de cinq minutes, mais il prend un air sévère. Il est drôle sans le savoir.

Grégoire ne souriait pas, pourtant, en évoquant ce souvenir. Il jouait avec les baguettes chinoises en répétant à Graham qu'il ne voulait pas lui nuire.

— Je sais. Mais je dois appeler Rouaix pour lui rapporter ce que tu viens de m'apprendre.

Elle choisit le téléphone de la cuisine, afin que Grégoire constate qu'elle ne lui cachait rien. Elle raconta tout d'un trait, puis répondit par monosyllabes. Elle regarda l'heure deux fois en cinq minutes et Grégoire sentit son estomac se nouer ; il ne mangerait pas de poulet à l'ananas ni de *won ton* frits si Frédéric n'arrivait pas dans les dix secondes.

Quand Maud Graham raccrocha le téléphone, elle confia son inquiétude à Grégoire.

— Mais le Collectionneur s'en prend juste aux adultes, Biscuit !

Elle ne pouvait rassurer son protégé. Le tueur était un ogre affamé qui poursuivait un but très précis ; il ne s'était pas informé sans raison de Frédéric. Elle demanda à Grégoire où il habitait.

— Chez Lionel, enfin, c'est une façon de parler.

— Appelle-le ! Il faut qu'on sache où est Frédéric !

— On a pas le téléphone.

— Je vais envoyer une voiture le chercher.

193

Grégoire accepta de donner l'adresse contre la promesse qu'on ne nuirait pas à Lionel ; il squattait, bon, mais il ne faisait de mal à personne. On ne voulait nulle part des jeunes prostitués, il fallait bien dormir, pourtant !

— Je vais y aller. Toi, reste ici. Je t'appelle dès que je serai sortie de chez Lionel.

Grégoire acquiesça, incapable de parler. Frédéric. Pourquoi ne l'avait-il pas renvoyé tout de suite à Montréal ? Quand le téléphone sonna, il posa la main sur l'écouteur, mais hésita à décrocher ; il ne voulait pas entendre Biscuit lui dire qu'elle n'avait pas trouvé Frédéric. Ajouter qu'il avait quitté l'immeuble une heure plus tôt en annonçant à Lionel qu'il allait rejoindre son ami.

Grégoire indiqua quel trajet il avait suggéré à Frédéric. Graham demanderait à deux policiers de le refaire lentement, à la recherche d'indices. Elle irait directement au bureau retrouver Rouaix, mais elle tenait à ce que Grégoire reste chez elle, au cas où Frédéric se manifesterait. Un policier sonnerait à la porte dans dix minutes. Pour le protéger. Si jamais le Collectionneur...

Elle ne pensait pas que Mike Richard irait chez elle s'il avait enlevé Frédéric, mais elle voulait aider Grégoire. Il était atterré et bredouillait que tout était sa faute. Et elle n'avait pas le temps de le rassurer.

Rouaix et Fecteau lui firent répéter la rencontre de Grégoire et du suspect devant Turcotte, Léger, Lebrun et Moreau.

— Il faut l'arrêter avant qu'il...

— Qui est le petit gars ?

— Il vient de Montréal. On doit avoir un avis de recherche.

— Tu vas appeler ses parents, Graham ?

Avait-elle le choix ?

— Ils vont se grouiller à Montréal pour nous retrouver Venne, dit Turcotte. Maintenant que la victime est de leur coin.

Graham se retint. Frédéric n'était peut-être pas encore une

victime et le chauvinisme n'était pas propre à la métropole. On n'avait qu'à penser à l'attitude des Québécois quand un match de hockey opposait les Nordiques aux Canadiens.

On avait déjà interrogé les chambreurs qui habitaient dans la même pension que Mike Richer, on questionnerait maintenant tous les voisins, espérant que le suspect avait parlé à l'un d'entre eux. Le moindre indice concernant ses déplacements serait le bienvenu.

— Et la Chevrolet?

On l'avait trouvée le matin même, abandonnée dans le stationnement d'un presbytère.

— Les gars du labo travaillent dessus; ils ont découvert de la terre qui ne vient pas de la région de Québec.

— Ça, je le savais, s'impatienta Graham. Rien d'autre?

— Ça prend du temps, dit Turcotte.

Trop! pensa Graham. Beaucoup trop.

* * *

Frédéric tentait d'ouvrir les yeux, mais ses paupières étaient si lourdes. Bien pire que les matins d'hiver quand Anouk essayait de le réveiller pour aller à l'école et qu'il faisait encore noir. Là, c'était différent, il voulait se lever, mais ne le pouvait pas. Ses paupières n'étaient pas seules à être lourdes, tout son corps lui pesait. Il entendait de la musique et se demandait si Grégoire était rentré ou si c'était Lionel qui avait ouvert la radio. Il reconnut une chanson d'Elvis Presley; c'était donc Lionel qui était dans la pièce. Grégoire aurait fermé la radio, ce n'était pas son genre d'aimer Elvis. Quelle heure pouvait-il bien être? Et pourquoi est-ce que sa langue était si épaisse? Il se rendormit.

Une douleur fulgurante le réveilla. Il devait hurler quand Michaël Rochon lui enfonça une tige métallique dans la fesse gauche, mais il ne s'entendait pas, il sentait seulement cette brûlure qui était pire, oh, bien pire que la fois où il s'était ouvert le coude sur le coin d'un classeur. Il se démena pour fuir cette atrocité, mais il ne pouvait pas bouger. Il eut si peur en comprenant qu'il était attaché qu'il s'évanouit.

Michaël Rochon lécha le sang qui maculait la tige métallique, puis il transporta Frédéric dans la petite pièce attenante à l'atelier. Il ne voulait pas qu'il voie tout de suite son œuvre. Il parlerait avec lui avant pour s'assurer qu'il avait fait le bon choix.

L'enfant reprit connaissance plus tôt qu'il ne l'avait espéré. Il s'approcha de lui et lui tendit une bouteille d'Orangina.

— Tu dois avoir soif, Frédéric.

Frédéric regarda l'homme qui se penchait vers lui. Il était habillé en blanc, avec une sorte de masque qui pendait dans son cou. Ce devait être un médecin. Tantôt, on lui avait fait une piqûre. Une épouvantable piqûre. Que lui était-il arrivé? Il tentait de se souvenir. Il marchait pour se rendre à l'arrêt de l'autobus qui devait le mener chez Maud Graham. Puis ce médecin lui avait parlé, lui avait dit que Grégoire était blessé et qu'il pouvait l'emmener aussitôt à l'hôpital où son ami le réclamait. Frédéric s'était approché de la voiture. L'homme avait ouvert sa portière, lui avait expliqué que son ami avait été attaqué. Tout à coup, l'homme avait poussé un cri en regardant derrière Frédéric. Il s'était retourné. Puis plus rien.

Pourquoi l'avait-on attaché s'il était à l'hôpital? Qui lui avait enlevé son jean pour lui faire une piqûre? La chambre était toute blanche, mais il ne voyait pas d'infirmière, et son lit était trop bas pour un lit d'hôpital. Pourtant, il y avait un plateau sur la table de chevet, un plateau en inox où se trouvaient un scalpel, une seringue, des pinces, des aiguilles et une tige de fer.

— Qu'est-ce que je fais ici, monsieur?

— Tu vas m'aider à former une belle famille. Il n'y a rien de pire que les séparations.

— C'est mon père qui vous envoie! Vous travaillez avec lui à l'hôpital?

Michaël Rochon dévisagea Frédéric ; mais non, son père était comptable dans une industrie pharmaceutique, pas dans un hôpital.

Frédéric se tut, devinant lentement qu'il n'était pas à l'Hôtel-Dieu, ni à Notre-Dame, et que l'homme qui lui parlait était dangereusement troublé. À moins qu'il n'y ait une méprise. Il devait le prendre pour un autre. Non, il l'avait appelé Frédéric. Il savait qui il était. Qu'est-ce qu'il lui voulait ? Le ramener chez ses parents ?

— Vous allez me ramener chez ma mère ?

— Ma mère ? Elle verra tout.

— Pourquoi vous m'avez fait une piqûre ? Je ne suis pas malade ? Et Grégoire ? Où est-il ?

Le Collectionneur haussa les épaules ; Grégoire n'était qu'une petite tapette.

— C'est mon ami ! Vous devriez me laisser partir parce qu'il va appeler la police. Il connaît bien la détective Maud Graham, celle qui a sa photo dans le journal.

Rochon éclata de rire : Maud Graham ? Vraiment ? C'était une incapable ! L'avait-elle empêché de tuer Josiane Girard et François Berger ? Elle n'était bonne qu'à faire des déclarations dans les journaux.

Frédéric vomit en comprenant qu'il était avec le Collectionneur. Il vomit sur lui et son tortionnaire se fâcha ; il détestait les gens qui se salissaient. Il le détacha pour lui ôter son coton molletonné. Frédéric se fit plus mou qu'il ne l'était en réalité, espérant que l'homme ne le rattacherait pas tout de suite. Il fallait qu'il s'empare du scalpel ou d'une pince pour se défendre. Il fallait qu'il refoule sa peur au plus profond de son être, sinon il était perdu.

— Michaël ! Eh ! Michaël ! Ne te rendors pas.

Pourquoi l'appelait-il Michaël maintenant ? Il ouvrit les yeux, s'efforça de sourire tandis que l'homme tirait sur un des liens. Il dit « Michaël » d'un ton ni interrogatif ni affirmatif. L'homme répondit immédiatement :

— Qu'est-ce qu'il y a ?

— Je m'excuse.

Son bourreau haussa les épaules.

— J'ai froid sans mon chandail.

— C'est normal : c'est moi qui garde toute la chaleur.

— Pouvez-vous regarder dans mon sac à dos ? Il y a un autre chandail.

Le Collectionneur hésita, puis se leva et sortit de la pièce. De sa main libre, Frédéric s'empara d'une des aiguilles. Il aurait préféré le scalpel, mais l'outil était trop gros pour qu'on ne remarque pas sa disparition. Il dissimula l'épingle sous lui en souhaitant ne pas se piquer.

Il tâta sa fesse, comprit qu'il avait saigné et eut un haut-le-cœur, mais il ne vomit pas. Il se mit à pleurer en pensant à sa mère et à Anouk. Et même à son père, à Dan et à Sébas. Si Grégoire et Graham ne le retrouvaient jamais ? Le Collectionneur tuait ses victimes, il le savait. Que voulait-il de lui ? Il se remémorait les articles des journaux et sentit la panique le paralyser. Il n'aurait pas dû fuguer. Il essuya ses larmes en entendant son bourreau revenir vers lui. Qui était-il ? Il aimait le blanc, en tout cas. Et Elvis Presley. Il s'appelait probablement Michaël. Il devait lui parler pour gagner du temps. Grégoire avait sûrement alerté la police. Et il avait dit que Graham était sur une piste, qu'elle arrêtait toujours les criminels, qu'elle était une super-bonne détective.

Il jura sur la tête de sa sœur qu'il ne fuguerait plus jamais si on le libérait.

Il jeta un coup d'œil sur les instruments chirurgicaux et déglutit : est-ce que Michaël s'en servirait avant l'arrivée de Graham ? Des sueurs froides coulaient le long de ses tempes, de son échine. Il n'avait jamais eu si peur de sa vie. Il pensait même que son cœur s'arrêterait de battre si ça durait trop longtemps.

Il se laissa habiller docilement, espérant que Michaël ne verrait pas l'aiguille, puis il se mit à fredonner *Blue Suede Shoes*. Michaël s'exclama :

— Je le savais ! Je savais que tu serais parfait ! On fera la plus belle des familles ! Maman va nous trouver beaux, je te le jure. Je lui avais promis.

— C'est... vrai qu'on est beaux, balbutia Frédéric. Tu ressembles à un ange, habillé en blanc.

— Maman aussi avait une robe blanche quand elle allait travailler. Je vais finir de m'occuper de papa, puis je reviendrai avec toi pour te rassembler.

Il s'éloigna après avoir vérifié ses liens et Frédéric soupira de soulagement tout en tentant de décoder ce qu'avait dit le Collectionneur. Il avait peur de comprendre, tout en sachant que le maximum d'informations lui permettrait de continuer à discuter avec l'homme. Est-ce qu'il retenait aussi son père et sa mère prisonniers ? Pourquoi avait-il tué toutes ces personnes avant eux ? Pourquoi est-ce qu'il suait autant ? Il n'avait jamais vu personne suer de cette façon. Pourquoi est-ce qu'il l'appelait Michaël ? Il avait dit « rassembler », mais il devait vouloir dire « ressembler ». Comment pouvait-il lui ressembler ? Oh ! Et s'il...

Frédéric se retint pour ne pas hurler ; et si l'homme voulait lui prendre son visage ? Il avait bien pris des tas de membres à ses autres victimes ? Qu'est-ce qui l'attirait en lui ?

Grégoire, oh, Grégoire, vite. Maman, viens me chercher.

Il se mit à pleurer. Silencieusement. Et c'était si difficile de sangloter sans bruit qu'il pensait s'étouffer. Ce serait peut-être aussi bien de mourir ainsi.

* * *

Quand Graham était rentrée pour se changer, à deux heures du matin, Grégoire était toujours chez elle. Il n'avait pas touché aux mets chinois, mais les avait rangés dans le réfrigérateur.

— Tu as peut-être faim ?

Elle secoua la tête. Elle n'était venue prendre qu'une paire de bottes et son anorak, elle repartait immédiatement. Rouaix l'attendait dans l'auto.

— Où est-ce que vous allez?

— À Sherbrooke. On pense qu'on sait où il est.

— Je veux venir.

— Non. Tu ne peux pas. Dors ici, Frédéric va peut-être vouloir te parler quand on l'aura retrouvé.

— Tu vas le ramener ici?

— Non, ses parents sont prévenus. On va partir de Sherbrooke pour Montréal. Je te jure que je vais t'appeler aussi vite que je le pourrai!

— Tu es sûre qu'il est encore en vie?

— Non.

Pour la première fois depuis qu'elle le connaissait, elle vit des larmes rouler sur les joues de Grégoire, qui lui avait pourtant raconté sans un pleur qu'on l'avait battu, abusé et abusé encore.

— Garde mon Léo.

Elle sortit de chez elle en courant. Un hélicoptère les attendait à l'Ancienne-Lorette. Elle espérait que les policiers de Sherbrooke auraient plus d'informations sur Michaël Rochon. Gilbert Venne l'avait formellement identifié. Il avait même fouillé dans un vieux classeur qu'il gardait dans son sous-sol pour lui lire au téléphone le C.V. de Rochon.

— On n'engage personne qui n'a pas étudié chez Plurial, ce n'est pas compliqué. Rochon a bossé chez nous quelques mois, puis il a disparu et je n'ai plus entendu parler de lui. Drôle de gars, toujours habillé en blanc. Très méticuleux. Il travaillait bien, mais je n'étais pas fâché qu'il s'en aille.

— Pourquoi?

— Il avait une façon de regarder quelqu'un... Comme si la personne était un objet. Il pouvait examiner les jambes d'une fille sans se soucier qu'elle s'en aperçoive. Je ne dis pas que les hommes ne reluquent jamais les seins des femmes, mais en général ils sont plus discrets. En tout cas, dans mon gymnase, on est assez polis. Lui, il s'en foutait. Je ne sais pas ce qu'il a fait, mais ça ne me surprend pas.

Venne avait expliqué que Rochon avait étudié à Fort Lauderdale où il habitait alors. Il avait toujours son adresse. Il avait ajouté qu'il était né en Floride, mais il était arrivé à Sherbrooke quand il était bébé ; il y avait vécu jusqu'à l'âge de quinze ans.

On savait déjà que Rochon ne s'était pas présenté à l'aéroport. Les employés des lignes aériennes étaient formels ; aucun Richer, Richard ou Rochon parmi leurs listes. Et personne qui corresponde au portrait-robot. À Sherbrooke, on venait d'apprendre que le père de Rochon était mort et que sa veuve avait quitté la région sans laisser d'adresse. On commençait à interroger les voisins des Rochon. À minuit. Dès qu'ils savaient que la vie d'un enfant était en cause, les hommes ou les femmes qu'on tirait de leur lit cessaient de se plaindre, fouillaient dans leur mémoire.

En arrivant à Sherbrooke, Graham se rappela qu'Alain Gagnon avait dit que le tueur ne gardait pas ses victimes vivantes très longtemps. Elle souhaita de toutes ses forces qu'on ait récolté un indice. Les policiers de Sherbrooke avaient bien travaillé ; ils avaient réveillé les directeurs des écoles primaires et secondaires pour leur demander de téléphoner à leur tour aux professeurs qui auraient pu enseigner à Michaël Rochon. À deux heures du matin, toute la ville était debout, anxieuse. Une femme avait alors donné deux noms : Jacques Vézina et Marc Potvin. C'étaient des amis de Michaël ; elle se souvenait parfaitement d'eux. C'était sa première année d'enseignement et ils avaient tout fait pour la décourager de faire ce métier. Pensez donc ! Michaël Rochon avait mis un rat mort dans son cartable. Il avait aussi décapité la poupée de Ghislaine Martin. Et celle de Sonia... Elle ne se souvenait plus du nom, mais elle était certaine du fait. Michaël n'avait que dix ans, et pourtant il voulait maladivement attirer l'attention ! Il avait grimpé au poteau de téléphone !

Marc Potvin avait déménagé, mais Jacques Vézina apprit

aux policiers qu'il n'avait jamais revu Michaël Rochon. Il avait cessé de le fréquenter en secondaire I. Quand ce dernier était allé étudier à Québec.

— De toute manière, il m'avait paru trop bizarre durant mes vacances au chalet des Rochon.

— Le chalet ? dit Graham.

— Dans le Maine. Un coin perdu. On pouvait faire du pédalo sur le lac et mettre de la musique aussi fort qu'on voulait, on ne dérangeait personne. Mais Michaël voulait tout le temps qu'on chasse et moi, je n'aimais pas trop ça. Faire fumer des grenouilles, je ne trouvais pas ça si drôle.

— Où, dans le Maine ?

Elle parlait calmement, de crainte de communiquer son angoisse à Vézina et qu'il n'ait un trou de mémoire en s'efforçant de trop bien faire. C'était déjà arrivé.

— Je ne me rappelle pas le nom du village, mais il y avait une rivière, pas loin, qui s'appelait Misery. Je m'en souviens parce que ce n'était pas misérable du tout chez les Rochon. Sa mère se plaignait tout le temps de son mari, mais moi je pense qu'il s'était bien débrouillé.

— Misery ? répéta Rouaix. C'était proche de la frontière ?

— Il me semble. Mais ça fait longtemps.

— Vous pourriez identifier le chalet ?

Vézina hésita, puis ferma les yeux avant de s'écrier :

— Jackman ! Il était jaloux parce que ça ressemblait à Jacques ! Il disait qu'il y aurait un jour une ville qui porterait son nom. C'est ça !

Vézina avait bien envie de demander des explications, mais les visages tendus des policiers, de cette femme assise sur le bord de sa chaise, qui le dévorait des yeux, l'en empêchaient. Qu'avait donc fait Michaël ?

— Venez avec nous. Habillez-vous en vitesse.

Vézina prit pourtant le temps de rassurer sa femme ; il serait bientôt de retour.

Il ne pensait pas qu'il reviendrait à ce point bouleversé qu'il en ferait des cauchemars durant des mois.

Il parla de Rochon durant tout le trajet. Maud Graham l'écoutait avec une attention quasiment gênante. Elle lui faisait préciser certains détails, l'interrogeait sur les parents de son camarade d'enfance, sur son comportement à l'école avec les autres enfants. Pourquoi étaient-ils amis ?

— J'étais sportif. Il voulait l'être aussi. Je lui avais parlé des Spartiates et il disait qu'il en serait un. Il se baignait toujours le premier en juin, quand l'eau est si glacée qu'elle scie les jambes. On faisait beaucoup de bicyclette. Il était capable de réparer les vélos aussi bien qu'au magasin. Il tenait ça de son père. M. Rochon était toujours en train d'inventer quelque chose. Si sa mère avait été moins bête, aussi.

— Vraiment bête ?

— Elle nous donnait l'impression qu'on était sales quand on rentrait dans la maison. On sortait de l'eau ! Elle nous regardait avec un air un peu dégoûté. Elle ne nous parlait pas, elle passait son temps à trier des photos.

— De Michaël ?

— Non, je ne pense pas. Je ne l'ai jamais vue le prendre en photo, tandis que lui, au contraire, la photographiait souvent. Elle n'était pas si belle que ça. Même si elle avait gagné un prix. Moi, je ne le lui aurais pas donné. Une femme qui ne sourit jamais ne peut pas être belle !

L'hélicoptère se posa dans le champ que les autorités du Maine avaient indiqué au pilote. Deux voitures de police attendaient les passagers. Il y avait des îlots de neige et Vézina redouta alors de ne plus retrouver le chalet ; il y était toujours allé en été. Le paysage était si différent en ce début de mai ! Puis il reconnut la maison rouge au carrefour. Il fallait prendre à droite. Puis à gauche. Là, il y avait un garage. Une épicerie. Elle n'y était plus. Mais le second garage était toujours là. Ensuite, il fallait compter vingt-deux milles. Comment pouvait-il être aussi précis ?

— On l'a fait à bicyclette. Aller-retour. J'étais mort.

· Pas vraiment, pensa Graham. Frédéric, lui, l'est peut-être.

— On approche, dit subitement Vézina. Vous allez voir une

sorte de sentier à travers les arbres. Il faut descendre à pied. Rouaix appela l'autre voiture, demanda aux hommes de se déployer en demi-cercle autour du chalet. Graham répéta qu'elle seule pénétrerait à l'intérieur, qu'elle seule pouvait parler à Rochon et s'offrir en otage à la place de Frédéric. Elle voulait également éviter qu'on tire sur le suspect ; il le lui fallait vivant afin d'obtenir sa confession. S'il donnait les noms de victimes dont les meurtres n'avaient pas été élucidés, dont les corps n'avaient pas été retrouvés, cela permettrait d'apporter une certaine paix aux parents des disparus qui se demandaient depuis des années où était leur enfant.

— Des traces de pneus fraîches, dit Rouaix.

— Il est ici.

Rouaix et Graham s'approchèrent furtivement du chalet en compagnie de deux autres policiers. En descendant la côte, ils distinguèrent une sorte de hangar dont Vézina ne leur avait pas parlé ; une construction en verre dépassait du toit. Ils se dirigèrent pourtant vers le chalet, comme ils l'avaient convenu. Ne virent rien par les fenêtres ; le chalet semblait vide. Graham poussa lentement la porte, pénétra dans le salon. Fit rapidement le tour des pièces avec Rouaix : personne. Il n'y avait pas de cave, pas de grenier.

— Le hangar !

Les policiers s'étaient postés tout autour du terrain, cachés par de grosses épinettes. À cinq mètres du hangar, Graham entendit chanter *Love Me Tender* et crut qu'elle avait des hallucinations.

— Qu'est-ce que ça veut dire ? chuchota Rouaix, estomaqué.

— Comment va-t-on entrer ?

La porte du hangar n'était pas en bois, comme le reste de la construction, mais en métal. Il n'y avait aucune fenêtre. Un rai de lumière bordait la porte, indiquait une présence.

— Il faut couper le circuit électrique. Rochon va sortir pour voir ce qui se passe.

— On le cueillera à ce moment-là. J'ai trop peur qu'il tue le petit si on fait une sommation.

Rouaix l'approuvait ; Rochon devait être dans un état second. Comme eux. Rouaix s'était dit, une fois, que les seules personnes qui pouvaient comprendre la tension qu'éprouve un policier, c'étaient les criminels qu'il pourchassait. Il trouva le branchement électrique rapidement ; il utilisait sans gêne sa lampe de poche, puisque Rochon ne pouvait le voir. La lune, encore ronde, lui facilitait la tâche. Il sectionna le câble électrique.

La voix d'Elvis s'évanouit dans la nuit.

Graham et Rouaix se postèrent de chaque côté de la porte du hangar, prêts à dégainer. Ils avaient cessé de respirer dans le silence qui s'éternisait.

La porte du hangar s'ouvrit enfin. Rouaix balaya le hangar d'un rayon nerveux, éclaira le visage de Rochon qui plissait les yeux. Il tenait un revolver, mais le pointait vers le sol. Des cris d'enfant s'échappèrent alors du fond du bâtiment, montèrent vers les policiers qui frissonnèrent tous en même temps, retenant leur souffle, prêts à appuyer sur la détente. Ils virent de nouveau des jeux de lampes de poche, entendirent Graham :

— Rochon ! C'est moi, Graham. Je veux vous parler.

Il y eut d'autres cris d'enfant, puis le silence.

— Venez, Rochon, répéta l'enquêtrice. Laissez votre arme. C'est fini.

Les policiers, immobiles, n'entendaient plus la détective. Ils s'interrogèrent du regard, tentés d'intervenir sans en avoir reçu l'ordre de Rouaix. Leur anxiété culminait quand Rouaix réclama leur aide. Il hurla qu'on apporte des torches, interdit de tirer ; le suspect était maîtrisé.

Il n'avait opposé aucune résistance. Il était sorti lentement du hangar, les mains levées : il avait perdu la partie.

Échec et mat.

Les hommes dévalèrent la pente, s'arrêtèrent net en voyant le meurtrier. Ils avaient beau savoir que les tueurs ne sont pas physiquement différents du commun des mortels, ils s'attendaient à découvrir un être répugnant. À côté de Rouaix, un homme portant une longue chemise blanche les dévisageait tranquillement. Il ne clignait même pas des yeux quand ils dirigeaient leurs lampes de poche vers lui. Comme un iguane ou un lézard. Et il semblait ravi d'être l'objet de tant d'attention. Rouaix lui récita ses droits avant de le confier à deux hommes. En s'approchant de l'enquêteur, un des policiers remarqua qu'il suait à grosses gouttes malgré la fraîcheur de la nuit. Il lui tendit son mouchoir.

— Prévenez l'hôpital, dit Rouaix en s'épongeant le front. Graham est allée chercher le petit. En enfer !

— En enfer ?

— Est-ce qu'on rebranche l'électricité ? demanda un autre homme.

— Attendez que Graham soit sortie. C'est mieux de ne pas trop voir.

Avant d'éclairer le fond de la pièce de sa lampe de poche, Rouaix prévint l'équipe qu'elle subirait un vrai choc. Il inspirait profondément pour vaincre ses haut-le-cœur. Le faisceau lumineux glissa lentement sur le mobile, arrachant des cris d'horreur, des imprécations, des jurons, des plaintes, des « mon Dieu » et des « crisse », des « oh non, non », des « pitié ». Et des silences. Puis les borborygmes de l'agent Stevens qui vomissait pour la première fois en dix ans de carrière.

Même s'il travaillait encore vingt ans, ou cinquante, ou cent, il ne reverrait jamais une telle monstruosité.

Stevens entendit Graham, au fond du hangar, qui parlait à Frédéric, qui chantait une berceuse, qui répétait « Frédéric » et encore « Frédéric », sur un ton plus doux qu'un pétale de pavot, et il aurait aimé qu'elle le rassure aussi, qu'elle lui dise qu'ils faisaient tous un cauchemar. Il se demandait comment il chasserait l'épouvante de son esprit quand il voudrait s'endormir. Il espérait que sa femme comprendrait qu'il niche sa tête entre ses seins pour trouver le sommeil. Pendant des semaines.

Le mobile mesurait près de quatre mètres de hauteur. Le Collectionneur avait dû percer le toit du hangar et installer un échafaudage pour donner à son œuvre macabre les dimensions souhaitées. Rouaix avait d'abord cru voir deux épouvantails dont les poids étaient équilibrés par une énorme barre de métal d'où pendait un objet qu'il ne parvenait pas à identifier. Il n'avait pas eu à s'approcher beaucoup pour comprendre que le plus grand mannequin du mobile était composé des membres que Rochon avait pris à ses victimes. Une poupée grandeur nature. Des bras, des jambes, des seins, des pieds, des mains empaillés et reliés les uns aux autres par des fils métalliques.

Tandis que les policiers continuaient à s'exclamer, Rouaix, qui s'était ressaisi, crut discerner une sorte de tableau de bord sur une table basse près du mobile. Il continua d'avancer. Un grincement le fit sursauter, un mouvement dans le mobile arracha un petit cri à Stevens qui le suivait de près.

— Je n'y ai pas touché, dit Rouaix. Je l'ai seulement regardé.

Stevens fit un rictus ; il se demandait s'il avait déjà eu aussi peur. Il avait l'impression que cette carcasse de fer et de chair sortait d'une tombe, qu'une âme démoniaque l'animait et que la main ratatinée et légèrement brunie qui frémissait à sa gauche avait l'intention de lui serrer la gorge et de l'emporter au royaume des morts. La voix de Rouaix qui demandait à deux hommes d'amener le prévenu à la voiture l'arracha à cet horrible songe. Il inspira profondément et s'enfonça dans le hangar. Ses pas résonnèrent si distinctement sur le sol de ciment que Rouaix rassura aussitôt Graham :

— C'est nous. Je suis avec Stevens. Rochon est rendu à l'auto. Ça va ?

— Oui.

Sa voix était si basse qu'il douta de l'avoir entendue. Il s'approcha du mobile, déglutit.

— Ne l'éclaire plus, Rouaix, je vais sortir avec Frédéric. Montre-nous plutôt la sortie.

L'enfant gémit et il s'efforça de diriger sa lampe vers le sol pour ne pas l'aveugler. Graham portait Frédéric dans ses bras, appuyant fermement sa tête contre sa poitrine pour lui cacher le mobile. Elle l'avait trouvé au fond de la pièce, attaché à un lit, le regard affolé et poussant de petits cris entre de longs hurlements. Elle avait dû se coucher sur lui pour le calmer ; il tremblait si fort qu'elle avait eu de la peine à défaire ses liens. Elle aurait pu prendre le scalpel pour les couper, mais il se serait remis à hurler. Cet instrument ne semblait pas avoir servi, mais les plaintes de Frédéric et des taches de sang sur son chandail indiquaient qu'il avait été torturé. Elle avait dû refouler ses larmes pour rassurer le garçon. Elle n'avait pas cherché son jean et s'était contentée de l'enrouler dans le drap. C'est alors qu'elle avait vu ses fesses marquées à trois endroits. Elle l'avait soulevé avec mille précautions, glissant ses mains sous ses cuisses, évitant les plaies vives.

— Ça va aller ? dit Rouaix quand elle passa devant lui. Veux-tu que je le porte ?

Elle secoua la tête ; malgré ses trente-cinq kilos, Frédéric lui semblait léger. Elle gravit la pente qui menait aux voitures d'un pas régulier, comme si la moindre secousse risquait de bouleverser la victime. Les policiers s'empressèrent de l'aider à coucher Frédéric sur le siège arrière. Ils n'osaient pas rompre le silence, redoutant qu'un seul mot déclenche... déclenche quoi ? Ils ne le savaient pas. Un autre drame ? Une crise d'hystérie ? Tout était possible.

Graham posa la tête de Frédéric sur ses genoux, lui flatta les cheveux en réclamant à ses collègues une couverture supplémentaire. Elle aurait dû retourner sur les lieux du crime, mais elle ne pouvait pas quitter la victime. Elle se demanda comment elle pourrait s'y résoudre plus tard. En caressant la joue de Frédéric, elle observait Michaël Rochon, assis entre deux policiers dans la seconde voiture. Il la regardait aussi, sans ciller. Avec une expression indéchiffrable, mélange de satisfaction et de frustration. Elle devina qu'il voulait lui parler. Ce n'était pas le moment ; elle aurait nui à l'enquête en s'en prenant au témoin important. Elle n'aurait pu s'empêcher de crier sa haine et son abomination. Les policiers qui surveillaient le Collectionneur fixaient un point devant eux, évitant de regarder, de toucher le monstre comme s'il pouvait les contaminer. Eux aussi se retenaient pour ne pas l'insulter. Mais auraient-ils trouvé, de toute manière, des paroles qui auraient traduit leur pensée ? Ils n'enviaient pas Rouaix d'être resté dans le hangar.

Celui-ci hurla quand le mobile se mit à bouger après qu'il eut appuyé sur un bouton du circuit électrique. Le Collectionneur avait inventé un système pour actionner son œuvre ; un système mécanisé qui faisait bouger les pièces du mobile au rythme de *Love Me Tender*. Les membres momifiés, d'une couleur étrange, à la peau racornie et aux coutures boursouflées, se soulevaient, se pliaient, s'élevaient, s'avançaient. Rouaix recula, trébucha avant d'arrêter cette danse hallucinante.

Il cria aussi quand il aperçut, sous une table, la tête de Francine Rochon qui le regardait fixement.

— *Oh ! My God !* souffla son collègue américain.

Tétanisés d'horreur, ils savaient maintenant que l'enfer était un endroit de villégiature en comparaison de ce hangar. Dante n'aurait pas imaginé pire. Les hommes s'attendaient à voir surgir d'immondes gargouilles, des rats pestiférés, des nuages d'insectes, des créatures d'outre-tombe aux plaies grouillantes de vers, des spectres mutilés venus récupérer leurs membres coupés ; toute une cohorte de femmes et d'hommes à demi pourris, lépreux d'un long séjour en terre réclamant leur bien.

Rouaix toucha l'épaule de Stevens, qui lui serra le bras. Ils avaient tant besoin de réconfort.

Quand ils retrouvèrent un certain calme, ils entreprirent de fouiller le hangar. Ils découvrirent les plans du mobile.

Le Collectionneur voulait réaliser un trio : un homme, qui n'était représenté que par un phallus pendant au bout d'une barre de métal, une femme, dont il avait reconstitué tout le corps, mais à qui il manquait une tête humaine, et un enfant qu'il devait empailler totalement. En lisant ses notes, les policiers apprirent qu'il projetait de mettre la tête de sa mère à la place du crâne de plâtre dès qu'il aurait trouvé le troisième et dernier élément de son mobile : un enfant de douze ans, le petit mannequin de son et de tissu. Michaël Rochon avait tout dessiné, puis collé une photo de lui sur le dessin, ainsi qu'une photo de ses parents. Des calculs dans les marges concernaient la figure 3, son père ; il devait équilibrer le mobile en ajoutant du poids à cet élément qui ne comprenait que le sexe de François Berger de manière que le trio familial bouge correctement quand il l'actionnerait.

Tous les éléments du mobile étaient mus par des fils électriques qui couraient le long des charpentes métalliques. Rochon avait passé de nombreuses heures à accorder les mouvements du mobile avec la musique de Presley. Il y avait des dizaines de pages de calculs et de croquis destinés à permettre une danse démente.

Ce slow resterait gravé à jamais dans la mémoire de tous les témoins.

Chapitre II

Graham n'avait pas vu Grégoire depuis deux semaines. Elle avait arpenté la rue Saint-Jean, laissé des messages à la salle de billard sans succès. Elle s'inquiétait de son silence. Elle s'en voulait de ne pas avoir réussi à le convaincre qu'il n'était pas responsable de ce qui était arrivé à Frédéric. Elle lui avait dit qu'il avait fugué et aurait pu, tout aussi bien, tomber aux mains d'un maniaque. Un de ces pornographes qui vendent des enfants, par exemple. Un de ceux qu'on n'arrête jamais. Frédéric était solide, il s'en sortirait. Elle avait pensé : probablement mieux que Grégoire, qui devait avoir augmenté ses doses pour étrangler son sentiment de culpabilité.

Elle était sur le pas de sa porte et appelait Léo lorsqu'elle reconnut la silhouette du prostitué. Il miaula. Elle rit, se retint de lui sauter au cou, se contenta de lui passer la main dans les cheveux.

— Tu étais en voyage d'affaires ?

— Biscuit !

— Entre. J'ai des nouvelles de Frédéric.

— Il va mieux ?

— Je pense. Mais c'est un peu tôt, encore, pour se prononcer. Sa mère a laissé tomber l'alcool et les pilules. C'est toujours ça.

— Je me demande pourquoi le Collectionneur l'a pas tué avant, dit Grégoire.

— Il pensait que Frédéric était lui. Il voulait le voir suspendu au mobile, mais en même temps, il avait l'impression de se tuer. Enfin, c'est ce que j'ai compris.

— As-tu eu peur quand t'as parlé avec le Collectionneur ? Graham hocha la tête. Oh oui, elle avait eu peur. Une peur diffuse, qui circulait dans tout son corps, comme un poison. Elle avait à peine dormi quatre heures avant d'interroger Michaël Rochon. Les trois fois. Elle ne s'était pas habituée à le rencontrer. Elle pourrait lui parler dix fois ; ça ne changerait rien. Elle ne redoutait pas qu'il l'agresse, même si elle était seule avec lui au cours d'un des interrogatoires, bravant les règles les plus élémentaires de prudence, non, elle craignait de l'entendre raconter ses crimes. Il n'avait pas hésité une minute avant de lui répondre ; elle avait vite compris que ça le faisait jouir de les évoquer, il prolongeait son plaisir en expliquant comment il avait procédé. Il énumérait les étapes avec un insoutenable souci du détail. Après leur premier entretien, il lui avait demandé si elle pouvait lui apporter des photos de ses victimes. Il prétendait qu'il avait besoin de les voir pour mieux se repentir, mais Graham avait évidemment refusé, sachant que les images auraient servi de support aux fantasmes du tueur.

— C'est vrai qu'il parle qu'avec toi ? murmura Grégoire.

— C'est vrai.

Elle ne tenait pas à savoir pourquoi. Être distinguée par le Collectionneur lui permettait d'éclaircir plusieurs points de l'enquête et d'élucider d'autres meurtres, comme elle l'avait deviné, mais elle n'aimait pas l'idée que le tueur lui porte un intérêt tout particulier. Elle se lavait les mains après un interrogatoire de Michaël Rochon. Car elles étaient moites ; Graham avait l'impression qu'une suée malsaine les imprégnait. En même temps, elle se maudissait d'éprouver une fascination pour le tueur : elle voulait comprendre comment naissaient de tels monstres. Il lui avait révélé qu'il avait eu des fantasmes sadiques dès les premières années d'école. Il se souvenait comme il s'était amusé en piquant des filles avec une aiguille à tricoter appartenant à sa mère. Il roulait à bicyclette, ralentissait, puis enfonçait l'aiguille dans la poitrine des adolescentes. Il ne parvenait pas à les blesser vraiment, car tout se passait trop vite ; il savait qu'il devrait un jour immobiliser ses proies. La terrible ambiguïté qui ressortait des propos sur sa mère laissait croire que le mépris et la froideur de celle-ci étaient en grande partie responsables de sa psychose.

— Francine Rochon n'a jamais témoigné d'affection à son fils et il a trouvé d'autres moyens d'attirer son attention.

— Arrête, Biscuit ! Te rends-tu compte de ce que tu dis ?

— Oui. Je sais que ce ne sont pas tous les enfants mal aimés qui deviennent des tueurs en série. Mais l'inverse est vrai. Il faut le dire ! Ça devrait faire réfléchir les parents qui ne s'occupent pas de leurs enfants.

Grégoire soupira ; qu'elle était donc naïve !

— Câlice, Biscuit ! On dirait que t'as dix ans des fois et que tu crois encore au Père Noël. C'est pas tes déclarations dans les journaux qui vont changer ma mère.

Il se tut, puis ajouta, plus bas :

— Je me demande encore pourquoi elle m'a eu.

Graham lui serra la main.

— Est-ce qu'on va enfermer Rochon à l'asile ? reprit Grégoire.

— Je ne crois pas. Il n'est pas fou.

— Ah bon ? Je me demande ce qui lui manque. Il aurait dû manger ses victimes, peut-être ?

— Il n'est pas normal, mais il distingue parfaitement le bien du mal. Il savait ce qu'il faisait en tuant. Son désir passait par-dessus tout.

— Mais il aurait arrêté, puisqu'il avait tous les éléments de son mobile. C'est ce qui était écrit dans le journal.

— Je ne pense pas. Les tueurs en série n'atteignent jamais leur fantasme suprême. Il aurait assassiné d'autres enfants.

— Quand je pense que j'ai rien fait pour...

— Laisse ! Tu ne pouvais pas deviner. Et tu n'as même

pas donné la bonne adresse à Rochon. Tu pressentais quelque chose. C'est moi qui aurais dû l'attraper avant.

Grégoire la rassura à son tour ; personne n'y serait parvenu. Des dizaines et des dizaines de personnes avaient connu Michaël Rochon et aucune n'avait deviné quelles passions démoniaques l'habitaient. Leurs témoignages, reproduits depuis deux semaines dans les journaux, faisaient pourtant état de nombreuses bizarreries. Une ancienne amie avait déclaré qu'il n'avait jamais voulu l'embrasser même s'ils avaient des rapports sexuels normaux et une autre s'était inquiétée de son admiration pour Henri VIII et Gilles de Rais. Et au sujet de cet après-midi où elle s'était coupée au doigt en faisant la cuisine : « Michaël m'avait léché l'index jusqu'à ce que le sang cesse de couler. » Des voisins d'enfance avaient dit qu'il voulait devenir prêtre pour boire le sang du Christ. Deux d'entre eux affirmaient qu'il avait tué plusieurs chats errants.

— J'ai de la misère à croire que je lui ai parlé, fit Grégoire.

— Fais comme moi, essaie de l'oublier.

Grégoire flatta Léo qui frottait le bout de son nez gris contre sa jambe.

— Pourquoi il fait ça ?

— Pour te marquer de son odeur. Tu lui appartiens un peu, après.

— C'est vrai ?

Le prostitué paraissait ravi. Il caressa le cou de l'animal, puis demanda à son amie si elle avait faim.

— Non, j'ai soupé tard.

— Je sais, je t'ai appelée deux fois dans la soirée. Qu'est-ce que t'as fait ?

Elle rougit, marmonna qu'elle était sortie avec le médecin légiste.

— Gagnon, c'est ça son nom ?

— C'est ça.

Elle voulait que Grégoire aime son collègue, elle dit une bêtise :

— Alain adore la pizza, comme toi et moi.

— Autant ?

— Presque.

Grégoire sourit en ouvrant un sac de chips au ketchup :

— Je te l'avais dit qu'il te trouvait à son goût. J'ai toujours raison. Certain !

Léo miaula pour l'approuver.

Many Middle Passages

Many Middle Passages

FORCED MIGRATION AND THE MAKING
OF THE MODERN WORLD

Edited by

Emma Christopher
Cassandra Pybus
Marcus Rediker

UNIVERSITY OF CALIFORNIA PRESS

BERKELEY   LOS ANGELES   LONDON

Royalties from the sale of this book go to Free the Slaves, a nonprofit organization working to end slavery worldwide. Visit http://freetheslaves.net.

University of California Press, one of the most distinguished university presses in the United States, enriches lives around the world by advancing scholarship in the humanities, social sciences, and natural sciences. Its activities are supported by the UC Press Foundation and by philanthropic contributions from individuals and institutions. For more information, visit www.ucpress.edu.

University of California Press
Berkeley and Los Angeles, California

University of California Press, Ltd.
London, England

Library of Congress Cataloging-in-Publication Data

Many middle passages : forced migration and the making of the modern world / edited by Emma Christopher, Cassandra Pybus, Marcus Rediker.
   p.   cm.
   Includes bibliographical references and index.
   ISBN: 978-0-520-25206-6 (cloth : alk. paper)
   ISBN: 978-0-520-25207-3 (pbk. : alk. paper)
   1. Slave trade—Africa—History.   2. Slaves.
3. Slavery.   I. Christopher, Emma, 1971–.   II. Pybus,
Cassandra.   III. Rediker, Marcus Buford.
HT1322.M27   2007
306.3′62096—dc22   2007008881

Manufactured in the United States of America
16 15 14 13 12 11 10 09 08 07
11 10 9 8 7 6 5 4 3 2 1

This book is printed on New Leaf EcoBook 50, a 100% recycled fiber of which 50% is de-inked postconsumer waste, processed chlorine free. EcoBook 50 is acid free and meets the minimum requirements of ANSI/ASTM D5634–01 *(Permanence of Paper).*

The publisher gratefully acknowledges the generous contribution to this book provided by the Ahmanson Foundation Humanities Endowment Fund of the University of California Press Foundation.

CONTENTS

ACKNOWLEDGMENTS

THE THEMES OF THIS BOOK were initially debated at conferences and colloquia, where numerous scholars contributed to our ideas. For their various contributions we thank Alan Atkinson, Gopalan Balachandran, Susan Ballyn, Robert Blyth, David Cannadine, Linda Colley, Maryse Condé, Elizabeth DeLoughrey, Greg Dening, Ian Duffield, Clare Corbould, Jan Ewald, Dave Featherstone, Judith Jackson Fossett, Lucy Frost, Michael Graham-Stewart, Cindy Hahamovich, Douglas Hamilton, Saidiya Hartman, Wythe Holt Jr., Peter Hulme, Jonathan Hyslop, Grace Karskens, Bernhard Klein, Michael McCarthy, Larry McDonnell, Bruce McLeod, Kenneth Morgan, Lisa Norling, Ruan O'Donnell, Henry Reynolds, Dave Rollison, Anja Schwarz, Robert Sweeny, Katerina Teaiwa, Françoise Verges, Richard Waterhouse, Peter Way, Jane Webster, Michael West, Terri-ann White, Sara Wood, and Nigel Worden. Many of these people attended a conference in July 2005 entitled Middle Passages: The Oceanic Voyage as Social Process, which was jointly sponsored by the International Centre for Convict Studies at the University of Tasmania and the Institute of Advanced Studies at the University of Western Australia. We would also like to express our gratitude to Graeme Henderson and the staff at the Western Australian Maritime Museum in Fremantle for a beautiful venue and a warm welcome. Special thanks go to the Australian Research Council for a large three-year grant to Cassandra Pybus and Hamish Maxwell-Stewart for a project on unfree migration, which was in many ways a catalyst for this book. Colleagues at Pittsburgh, Sydney, and Monash universities have provided all kinds of support and encouragement for which we are very grateful.

We would especially like to thank James Bradley, who did the painstaking work of putting the manuscript into a consistent and coherent form, and Lauren Smelcher, who helped with the proofreading. Our editor at University of California Press, Niels Hooper, and his assistant, Rachel Lockman, have supported this project from the beginning, and we cannot thank them enough.

Introduction

MARCUS REDIKER, CASSANDRA PYBUS,
AND EMMA CHRISTOPHER

THE "MIDDLE PASSAGE" IS AN old maritime phrase, dating to the heyday of the Atlantic slave trade. It designated the bottom line of a trading triangle, between the "outward passage" from Europe to Africa and the "homeward passage" from the Americas back to Europe. The *Oxford English Dictionary* notes the first maritime usage as 1788, by the abolitionist Thomas Clarkson. The phrase is older than that, but by crediting Clarkson another truth is revealed: through a broad-based social movement, those who campaigned to abolish the slave trade made the middle passage notorious and a part of popular vocabulary in their own time and thereafter. Drawing upon and publicizing the gruesome social conditions and the fierce resistance by enslaved Africans aboard the slave ships, the abolitionists managed to focus attention on a reality far beyond the shores of most people's experience and to make real the horrors of the middle passage to a metropolitan reading public.

This was in itself a great achievement, not least because most people in the eighteenth century, like most people today, tended to regard as real only the land—and national—spaces of the earth's surface. The oceans were vast, ahistorical voids. Of course, maritime exploration and discovery showed that history happened on the oceans, as did the naval battles that determined the course of history. But explorers and admirals were incorporated into top-down, national, and "terra-centric" narratives, even when the seaborne agents who made the discoveries and battles possible were a motley crew of sailors who eluded national definition.[1] Because the abolitionist campaign demonstrated that history happened on the high seas, many scholars have turned their attention to the middle passage of the African slave trade and have built a significant body of historical literature that transcends the land boundaries of nation-states. This scholarship is the inspiration for our volume.

In part, this book has evolved from a cluster of ideas presented in *The Many-Headed Hydra: Sailors, Slaves, Commoners, and the Hidden History of the Revolutionary Atlantic.*[2] The first of these ideas is that the rise of capitalism from the late sixteenth century onward forced millions of expropriated people to make middle passages from Europe and Africa to the Americas. The second is that the epitome of these middle passages, that of the Atlantic slave trade, might be used to explore other social and cultural transformations that resulted from the transport of people around the globe. The third is that it might be possible to relate the experiences of slaves, indentured servants, transported convicts, and coerced migrants of all kinds. The fourth is that "prisons" of various sorts—from the slave's barracoon to the convict's jail to the sailor's crimp house—were themselves an instrumental part of various middle passages, even when the laborer was nominally "free." In all, the middle passage is not merely a maritime phrase to describe one part of an oceanic voyage; it can, rather, be utilized as a concept—the structuring link between expropriation in one geographic setting and exploitation in another. Given the current trend toward global histories, it seemed to the editors of this volume that the scholarship on the African slave voyage across the Atlantic had a role to play in speaking to the wider historiography of forced migration, sometimes on land but especially in ocean crossings. In this book we show how the concept of the middle passage has relevance to a range of migrations involving the coerced movement of people, sometimes simultaneously with the slave trade, as part of a worldwide process of capitalist development that spanned centuries and continues to this day.

Scholars in many disciplines can benefit from what the specialists on the Atlantic slave trade have shown: that the history made during the middle passage was essentially threefold, featuring a thesis-antithesis-synthesis dialectic. It is a history of captivity, cruelty, torture, terror, and death, which in turn created a history of resistance and, finally, emerging from the two, a history of cultural creativity. The people who made the voyage were acted upon, as objects of violence and discipline, but they were also actors in their own right; they were subjects of rebellion, agents of history-making. They were transformed, by the actions of others and by their own, as they made the oceanic voyage, with enormous consequences for world history. As Ralph Ellison famously wrote of the African-American struggle: "Any people who could endure all of that brutalization and keep together, who could undergo such dismemberment, resuscitate itself, and endure until it could take the initiative in achieving its own freedom is obviously more than the sum of its brutalization."[3] As the essays in the book demonstrate, this observation applies to many other dispossessed peoples around the world.[4]

The threefold process of violence, resistance, and creativity in the Atlantic slave trade is illustrated by what happened aboard the slave ship *Brookes,* best known as the vessel depicted in the infamous diagram "Plan and Sections of a Slave Ship," produced by abolitionists in several editions, first in 1788–89 and then many times after. But the *Brookes* was not just an abolitionist symbol; it was a real ship, built specifically for the slave trade by the Liverpool merchant Joseph Brookes Jr. It made ten complete voyages as a slaver, taking on board 5,163 Africans and delivering 4,559 of them alive in the New World.[5] One of its voyages, in 1783–84, was effectively documented by its surgeon, Dr. Thomas Trotter.

The voyage featured the usual horrors of the trade. The captain, Clement Noble, was a man "whose character was perfectly congenial to the trade." Both Noble and the trade itself were, Trotter implied, brutal and beyond comprehension. A total of 638 enslaved people, many of them men who were chained, were jammed below decks in one-hundred-degree heat and packed "spoonways." The rolling of the ship bruised and rubbed their bodies raw; people gasped for breath, and some died of asphyxiation. Others perished from scurvy, yet more from dysentery. Fifty-eight bodies were thrown over the side to the sharks that likely waited below. Those who survived and dared to resist suffered forced "dancing," choreographed by the cat-o'-nine-tails, and were force-fed through the dreaded *speculum oris.* At night Trotter heard emanating from the slave quarters "a howling melancholy kind of noise, something expressive of extreme anguish." When he asked a woman who served as an interpreter to discover its cause, she told him that the visceral cry came when people awoke from dreams of being back at home with loved ones, only to discover themselves stuck in a floating dungeon.[6]

The enslaved resisted the violence and terror aboard the *Brookes* in a variety of ways. The most famous incident involved a man who had been enslaved after a quarrel with a village notable and who on his first night aboard cut his own throat. Summoned below by a sailor, Trotter found the man a bloody mess. Trotter stitched up the cut, but the man soon tore out the sutures and cut his throat on the other side. When Trotter returned, the man (who spoke English) told Trotter "he would never go with white men." The man then "looked wistfully at the skies" and uttered several sentences that Trotter could not understand. The young doctor ordered the sailors to search the men's apartment for the instrument the man had used to cut his throat, but they found nothing. When Trotter discovered that the man had blood on his fingertips and that the wound had "ragged edges," the doctor concluded that the man had ripped open his throat with his own fingernails. His hands tied and weapons subdued, he refused all sustenance and died a week to ten days later.

This man, like so many other nameless people who resisted, made history by raising the price of conducting business and lowering profits in the slave trade.[7] He also made history in another way. In 1790, abolitionists persuaded Trotter to tell his tale to a parliamentary committee investigating the slave trade. The story he told stimulated fierce argument on the committee, the proslavery members agreeing with Captain Noble that the enslaved man was "perfectly mad," while anti–slave-trade members agreed with Trotter that the man "was perfectly in his senses" and that rationally chosen suicide was the moral of the story. So a willful act of self-destruction by an unnamed African on a ship in the middle of the wide Atlantic provoked debate among the most powerful people in the world and contributed in no small way to an eventual parliamentary vote for abolition less than two years later.

Amid all the violence, suffering, and death on the lower deck of the *Brookes* and on countless other slavers, new means of communication and new solidarities were being formed among the enslaved, through the language of resistance in action (hunger strikes, leaps overboard, and insurrection) and through new patterns of speech. In what Richard Price and Sidney Mintz identified as fictive kinship, the enslaved who traveled across the Atlantic on the same ship would call each other shipmate, *sibbi* (Dutch creole), or *malungo* (Portuguese in Brazil), all the equivalent of brother and sister, creating new kin to replace what had been destroyed by their abduction and enslavement in Africa.[8] As Thomas Trotter saw, the families, friends, and other relations on the *Brookes* shrieked madly as they were separated from each other and sold in the slave market of Jamaica.[9] Here, as on hundreds of other slave ships, the community of mortal suffering had begun to give birth to defiant, resilient, life-affirming African American cultures. It was a dialectic of stunning power and a sure sign of how important processes took place on the oceans, on the ships, in the middle passage.

Inspired by this history, and determined to build upon it, we invited a number of international scholars working in disparate areas of historical inquiry, economic history, and literature to consider how the transatlantic middle passage might illuminate their own scholarship in relation to the coerced movement of people. In so doing we were mindful of the point made by Paul Lovejoy and other scholars, and reiterated here by Ned Alpers, that the sea voyage was only one leg of a traumatic journey that forcibly removed men and women from their homes and delivered them to distant destinations, and that the passage begins when people are swept up by the economic and social forces that drive coerced migration around the globe.[10] This book is intended to add to the recent trend of historians' applying a global perspective to the experiences of forced and free migrations. In 1996 Patrick Manning's edited volume *Slave Trades, 1500–1800: The Globalization of Forced Labour* repositioned work on the slave trade into a global framework.[11] More recently, David Eltis's edited volume *Coerced and Free Migration: Global Perspectives* placed the transatlantic slave trade within the framework of other migrations from the sixteenth to the mid-nineteenth centuries. Eltis's reasons for selecting this period are directly relevant to this book: he cites the large number of people who voyaged across the seas, as well as over land, more than half of whom migrated unwillingly, and he notes that of the rest, a "very large number" were only partially free, bound as indentured servants, coolie laborers, or under some other kind of compulsion to work when they reached their destination.[12]

Our intention is not to offer surveys of global events as these books do but to present specific examination of different facets of the process in various temporal and geographic locations and to provide a wider perspective on the trope of the middle passage. By presenting empirically driven accounts of just some migrations that occurred within the period from the eighteenth century to the present, our intention is to highlight different elements of the journey—both physical and psychological—between the expropriation of labor in one geographic location and exploitation of labor in a distant and alien location. Examining the passage from origin to destination, in different places and at different times, accompanied by varying degrees of violence and coercion, casts new light on the process of forced migration and the continuities and divergences with the transatlantic middle passage. In this way we hope that new questions will be raised and new areas of research suggested.

The contributors explore a range of topics and employ a variety of narrative approaches, although each author considers individual human experience, as well as the business that drives coerced migration. The essays provide a vivid picture of the confusion, anguish, and suffering endured on these various middle passages, together with insight into the violence, duplicity, and chilling calculation involved in the shipping of human cargo. Ned Alpers looks at the passage of enslaved African and Malagasy people eastward in the Indian Ocean, mostly in small indigenous sailing vessels operating within a complex set of networks involving Arab, Swahili, Indian, European, and American slavers in the nineteenth century. In the same territory Iain McCalman focuses on David Livingstone's "discovery" of the inland sea, Lake Nyassa. In the process Livingstone inadvertently exposed one of the busiest Indian Ocean slave routes, with Arab dhows carrying enslaved cargo across the lake on the first leg of their passage to the clove fields of Zanzibar, the harems of Turkey and Saudi Arabia, or the sugar plantations of Reunion. At the other end of the Indian Ocean, in the Sulu Sea, James Warren examines the enslavement of people from Borneo, the peninsula of Malaya, the Philippine archipelago, and the islands of Indonesia who were transported over great distances in galleylike *prahu*s by sea raiders with a vast network of trading bases throughout Southeast Asia. Both Alpers and Warren explore the experience of capture, enslavement, and migration through the voices of individuals, drawing on the testimonies of liberated slaves. McCalman has chosen to privilege the voice of Livingstone alone, to show how the horror of his unanticipated discovery drove an almost mystical determination to destroy "the slave trade—that monster of iniquity which has so long brooded over Africa."[13]

In Nigel Penn's contribution we hear the voice of the well-educated German traveler Peter Kolb, whose shipboard journal illuminates the experience of his mostly illiterate fellow countrymen who, as bonded soldiers of the Verenigde Oost–Indische Compagnie (VOC, or Dutch East India Company), were transported across vast oceans to the Cape of Good Hope and Batavia in the early eighteenth century. Examining the beginning of antipodean penal transportation in the late eighteenth century, Cassandra Pybus takes the experience of one African convict, transported on the First

Fleet to Australia, to explore how that long and traumatic voyage echoed the experience of the transatlantic passage into slavery. Clare Anderson interrogates first-person accounts of mutiny by Indian convicts on the ships of the East India Company in the first half of the nineteenth century and is able to show how the passage into penal servitude in Southeast Asia, Mauritius, and the Andaman Islands could be a catalyst for creative negotiation and resistance. Julia Martinez examines the testimony of trafficked women and children in Southeast Asia, from the late nineteenth century to the present, and hears disturbing echoes of slavery in a form of labor migration that is often portrayed as freely undertaken.

Other contributors step back from individual experience to focus primarily on the business and mechanics of labor migration. Emma Christopher scrutinizes the appalling mortality among the convicts on the Second Fleet to Australia, contracted for and captained by slave traders for whom this starved and chained human cargo had no saleable value. Scott Nelson investigates the Irish and Chinese workers brought to the United States to fill armies and build railroads during the Civil War, to show how immigrants who apparently left home of their own free will did not arrive at work that way. Nelson demonstrates how the "railway ensemble" of fast steamships, closed arrival points, and hand cars deposited migrant workers at the farthest reaches of America, creating "a special category of labor somewhere between slavery and freedom." Likewise, Evelyn Hu-DeHart looks at the Chinese coolie trade as a prime example of nineteenth-century global capitalism, a lucrative new configuration of the famous "triangular trade" in the Atlantic. In the coolie trade everyone except the labor migrants profited; if the migrants survived the terrible voyage, they were consigned to a brutal and demeaning indenture on plantations in Cuba and Peru that were originally worked by slave labor. In considering the "blackbirding" trade in the western Pacific, Laurence Brown reveals how the recruitment of Melanesian migrant workers, known as Kanakas, involved a dynamic mix of Melanesian agency and external coercion, frequently moving between enslavement and contract labor. While some Kanakas were blatantly kidnapped, others were very much in control of their destiny when they joined the blackbirding ships.

These essays raise questions about relative coercion, volition, agency, and oppression. As Nelson indicates, it is impossible to know how willing were the 100,000 Irish emigrants who left their homeland to work in the United States in 1863 or how many of the thousands who departed from China went of their own free will. The processes by which Chinese coolies bound for Latin America joined the transport ships did not involve the buying and selling of people, although crimps and agents using dubious methods of recruitment were almost always involved. Although the decision to become a migrant may have been voluntary, involving little or even no duress, the process could readily become as coercive, violent, and personally alienating as the most extreme form of forced labor, while conditions of work could be as brutally exploitative, with little or no choice available. The point is well made by Julia Martinez, who agrees that we should acknowledge women's capacity for agency, and their right to choose to become workers in the international sex industry, but the distinction between free will and coercion is difficult when a woman's journey begins with some degree of consent yet ends in brutal and demeaning slavery. Whether immigrant workers were laborers made to work with nitroglycerine on the American railroads or sex workers forced into unprotected sex with multiple partners, they were recruited for labor that was inherently dangerous and almost always attended by vicious forms of coercion.

Just as every captive African who made the transatlantic crossing had a distinctive, personal experience within the vast tragedy, so too there are many different individual stories within the traumatic migrations discussed in this book. Not that it is our intention to make a comparison of the various types of forced migration or to attempt judgment about relative suffering. Any such comparison is as repugnant as it is absurd. We would be the first to acknowledge that chattel slavery has a unique place in human history and is not just another kind of coerced labor; it has attributes that distinguish it from other forms of coercion and oppression. In sheer numbers alone the transatlantic slave trade dwarfs the other migrations discussed here. Numbers are problematic, of course. The historiography of the transatlantic slave trade has produced considerable scholarship and argument since Philip Curtin's calculation of 9.6 million shipped across the Atlantic and Joseph Inikori's rejoinder that 15 million was closer to the truth.[14] Even the latest statistics, of about 11 million, mostly emanating from *The Trans-Atlantic Slave Trade: A Database on CD-ROM,* compiled at the Du Bois Center, have not completely settled the matter.[15] The number of Africans who died during their long march to the coast, or in the factories, barracoons, and castles of the coast, are little known and perhaps ultimately unknowable. Still, even with the contested figure of 11 million people, the transatlantic slave trade is in a class of its own.

Numbers for the Indian Ocean slave trade remain elusive, with statistics constantly being revised, but Alpers estimates that more than 1 million slaves left Mozambique alone. Warren estimates that 200,000 to 300,000 people were captured by slavers and taken to the Sulu Sultanate between the end of the eighteenth century and 1870.[16] Hu-DeHart's conservative estimate is that more than 1 million Chinese coolies left for overseas destinations in the second half of the nineteenth century, while other scholars suggest that more than 2 million left China for Southeast Asia, Hawaii, the West Indies, California, and Australia between 1848 and 1888 alone, but not all were bonded laborers.[17] Penn reports that 500,000 German bonded laborers sailed aboard ships of the VOC. Anderson estimates that, in addition to the 900,000 Indian indentured laborers who went to British colonies in the Caribbean and Asia in the nineteenth century (not discussed here), about 30,000 Indian convicts were exiled overseas between 1787 and 1858 and perhaps double that during the second half of the nineteenth century.[18] According to Nelson, in the single year of 1863, nearly 100,000 Irish laborers were brought to the United States. The number of British and Irish convicts shipped to Australia between 1787 and 1868 was approximately 160,000. More than 100,000 Pacific Islanders were transported to Australia, Fiji, New Caledonia, and other Pacific locations between 1860 and 1900. Even without counting the estimated 27 million enslaved in the world today, the middle passages described in this book involved at least 4 million people.

In terms of longevity the transatlantic middle passage was unsurpassed, albeit the dates of the Indian Ocean trade remain indistinct and contentious. Lasting more than four centuries, the Atlantic slave trade's effects on Africa, Europe, and the Americas are so far reaching as to justify its huge historiography and the countless academic and popular discussions surrounding it. That said, we are mindful that the traffic in enslaved peoples, from Africa and elsewhere, is today greater than it has ever been. According to the International Labour Organisation, more than 12 million people in the world are locked in a modern form of slavery, while the U.S. Department of State tells us that 600,000 to 800,000 men, women, and children are trafficked across international borders each year. The pathbreaking work of Kevin Bales has exposed the problem to be far greater than anyone supposed, with about 27 million people enslaved, more than at any point in history.[19] As Bales and Zoe Trodd painfully remind us, quoting Toni Morrison in the afterword, "All of it is now." The middle passage continues unabated, but they note that where the passage into bondage was racialized in the eighteenth and nineteenth centuries, "vulnerability counts for more than skin color" in modern times.[20]

For the middle passages under discussion here, a shared facet of the experience is the dislocation and alienation suffered during the journeys. The sense of disarticulation from all that was previously known was a severe shock to these long-distance migrants, and the experience of estrangement and dislocation among voyagers is a common theme of the book. For the captured Africans discussed by Alpers, with each step of the journey across land as well as sea that took them away from their own communities into the alien environments of the Indian Ocean slaving system, they were forced to learn new languages and new sets of customary practices. Warren discusses how the trauma of those seized in the Sulu Zone, as capture progressed into enslavement, was so severe it might be fatal. However, for those survivors co-opted into the slaving society, a new self-identity could assuage the overwhelming dislocation of the loss of home and family. In the case of the forms of penal transportation discussed by Pybus, Christopher, and Anderson, the forced removal of British, Irish, and Indian convicts from their homelands was an integral part of their punishment. Within Britain those found guilty of crimes were judged to have forfeited the right to live among their family and friends and were banished to an impossibly remote and unknown place from which, as Pybus notes, it was deemed "hardly possible for people to return."[21] For Hindu convicts transported from India, punishment was heightened by being unable to meet their strict food preparation and ablution requirements during the voyage, while for some the journey itself—crossing *kala pani* (black water)—involved a loss of caste. Hu-DeHart reveals that Chinese coolies found relief in opium from physical and emotional pain experienced on the long and arduous voyage to plantations in Cuba and Peru, where the overseers found that withholding or extending the drug to severely addicted workers was an effective tool of labor management. Martinez also observes that the use of narcotics has long been an integral part of the coercion and control of trafficked women.

The theme of death—both actual and social—that runs through this volume reminds us that Orlando Patterson's theories of social death have applications in settings beyond chattel slavery. Certainly, the people discussed here were alienated from the place of their birth, and many were dishonored and stripped of their personal power, facets that Patterson identifies as common to the slave experience worldwide and throughout history. His theory has particular pertinence to penal transportation, given that many of those convicts shipped from Britain, Ireland, and India had originally been sentenced to death and then reprieved in favor of the profoundly dislocating experience of transportation. Rather than being rendered "socially dead," so that they could be reborn through their master as the complete slave might be, convicts existed in a liminal, uncertain legal world, saved only through the benevolence and mercy of their monarch. In the same way, those enslaved in the Indian Ocean, the Sulu Zone, and as child slaves were stripped of their personal sovereignty to live in a subordinate place in a new society.

Sea voyages were treacherous at the best of times, so physical death was a terrifyingly real possibility to many of those whose experiences are recounted here. McCalman relates that even on Lake Nyassa, where wild weather led Livingstone's men to rename it the "Lake of Storms," the slave dhows had an exceptionally high mortality rate. Dysentery, scurvy, cholera, typhus, yellow fever, dropsy, typhoid, dehydration, severe ulcers, coercive brutality, and general debility caused equally high mortality rates on the vastly different passages recounted here. Overcrowding aboard transport ships increased the suffering and risks, a common thread in these discussions of different migration experiences. Nelson notes the criticism of the *New York Times* that immigrant labor agents in the 1860s strove to "rival one another in the number of human beings they can crowd 'tween decks."[22] Hu-DeHart writes of the space on board coolie ships for each migrant as being approximately that of a coffin and recounts how some of these tightly confined men sought a desperate escape through opium overdose or jumping into the sea. Suicide was also a route of escape for the soldiers of the VOC, who endured privation, powerlessness, and alienation aboard ship, Penn explains, but more commonly escape took the form of psychotic behavior and "all sorts of mad imaginings, [that] made it necessary to watch over them as if they were little children."[23] In the Kanaka trade the use of aged schooners lighter than one hundred tons, which could sail between the reefs that surrounded the Pacific islands, caused overcrowding and unsanitary conditions among Melanesian recruits. More than the decrepit ships, with their torn rigging, rotting hulks, and leaking holds, it was the image of naked, dark-skinned bodies crammed below the deck that led contemporary observers to condemn the trade as slavery by another name.

It was, of course, the image of Africans similarly stowed into a tight, airless space below deck that made the drawing of the slave ship *Brookes* perhaps the most powerful visual propaganda that any social movement has ever produced.[24] The abolitionist campaigner Thomas Clarkson explained that the image made "an instantaneous impression of horror upon all who saw it." The image was not merely the picture worth a thousand words, he believed, but a language unto itself "which was at once intelligible and irresistible."[25] There can be no doubt that the image of the *Brookes* played a fundamental role in making the suffering of the slave trade immediate and real to metropolitan audiences in the Atlantic world, and it spurred the pressure on Parliament to abolish the trade, in the face of well-funded opposition, in 1807. The genius of the image of the *Brookes* was that it not only raised the question of the evil of the transatlantic slave trade, it captured and summarized the brutal logic and cold, rational mentality of the business: the process by which human beings were reduced to a commodity called "slave."[26]

As Brown notes, the similarities in the form and process of transportation, rather than the actual conditions of labor were what focused abolitionists' attention on the Pacific trade. Accusations that ships were "fitted up precisely like an African slaver, *minus* the irons,"[27] and so must be engaged in a slave trade, carried considerable public weight. McCalman recounts that Livingstone's horror at the sight of lateen-rigged dhows with their human cargo strapped face down, three or more layers deep, on bamboo racks drove his campaign against this "trade in hell."[28] The same abolitionist fervor permeated official British circles in Mozambique in the 1870s and 1880s, Alpers reveals, in response to shocking revelations about the conditions of passage in East Africa trade. The American consul to Hong Kong condemned the coolie trade to Peru and Cuba, in part because he noticed that the ships were fitted out with bars and grates, "the same as the slave ships are said to have been fitted."[29] As Christopher points out, the appalling death rate on the convict ship *Neptune* among male convicts chained below deck in slave shackles provoked damning comparisons with the transatlantic trade. "[T]he slave trade is merciful compared to what I have seen in this fleet," a shocked officer complained to William Wilberforce.[30] Personal accounts of the horrendous conditions of various middle passages, which inform the contributions of Alpers, Warren, and Martinez, as well as Bales and Trodd, are themselves the product of abolitionist campaigns.

Yet it is far from the case that abolitionist zeal has attached to every kind of middle passage. The contributions of both Pybus and Christopher point to the significant silence of eighteenth-century abolitionists concerning the many resemblances between penal transportation and the slave trade. Their silence is especially telling given that a prominent slave-trading firm had contracted to provide the transport for the convicts. Christopher shows that, despite the anguished appeal to William Wilberforce regarding the conditions on *Neptune,* abolitionists turned away from protest against the treatment of transported felons. Warren shows that the paradox is even more marked in the Sulu Zone, where the devastating slave trade was both stimulated by the demands of British trade and enhanced by the acquisition of British firearms, at precisely the time the British were engaged in suppressing the transatlantic slave trade. Hu-DeHart makes a similar point in relation to the coolie trade, stressing that it was the British, after pressuring the French, Spanish, and Portuguese to follow their lead in ending the African slave trade, who first pioneered and profited from this new system of forced labor. At the very same time that the British banned the slave trade, two hundred Chinese laborers were sent to work plantations in the colony of Trinidad, under contract for five years, for a period known euphemistically as "industrial residence."

Survival, assimilation, and adaptation are themes that run through this book, paralleling in some ways the experience of the transatlantic middle passage. During that voyage from Africa the unspeakable misery between the decks of the slave vessels brought into being something new and life affirming. So, too, other middle passages saw the formation of new cultures welded from disparate life experiences, languages, and belief systems. Even on ships where the cargo was relatively homogeneous, such as the convict vessels to Australia, there was still a marked difference in race, dialects, idioms, and regional customs. Yet, for all their differences, the brutalized men and women who disembarked in a howling wilderness at the end of the world discovered common cause in their desperate struggle to fend off famine and avoid the lash. Anderson reveals how some Indian convicts, traditionally separated by caste and religion, were able to forge a common bond in order to foment rebellion and mutiny on the East India Company vessels. Stubborn, resistant life fought back against social death.

The experience of men and women captured in the Sulu Zone provides a compelling example of the process of assimilation and adaptation. "Trussed up in the hold of a *prahu,*" Warren writes, "the main concern of many new captives was to maintain their personality intact—ethnic identity and culture of origin. They hoped, at some point in the foreseeable future, to escape and return to their former world as the same person who had left it." Inevitably, these men and women had to turn their attention to the basic business of staying alive, as their captors tried to break their spirit and to strip them of all personal honor. In due course many were successfully incorporated into the slave-owning society that had stripped them of their own cultural integrity, and often they too became captors and tormentors. Just as the transatlantic slave trade created a network of African traders, middlemen, canoe-men, translators, and guards, the repeat ocean crossings of Melanesian indentured laborers created a knowing and assertive cohort of returned immigrants. Brown shows how returned Kanakas were able to influence, and even control, recruitment in the islands, powerfully reshaping the Pacific labor trade over time.

In a not dissimilar process the bonded soldiers of the VOC, and the exiled felons of Britain—having endured terrible trauma on their passage to the far side of the world—were eventually incorporated into the brutal process of oppressing and coercing more recent arrivals, as well as indigenous peoples, in the raw colonial outposts that they were sent to subdue and transform. The soldiers sent to the colony established by the VOC at the southern tip of Africa became founding members of a society based on violent dispossession and exploitation of the indigenous people. Penn provides an intriguing insight: the revulsion with which Peter Kolb came to view so many of his fellow Europeans, especially the sailors, on the journey to the Cape may have prepared him to be unusually sensitive and sympathetic to the indigenous Khoikhoi, whose rapidly disappearing society and culture he was famously to document for posterity. The British colony created on the east coast of Australia in 1788 was meant for the reception of transported felons, but it too was established by a breathtaking act of dispossession. The convicts forcibly shipped to the penal colony included a small minority of black convicts, who "were perforce participants, active or passive, in a great crime, the brutal dispossession of the Aborigines."[31] Australians are still living with the implications of that dispossession: the life expectancy of Aboriginals is twenty years less than that of other Australians, while alcohol and drug abuse, especially gasoline sniffing, have created violently dysfunctional Aboriginal communities where women and children suffer catastrophic levels of abuse.[32]

Set against the experience of unfree migrants who were incorporated into the culture and society of their new world is the more common experience of continuing dislocation and alienation in the new homeland, compounded by exclusion, hostility, and rejection. For women and child slaves without sponsorship and legal sanction, as Martinez reveals, harsh border controls tragically compound the trauma of forced immigration. The majority of labor migrants in the nineteenth and twentieth centuries were specifically recruited for arduous and unpleasant labor. The host countries had little expectation that the migrants might also be settlers who would become future citizens. The circumstance of the Chinese coolies in Peru, who found themselves real pariahs in the distant place to which they had been carried, was duplicated in other countries. The Chinese migrants discussed by Nelson faced systematic discrimination and attempts to expel them from the United States as soon as the transcontinental railway was completed. When the Federation of Australia was created in 1900, one of the first acts of nation building was to repudiate the labor recruitment policy that had bought sixty-four thousand Kanakas to work the sugar plantations and to deport all those who had made their home in Australia since the policy was instigated in 1863. In the tiny island nation of Fiji the British colonial practice of importing indentured labor, primarily from India but also from Pacific islands, meant that the indigenous Fijians were just half the population at the time of independence. Since then, attempts to entrench indigenous control have sparked two military coups and repeated attempts to disenfranchise the immigrant community.

At the other end of the scale the United States presents a stark example of the problematic aftermath of that monumental forced migration, the transatlantic middle passage, in the alienation of millions of black youth, which is seen by many as America's most significant social problem.[33] Recent studies have shown that young black men have by far the poorest life chance of any people in the United States, prone to violence and self-destructive behavior, with staggering figures for incarceration and unemployment. The historian John Hope Franklin believes that to comprehend fully a social tragedy of such magnitude, we must reach back to African slavery and the creation of a segregated society that grew out of slavery, "that made our nation and that made these young people pariahs of the land, thus hanging a chain of dishonesty and hypocrisy around the nation's neck."[34] Orlando Patterson also sees this intractable contemporary problem as "a time-slice of a deep historical process," a direct legacy of the middle passage and generations of slavery that have entrenched brutalizing and alienating cultural practices. It is a "time-slice" of history that is regularly being played out in penitentiaries across the United States, as Marcus Rediker suggests in the poetic coda to this book.[35]

NOTES

1. On "terra-centrism," see Marcus Rediker, "Toward a People's History of the Sea," in *Maritime Empires: The Operation and Impact of Nineteenth-Century*

British Imperial Trade, ed. David Killingray, Margarette Lincoln, and Nigel Rigby (Suffolk, U.K.: Boydell and Brewer, 2004), 205–206. See also Bernhard Klein and Gesa Mackenthun, eds., *Sea Changes: Historicizing the Ocean* (New York: Routledge, 2004).

2. Peter Linebaugh and Marcus Rediker, *The Many-Headed Hydra: Sailors, Slaves, Commoners, and the Hidden History of the Revolutionary Atlantic* (Boston: Beacon, 2000).

3. Ralph Ellison, "A Very Stern Discipline" (March 1967), in *The Collected Essays of Ralph Ellison,* ed. John F. Callahan (New York: Modern Library, 1995), 737.

4. We are not the first to make these connections. Most notably, Verene A. Shepherd has used the trope of the middle passage in her pathbreaking essay "The 'Other Middle Passage?' Nineteenth-Century Bonded Labour Migration and the Legacy of the Slavery Debate in the British-Colonised Caribbean" to examine a key area of transnational migration that is not covered in this volume. See Verene A. Shepherd, ed., *Working Slavery, Pricing Freedom: Perspectives from the Caribbean, Africa and African Diaspora* (New York: Palgrave, 2001). Whereas Shepherd uses the trope of the middle passage to compare Indian indentured labor migration to the Caribbean with the transatlantic slave trade, as well as to discuss the historical debate generated by such comparisons, this book does not seek to make any comparisons of different forms of coerced migration.

5. *Brookes's* voyages computed from David Eltis, Stephen D. Behrendt, David Richardson, and Herbert S. Klein, *The Trans-Atlantic Slave-Trade: A Database on CD-ROM* (Cambridge: Cambridge University Press, 2000).

6. Testimony of Thomas Trotter, M.D., May 5, 1790, "Minutes of the Evidence taken before a Committee of the House of Commons, being a Select Committee Appointed the 23d Day of April 1790, To take the Examination of Several Witnesses ordered by the House to attend the Committee of the whole House, to whom it is referred to consider further the Circumstances of the SLAVE TRADE. Printed in the Year MDCCXC," in *House of Commons Sessional Papers of the Eighteenth Century* 73, ed. Sheila Lambert (Wilmington, Del.: Scholarly Resources, 1975), 81–101, quote p. 87; Thomas Trotter, *Observations on the Scurvy, with a Review of the Theories lately advanced on that Disease; and the Theories of Dr. Milman refuted from Practice* (Edinburgh, 1786; Philadelphia, 1793).

7. David Richardson, "Shipboard Revolts, African Authority, and the Atlantic Slave Trade," *William and Mary Quarterly* 58, no. 1 (2001): 69–92.

8. Sidney W. Mintz and Richard Price, *The Birth of African-American Culture: An Anthropological Perspective* (Boston: Beacon, 1992).

9. Trotter, "Minutes of the Evidence." Michael Gomez refers to the middle passage as a "birth canal" in *Exchanging Our Country Marks: The Transformation of African Identities in the Colonial and Antebellum South* (Chapel Hill: University of North Carolina Press, 1998).

10. The term *middle passage* was originally Eurocentric, but African historians have added to and changed its meaning by emphasizing that the march to the coast before joining the ship could be equally long or longer in duration and just as deadly. Lovejoy has suggested that it is more fruitful to explore the experience of the African diaspora by beginning in Africa than by starting in the Americas and working backward across the Atlantic. This is one of the rationales behind the Nigerian Hinterland Project and also the UNESCO Slave Route Project. See, for example, Paul E. Lovejoy, "The African Diaspora: Revisionist Interpretations of Ethnicity, Culture and Religion under Slavery," *Studies in the World History of Slavery, Abolition and Emancipation* 2, no. 1 (1997), available online at www.yorku.ca/nhp/publications (accessed January 15, 2007). It should also be noted that the term *middle passage* has grown less Eurocentric as people of African descent, especially in the Americas, have embraced it as a site of suffering, resistance, and community, thereby giving a radical twist to the abolitionist project.

11. Patrick Manning, ed., *Slave Trades, 1500–1800: The Globalization of Forced Labour* (Aldershot, U.K.: Variorum, 1996).

12. David Eltis, ed., *Coerced and Free Migration: Global Perspectives* (Stanford: Stanford University Press, 2002). Eltis's third point, less relevant here, is that migrations in that era were different from earlier periods because of the amount of contact the migrant communities often managed to keep with their homelands.

13. Quote from David Livingstone and Charles Livingstone, *Narrative of an Expedition to the Zambesi and Its Tributaries: and of the Discovery of the Lakes Shiwa and Nyasa, 1858–64* (London: Duckworth, 2001 [1885]), 334.

14. Philip Curtin, *The Atlantic Slave Trade: A Census* (Madison: University of Wisconsin Press, 1969); Joseph E. Inikori, *Forced Migration: The Impact of the Export Slave Trade on African Societies* (New York: Africana Publishing, 1982).

15. David Eltis, "The Volume and Structure of the Transatlantic Slave Trade: a Reassessment," *William and Mary Quarterly* 58, no. 1 (2001): 17–46.

16. The editors are grateful to Jim Warren for the Sulu Zone numbers and Ned Alpers for help with Indian Ocean statistics.

17. See David Northrup, *Indentured Labor in the Age of Imperialism, 1834–1922* (Cambridge: Cambridge University Press); Lynn Pan, *The Encyclopedia of the Chinese Overseas* (Cambridge, Mass.: Harvard University Press, 1999).

18. Figures supplied by Clare Anderson, personal communication, April 2006.

19. International Labour Organisation statement, reported in the *Guardian*, May 13, 2006; Kevin Bales, *Disposable People: New Slavery in the Global Economy* (Berkeley: University of California Press, 2000).

20. A similar point was made by Colonel Patrick Montgomery, secretary of the Anti-Slavery Society (and a man who had listened to his father's stories of "blackbirding" in the Pacific) in 1980, when he argued that slavery in the modern world is a matter of control rather than ownership: "The condition of

a person completely under the control of another" (quoted in Suzanne Meirs, *Slavery in the Twentieth Century: The Evolution of a Global Problem* [Walnut Creek, Calif.: AltaMira, 2003] 365, 415).

21. Lord Sydney, quoted in Cassandra Pybus, *Black Founders: The Unknown Story of Australia's First Black Settlers* (Sydney: University of New South Wales Press, 2006), 69.

22. *New York Times,* February 4, 1865.

23. Quote from Peter Kolb, *Caput Bonae Spei Hodiernum. Das ist, vollstandige Beschreibung des Afrikanischen Vorgeburges der Guten Hofnung* (Nürnberg: n.p., 1719). Unpublished English translation by R. Raven-Hart in the files of Nigel Penn.

24. J. R. Oldfield, *Popular Politics and British Anti-Slavery: The Mobilisation of Public Opinion against the Slave Trade, 1787–1807* (London: Frank Cass, 1998), 99–100, 163–66; Philip Lapsansky, "Graphic Discord: Abolitionist and Antiabolitionist Images," in *The Abolitionist Sisterhood: Women's Political Culture in Antebellum America,* ed. Jean Yellin Fagan and John C. Van Horne (Ithaca, N.Y.: Cornell University Press, 1994), 201–30; Cheryl Finley, "Committed to Memory: The Slave-Ship Icon and the Black-Atlantic Imagination," *Chicago Art Journal* 9 (1999): 2–21; Marcus Wood, "Imagining the Unspeakable and Speaking the Unimaginable: The 'Description' of the Slave Ship *Brookes* and the Visual Interpretation of the Middle Passage," in *Lumen: Selected Proceedings from the Canadian Society for Eighteenth-Century Studies* 16 (1997): 211–45; and Marcus Wood, *Blind Memory: Visual Representation of Slavery in England and America, 1780–1865* (Manchester: Manchester University Press, 2000), 14–77.

25. Thomas Clarkson, *The History of the Rise, Progress, and Accomplishment of the Abolition of the African Slave-Trade by the British Parliament* (Longman: London, 1808), 1:111 and 187, and 2:326 and 457.

26. For a discussion of this process on the slave ships, see Emma Christopher, *Slave Trade Sailors and Their Captive Cargo, 1730–1807* (New York: Cambridge University Press, 2006).

27. George Palmer, *Kidnapping in the South Seas: Being a Narrative of a Three Months Cruise on H.M. Ship* Rosario (Edinburgh: n.p., 1871), 107–108.

28. Livingstone and Livingstone, *Narrative of an Expedition,* 339.

29. Quoted in Duvon Corbitt, *A Study of the Chinese in Cuba, 1847–1947* (Wilmore, Ky.: Asbury College, 1971), 61.

30. Quote from William Hill, National Archives of the United Kingdom, CO 201/5 ff. 281–82.

31. Ian Duffield, "From Slave Colonies to Penal Colonies: The West Indian Convict Transportees to Australia," *Slavery and Abolition* 7, no. 1 (1986): 31.

32. "Aboriginals of Australia: Still Dying Young," *Unrepresented Nations and Peoples Organization,* May 15, 2006; see also crisis reports on extreme levels of

sexual violence in Aboriginal communities in the *Weekend Australian,* May 20–21 and May 27–28, 2006.

33. Ronald B. Mincy, ed., *Black Males Left Behind* (Washington, D.C.: Urban Institute Press, 2006).

34. John Hope Franklin, "Black Men, America and the Twenty-First Century," keynote address at Black Male Youth: Creating a Culture for Educational Success, conference sponsored by the Office of Academic Affairs, City University of New York, April 26, 2006. Franklin's bitter observations are amplified by accounts of his own family's experience in *Mirror to America: The Autobiography of John Hope Franklin* (New York: Farrar, Straus and Giroux 2005).

35. Patterson made this observation in a controversial piece entitled "Poverty of the Mind," *New York Times,* March 26, 2006, in which he extended arguments that he made in *Rituals of Blood: The Consequences of Slavery in Two American Centuries* (Washington, D.C.: Civitas/Counterpoint, c. 1998). He was responding to studies on the poor life chances of young black males by Mincy, as well as by Peter Edelman, Harry Holzner, and Paul Offner in the Urban Institute's *Reconnecting Disadvantaged Young Men* (Washington, D.C.: Urban Institute Press, 2006).

The Other Middle Passage

The African Slave Trade in the Indian Ocean

EDWARD A. ALPERS

THE MIDDLE PASSAGE, traditionally presented as the most traumatic moment in the entire slave trade, has assumed iconographic significance for many diasporic Africans in the Black Atlantic.[1] As Colin Palmer concludes:

> The Middle Passage was more than just a shared physical experience for those who survived it. It was and is a metaphor for the suffering of African peoples born of their enslavement, of severed ties, of longing for a lost homeland, of a forced exile. . . . It is a living and wrenching aspect of the history of the peoples of the African diaspora, an inescapable part of their present impossible to erase or exorcise. A gruesome reminder of things past, it is simultaneously a signifier of a people's capacity to survive and to refuse to be vanquished.[2]

As in the larger historiography of the African slave trade, the Atlantic dominates both the evidence for and the literature of the middle passage. However, there is no evidence that the middle passage in the Indian Ocean occupies the kind of central role in collective memory that Palmer describes for the African diaspora, although persistent recollections bear witness that Africa is still a presence in many of these communities.

My intention is to bring a measure of balance to this historiography by examining evidence from eastern Africa in order to shed some light on the middle passage in the Indian Ocean. In addition, I contend that the sea voyage from Africa west to the Americas or east across the Indian Ocean was only one leg of the traumatic journey that forcibly removed free Africans from their homes in Africa to their ultimate destinations. Indeed, I believe that it is a mistake to restrict analyses of the middle passage only to oceanic passages, assuming that enslaved Africans embarked from the African coast as though they were leaving their native country, when in fact their passage from freedom into slavery actually began with the moment in which they were swept up by the economic forces that drove the slave trade deep into the African interior.

I also seek to demonstrate that the middle passage encompasses a much more complex set of forced migrations than is usually assumed. From the moment they were seized and began their movement to the coast, captive Africans had to begin the process of personal survival and cultural adjustment associated with the diaspora. They learned new languages, received new names, ate new foods, and forged new bonds among themselves before they ever had to adjust fully to the work of slavery or the conditions of liberation. I will illustrate how some of these processes worked by presenting an album of individual experiences—of capture, enslavement, and movement to the coast and then across the water—from nineteenth-century eastern Africa. All these accounts refer to events at the height of the slave trade in the eighteenth and nineteenth centuries and must be understood as products of the abolitionist movement.

The earliest of these published freed-slave narratives is the story of Swema, a Yao girl from northwestern Mozambique.[3] In 1865, when she was perhaps ten years of age, Swema was given as a pawn to her mother's creditor, because Swema's mother was unable to repay a debt. The creditor then sold Swema to a passing "Arab" slave caravan.[4] During the caravan to the coast, Swema and the other captives were usually fed a diet of millet or bean porridge, sometimes even roasted bananas or sweet potatoes. According to Swema, "To prevent desertion and at the same time husband the strength of the porters of the merchandise, the leaders take care during the march to feed the slaves well who are under their command."[5] But soon the caravan left the fertile country of Yaoland and entered the dry steppe between the Ruvuma River and Kilwa. Despondent at the failing strength of her mother, who had been allowed to accompany her, Swema had to be force-fed by her captor. In the end, Swema's mother was literally worked to death and left to die by the road. After a long, harrowing journey, Swema finally reached the coast at Kilwa, the principal slaving port for all of East Africa, where, after resting and recuperating for several days, "one beautiful morning" she was loaded aboard a slaving dhow bound for the principal Indian Ocean slave market at Zanzibar. According to Swema's account,

> The slaves who found themselves in the same group began to tremble all over and to cry out in a strange manner. "Oh!" they said, "we are lost. We are going to Zanzibar where there are white men who eat the Blacks."
>
> Although I was generally indifferent to everything that happened around me, I did not long remain in this state in the dhow, where my suffering redoubled. We were so closely packed that not only could I not turn, but not even breathe. The heat and thirst became insufferable, and a great seasickness made my suffering even worse.
>
> At night a strong cold wind chilled us and covered us at every moment with sea foam that was raised up by the violence of the wind. The next day each one of us received a little drinking water and a piece of dry manioc root. Thus it was that we passed six long and still more painful long days and nights. Hunger, thirst, seasickness, the sudden transition from great heat to insupportable cold, the impossibility of laying down one's head for a moment because of lack of space, finally all these sufferings combined to make me regret for the first time our painful voyage across the desert. But courage! Our existence will change, because there we are at the island of Zanzibar.
>
> A good wind continued to swell our triangular sail [i.e., the lateen sail of the dhow] and soon we found ourselves before the great city. Two cannon shots made the dhow shake. The sail was lowered and the anchor was dropped.[6]

Upon being landed, Swema was examined at the slave market by the Arab who had financed the slaving expedition that brought her to the coast, but because she was so weak, she was discarded as being worthless and buried alive in a shallow grave outside the town. Miraculously, Swema was rescued from her shallow grave, taken to the Catholic mission, and revived.

The exhausted state in which she reached the coast was not unique. According to a report published in 1867 by a member of the British anti–slave-trade patrol, "The second day after leaving Zanzibar we took a dhow with 150 slaves, almost all children, or boys under 14; and as they had only started they were in good health, all but a few who are significantly called the lanterns by the sailors, because, I suppose, you can almost see through them."[7] In the mid-1870s, Sir Bartle Frere, who headed the British Indian delegation to negotiate the final anti–slave-trade treaty with the sultan of Zanzibar in 1873, reported to his government on the plight of enslaved children: "[W]henever the child could be got to recount the history of its capture, the tale was almost invariably one of surprise, kidnapping and generally of murder, always of indescribable suffering on the way down to the coast and on the dhow voyage."[8]

Dating to the mid-1870s, the edited journals of J. F. Elton, the British consul at Mozambique who was an ardent enforcer of the recently concluded anti–slave-trade treaty with the sultan of Zanzibar, are full of references to the middle passage. Before he reached Mozambique, Elton had marched south from Dar es Salaam behind the coast toward the great slave depot of Kilwa Kivinje, in what is today southern mainland Tanzania. Along the way, he received reports of numerous slave caravans that were taken overland from Kilwa, north along the coast, specifically to avoid the new ban on slave trading and the intervention of the British anti–slave-trade patrol.[9] Most of these captives were destined for the booming clove plantations on Pemba Island; eventually, they would have been smuggled by sea across the channel separating the mainland from the island, thereby avoiding the sultan's enforcement of the treaty at Zanzibar itself.

In addition, Elton directly observed two such caravans. The first presented a scene of chaos, probably caused by the appearance of Elton's party, although he was under strict orders not to interfere with any mainland slave coffles. Arabs were driving gangs of slaves before them through the long grass into the bush, loose slaves and excited slave drivers running in all directions, whipping furiously all the while; water jars, rice bags, grain, papers, slave irons, boxes, and all the baggage of the caravan lay littered about and thrown aside in the hurry of retreat. A long gang of children, whose chain was tangled in the thornbushes, wailed piteously as they were herded away.

The second caravan included "about 300 in all, in wretched condition" (81–82). Elton continues,

> One gang of lads and women, chained together with iron neck-rings, was in horrible state, their lower extremities coated with dry mud and their own excrement and torn with thorns, their bodies mere frameworks, and their skeletons limbs slightly stretched over with wrinkled parchment-like skin. One wretched woman had been flung against a tree for slipping her rope, and came screaming up to us for protection, with one eye half out and the side of her face and bosom streaming with blood. We washed her wounds, and that was the only piece of interference on our part with the caravan, although the temptation was a strong one to cast all adrift, and give them, at any rate, a chance of starving to death peaceably in the woods. (82–83)

Later in his account, Elton describes several captures of slavers made in the Mozambique Channel by British naval vessels. On March 13, 1874, a large dhow with forty Arab and Comorian crew was seized after a display of cannonade off the northwest coast of Madagascar. As soon as the slavers were imprisoned, the British served "water and food immediately to the poor starving and emaciated slaves, of whom there were 225, many suffering severely from dysentery." This act of liberation did not, however, end the middle passage for the slaves, who were first carried to Mozambique, where they could not be disembarked, then headed toward Zanzibar, during which passage on March 19 the ship "encountered a cyclone, passing through the vortex at 8:30 P.M., and getting clear at noon on the 20th. The sufferings of the poor slaves, notwithstanding everything humanity could suggest, were intense." Eventually, on March 28, 194 freed slaves were landed, "30 having died since leaving Mozambique." Ten days later, Elton encountered seventy-eight of these souls, who had ultimately been transferred to Natal, where they were housed in newly constructed barracks and provided with blankets, utensils for eating, and used clothing. Their rations included mealie-meal (maize) porridge, rice, sweet potato, and meat. When he departed for Zanzibar on April 15, only one more person had died out of the dozen who had been sent to the hospital. "It would be impossible to describe the state of emaciation in which they were when first landed, or the visible change which even on the second day a few spoonfuls of food had upon them, producing an almost intoxicating effect and an instant exhilaration of spirits hardly to be realized unless witnessed," he wrote (112, 114).

At Durban, Elton also recorded several depositions from freed slaves who had been caught up in the Mozambique Channel slave trade from ports in Mozambique to the Comoro Islands and northwest Madagascar. Maria, a Makua woman, said that she was kidnapped by a Muslim man as she searched for crabs along the shore:

He seized me and put a collar round my neck. He took me to a house in a village and put me in the house. Slaves are put one by one into the house, so that it may not be known they are there. Umkumba Muntu is the Mussulman. He is black, and is set over us by the Portuguese; he takes the people as slaves and barters them. Umkumba Muntu did not actually catch me. The dhow comes, the men catch as many of us as they can, and they pay a royalty for each slave to Umkumba Muntu. Sometimes when a ship comes, Umkumba Muntu gives orders to his men to collect slaves. When the dhow that we left in sailed, there were still four dhows loading with slaves. The slaves are packed in the night, and they sail during the night. I, with these others (picking out some dozen of the freed slaves), have been six months in one house imprisoned, waiting for a dhow. Mozambique is the nearest town to where Umkumba Muntu lives. All the slaves come from the country around the town of Mozambique. I come from close to Cabaceira [on the mainland, opposite Mozambique Island]. . . . Where the dhow came from is a large river, as large as the Jugda, called Umnapa; the next river to the south of Umnapa is Kivolane [Quivolane]; the next is Umfusi [Infusse]. Dhows come to these rivers constantly for slaves. Umkumba Muntu governs the country under the Portuguese. Slave dhows go to an Arab country. They wear Arab gowns (points one out). This ship was going there. I was slave to Umsaji, Patron Moro. He did not sell me, I was kidnapped. (115–16)

From another group of freed slaves at Durban who also came from the area controlled by Umkumba Muntu, Elton learned further: "We were ten days on board before we were captured. We saw no Portuguese whilst we were being collected. They were Arabs who collected us. We were packed closely in tiers one above the other. Those of us who died, died of starvation; they gave us hardly any food and but little water" (116). In September 1875, Elton joined the HMS *Thetis* to suppress the slave trade from this notorious slaving region. During its patrol, the *Thetis* captured a slave dhow with 250 slaves and fifty-three crew. According to the account of Captain Ward of the *Thetis:*

The slaves were stowed on two decks, squatting side by side in such a position as neither to allow of their standing up nor lying down, nor of moving for the purpose of obeying the calls of nature; indeed, the stench in the hold showed plainly that these poor creatures were compelled to squat in their own excrement. They had been only three days from their last port, and, therefore might be expected to be in exceptionally good condition. Some of them were, however, much emaciated, and fifty-three of them were suffering from a most virulent and loathsome description of itch, which gave us some trouble from the necessity which it entailed of isolating them as much as possible. Notwithstanding every care from the medical officers of the ship, three have died since they were received on board; and from the wretched state of the dhow's 'tween decks, which appeared to me to be a pest-house, in which no human being could live for many hours, I can only conjecture that the majority of her cargo would have perished before reaching any port in Madagascar had we not fallen in with her, as her passage, judging from the winds we experienced, would have lasted some five or six days longer. (144)

Elsewhere, Elton describes the extremely poor state of a dhow from the Mozambique coast named the *Kunguru* (Pied-Crow) that the *Thetis* scuttled after capturing its crew and liberating its ninety-three enslaved Makua, who were bound for the Madagascar market. He observed that "it was an open question whether she would have reached Madagascar. The water literally poured in between her beams, and the slaves on the lower deck were up to their waists in it, crowded and packed in a solid mass. The wind was strong, and the sea rising with every promise of bad weather" (169–70).

In 1887, a member of the Universities' Mission to Central Africa (UMCA) published a collection of thirteen life histories, *Kiungani,* that were written by child captives who had been liberated by the British and settled at Zanzibar.[10] A Nyasa boy (probably from the region around the south end of Lake Nyasa) remembered living in a state of constant threat by the Ngoni raiders of the paramount chief Mpezeni. Warfare continued and eventually this boy found himself fleeing capture with his mother and sisters in a field of maize. "I soon fell down, for I was quite a little child; perhaps at that time I was as big as C—(about ten years old)" (21). Following his seizure, he was led away to the country of his captors. After staying a while in Mpezeni's country, the boy was sold by his master to a Yao slave trader, who resold him again. The boy stayed about two years at the town of a great Yao chief (probably Mataka, whose town was Mwembe) in what is today northwestern Mozambique. "I learnt the Yao language there, and forgot my own," the Nyasa boy said. Eventually, he was sold to some Arabs from Kilwa. On the long march to the coast, "[o]nly the little children had no slave-sticks or chains, but the grown-up people were all fastened to prevent their running away." After reaching the coast at Kilwa, he was sold to an Arab. "I remember selling mangos in Kilwa, and I remember trying to know the Swahili language." Once again, his master sold him, in this instance "to an Arab of Muscat, who was a very hard master" (24, 25).

Three days afterwards the Arabs started on their journey to Muscat. First we traveled on foot, and came to a place and slept. The next day we stayed in the same place till sunset, and in the evening we started to go on board a dhow, but we did not go on board, but slept at another place. And there we stayed again till the evening. Then at last we went on board the same dhow, late at night. There were a great many Arabs, seven in all, and a great many slaves in chains. We sailed for three days, and on the fourth day they said that we should reach Muscat the next day. In the night the mast of the galley broke. It did not break off, but was sprung inside.

Caught in this vulnerable position when two British naval vessels, one sail and one steam, found them, the Arabs surrendered and were removed from the dhow,

> but we were left there, with the sailors, in the vessel. For there were a great many of us, and we could not all get into those two boats. We began to move on again with those two boats, the steam-boat towing the dhow for three days, and going after the ship. . . . On the fourth day we saw the ship, at noon. And we were very much afraid, and said, "To-day we shall certainly be eaten. What can that be?" And they said: "It is a house in the water." Well, we saw rigging going this way and that, and three masts, and were afraid, for we did not yet see that our lives were safe. (26–27)

Finally, they were taken on board the ship and the dhow was scuttled. Four days later, they landed at Zanzibar. They were then received by the UMCA Mission, where "[w]e were all laid up for a very long time" (29).

What befell a Makua boy from the interior of northern Mozambique highlights the trauma of constantly being uprooted and sold from one master to another. By the time he was about eight years old, the boy had already been passed from hand to hand since being pawned by his family to pay for an older brother's transgression. Recollecting a moment when he had been separated from his companions, the boy wrote:

> I kept on thinking and thinking, and fancying, "I shall never get to a quiet, settled place, where there is no more going away and being sold over and over again." I kept on brooding over this, and I could not get my food down; yet some of those people pitied me, but I refused to eat. I used to say I had had enough, because I was very, very sad indeed; and, besides, I had no one to play with. (41)

He was finally sold to an Arab from the Comoros and, after a difficult passage by dhow in which they were grounded on rocks, they soon reached the Comorian village of Nyumashuwa, on Mwali, where the boy remained for only ten days before being liberated by the British. He was then sent to Zanzibar by steamship and ultimately sent to Kiungani. "In this ship by which we came we were not at all happy, because some people said to us, 'You are all going to be eaten.' This is why we were unhappy; we did not know they were deceiving us" (44).

A second Makua boy was carried by dhow to Madagascar on a trip that took only two days at sea. He remained at Madagascar for a month and then embarked again by sea. Soon after the dhow left Madagascar, its captain thought he spotted a European ship, "[s]o the captain put the dhow about with all speed, the sail was shifted over, and away we went and sailed all day long, and reached Madagascar at sunset. At first we did not go ashore, but remained where we were in the dhow, but in the night we got out and went to the first dhow in which we had sailed and slept there." They then stayed another twenty days in Madagascar and then repeated the scenario: "[T]he dhow hoisted sail, and was at sea three days" (47, 48). They soon reached Nyumashuwa and stayed there for about a month and a half. In the end, like the other Kiungani boy who had been freed at Mwali, this boy was taken to Zanzibar aboard a British naval vessel. His experience aboard ship included hearing the same tale of cannibalism that marked the narrative of his mate, in this case being told by one sailor that the dry biscuits given him to eat "are made of people's bones." Upon reaching Zanzibar, "the sailors made fun of us, 'We have not got to our journey's end yet.' And we asked them, 'Then why has the anchor been let down into the water?' 'Oh! We are resting a little,' said they. So we said, 'Very well.' We were in that ship a whole month and one week" (49). But eventually, they were taken to the British consul and then to Kiungani for safekeeping by the UMCA.

The account of a Bemba boy is especially effective in conveying both the conditions of his confinement on board the dhow that was carrying him to Pemba and the capture of the dhow in which he and others were being transported:

There were two dhows there, one smaller than the other, but sailing faster than the one we got into. When we got into the dhow, it was quite night time, perhaps the time we go to evening service (8.30 P.M.), and when we went into the water it came up to our necks. Then we got into the dhow, and were arranged in order, and the Arabs weighed the anchor, and we put out to sea, and lay down for three or four days. It was a very large number of people who went on board, with goats, and fowls, and a large stock of food. But the Arabs were very cruel during the voyage, and because we were in a dhow we were told that the Europeans were bad people, but we thought, "Never mind, they can't be worse than you. You torment us for nothing." . . . [When] it was four o'clock in the morning we heard a cannon-shot over the sail, and the Arabs cried "Oh! Ah! the English!" When the English boarded the dhow, everyone said, "I am a slave, sir." For when we were caught by the English we were glad. But when I thought about my home, I cried. (35)

A final testimony from the Kiungani children comes from a boy whose home was in Bunyoro, in the far west of modern Uganda. He was first captured in a Ganda raid when he was about three years old and lived there in nine different locations until he was sold to a Swahili and marched by caravan to the coast at Bagamoyo, a journey of more than one thousand miles, twice changing owners at Unyanyembe. Sold again at Bagamoyo, he was moved with some other slaves north to Winde, then to Saadani, Mbuyuni, Kipumbwe, Kikwajuni, Pangani, and, finally, Tanga, by which time the group of slaves numbered fifty-two, "many more women than men, perhaps thirty grown women, many young, and only a few with children, about six. Then there were about four boys and seven Arabs."

That very night we embarked in a dhow with five Arabs, two remaining on shore. We embarked in a dhow with five Arabs and sailed. The first day we had bananas to eat, the second day unripe mangoes, and the third day the same as the second, both the third and the fourth. Those three days there was rain with bursts of sunshine on the sea, but water to drink there was not a drop. On the fourth of these days the sea was very rough, but we went on till four o'clock, and then we came near Pemba. (112)

While the Arabs decided whether or not to head into the customhouse, their dhow was found by the HMS *London,* which seized the dhow and released the captives to the British consulate at Zanzibar.

The UMCA continued to encourage its most notable African members to record their life experiences to serve as exemplars to others. In 1937, Padre Petro Kilekwa published his autobiography with the provocative title of *Slave Boy to Priest.* Like the homes of several boys from the Central African interior whose histories are preserved in the earlier UMCA volume, Kilekwa's Bisa home near Lake Bangweulu, in what is today northwest Zambia, was plagued by slave raiders. When he was first seized, Kilekwa's mother tried to ransom him from the coastal slavers who possessed him, but she could not raise the eight yards of calico they demanded. "She was very sad and cried bitterly and I cried bitterly too, 'Woe is me, mother,' because I was leaving my mother and my relations and my country."[11] The rest of this part of his story reprises in many respects the stories of the other boys taken from this part of the interior: being handed over from one master to another, residence near Mwembe in Yaoland, and finally passage to the coast, which he reached at Mikindani, to the south of Kilwa. He was soon marched for three days north along the coast.

On the third evening we saw a big dhow and that same night we went on board and all the slaves were placed on the lower deck. We traveled all night and in the morning we found that we were in the midst of the sea and out of sight of land. We went on thus for many days over the sea. At first we had food twice a day, in the morning and in the evening. The men had two platefuls and the women two and for our relish we very often had fish, for our masters the Arabs caught a large number of fish with hooks and line. But because the journey was so long the food began to run short and so we were hungry, and also water was short and they began to mix it with salt water.

After a long time at sea we drew near to land and we went on shore to try to get food and water. We stayed on shore one day and we got a little food and some water. The next day we pushed off. On the third day we heard our masters the Arabs exclaiming: "Land, land! Muscat." But we passed on without landing because the wind was high and our vessel was driven into a harbour in the Persian Gulf.

In the morning the Arabs began to order us down to the lower deck, and those who were unwilling to leave the upper deck were shut in the centre of the lower deck and we were told, "Europeans are coming! They have sighted us. Their boat is a long way off. They do not want us Arabs, certainly not! But they are after you slaves and they will eat you and they will grind your bones and make sweetmeats of them. Europeans are much whiter than we Arabs are—hide yourselves."

All the time the vessel kept moving. We did not stop for an instant, till we heard, "Lower the sail," and they began to lower it. At that time some of the Arabs grasped their swords and one man had a gun. The European boat overtook us quickly and drew up close to our dhow. And one Arab began to dance about with his sword in hand but the other Arabs stopped him. The Europeans demanded, "Have you any slaves on board?" and the Arabs answered, "No, we have not any." However, a European and some black men came on board and searched for us, and officers and sailors were ready in their boat with guns and cutlasses so that if any of the Arabs made trouble they could fight with them. A European and a black man peered down into the lower deck and saw us slaves, ever so many of us, and when we saw the face of the European we were terrified. We were quite certain that Europeans eat people but the European said to the black man: "Tell them not to be afraid but let them rejoice," and the European began to smile and to laugh. And the sailor and the black man told the other Europeans who were on the boat, "There are slaves here, ever so many of them." (14–15)

After a few days on a nearby island, they were collected by HMS *Osprey* and carried on to Muscat, although the freed slaves still harbored fears of being eaten, so that "we thought that the brown sugar which they gave us was made out of the bones of our fellows who had been captured before us." At Muscat, they remained in the compound of the British consul and helped to take care of other liberated slaves who were disembarked there. "We forgot all our fears when we were slaves and expecting to be killed and eaten and to have our bones made into sugar by the Europeans, but we felt sad about being far from our relations and our homes and we wondered what our end would be" (16, 17). Like Olaudah Equiano and the first generation of Atlantic freed slaves who penned their autobiographies, Kilekwa became a sailor—in the Royal Navy. Kilekwa joined the navy during the period 1885–87, before finally being chosen for education in England and a vocation as an Anglican priest.[12]

A few years later, in April 1893, a British naval lieutenant gave the following detailed account of what transpired upon boarding an Arab dhow flying French colors:

Whilst examining the papers, one of my boats crew lifted the hatch and at once a number of children (17) made a rush on deck, they having been stowed under close hatches amongst the wood cargo; as passengers going of their own free will would certainly not be stowed away in such a manner, and as the passenger list, where ages were mentioned, showed ages from 16 to 40, and these were all children, I considered myself justified in ordering the captain of the dhow to lower his sail, and in instituting a further search, in the forepart of the dhow we found five more stowed in crevices of the wood cargo, and finding the cabin under the poop locked I demanded the key, which after some demur was produced; on entering we found two women and five boys in total darkness, and with no ventilation, the stern and the side windows having sheets of tin nailed over them, and matting again over that; we sent them on deck, and a light being struck, I saw again a small trap hatch in the deck which I at once ordered to be opened; as the hatch was lifted a most piteous cry came from the utter darkness below, and twenty little arms were stretched up to us out of this horrible hole; we lifted one or two at a time, five or six women, and upwards of forty children; the heat and stench were something fearful, the

place being without vestige of ventilation, swarming with rats, cock-
roaches, and other vermin, and a close hatch over it. When the children
were freed they cried most piteously for water, which was at once given
them; they then asked eagerly for food, and I saw one of them devouring
orange peel.

When the dhow took in to anchorage, the scene was piteous, the women
and children struggling for the food; in fact we had considerable difficulty
at first in preventing the smaller and weaker ones, the children of apparently 6 or 7 years of age, being injured in the rush. The captain stated that
they were all on board and going to Muscat of their own free will, and that
had all been before the French Consul [at Zanzibar]. I then had them
interrogated, individually, and they all denied that they had ever been
taken before the French Consul at all, and seventy of them declared that
they had been brought on board at night against their own will during the
last three nights and kept under close hatches since whilst seven stated that
they were willing to go to Muscat, there being seventy-seven in all.[13]

This moving narrative reflects the same kind of abolitionist fervor that permeated official British anti–slave-trade circles in East Africa and that was
expressed twenty years before by Frere and Elton.

There are relatively few first-person accounts from northeast Africa. A
missionary-based narrative of capture and transport to the coast comes from
a woman named Medina who appears to have been from somewhere in the
slaving frontier of the modern Republic of the Sudan, perhaps from the
southwest of Bahr al-Ghazal or the far west of Darfur, and who eventually
became a Christian convert. Recorded in Bahrain in the mid-1940s, when
Medina was about seventy, hers is an exceptional account of the eastern
slave route from middle Sudanic Africa to the Red Sea and Arabia.

The first thing that I can remember of my childhood is that some white
men, Arabs, came to our village in Africa. The men of our village were all
out in the fields. The women and children were forced to gather in the
open place in the village. The men had sticks and guns, and of course we
were frightened and did as we were told. I think I was about five. My
mother had my baby brother in her arms, another brother at her side, and
my sister and me on the other. My sister and I never saw them again. I
think they were killed. We were forced to leave the village with many
other girls of our age.

We were not allowed to take anything with us, not even food. We had
to find what we could along the way, gathering leaves from the trees in the
jungle. We trudged along day after day, but it was bad and many of us

became sick. My sister became very ill and could not go another step. Then before my eyes they beat her to death. It was terrible. I wanted to die too, I was so lonely and unhappy, but I soon learned that crying did not help for the men with the sticks would beat us more and more.

We walked for weeks and weeks and finally came to the city of Khartoum. Never before having seen a city before, we were frightened and then relieved when they said we were going to the sea in boats. We walked many miles more and finally arrived at the Red Sea, a much smaller group than when we had left our village.[14]

Medina's account of her long journey from beyond Khartoum and thence on to the Red Sea, which was probably undertaken in the late 1870s, has elements of Swema's harrowing caravan experience half a continent to the south. In Medina's short recollection of crossing the Red Sea, a voyage that she says took sixty days due to the absence of wind, everyone was reduced to drinking salty water, which aggravated their thirst, and many captives died. "Some jumped overboard, but the men with sticks prevented many of us from doing so for that would have meant less money for them when we were sold."[15]

At this point, I want to make several observations about the experience of capture and enslavement within Africa. First, the several accounts I have presented illustrate the different ways in which individual Africans came to be caught up in the slave trade, ranging from warfare to large slave raids to kidnapping, debt pawnage, stealing, and subterfuge. These accounts also reflect the different processes by which individuals were transported from the interior to the coast. In some cases, these individuals were marched directly from the time of capture to the coast in the clutches of their original captors or were seized near the coast. In other cases, captives passed through the hands of several owners. For some, the passage to the coast was relatively short, a matter of only a few weeks; for others, passage could take years and involved several distinct African experiences of enslavement. In the most extreme of these cases, individuals such as the unnamed Nyasa boy whose story is recorded in *Kiungani,* and Petro Kilekwa, this process involved the breaking and refashioning of social bonds as these children adjusted to what they thought would be a new life within the family and society in which fate had deposited them. Although we feel deeply the expressions of the severing of real kinship bonds in some of these narratives, we can also see the ties of fictive kinship slowly beginning to form. Sometimes captives were apparently able to speak their native language from the moment of their seizure to the point of their sale at the coast, but others had to learn new languages in moving from the interior to their ultimate destinations, and some lost their mother tongues altogether. Thus, Petro Kilekwa learned Nyasa, and the Nyasa boy learned Yao and had begun to learn Swahili, even as he forgot his own language. Their experiences confirm what is known from other sources about the importance of language acquisition in the Angolan slave trade, for example, where Kimbundu became a lingua franca for captives on the long passage from the interior to the coast.[16] With the exception of the Makua woman from Cabaceira who was seized near the coast, the one element missing in these particular narratives is the experience of being held at the coast in barracoons, or holding pens, which many contemporary sources reported at the coast. Indeed, the need for captives to communicate among themselves under these circumstances also would have encouraged a process of language change.[17] Taken together, these adjustments during the initial period of capture and transportation are significant because they anticipate the larger processes of adaptation that came to dominate African cultures in the diaspora.

Recent scholarship on the Atlantic slave trade suggests that, rather than being a caesura that separated Africans in the diaspora from all meaningful Africa cultural memory, the middle passage represents an extension of adaptations already begun in Africa from the time of initial capture and a transition to those that would evolve in the different places of the diaspora. For example, the Nigerian historian Okun Uya speaks of "new ties of kinship during that cruel journey" and gives as evidence a variety of names signifying a kinship born of sharing the experience of the middle passage.[18] This phenomenon, I would add, more generally reflects a kind of fictive kinship that also served to incorporate strangers (including slaves) into African family structures. In the case of the Kiungani children, such community was found, if not during the middle passage, then in their common experience within the community created by the UMCA on Zanzibar. For cargoes that included captives from more than a single language group, as was usually the case, the process of learning other languages, both African and European, would also have continued during the middle passage. In other words, for those who survived the middle passage, the likelihood is that they would already have begun a process of cultural transformation that we can call creolization, or hybridization, before leaving the ship, a process that, as I have suggested, began even before they left the continent. In the case of the mission boys whose stories I have examined here, that process seems to have ended with their Christianization and their adaptation of a different kind of life that was based, at least in part, on their acceptance of a mixture of British missionary and East African coastal (i.e., Swahili) social and cultural norms. Similarly yet differently, Swema found her family within the Catholic order into which she was admitted as a novice.

While there is no equivalent for the Indian Ocean trade to the kind of maritime and commercial record-keeping for the Atlantic trade that has allowed sophisticated computer analysis, the available evidence clearly indicates that the middle passage was not much different to the east of the Cape of Good Hope. Conditions on board both European and Arab ships were wretched, and mortality rates for the French slave trade to Mauritius in the last decades of the eighteenth century resembled those for the Atlantic trade.[19] As Medina's brief glimpses indicate, despite the horrific, deliberately dehumanizing conditions of the middle passage, enslaved Africans did not always surrender meekly to the inevitability of their bondage. Indeed, the same spirit of resistance that she records is evident in the testimony of one Mariamo Halii, a seventeen-year-old Comorian woman from Ngazidja who was kidnapped by a group of Comorian soldiers from the rival island of Nzwani. Their first night at sea, the vessel in which she and about thirty other captives were being transported was forced to take shelter at Mwali by a storm, and because they had neither food nor water, the ship's captain went ashore to replenish their supplies: "We heard him say referring to us: 'They are only children and will be afraid to leave in this strange place.' The moment they were out of sight, I and four of my companions jumped overboard and waded on shore and ran inland till we came to some woods."[20]

Historians now know that shipboard revolts were a much more significant factor in affecting the patterns and practice of the Atlantic slave trade than has previously been imagined.[21] While the evidence is hardly comparable for the Indian Ocean, one record that survives shows that on January 23, 1788, enslaved Makua on board the French ship *La Licorne* staged a revolt while still in sight of land. Although this uprising was subdued in an hour and the leader thrown into the sea, it signaled an endemic problem of the slave trade.[22] Indeed, like their Atlantic counterparts, French slave traders embraced ethnic stereotypes about the docility or aggressiveness of different African groups. Thus, according to Épidariste Colin, writing about different Africans who were available for purchase at the slave market of Mozambique Island in 1804, the Makua "are almost always those who instigate shipboard revolts, and it is necessary to watch them carefully."[23]

What I am suggesting is that enslaved Africans, whether they actively resisted their subjugation through revolt or simply endured the trials and tribulations of the middle passage, did not lose their awareness of being human and of sharing a common experience, whether they thought of themselves as "African" or not. Depending on whether they were enslaved as adults or children, and whether their trip overland from their home area had been direct or interrupted by the kinds of residencies described in several freed-slave narratives, their sense of identity may already have begun to change or, at the very least, have become complicated by their experiences en route to the coast and aboard ship. Put plainly, the middle passage effaced neither what the Africans brought with them from their indigenous cultural heritage nor those elements of other cultures that they acquired in this process, including the middle passage. Like Africans who were transported across the Atlantic or Sahara, those who arrived at their Indian Ocean destination were armed with their own cultural inheritance (however damaged or affected) and the experience of cultural exchange and adjustment that they had learned from the moment of their capture to the moment of their arrival at the first of their external destinations.[24]

NOTES

1. Maria Diedrich, Henry Louis Gates Jr., and Carl Pedersen, eds., *Black Imagination and the Middle Passage* (Oxford: Oxford University Press, 1999).

2. Colin Palmer, "The Middle Passage," in *Captive Passage: The Transatlantic Slave Trade and the Making of the Americas* (Washington, D.C.: Smithsonian Institution Press, 2002), 75.

3. Edward A. Alpers, "The Story of Swema: Female Vulnerability in Nineteenth-Century East Africa," in *Women and Slavery in Africa,* ed. Claire C. Robertson and Martin A. Klein (Madison: University of Wisconsin Press, 1983), 85–219.

4. In the context of the slave trade in nineteenth-century eastern Africa, *Arab* designated any coastal Muslim who was involved in the slave trade.

5. Alpers, "Story of Swema," 194.

6. Ibid., 212.

7. *Anti-Slavery Reporter,* 15/99 (September 16, 1867), in *A Collection of Documents on the Slave Trade of Eastern Africa,* ed. R. W. Beachey (London: Rex Collings, 1976), 92.

8. Sir Bartle Frere's report of May 29, 1873, in Beachey, *A Collection of Documents,* 28.

9. J. F. Elton, *Travels and Researches among the Lakes and Mountains of Eastern and Central Africa* (London: Frank Cass, 1968 [1879]), 76 and 87.

10. A. C. Madan, trans. and ed., *Kiungani; or, Story and History from Central Africa. Written by Boys in the Schools of the Universities' Mission to Central Africa* (London: George Bell and Sons, 1887).

11. Petro Kilekwa, *Slave Boy to Priest: The Autobiography of Padre Petro Kilekwa,* trans. from Chinyanja by K. H. Nixon Smith (London: Universities' Mission to Central Africa, 1937), 10.

12. See Olaudah Equiano, *The Interesting Narrative and Other Writings,* ed. Vincent Carretta (New York: Penguin, 1995). For Kilekwa's experience in the Royal Navy, see *Slave Boy to Priest,* 18–24.

13. A. B. Grenfell, April 11, 1893, Foreign Office confidential print, in Beachey, *A Collection of Documents,* 99–100.

14. R. S. Luidens, *From Slavery to Freedom* (New York: Department of Women's Work, B.F.M., Reformed Church in America, n.d.), reprinted in Cornelia Dalenberg with David De Groot, *Sharifa* (Grand Rapids, Mich.: W. B. Eerdmans, 1983), 92–93.

15. Dalenberg and De Groot, *Sharifa,* 93. I owe my ability to date Medina's story to Russell L. Gasero, Archives of the Reformed Church in America, e-mail to author, August 19, 2004.

16. Robert W. Slenes, "'Malungu, Ngoma's Coming!' Africa Hidden and Discovered in Brazil," in *Mostra de Redescobrimento: Negro de Corpo e Alma, Black in Body and Soul,* ed. Nelson Aguilar (São Paulo: Associação Brasil 500 Anos Artes Visuais, 2000), 222–23 and n5; cf. C. Schlichthorst, *O Rio de Janeiro Como é 1824–1826 (Huma vez e nunca mais)* (Rio de Janeiro: Editora Getulio Costa, 1943), 139–40.

17. For barracoons around Quelimane in Portuguese East Africa and British naval patrol efforts to destroy them, see (Lieutenant) Frederic Lamport Barnard, *A Three Years Cruise in the Mozambique Channel* (London: Dawsons of Pall Mall, 1969 [1848]), 37 and 137; (Captain) George L. Sullivan, *Dhow Chasing in Zanzibar Waters and on the Eastern Coast of Africa: Narrative of Five Years' Experience in the Suppression of the Slave Trade* (London: Dawsons of Pall Mall, 1967 [1873]), 80–81.

18. Okun Edet Uya, "The Middle Passage and Personality Change among Diaspora Africans," in *Global Dimensions of the African Diaspora,* 2nd ed., ed. Joseph E. Harris (Washington, D.C.: Howard University Press, 1993), 93; see also Gwendolyn Midlo Hall, *Africans in Colonial Louisiana: The Development of Afro-Creole Culture in the Eighteenth Century* (Baton Rouge: Louisiana State University Press, 1992), 159–60.

19. Richard Allen, "The Mascarene Slave-Trade and Labour Migration in the Indian Ocean in the Eighteenth and Nineteenth Centuries," *Slavery & Abolition* 24, no. 2 (2003): 39.

20. "Deposition of Mariamo Halii a freeborn native of Grand Comoro. Age 17," 1883, Zanzibar National Archives, AA1/48.

21. David Richardson, "Shipboard Revolts, African Authority, and the Atlantic Slave Trade," *William and Mary Quarterly* 58, no. 1 (2001), available at www.historycoop.org/journals/wm/58.1/richardson.html (accessed January 15, 2007); Eric Robert Taylor, *If We Must Die: Shipboard Insurrections in the Era of the Atlantic Slave Trade* (Baton Rouge: Louisiana State University Press, 2006).

22. Jean Mettas, "Ports autres que Nantes," in *Répertoire des Expéditions Négrières Françaises au XVIIIe Siècle* 2, ed. Serge Daget (Paris: Société Française d'Histoire d'Outre-Mer, 1984), 93.

23. Quoted in Alpers, "Becoming 'Mozambique': Diaspora and Identity in Mauritius," in *History, Memory and Identity,* ed. Vijayalakshmi Teelock and Edward A. Alpers (Port-Louis: Nelson Mandela Centre for African Culture and University of Mauritius, 2001), 123.

24. For my thinking on this aspect of the African diaspora in the Indian Ocean, see my "Recollecting Africa: Diasporic Memory in the Indian Ocean World," *African Studies Review* 43, no. 1 (2000): 83–99, and "Becoming 'Mozambique.'"

The East African Middle Passage

David Livingstone, the Zambesi Expedition, and Lake Nyassa, 1858–1866

IAIN McCALMAN

IN JANUARY 1859 THE DOUR Scottish explorer David Livingstone was in a buoyant mood, a rare occurrence in a man who habitually scared his European companions with long bouts of silence, explosions of paranoid sarcasm, and an inflexible intolerance of people with constitutions weaker than his. As his six European companions and handful of Makololo bearers chugged up the Shire River in a small steel-plated steamboat, Livingstone allowed himself a moment of self-congratulation for having snatched his Zambesi expedition from the ashes of failure.

A year earlier, on the crest of his British celebrity as a missionary hero and best-selling author, he had persuaded the Foreign Office to finance a costly expedition up the Zambesi River in East and Central Africa in order to explore trade, mission, and colonial possibilities within the fertile Batoka highlands of what is now Zambia. Whatever the foreign secretary's private misgivings, it was impossible to resist the wave of popular adulation that Livingstone's muscular travel memoir, *Missionary Travels,* inspired in a British population depressed by the costly bumbling of the Crimean War and the scary Indian Rebellion of 1857. By contrast, Livingstone's visionary confidence when lecturing at churches, town halls, and universities around the British provinces during 1856–57 had carried all before him. On March 10, 1858, a formidably equipped and experienced party left England for the east coast of Africa: in addition to Livingstone himself and his wife and son, Mary and Oswell, it included a naval officer, a geologist, an artist and store keeper, an engineer, a physician-botanist, and Livingstone's clergyman brother, Charles, who was to serve as a moral instructor and photographer.

As always, there were early hiccups: Mary and Oswell had to leave almost at once when it became obvious that she was again pregnant. David Livingstone's visceral dislike of the pompous, rule-bound naval officer Norman Bedingfield led Livingstone to dismiss the steamboat captain within three months of their arriving at the Zambesi river mouth. Various types of fever and dysentery that were endemic in low-lying delta country also immediately afflicted the Europeans. But discomfort turned to disaster in November 1858. After taking several months to force their way along the rapidly shoaling upper reaches of the river, Livingstone and a small advance party reached the impassable forty-mile-long cataracts of the Kebra Bassa gorge whose steep surrounding hinterland also ruled out any possibility of an overland bypass. Despite Livingstone's myopic refusal to face harsh facts, even he eventually had to concede that the Batoka highlands were inaccessible by water and that the broken terrain and prevalence of tsetse flies precluded any major overland expeditions by oxen, horse, or mule.

For a short time the expedition teetered, until Livingstone displayed his almost pathological resilience by abruptly reformulating the mission. After consulting with a Portuguese merchant who lived in the river port of Tete (someone Livingstone ordinarily despised), the missionary decided instead to explore the navigability of the Shire, a northern tributary of the Zambesi that forked off about one hundred miles from the coast. According to rumor, the Shire River snaked through a fertile hinterland that was also high enough, and therefore healthy enough, to sustain European trading, missionary, and colonial populations that would otherwise be vulnerable to malaria at lower elevations. Livingstone's insatiable explorer's ego was also excited by rumors that the river connected with the southern end of a vast inland lake, known as Nyanja Ninyesi, or Lake of the Stars, a lake that was as yet "undiscovered" by Europeans—or so Livingstone persuaded himself. And although the Shire had the disadvantage of being accessible only through Portuguese-held territory, he also convinced himself and his Foreign Office masters that he was certain to discover a further navigable river at the northern end of the lake that would in turn open up a passage to the East African coast beyond Portugal's territorial remit.

Despite the feeble "coffee grinder" steamboat engine of the *Ma Robert,* which could barely cope with the mild river current, and the vessel's hemorrhaging steel plates, which steadily filled the hold with water, the opening months of 1859 brought no diminution in Livingstone's hopes. Though narrower than the Zambesi, the Shire's central channel appeared considerably deeper. Abundant flowers, brilliant butterflies, and scores of exotic birds made him feel like someone entering the Garden of Eden. He rhapsodized that "the delight of threading out the meanderings of upwards of 200 miles of a hitherto unexplored river must be felt to be appreciated."[1] He reported to the Foreign Office that the Manganja on both sides of the river were a skilled agricultural and manufacturing people: they cultivated two native strains of cotton, were expert ironworkers, and grew staple crops like cassava, maize, mapira, and rice.[2] He failed to mention that the party's Europeans were already showing signs of physical and mental disintegration from a dangerous form of cerebral malaria, as well a host of other endemic parasitical diseases like amoebic dysentery and schistosomiasis. He ignored signs that the Shire, like the Zambesi earlier, grew ominously more shallow as they moved southward toward the same latitude as the Kebra Bassa rapids. Most disquieting of all, he seemed not to notice that the Manganja along the riverbank were nervous and hostile because of their chronic fear of Arab slave raids.

Even having to abruptly stop the *Ma Robert* when they encountered thirty miles of Shire cataracts tumbling down twelve hundred feet did not strike Livingstone as a critical setback. He declared that the flat surrounding countryside would make land circumnavigation relatively easy. A disassembled steamer could be carried around the Murchison Falls, as he named them, and reassembled in the river's deeper upper reaches. Later a proper road could be built. By March he was writing to the Foreign Office, outlining his plan to lead a land expedition to locate the lake and subsequently to take a portable steamer to map its coastline until he reached the northern river outlet, which he was certain flowed from the lake to the east coast of the Indian Ocean. He further reported that the Shire lowlands would be eminently suitable for the introduction of European cash crops such as rice, sugarcane, and cotton and that the beautiful Shire highlands would be hospitable both to missionary efforts and to the development of a colony for Britain's urban poor.[3] This colonial vision now became the essential agenda of the Zambesi expedition, a raison d'être sufficiently compelling to generate fresh funding and a new vessel from the British government in 1860 and, early the following year, a batch of eager missionaries from the Anglican Universities' Mission to Central Africa full of excited dreams of bringing Christianity to the Manganja people.

Livingstone could not then know that, by the lights of these escalating colonial ambitions, the reformulated Zambesi expedition was about to plunge into a much deeper and more tragic phase of failure. Most of Livingstone's many biographies expend as little space as possible on the story of a five-year expedition that turned out to be costly in lives and public money, made no real geographic discoveries, and generated an embarrassing litany of lies, quarrels, and misjudgments. I want to argue, however, that Livingstone's seemingly disastrous Zambesi expedition actually proved to be a key moment of modern discovery, though not in the way that he had originally hoped. Although David Livingstone was not, in fact, the first European to locate the great inland sea of Lake Nyassa, he was the first to diagnose and publicize its pivotal role as the middle passage of the East Africa coastal slave trade, which in turn powered the bulk of the mid-nineteenth-century Arabic and Portuguese Indian Ocean slave trades. Other middle passages might be much better known, but few were worse in their overall consequences. Moreover, Livingstone not only uncovered this hidden East African middle passage, he also suggested how it might effectively be shut down in the future, a prescription that began to be implemented within a decade of his death. By this analysis the failed Zambesi expedition turns out to be unequivocally the most significant of Livingstone's celebrated explorations.

I

Livingstone's first attempt overland in March 1859 to find Lake Nyassa, accompanied by the botanist-physician John Kirk, produced only a distant glimpse of blue waters from a mountain peak, but it also brought his first sobering realization of the scale of the surrounding slavery problem. The march from Murchison Falls led him to the edge of the tribal territory of the Ajawa, or Yao, people, who had made themselves the potent middlemen of the Arab and Portuguese slave trade. A restless trader tribe that had moved from farther east to occupy lands at the southern end of the lake, the Yao had converted to Islam, intermarried with Arab slave entrepreneurs, acquired the crucial advantage of muskets, settled in among the Manganja, and then had begun to prey ruthlessly on their more settled and agricultural hosts.

Considerably sobered, Livingstone returned to Portuguese Tete to pick up supplies and reinforcements. With a larger party of four Europeans and thirty-odd Makololo bearers, he left his base at Murchison Falls in August 1859. By the time they completed the tough two-hundred-mile march to reach the southern edge of the lake on September 16, Livingstone's mood had soured into black depression. Although the lake proved achingly beautiful, with white sandy beaches, iridescent waters, a tumbling surf, and a high mountainous hinterland, the expedition could afford to give it no more than a cursory look because all the Europeans were by now badly afflicted with malaria and intestinal dysentery. And though Livingstone for the rest of his life claimed primacy as the lake's European discoverer, he was embittered by a secret realization that the Portuguese trader who had drawn him a crude map at Tete had obviously reached there in 1846. Livingstone would have been even more depressed if he had known that another Portuguese trader had visited there a century and a half earlier.

Worse still, on the southern tip of the lake, near present-day Mangoche, the expedition saw signs of its first major Arab slave party. Livingstone and his companions guessed its presence from the hostility of the Manganja tribes en route: terrified local villagers refused to sell food and brandished poisoned arrows and pangas whenever Livingstone's party approached. The Manganja were responding to the double threat of local Ajawa raiders and of the passing Arab slave caravans themselves, since the latter were prone to make up any slave losses with some opportunistic hunting of their own. The caravan that Livingstone's party encountered was led by a handful of Somali-Arab traders armed with muskets. In front of them eighty-four newly purchased slaves marched, to the sound of kudu-horn trumpets, in long straggling lines, their heads clamped within forked and stapled goree sticks and their backs bowed with ivory and other trade goods to offset the costs of feeding them en route. Helpless to intervene, Livingstone had to endure the shame of being offered children for sale. Though tempted to buy their freedom, he knew they would instantly be resold by the demoralized Manganja tribal leaders.[4]

It dawned on him that this was not an isolated example: the party had stumbled onto one of the busiest Indian Ocean slave routes. It began at Katanga in today's Congo, skirted the southern edge of the lake, crossed the Shire, then snaked overland to Kilwa on the Mozambique coast. As they proceeded, the slaver parties gained fresh infusions of slaves from the Yao for the paltry cost of a few yards of calico. From Kilwa or Ibo the slaves might go north to work on the sultan's Zanzibar plantations or catch the monsoon winds on sea-going dhows destined for Persia and the harems of Turkey, or they might be filtered discreetly by the Portuguese toward the plantations of Cuba or the French Indian Ocean islands such as Bourbon, today's Réunion.

It was nearly two years before Livingstone was able to marshal resources for a more sustained exploration of the lake. This time, beginning in August 1861, his new party of five Europeans rowed and sailed a four-oared sailing gig up the Shire that was then carried by Makololo bearers around the cataracts and into the smooth upper reaches of the river. On September 2 they sailed through the small reed-encased feeder-lake Pamalombe and entered the deep waters of Lake Nyassa at its southern tip. At first they were exhilarated by the cool breezes, clear freshwater, abundant edible fish, densely populated shore villages, and lofty wooded highlands bordering the west coast. The lake's great depth was, they recorded, "indicated by the colour of the water which on a belt along the shore, varying from a quarter to half a mile in breadth is light green, and this was met by the deep blue or indigo tint of the Indian Ocean, which is the colour of the great body of Nyassa."[5] For a brief moment dreams of a future Shire highlands colony reignited. Then began a series of setbacks that were to make this the most testing and demoralizing of all Livingstone's explorations. Almost at once, they reached the village of Chitanda, which proved to be the southernmost of a network of crossing points for ferrying slaves across to the eastern shore of the lake. Here, as Livingstone and his companions slept, they were robbed for the first time, losing not only essential provisions but the trade cloth on which they depended for future food supplies. To speed the possibility of reaching the lake's northern end, Livingstone then divided the party: he would lead the Makololo in a march along the shore, while Kirk, Livingstone's brother Charles, and an expert Irish seaman, John Neil, would sail the gig.

It is difficult to say which group fared worse. The sailors quickly learned that this was no ordinary lake but a savage inland sea whose far shore, more than fifty miles distant, could rarely be seen through the mist. Worse than the blistering heat, the bone-aching dengue fever and falciparum malaria that made them too weak to row, or the clouds of tiny kungo flies that blackened the sky and blinded them were the storms. They had inadvertently entered the lake during the season when it was most ravaged by the cyclonic northeasterly winds from Mozambique, known as the Mwera: winds so strong that they generated fifteen-foot waves and ripped huge trees from the ground. Charles Livingstone described their first experience of a Mwera's erupting in the midst of calm: "[S]uddenly and without any warning was heard the sound of a coming storm, roaring on with crowds of angry waves in its wake. . . . The waves most dreaded came rolling on in threes, with their crests driven into spray, streaming behind them. A short lull followed each triple charge. Had one of these white-maned seas struck our frail bark nothing could have saved us."[6] Neil, who had sailed in the fiercest Atlantic storms, had never seen anything like it. Day after day the sailors were forced to crouch helplessly on the shore until the gales abated. The sailors voted to change the lake's name from Lake of Stars to Lake of Storms.

Livingstone's land party, having long ago lost sight of the gig amid the spray and mist, was finding walking conditions to be no better. So steep and slippery were the mountainous ravines on the west coast that Livingstone and the Makololo were often forced to crawl on their hands and knees, scrabbling for handholds. Ten hours of backbreaking climbing advanced them a paltry five miles. To his horror Livingstone also learned that the northern coastal tribes were being decimated by a ferocious Zulu offshoot, the Ngoni, or Mazitu, whose raids left villages in ashes as they swept in with assegais to kill all but a handful of children who were then assimilated into the tribe. He encountered hungry Manganja fugitives living on floating beds of reeds or perched in temporary huts on steep rock ledges. Shivering with malaria, Livingstone bypassed mounds of still-putrid corpses or crunched over carpets of bones and skulls picked clean by the ants and bleached white by the sun.

On top of this, both the gig and the land party saw overwhelming evidence that "the Lake slave trade was going on at a terrible rate."[7] Arab dhows were plying a regular passage across to the east coast of the lake at a series of established crossing points. Packed into putrid holds and strapped to bamboo racks that were piled in three or more layers, the slaves lay face down in the stifling heat in their own excrement, as the lateen-rigged dhows battered through the waves to the opposite side of the lake. It was the slaves' first experience of an interwoven series of overland and waterborne trips that constituted the East African middle passage, before they eventually wound up in the clove fields of Zanzibar, the harems of Turkey and Saudi Arabia, or the sugar plantations of Cuba and Réunion.

Trying to reenact that passage eventually proved too much for Livingstone's European sailors; after enduring several weeks of storms, sunburn, fever, hunger, and menacing island pirates, they turned back. They had traveled 220 miles westward, and, as we now know, still had 140 miles to go before they reached the lake's northern end. Livingstone, whom they luckily reencountered on shore a few days later, was in an equally bad way. He had made even less progress but alternated, typically, between berating the sailors for cowardice and claiming that they had virtually reached the lake's end in any event. Desperately short of provisions, they camped overnight on shore and only narrowly escaped a Mazitu war party intent on wiping them out. It was clearly time to leave.

Despite the gloom that accompanied the expedition's famished trip of November 1861 back to the steamship *Pioneer,* which was moored at a village below the rapids, this bitter failure seems to have instigated a gradual shift in Livingstone's aims. As he and his party turned home, he could not miss the sounds of the six-pound guns of the Ajawa chief Mukata, who was rounding up recruits for a new Arab slave party that had just arrived from the east. In the face of these realities, Livingstone's soured dream of being hailed as the lake's first European explorer began to mutate into a new ambition to map and publicize the full enormity of the lake-centered East African slave trade. On returning to Tete, he immediately contacted the British consul in Zanzibar for estimated traffic in that region. Colonel Rigby told him that at least nineteen thousand Nyassa slaves were passing annually through the Zanzibar customhouse alone, though Rigby had no idea how many more were being ferried through the Portuguese slave ports. Many of these slaves—Livingstone estimated at least a fifth of every party—went unrecorded because they died en route or were absorbed into local East African economies before reembarkation from the Zanzibar slave pens. Two-thirds of Zanzibar's 200,000 inhabitants, for example, were Nyassa slaves.[8]

From this time Livingstone began to reflect in his journals that one way to stem the flow of this "trade in hell" was to get an armed steamer into the lake to patrol the many dhow-based lake crossings, as well as to cut off the main canoe-based land-party crossing at the upper Shire. Doing this would sever the vital middle passage.

II

For the next year, however, Livingstone was distracted from his proposed new mission by wave after wave of disasters, most of which were a direct consequence of his earlier overly rosy reports to government and missionary bodies on the prospects of trade, evangelism, and colony in the Shire highlands. During 1862 he had to cope first with the sad embarrassment of learning that the muscular Anglicans of the Universities' Mission had been fatally forced to enter into local politics by taking up arms against Ajawa slave middlemen in an effort to protect potential Manganja converts. This international black mark against the mission for instigating armed violence was followed by news of the deaths, from a combination of malaria and cholera, of the mission's leader, Bishop Charles Frederick Mackenzie, and of another bright young colleague. The sad news coincided with and blighted the arrival of a fresh batch of hopeful missionaries and their relatives, including Livingstone's own wife, Mary.

David's beloved wife brought a further shock when gossip reached him that she had been drinking heavily and taking excessive comfort from a handsome young missionary companion called James Stewart. Not surprisingly, relations between the two men became increasingly strained. Hardly had Livingstone assimilated Mary's moods of brandy-soaked disillusionment and religious skepticism than she died from malarial complications at the Zambesi River port of Shupanga. For perhaps the first time in his life Livingstone lost his iron self-certainty. Praying over Mary's dead body, he felt himself shattered irreparably by the loss of someone whose permanence and loyalty he had always taken for granted. He could only watch with growing horror as river fevers killed the bulk of the dozen or so new missionary reinforcements. By the time the Universities' Mission had withdrawn its sorry remnants to Zanzibar, Livingstone was so depressed that Kirk thought him "cracked." Livingstone ranted against the cowardice of the missionaries for retreating from the Shire highlands and blamed the "worn-out syphilitic race" of the Portuguese for all the expedition's failures.

These failures remorselessly continued to mount. In July 1863 the British government issued an official recall of the Zambesi expedition for failing to produce any of its promised results. It had cost a massive £50,000 of public money and a dozen British lives from disease. It had achieved not one single permanent Christian convert, and the Shire highlands appeared be unsuitable for European habitation because of the anarchy and violence created by slave and tribal wars. Though Livingstone had explored the lake from three different directions by water and land, he had traversed and mapped only a modest portion of it, and he had failed to find the promised alternative river link to the Indian Ocean. He had not even persuaded the British government that he, rather than earlier Portuguese claimants, was the lake's first European discoverer. Rumors reached Britain, too, that these disappointments, combined with the traumatic recent death of Mary Livingstone from disease, and the chronically depressive effects of malaria, had twisted the explorer's ordinarily rebarbative personality into such a state of bitter paranoia that both Kirk, his most loyal former colleague, and James Stewart thought Livingstone crazed and devious.

Faced with this dissolution of hope and reputation, Livingstone turned his stubborn, obsessive will back to the idea of mapping the full extent of the Nyassa middle passage. Having commissioned and paid for the *Lady*

Nyassa, the first steamboat really suitable to Shire and lake conditions, he determined to march it in pieces around the Murchison cataracts. But as the tough little steamer reached the elephant marshes immediately preceding the falls, its paddlewheels began to catch in the bloated Manganja bodies floating downriver. At one point Livingstone counted sixty-seven crocodiles that were competing frenziedly for the corpses.[9] The ostensible cause of the deaths was famine, but Livingstone knew that the deeper responsibility lay with the slave trade. Not only had the Ajawa raids shattered the food cultivation patterns of the local tribes, but the Manganja were also too scared to adopt their traditional antifamine measure of shifting temporarily to the more fertile river lowlands. In what had been a well-peopled valley eighteen months before, he now saw a desert (342–43). The famished, dull-eyed Manganja communities made easy pickings for Arab slave caravans, and Livingstone could not find enough healthy men to carry the disassembled components of the steamship around the cataracts (293). Once again David Livingstone had to turn back before reaching the ill-omened lake.

III

But now, in the trough of failure, the gradual shift in Livingstone's aims over the previous six months suddenly coalesced into an almost mystical determination to dedicate the remainder of his life to extirpating "the slave trade—that monster of iniquity which has so long brooded over Africa." Years of bitter depression lifted as this new exalted mission came into focus. The change of tone is palpable in his journals and narratives. "We could not imagine a more noble work of benevolence, than thus to introduce light and liberty into a quarter of this fair earth, which human lust has converted into the nearest possible resemblance of what we conceive the infernal regions to be" (344).

Ignoring the official recall from the government, he gathered a handful of European sailors and some loyal Makololo bearers to march 150 miles on a north-northwestern course parallel to the lake until they reached what was rumored to be the pivot of the water-based middle passage, the lake slave port of Nkhotakhota. Here he found the largest East African slave emporium outside Zanzibar itself. Nkhotakhota's population was swelling daily as frightened refugees from the Ngoni put themselves under the protection of the Arab stockades and muskets, preferring to risk future enslavement rather than certain death. Sitting under a magnificent native fig tree, which is still there, Livingstone gathered frank information about the operations of the middle passage from the mixed-blood chief of the town and slave trade, Jume ben Saidi.

Gentleman that he was, Jume apologized for upsetting Livingstone with the unsightly presence of gangs of tethered slaves awaiting embarkation. Had he been forewarned of the Livingstone party's visit, he would have stored the slaves out of sight. The unusually large numbers awaiting departure had been occasioned by Jume's need to build a new slave dhow to replace one that had recently been wrecked. Livingstone reflected wryly that those same planks of fine local teak called *timbasi* could equally be used to build an armed British gunboat to close down Jume's flourishing business. On September 15 Livingstone left the red swamps of Nkhotakhota and climbed the nearby Nkonde summit, 3,440 feet above sea level, to gaze over the great glittering inland sea beneath him. It saddened him to think of the tens of thousands of slaves whose hearts had sunk to see that same glorious sight (384–88).

On August 6, 1866, David Livingstone visited Lake Nyassa for the last time. This time he had no expedition, official or unofficial, to support him. He was a solitary wanderer, as he had been when he first came to Africa, a man whose purpose and location had dropped out of British popular sight. He had not given up his mission to expose and end the fearful East African middle passage, but he knew it would not be achieved in his lifetime. Accompanied by a few loyal Makololo bearers, his hair gray, his face wrinkled and prematurely aged, and his body shaking with malaria and dysentery, he somehow found the strength to march up the eastern shore of the lake to inspect where the Arab dhows landed at Lessefa after sailing across from Nkhotakhota.[10] He was saddened by the continued, even increased, evidence of dhow traffic and slave caravans and appalled by the mounting evidence of depopulation, but he could not help feeling elated by the roar of the waves and the exhilarating slap of the rollers as he dashed into the lake. "Many hopes," he wrote, "have been disappointed there," yet he nevertheless felt "as if I had come back to an old home I had never expected to see again."[11]

In retrospect we can see that the usually tormented explorer had reached a strangely fatalistic and peaceful state of mind; it was as if he expected and looked forward to his own imminent death. Always shrewd about the vagaries and powers of public opinion, he perhaps guessed that death in pursuit of the East African middle passage would make him a martyr, that it would enable him to attain a mythic status capable of dissolving even the bitter disillusion of former colleagues like Kirk and Stewart. He died at the village of Chitambo on the southern shore of Lake Bangweulu in Tanganyika from the complications of malaria and blood loss. On April 18, 1874, as they stood over his fragmentary remains, which had been preserved for posterity by two loyal Makolo bearers, several of his former colleagues claimed to experience feelings of divine inspiration, as if in the presence of a saint. Even Livingstone's legendary resilience and capacious ego, however, were unlikely to have imagined that, within a decade of his death, the missionary James Stewart, who had comforted Mary and called her husband a twisted and lying madman, would be sailing a gunboat, the SS *Ilala,* on Lake Nyassa's broad waters, intent on ending the hated middle passage.

Yet, though the *Ilala* was to succeed in stopping the dhows as Livingstone had hoped, it would be facile to think that the ripples of that terrible passage could be halted so easily. At deep and subterranean levels they continue to be felt today. Many of the political struggles that shattered pre- and postindependence Malawi in the twentieth century were based on the implacable ethnic and tribal divisions that were forged during the slave trade. And the psychic and social costs of the loss of so many of the country's young men and women during the century of slavery remain incalculable. Slavery in Africa remains in many ways a continuing business. In Malawi terrible echoes of slave experiences were replicated long after the official end of the slave trade in other sorts of middle passages driven by bonded labor and forced migrations. During the colonial and postcolonial twentieth century huge numbers of Malawi's lakeside Cewa peoples found themselves echoing the experiences of their ancestors, as desperate poverty forced them to sign up to undertake systematic and lengthy periods of labor in the gold mines of South Africa—and there to experience a bizarre mimicry of the psychic dislocations, physical dangers, diseases (tuberculosis and silicosis), and lack of freedoms that characterized those earlier forced passages across the lake to Portuguese Mozambique, the clove plantations of Zanzibar and Réunion, and the sultanates of Turkey and the Middle East.

NOTES

1. David Livingstone and Charles Livingstone, *Narrative of an Expedition to the Zambesi and its Tributaries: and of the Discovery of the Lakes Shirwa and Nyassa, 1858–64* (London: Duckworth, 2001 [1865]), 63.

2. David Livingstone, *Travels,* ed. James I. McNair (London: Heron Books, n.d.), 196–97 and 203–204.

3. Tim Jeal, *Livingstone* (London: BCA, 1973), 220–25.

4. D. Livingstone, *Travels,* 209.

5. Ibid., 245.

6. Livingstone and Livingstone, *Narrative of an Expedition,* 246.

7. D. Livingstone, *Travels,* 251.

8. Daniel Liebowitz, *The Physician and the Slave Trade: John Kirk, the Livingstone Expeditions and the Crusade against Slavery in East Africa* (New York: W. H. Freeman, 1998), 35.

9. Livingstone and Livingstone, *Narrative of an Expedition,* 339.

10. D. Livingstone, *Travels,* 282–83.

11. Ibid., 296.

The Iranun and Balangingi Slaving Voyage

Middle Passages in the Sulu Zone

JAMES WARREN

A CACOPHONY OF NEW SOUNDS, sights, objects, and tastes, along with an accelerated, materially oriented life, had transformed the Sulu Zone[1] by the early nineteenth century and created a much increased demand for slave labor. Europe's commercial intrusion in China at the end of the eighteenth century made a significant impact on the growth of the slave trade in Southeast Asia, driving a need for coolies to produce Chinese tea, which was cultivated in the mountains of Fujian Province and much sought by European traders. This stimulated a parallel demand for slaves to work in the fisheries and forests of the Sulu Zone to meet the demands of Europeans for exotic commodities like sea cucumber and birds' nests to trade to China.[2] The result was the development of a permanent slave-trafficking network around organized markets and depots in the Sulu Archipelago. Jolo Island, as the center of a redistribution network encompassing the Sulu Zone, became the most important slave marketing center by 1800.

Sulu's ascendancy in the late eighteenth century developed out of the expanding trade between India, insular Southeast Asia, and China. Commercial and tributary activity became linked with long-distance raiding and the incorporation of captured peoples to service the procurement of commodities for the China trade. Forced migrations of the unfortunate mass of captives and slaves caught in the cogs of the Sulu economy shaped the demography of the Iranun and Balangingi raiders, the Vikings of Asia, and affected the overall population trends and settlement patterns of much of the Philippines and eastern Indonesia well into the end of the nineteenth century.

The slave raiders of the Sulu Zone who met the need for a reliable source of labor were the Iranun and Samal Balangingi, known as Lanun throughout the region. They were lords of the sea and skillful warriors. To obtain more guns and ammunition, metal tools, textiles, and opium, these maritime marauders had to obtain increasing numbers of slaves to collect and process particular commodities to sell to the China tea traders. Thus the desire to gain direct access to Western technology and Chinese trade goods and a rising demand for tea in Europe and China caused a concomitant increase in regionwide slave raiding in Southeast Asia. The life of particular maritime groups was partially reformulated in the process. One extraordinary feature of the interconnections between Sulu slave raiding and the advent of the world capitalist economy was the slavers' rapid movement across the entire region as they hunted down one Southeast Asian coastal population after another. From the end of the eighteenth century to the middle of the nineteenth century, Southeast Asia felt the full force of the slave raiders of the Sulu Zone.

The harsh exploits of the Iranun and Balangingi were carried out on a large scale; manning well-organized fleets of large, swift *prahus,* the Lanun navigated the west coast of Borneo and crossed the South China Sea to the Strait of Malacca and the Bay of Bengal. In the south their raiding vessels thrust through the Makassar Strait and fanned out across the Indonesian world. The Iranun and Balangingi crossed the Banda Sea to New Guinea, made raids along the coast of Java, and circumnavigated Borneo. In pursuit of captives they terrorized the Philippine archipelago, preying on the poorly defended lowland coastal villages and towns of southern Luzon and the Visayan Islands. They even sailed and rowed their warships into Manila Bay, their annual cruises reaching the northern extremity of Luzon and beyond. The Lanun earned a reputation as daring, fierce marauders who jeopardized the maritime trade routes of Southeast Asia and dominated the capture and transport of slaves to the Sulu sultanate.[3]

Tens of thousands of captive people from across Southeast Asia seized by these sea raiders were put to work in the fisheries, in birds' nest caves, or in the cultivation of rice and the transport of goods to markets in the local redistribution network. More than anything else, this source and use of labor gave Sulu its distinctive predatory character in the eyes of Europeans in the nineteenth century. They viewed it as a pirate and slave state.

The Iranun and Balangingi galley-like *prahus* roamed and plundered much of Southeast Asia without interruption in the opening decades of the nineteenth century. The most notorious feature of their wind-driven raiding operations was the systematic taking of captives who either were sold as slaves in colonial cities hungering for labor or exchanged at Jolo and Sarangani islands, off the coast of southern Mindanao. Most attacks took place in the waters of local principalities and developing colonies, ports, towns, and villages close to the coast. The mobility, kinship, and diplomatic connections of the Iranun and Balangingi, and their capability either to protect or disrupt trade, enabled them to forge regional links—a powerful fluid political confederation of sorts—that could make or break local states and destroy colonial trade networks and population centers.[4]

To organize and lead the vessels of one of the slaving expeditions that prowled the seas of Southeast Asia, challenging the colonial navies at every turn, demanded the best equipment, skill, spiritual strength, and great courage. Some Iranun vessels had crews of 100 to 150 men; the usual complement was 50 to 100, and they mounted 8 to 10 large swivel guns, or *rantanka*.[5] The size of the expedition depended not only upon its purpose but also upon such complex factors as the duration of the cruise, the slavers' familiarity with the target areas, and, more important, the ability of the organizer to mobilize experienced followers for the venture. Individual communities could manage small expeditions; occasionally, whole crews came from a single settlement. However, composite crews were not uncommon in expeditions of fewer than ten *prahus*.

Iranun and Balangingi vessels frequently left with a skeleton crew of ten to fifteen and traveled to neighboring Iranun and Samal villages and islands to fill out their complements with kin and slaves.[6] Large-scale enterprises entailing thirty, forty, or even fifty *prahus* required the cooperation of many settlements on a regional basis. Organizationally, such expeditions reflected the kinship and alliance networks of powerful *datus* (chiefs). The raiding expedition itself was transitory. These groupings did not have any permanence beyond the immediate voyage. When a slaving expedition was over and many of the patron-client and kinship ties were deactivated, the fleet and crews dispersed to go home to their respective settlements or join another expedition that was forming somewhere else.

All Iranun raiding expeditions and individual slaving vessels were run auto-cratically. There was a strict hierarchy and code of conduct. The fleet com-mander and his captains demanded unquestioning loyalty and obedience. The Iranun generally cruised in squadrons of thirty to forty, with a single fleet commander and a *nakodah* (captain) aboard each vessel who, according to the Dutch resident of Menado's account of Sulu piracy, excelled in "physical force, courage or cunning" and had acquired a certain renown and wealth.[7] A *nakodah* controlled all aspects of the sailing and navigation of the vessel. His crew was often a mixture of Iranun and Samal sailors and Filipino and Malayo-Muslim slaves, who had an understanding of the Iranun-Maranao and Samal dialects and whose knowledge of regional languages and naviga-tion routes could prove strategically useful. Filipino renegades were highly valued, and their martial skills and local knowledge sometimes saved them from the dreadful fate of pulling an oar on the slaves' bench.[8]

At the end of the eighteenth century the largest Iranun raiding boats car-ried 80 to 150 sailors and marines and about 100 rowers. The crew mem-bers consisted partly of Iranun and Balangingi warriors whose task was to fight, partly of trusted slaves who had accompanied the sea raiders for years, ordinary slaves who had been seized on earlier expeditions, and itinerant tribesmen. The officers, and even ordinary crew, brought slaves with them to cook, fetch water, and assist with shipboard duties. The slaves were not armed but were considered an integral part of the crew: it was their job to row, bail, clean, and repair the *prahu*.[9] Slaves stood or sat on the deck or sat cross-legged on the projecting gallery, each manacled and pulling an oar. They were encouraged to row in unison to the sound of a drumbeat and brass cymbals. The rowers were also urged by the crew and overseers to sing both night and day, as sometimes slaves were compelled to row for long stretches without a break—ten, twelve, even fourteen hours at a time.

The dominant image of slave raiders from the Sulu Zone as terrifying has been balanced by a new appreciation of the wide-ranging incorporation of captives in the economic and political life of these groups, extending from the Straits of Malacca to eastern Sulawesi.[10] The testimony of fugitive cap-tives often mentions Christian slaves' renouncing their religion and chang-ing sides to serve as crew. Tagalog and Visayan fishers and mariners suffered exploitation and cruelties at the hands of local officials and friars, so when an opportunity arose, many able-bodied captive seamen readily joined the crew of raiding vessels and passed themselves off as "Iranun" or "Balangingi." For these men, who could no longer happily return to their homes and families in the Philippines and elsewhere, becoming a renegade offered the possibility of a better way of life, exchanging discomfort and servitude for the opportunity of skilled local work, adventure, and social advancement as a slave raider. The combination of risk and reward on board slaving ships attracted renegade captives, especially from the Visayas, who were prepared to die young at sea if need be and were capable of earning the respect, loyalty, and cooperation of prospective crew members. As a consequence of the Iranun and Balangingi's assimilating many captive men and boys, the identities of their own communities were always in flux. More than two-thirds of some Samal Balangingi settlements consisted of adopted Visayan and Malay captives who had been assimilated into the society to replace village-based crews and entire squadrons lost at sea.

In the 1830s, 40 percent or more of the Balangingi crews were renegades, while some larger vessels boasted as many as sixty renegades among a crew of eighty. Statements taken by the Dutch resident of Menado in the mid-to late 1840s indicate that the cultural accommodation and integration of captive seamen was extensive, and renegades commanded a sizeable number of Balangingi raiding vessels.[11] Turncoat-led squadrons of maritime raiders were systematically sweeping Philippine waters, seizing the local populace with laserlike precision. Invariably, these renegade raiding parties possessed detailed knowledge of the shoals, reefs, coves, and seas of their former provinces, as well as long-standing memories of the liturgical calendar and fiestas of the different Luzon and Visayan towns. The Spanish and Dutch officials came to rue the day that these renegades were given authority and responsibility that would not have been possible in their former coastal villages and homelands under colonial rule. However, there were still moderating factors that acted as a drag on the upward mobility of such captives, irrespective of their innate aptitude for such a way of life. The pressure to marry a local woman and embrace Islam was relentless. Only those with ambition and who renounced their Christian faith could hope to command a *prahu* and live well.[12]

The Iranun and Balangingi relied on the prevailing winds in navigating their *prahus* across Southeast Asia. The raiders were rarely out of sight of land for long because the islands lay so thickly on the sea. Essential to their navigation was a thorough knowledge of the coasts, headlands, coves, deltas, and mangrove swamps, and the navigators frequently were assimilated captives or slaves who had an intimate knowledge of local dialects, creeks, ports, and navigation tracks of the area from which they had been uprooted and were now returning as assailants. The monsoon winds bore the Iranun across the South China Sea between August and October; by the middle of October the winds were too strong in the Malacca Strait for maritime raiding but ideal for the return voyage by way of Sulawesi and the Moluccas. The warm, humid southwest monsoon usually appeared in the Philippines in early May, attained maximum intensity in August, and gradually disappeared in October and November, while the same region is affected by the northeast monsoon from December to March. Taking full advantage of the prevailing winds, the Iranun and Balangingi circumnavigated Borneo and went as far afield as New Guinea.

The name Lanun struck fear into the hearts and minds of riverine and coastal populations across Southeast Asia, and the terrors of the sudden presence of these well-armed raiders lives on to this day in the oral recollections, reminiscences, popular folk epics, and drama of the victims' descendants in the Philippines, Indonesia, and Malaysia.[13] The Lanun's wind-driven and oar-powered galleys appeared like clockwork in the Gulf of Siam and beyond, out into the Bay of Bengal as far as Burma. The regularity of these sweeps through the central and northern provinces of the Philippines and the Malay Peninsula led the populace of Trengganu, Kelantan, Patani, and elsewhere to refer to particular months of the year, notably August, September, and October, as the *musim lanun* (Lanun season) and the monsoon itself as *habagat,* or the "pirate wind."[14]

MIDDLE PASSAGES: BLOOD UPON THE SEA AND SAND

The experience of captives from the moment of seizure through their passage in the slave *prahus* to their transfer and settlement in the Sulu Zone emerges in the slaves' testimonies, which provide fresh evidence about the captivity experience under the Iranun and Balangingi that cannot be found in more traditional sources. These statements provide insight from the inside into life on board and the captivity experience. By accumulating the experiences of many individuals in a kind of collective biography, it is possible to identify changes or relationships that are hard to detect in the experience of any particular individual.

The Spanish ships hunting the Lanun frequently carried several interpreters who were fluent in Tagalog and Visayan, and captives who sought refuge on board Spanish vessels were interrogated immediately. Dutch colonial officials also interrogated fugitive captives, asking them more than thirty questions that focused principally upon slave raiding. The Spanish and Dutch sources complement one another and together contain detailed analytical information that depicts the captive experience and maritime raiding from the deck of a slave-raiding *prahu*. The captive statements are fascinating in that they provide insight into the shocking realities of life on slave-raiding *prahus*—the actual way it felt and the profound way that the trauma of captivity and enslavement affected people. One can really sense the fear, desires, hopes, and incredible tragedy surrounding the circumstances of many captive people taken on board the Iranun and Balangingi slaving boats.

Much of the inshore raiding against coastal settlements was done with single-masted sailing vessels that carried up to twenty men. Before a raiding party descended on a village or a stretch of sandy beach, the large *prahus* hid in a creek among the mangroves on an uninhabited part of the coast or remained offshore and out of sight. The raiding canoes launched at dawn and dusk, with most crew members lying on the bottom of the craft, leaving only two or three men disguised as fishermen to navigate. They picked off fishers at river mouths, surprised sampans leaving for religious festivals in neighboring villages, and rushed ashore to carry off unsuspecting individuals who had been gathering shellfish, manufacturing salt, or cutting mangrove. Tibercio Juan, a fugitive captive, stated that in less than three months in 1834, the Lanun seized more than a hundred fishers and trepang gatherers from the coasts of Masbate, Panay, Negros, and Cebu.[15]

In twenty-five-foot canoes the "people fishers" searched for early-morning beachcombers with their backs bent to the sea. In summer men, women, and children gathered clams, mussels, and sea urchins at low tide. They also walked the tidal flats to gather limpets and barnacles and pick agar. In the canoes whoever spotted the villagers would nod his head slightly in their direction. Pointing would have been dangerous and would have alerted the victims. The canoe paddles parted the sea so quietly and quickly that the raiders were nearly upon the villagers before they realized it. The Lanun grabbed women and children because they fetched higher prices in Sulu than men did. The family-oriented nature of subsistence activity provided ample opportunities to seize children, and mothers who could not bear the pain of separation ran to the seashore and begged to be taken with their children as captives.[16] Those who attempted to flee were struck down with wooden cudgels. If they resisted strenuously, they were killed on the spot. Although colonial authorities considered such seizures demographically insignificant at the province level, by the 1830s inshore raiding with shal-low-draft canoes made a tragic difference in the lives of individual families in isolated and small settlements.

Capture at sea or along the seaboard was only the first of many traumatic experiences that Asian and European colonists would suffer in the course of their journey to Sulu. Trussed up in the hold of a *prahu*, the main con-cern of many new captives was to maintain their personality intact—eth-nic identity and culture of origin. They hoped, at some point in the foreseeable future, to escape and return to their former world as the same person who had left it. At first they would direct all their emotional efforts toward this goal, but the slavers could not allow captives to maintain a sem-blance of their personalities and usual behavior on board the slave *prahus*. New captives, including professional soldiers, could not survive aboard a slaving *prahu* for longer than a month or two without becoming preoccu-pied by the fundamental problem of staying alive.

The Iranun and Balangingi sought to radically change the attitudes and outlooks of their captives. They achieved this through strict discipline and punishment. The result was that, in a short time, the captive assumed the identity of slave. A new captive was put to the oars. Anyone who could not endure the poor diet and backbreaking labor became a liability to the crew and other captives; from the raiders' point of view it was as wise to dispose of the weaker individuals as soon as possible. Experienced captives were some-times forced to assist in the weeding-out of the "unfit," incorporating in their own behavior the culture of violence that was associated with slave raiding and the middle passage of the oceanic voyage. Si Ayer demonstrated mental strength, but he vividly remembered how the Iranun achieved the rapid attri-tion of "unfit" captives over several months on the boat in which he was held captive: "The prisoners were all kept tied, until they showed no symptoms of attempting to escape; we were very sadly treated—water and rice given to us very sparingly. Some died from hunger, some from being handcuffed, some from grief; they untied me after about a month. If prisoners were sick so that they could not pull an oar, they were thrown overboard."[17]

At the outset of their passage to the Sulu Archipelago, new captives were subject to the harshest treatment. In 1838 captured Balangingi raiders con-fessed to having taken, during the three months they were out slaving, three Malay boats laden with rice, several Chinese sampans, and one Thai trad-ing *prahu*. Of the captured crew, only a Chinese, a Siamese, and three or four Malays were found still alive on board the slaving *prahu*, and each captive wore a rattan twisted collar with which the captive was secured at night. This halter was used repeatedly in ensuing decades, a symbol of Iranun and Balangingi cruelty toward slaves.[18]

When raiders plundered and sunk a *prahu* or seized people from the shore, the captured people were separated from one another and taken aboard different vessels, as Abdullah explained: "I was separated from my companions and taken onto one of the prahus." So, too, Nah Soo Hong recalled that "Lim Kiat was put on one boat and myself on another"; twelve-year-old Francisco Thomas and his brother were put on board one boat "and Nicholas and Marselo in others"; Yusof said, "[M]y father and I were put into one boat. . . . Pak Tingal was on board a different one."[19] Once on board they were stripped naked, a rattan ring was put around their neck, and some were tied to the side of the *prahu* with their hands and feet bound with sharp rattan manacles. C. Z. Pieters recalled:

[W]hen I came again to my senses I found that I was stripped naked and bound in a prahu. . . . The commander of the prahu in which I was caused me to be tied up by the hands, feet and neck. The rope at which captives are tied by the neck is taken off in the day-time. At six o'clock in the evening, whether they are inclined to sleep or not, they must lie down and are bound by the feet, hands and neck to the deck of the prahu, and the rope by which their necks are confined remains within reach of the pirates who are keeping watch.[20]

In the first stages of the middle passage captives, particularly robust ones, remained tied up for weeks, even months. They were deliberately caned with a flat piece of bamboo on the elbows, knees, and the muscles of the arms and legs so they could not swim or run away.[21] Younger children were not fettered, but they were caned. In his captivity narrative Ibañez y Garcia described how the Balangingi compared their social system with the exploitation of the Spanish government: "I have seen them cane some boys for recollecting the memory of their parents, telling them at the same time, 'you should be content with us, since you will not have to pay the *tributo* nor perform personal services.'"[22] Captives were also fed poorly at this stage of the voyage to further weaken their will to resist. They were given barely enough rice, sago, and water to survive. Ebenezer Edwards, from the whaler *Sarah and Elizabeth,* said that the food "consisted of only a little rice and water and the rice was generally spoiled and the rations so small that we never had enough of it."[23] After C. Z. Pieters had spent six days in the Balangingi *prahu,* he bravely asked one of the slave raiders who appeared to be the "mate," and who was eating at the time, for some food, and to be permitted to return to his country, Pieters received in response "a blow in the eyes which completely blinded me and left me insensible for more than an hour."[24] The survivors of a Balangingi squadron, destroyed off the Sarawak coast of northwest Borneo in 1862, were forced to drink "three parts of fresh water with four of salt, and all they gave us to eat was a handful of rice or sago twice a day."[25] Ibañez y Garcia also had a desperate struggle to survive; he could not get enough to eat because of the constant taunting of his captor's woman, who "would snatch the rice and fish right from my hands giving it to her friends and leaving me nothing to eat." Ibañez y Garcia recalled how the woman "would look wickedly at me, waiting for me to drop dead from hunger."[26]

Once the captives were sufficiently cowed, they were put to the oars in gangs and rowed in relays night and day. Most cruises were long, and the captives were expected to row for days on end. The oar-powered galleys of the Iranun and Balangingi were crewed by eighty to 160 male captives and slaves, who provided power and acceleration in light winds or calm periods. The captives and galley slaves sat in tiers; the lower-tier sweeps were pulled by men sitting inside the *prahu* itself, the upper by others sitting on a projecting bamboo stage. Most galley slaves were Tagalogs, Visayans, and "Malays," but an occasional strong Chinese and European took their place on either the deck or bench.

The captive rowers sat cross-legged, naked from the waist up, with one or two of them pulling on each oar. They were driven by the rhythmic sound of a drum and cymbals, while certain crew members would not hesitate to crack a cane across their back to ensure that all oars struck the water in rapid unison. A contemporary observer, Thomas Forrest, noted that, while rowing on slave cruises, the Iranun used a special song and drumbeat to keep time without the slightest break in rhythm, to revive the flagging spirits of those lagging behind or about to faint.[27] The verses of such songs were brief, woven in and out of a chanting melody as a box drum kept time and the captives pulled their weight. An exhausted captive who collapsed over an oar ran the risk of being unceremoniously thrown overboard to drown. Ibañez y Garcia, naked and nearly delirious, felt the rattan on his back several times but witnessed more extreme hardships suffered by captives forced to pull the sweeps. "I will never forget what I saw," he wrote:

Christian captives with rattan halters around their necks tied to the bench on which they sat. Their feet and wrists bound by ropes. They sat there in that position on the deck of the boat under the scorching heat of the sun, in the rain, and in the winds eye. Some simply collapsed over their oar, dying. Others were untied just on the verge of passing out, in order to regain consciousness, only to be tied up once again on the oar.[28]

The memories were equally disturbing, if not haunting, for young Francisco Thomas, who had experienced the worst possible fate that could befall a young man captured by the Balangingi. Having witnessed his father's death at the hands of the crew, less than a month later he and his young brother were made to work the oars in a raid on Malay shipping.[29]

The Iranun and Balangingi treated female captives on board reasonably well: women were considered of much greater value, with one woman worth three men as objects of trade and exchange. Before the vessel's arrival in port it was in the general interest of all crew who shared in the booty of human cargo that there was no sexual abuse of the female captives. Female captives usually received some protection, although slave raiders, who led a wandering and hard life, did not always display much delicacy in their treatment of women and were not always constrained in their sexual advances. Although the records contain no explicit complaints of violence and rape, some accounts by captive women on board slaving vessels refer to a "little gentle compulsion." One unfortunate woman was immersed in water up to her neck for a day or two.[30]

Although the records and accounts provide no information about the marital status of female captives before their capture and purchase, it is clear that many marriages and families were destroyed by the Iranun and Balangingi slave trade in Southeast Asia. Male captives, often in a state of shock and disbelief, did not like to be reminded of their families and close friends from whom they had been separated so recently and traumatically. Many men were also slaughtered in the course of the capture of their women, particularly during the numerous festivals of the Catholic Church in the Philippines that drew the female population abroad in visits to different churches and shrines.[31] But for many female captives on board, the experience of the violent uprooting was somewhat different from that of the men, partly because the women had already lost their husbands. In their statements captive women said that they had some realization of the futility of escape since they knew that death would be the price of failure. But the another contributing factor was the realization that female captives were generally not subjected to harsh labor and that there was a possibility that they might enjoy a more reasonable life than their female kin and the friends back in a terror-stricken Philippine or Indonesian village. Female captives were most likely to be assimilated into the raiders' culture, because of the singular importance of their productive and reproductive capacities.

The raiders rarely gave quarter to the Europeans they captured because of the atrocities and bad treatment the raiders had suffered at the hands of the Spanish and Dutch, who had ordered the extermination of the Iranun raiders, decapitating them or cutting off their ears as proof.[32] European captives who were not ransomed by the Iranun or Balangingi often ran out of luck. The 1830s and 1840s saw the escalation of a vicious cycle of suppression, with colonial authorities hanging and beheading slave raiders in response to atrocities committed against European captives by the Iranun. The Spaniard Ibañez y Garcia quickly learned that some of the enslaved on board exceeded their masters in mistreating European captives.[33] During the two-month period of his captivity, his captors would amuse themselves by making Ibañez y Garcia stand half naked in the center of a circle of fierce-looking Balangingi, armed with krises and delivering blood-curdling shouts, who would rush at him as if bent on killing him. As he dodged their thrusts, the warriors hit him repeatedly with their tough carabao-hide shields. Exhausted and trembling from the calculated blows, he would drop to the ground half dead, at which point he would hear the shout *Igo na igo na, ugma na sa buntag!* (Enough for today. We shall continue tomorrow!)[34]

Captives faced the very real possibility of dying from the harsh treatment and poor diet suffered routinely while on board a slave-raiding *prahu*. Those restrained were crammed together for weeks and even months on end among the provisions stowed in a cramped hold or on deck, with no shelter from tropical heat and the deluge of squalls and storms. Below deck was a terrible stench as the captives suffered from extremes of damp, heat, or cold; the hold was usually awash and filthy and offered no silence and no privacy.[35] The attrition on board slave raiders was highest among Europeans, who were far less inured to such hardships than Filipinos and Malays; the work at the oar, the continual struggle with the elements, infectious diseases, the very real fear of torture and death, and a diet of seawater, unwashed sago, and burnt rice was too much for most of them.[36]

After 1830 mortality among the captives in the middle passage rose sharply due to more frequent encounters between colonial warships and the Iranun and Balangingi. In such engagements no quarter was expected or given. The slave raiders, driven to the brink of death, usually forced their captives to come up from below and sit side by side on the deck as human shields, forming the *la muralla de sangre* (wall of blood). For Spanish, English, and Dutch naval officers, torn between duty and compassion, the captives became cannon fodder in the ruthless spectacle of modern sea warfare. Spanish naval officers confronted this terrible strategy with a macabre calculation that to redeem four captives they had to kill ten.[37] Steam gunboats and colonial cruisers often kept firing barrage after barrage at crippled raiding *prahus* caught on the open sea, and captives were invariably the first casualties as those forced above as human shields, and others helplessly tied up in the hold, were blown apart. In the fateful 1838 encounter between Orang Kaya Kullul's Balangingi squadron and the steam warship *Diana*, off the east coast of Malaysia, the steamer kept up an incessant fire on the six slave-raiding boats, killing and wounding a great many Balangingi as well as their captives. Yusof, a twelve-year-old Kelantan Malay, tragically recounted how he and his father were captured by the Balangingi and that his father was killed by cannon fire from the *Diana*. The boy himself was wounded with shrapnel in the left shoulder.[38]

On the inward-bound part of the middle passage, out of necessity, captives were sometimes bartered between flotillas or to coastal communities for foodstuffs. A seaman from Catanduanes related how the Iranun who captured him and others later met up with a Balangingi flotilla and exchanged the captives for food. "I was bartered to a Balangingi for half a cavan of rice," he recalled.[39] A Cebuano silversmith told a similar story of how he was captive on a Balangingi flotilla near the Mindanao coast that exchanged some of its captives for rice.[40] Soesa, a trader from Buton, said that as the Balangingi fleet was being overhauled in Buton, "I was bartered to a Buginese trader."[41]

Occasionally, captives managed to escape by jumping overboard and swimming for their lives. In 1868 Albert Bickmore, a professor of natural history who was doing research at Kema, wrote in his journal of how two Malays suddenly appeared at the house where he was residing. They explained that "they were natives of a small village on the Bay of Gorontalo; and that while they were fishing, they were captured by a fleet of (Balangingi) pirates, who soon after set out on their homeward voyage. . . . [W]hile the fleet was passing Sangir . . . they succeeded in escaping by jumping overboard and swimming a long distance to the shore."[42]

Stories of escape from the Lanun abound in local oral traditions. According to one account, the name of the town of Lucban in the Cuyo Islands, off the northeast coast of Palawan, "comes from the Cuyono word 'Lucbo' meaning 'jump.'"[43] It was far more common for captives to escape when a squadron touched at an island for some time. "When the pirates obtained water on Siloeang island, I ran away," the captive Dino explained, while another captive, Sodo, said that although he was always bound and forced to row, "I managed to escape while drawing water on Siloeang Island."[44] The longest account came from Antonio Juan:

> [T]he Balangingi set a course for Quinluban island to approach the Calamian group. But heavy seas and strong winds forced them to put in at Cabra island for shelter where they seized two people. After having been there for two days I fled to the mountainous part of the island and remained in hiding for a week until hunger forced me to return to the coast. I began to build a raft to sail to Quinluban. Several people accidentally stumbled upon me while I was at work on it but fled, fearing I was a moro. After much persuasion they realised I was not a Muslim and returned to help me finish the raft. These four people had been chased by the moros and had to abandon their *barot,* but reached the shore before the pirates could overtake them.[45]

The small, uninhabited islands of Bangka and Talisse at the northwestern tip of Celebes were the final place of call for Balangingi fleets operating in the eastern archipelago before they began the last leg of the voyage to Sulu. Here they took on water, repaired the *prahus,* and frequently divided their captives. Pieters recalled, "I had been bound for eighteen days and nights when we reached the island of Bangka. Off Likupang, the captives who were on board the ten prahus and who amounted to one hundred in number, were divided among the pirates. Amongst these captives were natives of Ternate, Tidore, Buton, Banggai, Sangir, Makassar and Gorontalo."[46]

The distribution of the captives frequently gave rise to violent and sometimes bloody altercations among the slave raiders, especially when more than one person claimed rights to a particular captive. Nevertheless, the condition of captives like Pieters materially improved once they had been allotted, because it was in the master's interests to see that they were cared for and watched over in the final stage of the passage. As Pieters wrote, "As long as a new captive has no fixed master, he must each day serve a different person, by whom he is fed. As soon as he is appropriated by one of the pirates he is allowed to eat with the slave of his master, and if his owner is well disposed towards him he received a short baju and a small sarong."[47]

For Pieters's captors the division of the spoils and change of the monsoon heralded the end of the slave-raiding season, although sometimes the distribution of the captives did not take place until after the fleet returned home. In 1833 Francisco Sacarias was seized by a fleet of eighteen Balangingi *prahus* and on their return to Balangingi the raiders divided the 180 captives, with an equal number apportioned to each *prahu,* after which the fleet commander chose eight captives for himself. Two years later Juan Pedro was part of a distribution of the captives at Balangingi: "10 captives for the commander Tamsi; 5 captives to each *prahu;* 3 captives for each fighting man; and 2 captives for each 4–pound cannon loaned."[48]

By questioning hundreds of fugitive captives over several decades, colonial officers managed to piece together a reasonably clear picture of the complicated accounting and allocating process for the captives. According to Jansen, the Dutch resident of Menado in the mid-1850s, the normal procedure was for the captives to be divided among the slave raiders according to their rank and role on board. In the initial division the commander received the largest number—as many as eight or ten. The *nakodah* of each *prahu* kept at least six of the best captives for himself, and each crew member received a captive, but distinctions were made—those whose principal task was to fight were entitled to a larger number of captives than those who sailed the *prahu*. Slaves who accompanied their masters on expeditions or who were lent or hired out did not receive any captives; their share in the captives reverted to their masters.[49] Islamic law also reserved a portion of the captives for the Sulu sultan as the embodiment of the state. Payments to local officials and investors had to be made in captives too. The heads of villages from which the slaving *prahus* originated received a captive for each *prahu* sent by their community.[50]

The majority of the captives were then sold to meet the ferocious labor demands of commodity-driven global markets in the Sulu Zone, with the value of captives varying greatly according to their sex, age, and personal condition. The mid-1830s price of a male was about $30; a female, depending on her age and physical condition, was worth $50, $80, or perhaps even $100 (Straits dollars). The price of children without parents or guardians was determined by similar criteria, while infants were estimated to be worth half the price of a man.[51] In *The Sulu Zone, 1768–1898,* I estimated that 200,000 to 300,000 slaves were delivered to Sulu between 1780 and 1880.[52] Nevertheless, it is still a small statistic in light of the eleven million Africans who endured the middle passage to the New World during the three-and-half centuries of the Atlantic slave trade.

The formation and prosperity of the Sulu Zone was based, above all else, upon an "open" form of slavery, whereby the state acquired labor through capture or purchase of slaves and assimilated them into the dominant group. The role of the Sulu state primarily was to maintain the material and social conditions for the exploitation of slaves, as a means of incorporating people into the Sulu social and economic system. Travelers, traders, and emissaries in the zone reported that slaves were engaged in every conceivable domestic, agricultural, and industrial occupation. The slaves were predominately Visayan, Tagalog, Minahassan, and Buginese speakers, although almost every major ethnic group of insular Southeast Asia was to be found among their ranks. As trade became enmeshed with the world capitalist economy, and the economic and political problems posed by the China tea trade and imperialism grew, so did the amount of work that required literacy and strategic knowledge of local regional affairs. Paradoxically, few Sulu aristocrats could either read or write in any of the languages pushing into the zone, so captives with education who could serve as scribes, translators, and language tutors were much sought after.[53]

Slaves could marry and own property, including other slaves, and they often filled a variety of political and economic roles—as bureaucrats, interpreters, warriors, and farmers, as concubines and traders—and so were entitled to certain rights and privileges accorded to other members of the dominant society. But within the first generation those individuals most likely to be incorporated in Sulu society were adolescent, and child, and female slaves, given the relative importance of productive and reproductive activities. Both sexes could earn small amounts of money, and arguably they lived better than many of their colonized kin in the Philippines and Dutch East Indies, where colonial land and labor policies and taxation had created a class of landless, rootless poor. Some enterprising slaves even borrowed capital from their masters and organized trading expeditions in the zone, eventually owning slaves themselves and earning enough to buy their freedom. This strong demand for labor power meant captives and slaves were relatively easily assimilated within a remarkably inclusive Muslim system of kinship and social organization.[54]

The large-scale, progressive intake of captive and slaves from various parts of Southeast Asia and beyond also reflected Sulu's moving closer to Europe and China, both economically and culturally. European traders joined with

Taosug *datus* to spark one of the largest population movements in recent Southeast Asian history, with hundreds of thousands of individuals forcibly delivered into slavery across the Sulu Zone. For people swept up in the Iranun and Balangingi middle passages, the world changed through the intersections of the global economy centered in the Sulu Zone. In the new reality the world was comprised of winners, who were responding to new economic opportunities of globalization, and losers, who were forced far away from their home to live in ways unanticipated before that moment of captivity and enslavement. Tens of thousands of ordinary Southeast Asians found themselves dislocated and abroad in the land/seascape of the zone, living among maritime peoples completely removed from those with whom they had been born and raised. By the start of the nineteenth century slave identities in the zone were being shaped and changed by the forces of global trade and Islam, as distinctions of race and culture disintegrated and thousands of "outsiders" were incorporated into the subordinate reaches of a rapidly expanding trading society of the Sulu sultanate. The middle passages of the Iranun and Balangingi slaving voyage provide an exceptional case study of *how* a collective identity was established, made real, and took on a particular cultural content.

CONCLUSION

In the context of the world capitalist economy, and the advent of the China trade, the slave-raiding activities of the Iranun and Balangingi, so readily condemned as "piracy" by European colonial powers and later historians, should be understood as a means of consolidating the economic base and political power of the sultan and the Taosug coastal chiefs of Sulu. The cross-cultural entanglement of Chinese tea and modern European firearms, within the context of expanding interregional trade and improved maritime military organization, set the stage for the explosive emergence of these marauding populations. Moreover, these mobile slave-raiding groups took it upon themselves to "modernize," acquiring foreign technology, especially the latest gunpowder arms, to rapidly strengthen their strike force.

Sugar "demanded" slaves and drove the Atlantic slave trade. Inextricably bound to sugar, as product and fate, was tea, which would spur the "demand" for slaves in the Sulu-Mindanao region and stimulate widespread maritime slave raiding. In order to trade for tea in China the British needed sea cucumber, shark's fin, pearls, and birds' nests, and the demand for these commodities affected the allocation of labor power and so required fresh captives as slaves throughout the Sulu Zone. Tea was more than simply the crucial commodity in the development of trade between China and Britain. This evergreen shrub was instrumental in the development of commerce, power, and population that systematically changed the regional face of Southeast Asia.

NOTES

1. The Sulu Zone comprised the Sulu Archipelago, the northeast coast of Borneo, the foreland of southern Mindanao, and the western coast of Sulawesi. See James Francis Warren, *The Sulu Zone, 1768–1898: The Dynamics of External Trade, Slavery and Ethnicity in the Transformation of a Southeast Asian Maritime State* (Singapore: Singapore University Press, 1981).

2. Robert Gardella, *Harvesting Mountains: Fujian and the China Tea Trade* (Berkeley: University of California Press, 1994).

3. Warren, *Sulu Zone, 1768–1898*, 147–211.

4. Ibid., 150–51; Melvin Mednick, "Encampment on the Lake: The Social Organization of a Moslem Philippine (Moro) People" (Ph.D. diss., University of Chicago, 1965), 47.

5. "Extracts from Mr. Presgrave's Report on the subject of Piracy," December 5, 1828, National Archives of the United Kingdom (hereafter cited as NA), ADM 125/133.

6. Statements from Mariano Sevilla and Juan Santiago in Expediente 12, October 4, 1836, Philippine National Archives (hereafter cited as PNA), Mindanao/Sulu, 1803–90.

7. A. J. F. Jansen, "Aanteekeningen omtrent Sollok en de Solloksche Zee-roovers," *Tijdschrift voor Indische Taal-, Land-en Volkenkund, uitgegeven door het (Koninklijk) Bataviaasch Genootschap van Kunsten en Wtenschappen* 7 (1858): 212–39.

8. Warren, *Sulu Zone, 1768–1898*, 151–52, 187, and 210.

9. Jansen, "Aanteekeningen," 223; Bonham to Maitland, June 28, 1838, NA ADM 125/133.

10. Warren, *Sulu Zone, 1768–1898*, xi–xvi, 252–55; James Francis Warren, *The Sulu Zone: The World Capitalist Economy and the Historical Imagination* (Amsterdam: Vrije Universiteit Press, 1998), 29–50.

11. Warren, *Sulu Zone, 1768–1898*, 184, 187, 299–309.

12. Melvin Mednick, "Some Problems of Moro History and Political Organization," *Philippine Sociological Review* 5, no. 1 (1957): 51.

13. See Charles Frake, "Abu Sayyaf Displays of Violence and the Proliferation of Contested Identities among Philippine Muslims," *American Anthropologist* 100, no. 1 (1998): 41–54; Benedict Sandin, *The Sea Dayaks of Borneo before*

White Rajah Rule (London: Macmillan, 1967), 63–65, and 127; Esther Velthoen, "Wanderers, Robbers and Bad Folk: The Politics of Violence, Protection and Trade in Eastern Sulawesi, 1750–1850," in *The Last Stand of Autonomous States, 1750–1870: Responses to Modernity in the Diverse Worlds of Southeast Asia and Korea,* ed. Anthony Reid (London: Macmillan, 1997); Warren, *Sulu Zone: World Capitalist Economy,* and *Iranun and Balangingi: Globalization, Maritime Raiding and the Birth of Ethnicity* (Singapore: Singapore University Press, 2002).

14. Warren, *Sulu Zone, 1768–1898,* 154; Owen Rutter, *The Pirate Wind Tales of the Sea Robbers of Malaya* (Singapore: Oxford University Press, 1968), 28.

15. Statement of Tibercio Juan, in Expediente 12, October 4, 1836, PNA, Mindanao/Sulu, 1803–90.

16. El Gobernador Capitan General a Senor Secretario de Estado, December 15, 1838, no. 49, Archivo Historico Nacional, Madrid (hereafter cited as AHN), Ultramar, 5155.

17. Deposition of Si Ayer, "Burns Schooner Dolphin," November 7, 1851, Parliamentary Papers (hereafter cited as PP), House of Commons, 1852–53, 61:55.

18. Bonham to Maitland.

19. Statements of Abdullah, Nah Soo Hong, Thomas, and Yusof in Bonham to Maitland.

20. C. Z. Pieters, "Adventures of C. Z. Pieters among the Pirates of Maguindanao," *Journal of the Indian Archipelago and Eastern Asia* (1858): 302.

21. Jansen, "Aanteekeningen," 224; *Times* [London], July 16, 1862, in NA CO 144/22.

22. Luis de Ibañez y Garcia, *Mi Cautiverio; Carta que con motivo del que sufrio entre los Moros Piratas Joloanos y Samales en 1857* (Madrid: F. Allhambra, 1859), 21.

23. PP, 1852–53, 61:112–13.

24. Pieters, "Adventures," 303.

25. *Times* [London], July 16, 1862; Jansen, "Aanteekeningen," 224; Ibañez y Garcia, *Mi Cautiverio,* 10 and 14.

26. Ibañez y Garcia, *Mi Cautiverio,* 15–16.

27. Thomas Forrest, *A Voyage to New Guinea and the Moluccas, from Balumbangan, 1774–1776* (London: J. Robson, 1779), 27 and 304.

28. Ibañez y Garcia, *Mi Cautiverio,* 14.

29. Statement of Francisco Thomas in Bonham to Maitland.

30. "The Illanoon" extract from the *Singapore Free Press,* April 6, 1847.

31. Ibid.

32. According to Francisco Mallari, the cutting of the Muslims' ears dates to an earlier period when Magindanao raiders plundered Albay province. According to oral traditions, the Bikolanos severed the ears of Magindanao raiders at Cagraray Island (Francisco Mallari [S.J.], "The Maritime Response, 1793–1818," *Philippine*

Studies 34 [1986]: 488). See Philippine National Library (hereafter cited as PNL), Historical Data Papers (hereafter cited as HDP) Albay, 111–14, 1–2.

33. Jansen, "Aanteekeningen," 222.

34. Ibañez y Garcia, *Mi Cautiverio*, 15.

35. Ibid., 21; Jansen, "Aanteekeningen," 222.

36. Fedor Jagor, *Travels in the Philippines* (Manila: Filipiniana Book Guild, 1965), 87; Ibañez y Garcia, *Mi Cautiverio*, 16.

37. Victor M. Concas y Palau, "Nuestras Relaciones con Jolo," *Geographica de Madrid* 16 (1884): 204; extract from a letter from John Hayes to the resident of the Molucca Islands, August 21, 1801, India Office Library (hereafter cited as IOL), P/242/42; Charles Gray to Samuel Hood Ingerfield, May 31, 1847, IOL, F/4/2262 (114837), 179; *Times*, July 16, 1862.

38. Statement of Yusof in Bonham to Maitland.

39. Statement of Nazario de la Cruz in Relacion jurada de los cinco cautivos en la Falua de la division de la isla del Corregidor, August 23, 1845, PNA, Piratas 3.

40. Statement of Jose Ruedas in Expediente 12, October 4, 1836, PNA, Mindanao/Sulu, 1803–90.

41. "Berigten omtrent den Zeeroof in den Nederlandsch-Indischen Archipel,1857," *Tijdschrift voor Indische Taal-, Land-en Volkenkunde, uitgegeven door het (Koninklijk) Bataviaasch Genootschap van Kunstne en Weteschappen* 20 (1873): 439.

42. Albert Bickmore, *Travels in the East Indian Archipelago* (London: John Murray, 1868), 320–21.

43. PNL, HDP, Lucbuan, Palawan.

44. "Berigten omtrent den Zeeroof in den Nederlandsch," 304–305.

45. Statement of Antonio Juan in "Relacion Jurada de los Cincos Cautivos Venidos in la Falua de la division de la Isla de Corregidor de Albay a Gobernador Capitan General," August 9, 1836, PNA, Erreccion de Pueblo, Albay, 1772–1831.

46. Pieters, "Adventures," 303.

47. Ibid., 302–303.

48. Statement of Juan Pedro in Expediente 12, October 4, 1836, PNA, Mindanao/Sulu, 1803–90.

49. Jansen, "Aanteekeningen," 229; "The Illanoon" extract.

50. Jansen, "Aanteekenginen," 231.

51. "The Illanoon" extract.

52. Warren, *Sulu Zone, 1768–1898*, 208.

53. Ibid., 222–28.

54. James F. Warren, "Slavery in Southeast Asia," in *Historical Guide to World Slavery*, ed. Seymour Drescher and Stanley Engerman (New York: Oxford University Press, 1998), 83–86 and 223.

The Voyage Out

Peter Kolb and VOC Voyages to the Cape

NIGEL PENN

ALMOST ONE MILLION PEOPLE sailed in the ships of the Verenigde Oost–Indische Compagnie (VOC, or Dutch East India Company) from the Netherlands to the East Indies between 1602 and 1795.[1] Half a million of these were not Dutch; they were mostly Germans who had signed themselves into voluntary bondage to the company for three to five years. These Germans were but a small proportion of the many millions of inhabitants of German-speaking Europe who became migrants between the seventeenth and eighteenth centuries. A reliable recent estimate puts the number of German migrants during this period at fifteen million, or, to put it another way, one in three adult individuals from German-speaking Europe changed their place of residence.[2] For the most part, these German migrants were simply trying to better their economic circumstances. True, their ranks included some fleeing criminals, deserters, unwilling husbands, or adventurers, but on the whole the motivation for movement was economic necessity.

Not all these migrants left the German-speaking world, but among those who did were more than a million who traveled to the Netherlands. Religious tolerance and economic prosperity made the Dutch Republic a uniquely attractive destination. Despite its small size and relatively small population (about two million between 1600 and 1800), the Netherlands was able to make "flexible use of the population potential of its neighbours," and foreign labor contributed greatly to Dutch prosperity.[3] A major source of employment for Germans was the Dutch armed forces, in which about 600,000 foreigners served.[4] Germans could serve overseas in another branch of service too: tales of the wealth that could be made in the East may have lured a few Germans into the VOC, but the great majority of conscripts were simply very poor, drawn to the company because they were desperate. They joined the VOC at its lowest level, as soldiers. Few were sailors; if they were, they could have earned better wages elsewhere.

For these half-million landlubbers, many of whom had never seen the sea, the experience of joining a company ship and sailing halfway around the globe to Batavia, on a voyage whose average duration was 245 days (or eight to nine months), was truly a transformative experience.[5] At sea, they had to learn a new language and new skills swiftly. They had to accept a strange and fiercely cruel discipline. They had to conform to a new social hierarchy and familiarize themselves with arcane social and symbolic practices. Their bodies had to quickly adapt to their harsh environment and diet or they could end up "biting the saltwater," that is, dead and buried at sea. For the great majority of German soldiers in the employ of the Dutch East India Company, the sea voyage—rather than the prospect of service on land in Batavia, Ceylon, the Cape, or any of the company's other territories ashore—was the most frightening prospect. Survive the voyage, they felt, and they could endure the rest. The longest, and most dangerous, leg of the voyage out was the passage to the indispensable reprovisioning station and compulsory port of call at the Cape of Good Hope. The average length of this voyage at the beginning of the eighteenth century was 141 days (or four to five months). The onwards voyage, from the Cape to Batavia, took a mere seventy-eight days during this period. Usually, there would have been a four-to-five week period of recovery, between these legs, at the Cape.[6] It was not just the length of the voyage to the Cape but the inexperience of the recruits that proved dangerous. For many, it proved to be a very harsh initiation.

Historians are fortunate that the forty-seven hundred VOC voyages to the East between 1602 and 1795 generated forty-seven accounts by German company servants in which they described their experiences.[7] Almost all these were written by lowly, uneducated Germans and provide invaluable insight into the mechanisms of the VOC as seen from the uncomfortable below-decks crush in the soldiers' quarters. Unlike the vast majority of accounts written by Dutch servants of the VOC, which tended to be written by surgeons or ministers—men inevitably bound by the censorship laws of the VOC not to be too critical or revealing—the German accounts were relatively uncensored. They expressed the views of outsiders, cautioning or instructing their compatriots about the disadvantages of surrendering their lives to a merciless and avaricious institution and the dangers of hazarding the long, long voyage to the East.[8]

Only two accounts were written by Germans of a higher status or education, that of Baron von Wurmb, who sailed to Batavia in 1774 as an undermerchant (and whose letters were published in 1794), and that of Peter Kolb, author of the monumental *Caput Bonae Spei Hodiernum,* or *The Cape of Good Hope Today,* published in Nürnberg, in German, in 1719.[9] Kolb's account of his voyage to the Cape is of interest here, largely because it contains one of the most detailed descriptions of the experience of German soldiers at sea. Kolb was born in 1675, the son of a modest blacksmith, in a village near Bayreuth. Kolb's academic talents saw him advance from the local grammar schools of Redwitz and Wunsiedel to the University of Halle, where he commenced work as a lecturer in mathematics and astronomy after gaining a doctorate in 1701. Shortly after this, he came to the attention of the Prussian privy counselor, Baron Friedrich von Krosik, who hired Kolb as a tutor to his sons. Von Krosik suggested to Kolb that he should go to the Cape of Good Hope to undertake observations of the heavens there. Von Krosik was also able to secure for Kolb the blessing and patronage of one of the most influential men in the VOC, Nicolas Witsen, the mayor of Amsterdam and a director of the company.[10]

It may seem perverse to comment on the least representative of the travel accounts (for Kolb, with a doctorate in astronomy and a knowledge of Latin, Hebrew, and mathematics, was undoubtedly the most educated of all the German voyagers), but Kolb was a very special observer. His fame today rests principally on his description of the early eighteenth-century Cape and, in particular, his passages about the Cape's indigenous inhabitants. Greg Dening has demonstrated in *Mr Bligh's Bad Language* that society on board European sailing ships was as strange and unique a culture as any an anthropologist could wish to study.[11] Kolb, too, recognized this fact. For him, and for his German countrymen, the exotic began at sea. No doubt they were all transformed by their oceanic voyage, but Kolb's sea change inspired and equipped him to write about the indigenous inhabitants of southern Africa with a uniquely sympathetic understanding. Indeed, it is highly likely that Kolb's experiences on his voyage out helped to shape his response to the indigenous Khoikhoi, and there is an intriguing connection between his descriptions of life on board a VOC ship and his descriptions of Khoikhoi society. Kolb has been praised as "perhaps the most perceptive of early Khoisan ethnographers" and an unusually sensitive, sympathetic, and detailed observer of their culture and customs.[12]

Kolb's voyage to the Cape began in Germany itself, from where, thanks to von Krosik's patronage, Kolb was able to travel to Amsterdam in relative comfort. Unlike his less-fortunate countrymen en route to Amsterdam, he was not robbed or assaulted by bandits or thieves; he did not sleep in haystacks or barns; and he was not obliged to beg for his food or walk to his embarkation point.[13] Nor was Kolb obliged, through economic hardship, to accept an advance from one of the company's recruiting agents, the notorious *zielverkopers,* or soul purchasers. The recruiters, *volkhouders,* as they were more correctly known, got recruits to sign a bond committing them to repay the cost of their lodging, board, and outfit. In this way, a company recruit could spend his first year of service simply repaying the debts he had incurred on land while waiting for the fleet to sail.[14] Kolb instead paid 235 guilders for his passage to the Cape—this at a time when the monthly salary of a company soldier was nine guilders.[15] He boarded a lighter on December 20, 1704, and, after two days and nights, reached his ship, *Unie,* at Texel, a Dutch island in the North Sea. There he experienced a three-week wait, because of contrary winds, before the ship could put out to sea. For the soldiers, the wait was worse: their pay commenced only after the ship had passed the three barrels that lay anchored in the Texel harbor.[16]

Kolb was fortunate enough to have his own cabin. Common soldiers were not so lucky. The moment they stepped on board, they were abused and hard pressed. O. F. Mentzel, a German soldier who sailed to the Cape in 1732, left a lively account of the welcome soldiers could expect:

> The deck is covered with rope; there is no safe foothold anywhere. The soldiers are forced to work and do not understand anything. You get a rope, or a strong, thick cable, thrust into your hands, and you have to haul on it with more than a hundred other men; what you are hauling you have no idea. The two boatswains (upper and under), the boatswain's mates, the helmsmen, the gunner, and all the other deck officers of similar rank, are here, there and everywhere, giving orders, shouting, yelling, swearing and striking. Soldiers are shouted for although they are already at work. Four quartermasters, two corporals, two "Landspassaten," and the "Provost," each armed with a piece of rope 18 inches long, as thick as one's finger, and with its end boiled in tar, go among the soldiers; they hit out blindly, striking those who are whole-heartedly tackling their work as well as the shirkers . . . such lashes that the weals swell up as thick as your finger.[17]

Once the urgency of loading the ship and getting underway was over, the men could investigate their sleeping quarters. The soldiers, reported Mentzel,

are squeezed together, one on top of the other, owing to want of sufficient room. The space between decks where these men eat and sleep is without any fresh air. The exudations from so many persons sleeping close together, in whose stomachs indigestible food ingredients are putrefying, the evil smelling or, worse still, acidifying water, and the constantly moist sea air cause, all too soon, diseases which usually attack the newly enlisted men first.[18]

Kolb's first impression was, even on the lighter, of the freezing cold. A severe storm lashed the ship while at anchor in Texel, during which time "there died a soldier, whose name I did not especially take note of, since at that time the sea, to which I was unaccustomed, caused me some inconvenience."[19] In other words, he was seasick.[20] The *Unie* was part of a convoy of nine ships that was to sail to the East via the Shetland Islands, or the "backway," as it was called. This route was used in times of war. It was six hundred nautical miles longer than the more direct route through the English Channel, but in 1704 the Netherlands was at war with France, and the channel was too dangerous. A violent wind soon dispersed the convoy, but on January 28, 1705, the *Unie* rounded Scotland. "It is not easy to make anyone believe," wrote Kolb, "what the cold is like in this region and at this time of year, and especially anyone who has never in his life seen the sea or journeyed on it, where in the ships no other fire is to be found except in the galley, and this so small that there is barely room for three men in it" (10). This intense cold, along with melancholy, caused Kolb to become ill. It was not simple seasickness, Kolb insisted, that laid him low. He had a "loathing of food," which was hard, raw, cold, and salted.[21] Daylight lasted only three hours; the rest was continuous night. He retreated to his bed, wrapped in his clothes and bedclothes. "Melancholy," said Kolb,

pitiably assailed me, since unaccustomed as I was to the rough and ready life aboard ship, I did not know how to get on with such coarse, unruly and almost savage people. My melancholy was also increased because I could talk but little with them, being ignorant of the Dutch language; and even if I said something that they well and clearly understood, I was (if not actually made fun of) at least asked several times, and put off with the usual *wat segt je,* or in good German "what did you say?" (10)

Kolb, or other voyagers to the East, did not regard melancholy as a harmless spell of depression or low spirits; for them, it was a real, dangerous, and well-documented affliction. At the beginning of the voyage, many other German soldiers experienced a feeling of complete powerlessness and alienation that could result in feelings of hopelessness, suicidal despair, or psychotic behavior, as well as physical weakness brought on by a decline in health. In 1729, a VOC surgeon found men on his ship slinking away during a storm, naked, to cut their throats, while others refused to speak, eat, or take medicine so that they eventually died "of the greatest melancholy."[22]

As Kolb lay sick with melancholy off the coast of Scotland, he tried an emetic, "but it affected me as grass affects dogs, since instead of vomiting as I should have done I became constipated, and although I tried to help the emetic with warm beer all my efforts were useless . . . and in order to get the emetic out of my body, I was forced to thrust my finger down my throat and thus compel nature to act." To Kolb's dismay, he discovered that the captain of the *Unie,* a polite and deferential man on land, was transformed into a dictator at sea. Despite Kolb's having paid for his passage and his bearing recommendations from no less a personage than Nicholas Witzen, mayor of Amsterdam, and from the directors of the VOC, Captain Adrian Bogard refused Kolb his request for some sugar and butter to add to his warm beer. "Since then I have well experienced," observed Kolb, "that at sea a Captain has the right to as great respect, honour and politeness from the sailors and soldiers under him, as even a sovereign ruler may demand in his land from his subjects." In these distressing circumstances, Kolb was tormented by dreams, fell into a quotidian fever, and lost all his hair, "so that I arrived at the Cape with an entirely bald head" (11).

The warmer latitudes bought relief for Kolb, allowing him to recover sufficiently to leave his cabin. He literally had to learn "like a small child how to walk" as the rolling of the ship was more than his weakened limbs could cope with. Purged, shorn, and sweated, Kolb, and doubtless many humble, unremembered German soldiers, had endured a severe examination. Yet one more rite of passage remained for the new recruits. As the *Unie* approached the Cape Verde Islands, or the Salt Islands, as the Dutch called them, the crew sought the captain's permission to indulge in "ship's games," or, as Kolb describes them, "coarse forms of amusement" (12). With the captain's approval, a serving of brandy was dispensed to the revelers and the fun began. The innocent and inexperienced people were seized, stripped naked, and obliged to suffer their buttocks' being painted black. Or the victims might be given a mock trial and hung up from the armpits. "I carefully omit other too coarse methods," wrote Kolb, "in order not to offend the chaste ears of yourself and perhaps others" (13). The ship's drummer, beating out an irrepressible rhythm, and the ship's trumpeter, adding a flatulent counterpoint, accompanied these barbarous revelries. Such initiations had acquired a far greater significance since the VOC had abolished the traditional crossing-the-line ceremonies for ships traversing the equator.

The *Unie* called at São Tiago, in the Portuguese Cape Verde Islands, to take on freshwater, firewood, and other supplies. Here Kolb was fascinated to meet a local cleric, Father Franciscus Lombeer, an Angolan African with whom Kolb could, fortunately, converse in Latin. According to Kolb, Father Lombeer ate two pounds of cheese in one sitting, washing it down with nothing but copious drafts of neat brandy:

> It must also be said of him that he danced very gracefully, and could almost serve as a Master of strange Graces and Gay manners, since while he was aboard our ship, after having drunk too much brandy, he at once began, in his priestly robes, and with our commander of the soldiers . . . to perform a dance such as neither I nor any of the others had seen in all our lives; and by this not only was his racial origin revealed in the wonderful gestures made . . . but also he sang therewith such lovely songs that any stranger would have been compelled to the greatest admiration. (16)

Kolb's description of the man, the first African he had met, was a mixture of admiration and condescension, but it is infinitely more sympathetic than his description of the Dutch sailors. It suggests that Kolb was already predisposed to acknowledge attractive characteristics in those who seemed to be the most exotic examples of humanity.

Back at sea, as the ships approached the calm and warm equatorial waters of the doldrums, the melancholy of the first part of the voyage was replaced by another type of melancholy that commonly afflicted VOC ships. In 1618, members of the becalmed ship *Delft* lost their powers of speech and reason. In a frenzy, they beheaded Portuguese prisoners of war and attempted to jump overboard. In 1677, a soldier on board the *Oostenburg* did jump overboard out of melancholy.[23] Kolb related how, when his ship reached the "dead calm and unbearable heat" of the tropics, "there occurred various sorts of hot and delirious fevers, which brought men to despair from melancholy and all sorts of mad imaginings, and made it necessary to watch over them as if they were little children" (25). He was unable to prevent the suicide of Monsieur Reusch, a man "who had fallen into the miserable life of a soldier" after killing someone in a duel in Berlin and who secretly threw himself into the sea on April 2, 1705.

When the ship was seven degrees north of the equator, a German soldier by the name of Heinrich Weissman died and was sent overboard for an honorable burial. The event prompted Kolb to give a description of the proceedings "since our Germans often imagine rare and wonderful things concerning life at sea and the sicknesses and deaths of men in the ships . . . amongst other things they imagine that sick men are left to lie like dogs, are given no medicines, and are not cared for or looked after, but that they are thrown into the sea before the soul has left the body and so drowned" (19). Van Gelder confirms that all the German writers who wrote about voyaging with the VOC were very concerned with the topic of sickness and death, probably because the mortality of soldiers was twice as high as that of sailors or officials. Though some voyages were accompanied by a huge loss of life, mainly from scurvy, the average mortality rate in the eighteenth century on board VOC ships bound for the Cape was 7.3 percent.[24] The sick would usually lie between decks in an unhygienic, stinking state, suffering from hunger and thirst—often awaiting death.[25]

Kolb explained that it was absolutely essential for a man to have a "mate," someone he could trust, to look after him if he fell ill. Such mates were an essential part of shipboard life and escaped the censure of the sailors' usual coarse insinuations. If a great number of men fell ill at the same time, "Sick-Attendants" might be appointed to minister to them. The upper-surgeon was supposed to dispense medicine and arrange for the sick to be fed from the captain's table, since the medicine would "avail them little if they remain on the ordinary hard, salted and dried food, and have only so much to drink as their ration of water allows" (20). Those who could walk were summoned to the mainmast before or after morning and evening prayers by the master-at-arms' shouting: "Cripples and blind come for your treatment: on deck at the mainmast you will find the Surgeon." Those who seemed unlikely to recover were sent to a "Sick-Comforter," perhaps a soldier who had once been a theology student, whose job was to prepare them for eternity.[26] If they had any property, they could draw up a will with the help of the ship's accountant. If a man were to die, the funeral ceremony that followed was dependent on his rank. A sailor, soldier, or junior officer would be sewn up in his bedcover and weighted down with stones, coal, or cannon balls. The body was then laid on the upper deck until the next hour of prayer, when all hands were called, bare headed, to the funeral service. After the service, four men would lift the body onto a plank tied to the bulwarks and, at the captain's command, tip it into the sea. After prayers, a gun was fired and the flag, specially knotted so as not to open fully, was hoisted to half-mast. A salute of cannon fire then followed, and volleys of small arms fire from the crew accompanied the body to the deep.

During the voyage, the soldiers had no real function in running the ship and spent most of their time below decks, before the mainmast. They were expected to undertake guard duties and help with some of the heavier tasks—such as hauling in the anchor. Guard duties were divided into alternating watches of four hours on and four hours off, a custom that minimized sleep and guaranteed exposure to the elements.[27] Since many of those who were signed up as soldiers had no military experience, their officers might try to drill them, when the weather allowed, but it was important to keep them out of the way of the sailors. Considerable animosity existed between these two categories of company servants, and they had a select choice of swear words for each other. The soldiers referred to the sailors as *smeerbroeken, pikbroeken, Jan aan de mast, Hottentot,* and *duiwel.* The sailors returned the compliment by referring to the soldiers as *slothouden, bokke-poten, hagedissen,* and *slangevellen.*[28] Germans, in general, were known as *Moffs* or *Moffen.*[29] For a soldier, a particularly degrading form of punishment was to be demoted to the rank of sailor. This was a fate that nearly befell Sergeant Rudolf Siegfried Allemann (a German soldier at the Cape and the subject of Mentzel's biography) in 1727, and it provoked the following comment from his biographer: "Good Heavens! What a thunderclap in the ears of a decent, civilized man! To have to live from that time forward among godless sailors, the lowest race of men, and to have to do work which he did not know how to do."[30]

An incident that Kolb observed on March 24, 1705, illustrates well the sense that soldiers and sailors had of their distinct identities and the honor that was due them as such.[31] On board the *Unie,* a trial took place in which a soldier and a sailor were punished for an incident concerning the theft of a hat. The soldier had accused the sailor of stealing his hat, which the sailor denied. The sailor's belongings were searched and the hat was not found, but then the hat was mysteriously replaced at the soldier's berth. This train of events led the ship's council (consisting of the captain, accountant, chief mate, chief boatswain, boatswain's mate, gunner, steward, and the two "mates" of the men involved) to conclude that both men should be punished so that neither could claim the advantage, since the matter was not sufficiently clear. Upon this judgment, Johannes Timmerman, the commander of the soldiers, expressed himself to be insulted. How could a soldier under his command be punished without his, Timmerman's, approval? He indignantly opposed the captain and the verdict. The result was that the sailor was set before the mainmast and given fifty blows on his backside by the sailors, with a rope as thick as one's arm. The soldier was punished by soldiers. He was forced to run the gauntlet and receive fifty musket blows on his back. "By this peace and harmony were restored among the officers, and good relations among the men, so that all was well ended," concluded Kolb (25).

With two hostile groups living so close together for months on end, it was important to supervise space as well as time. The sound of a bell regulated all normal activities, from the hours of prayer to the ship's watches, the hours of eating and drinking, and the rounds of patrols necessary to prevent "irregularities in eating, drinking, gaming, stealing, damage by fire . . . dangerous conspiracies and plots and to keep the unruly and useless common folk from robbing, plundering and murdering etc." (22). (Among the et ceteras, Kolb might have added sodomy, a not-infrequent occurrence at sea.[32]) Watches were changed every four hours. Meals were served at eight o'clock in the morning and evening and at twelve noon. Prayers took place twice daily, before the morning and evening meals. Anybody appearing less than devout or attentive could expect a thrashing with a rope's end. Attendance at prayers was compulsory, and all had to sing a psalm and listen to the reading of a chapter of the Bible. Free psalm books were issued to each of the crew.

Religion was taken very seriously on the VOC ships. When the *Unie* was struck by lightning on April 9 (Maundy Thursday), a bolt that split the top of the foremast, the captain decided that it was a sign that God was displeased with the shocking curses and the misuse of his name. The captain threatened the crew with heavy and unavoidable punishment if the men continued to blaspheme.[33] Though foul language was part of life at sea, one form of shipboard melancholy was a type of delirious religious mania or obscene, blasphemous ranting that went further than usual and suggested possession by the devil.[34] At all other times, "each hard task had its own special song." Sailors raising the topsail, for instance, would chant a song that, to Mentzel's ears at least, sounded both strange and "repulsively pleasant."[35]

As the *Unie* approached the equator, toward the end of March, the winds ceased and the temperature soared so that "one could almost melt from it" (29). The water supply became putrid, engendering worms and stinking so much that, according to Kolb, one had to hold one's hand to one's nose to drink it and keep one's teeth closed tightly like a sieve to prevent the worms in the water from getting into one's belly. After eight full weeks in "the torrid zone," he added, "all the fat that anyone had on his body had been fried out and lost therein." Fortunately for Kolb, his loss of hair prevented him from sweating excessively and thus contributed, in his opinion, to a relative freedom from headaches. In addition, a nasty rash called Rothund broke out on the skin of the sweltering crew, as if "one had been bitten by a hundred thousand fleas" (26). The spots itched terribly and released a clear liquid if one scratched them but were otherwise regarded as being a good sign that nature was chasing out all evil impurities.

By April 22, the *Unie* had reached the coast of Brazil at the well-known point called the Abrolhos, a shoal of sunken rocks about eighty miles from shore. After successfully passing this dangerous point, the captain and the chief mate seem to have begun a debate about the exact position of the ship. Were some islands in sight Trinidad and Ascension or Maria d'Agosta and Martin Vaz? Kolb took a keen interest in the debate and with his telescopes and astronomical equipment might have been expected to make an enlightened contribution to it. He was not, however, invited to participate in the discussion, which was eventually resolved by everyone's agreeing with the captain's reckoning. Some days later, however, the captain of the VOC ship *Sandhorst,* which was in convoy with the *Unie,* came aboard. After some discussion, from which the curious Kolb was specifically excluded and angrily told to go away, he saw pages of the log book being torn up and the course on the chart's being altered. From this he concluded that the ship was three hundred Dutch miles off course. Fortunately for all concerned, this navigational error had no fatal consequences, although the *Unie* now entered stormy seas.

On April 7, a three-day storm pitched terrible waters over the ship. Prayer services had to be suspended because the crew were so busy. On April 10, a tornado struck and, on April 14, another, which came from the side opposite the storm winds and nearly overturned the ship. Two days later, there was lightning and hailstones as big as hazelnuts. By April 15, the storm seemed to have passed, and the captain was confident that the Cape was near, confident enough to place some of his contraband goods in Kolb's boxes, knowing that Kolb would not be suspected of smuggling. It was, however, to be nearly another month before the *Unie* reached Table Bay. On the night of April 23–24, a terrible southwest storm, greatly exceeding the others, hit the ship. The company's specie chests broke loose from their ropes and battens, smashed the contents of the accountant's cabin to pieces, and threatened to break through the bulkhead. The *Unie* leaked at the best of times and was now awash with water. During the whole of May, no hot food could be prepared because of the violent movement. The crew and passengers were flung against the timbers, and ropes had to be strung across the decks to enable people to move without being washed overboard. Thereafter, the storm abated and, by June 5, a thick, clammy fog lay upon the sea. Experienced seafarers declared this to be a sure sign that they were not far from the Cape of Good Hope. Five days later, to the "indescribable joy" of all, Table Mountain was seen emerging above the clouds. Kolb was more than ready to be released from the "gloomy, miserable life at sea, full of trouble, anxiety and fear" (39), but, alas, there were further delays. A dead calm postponed the arrival of the *Unie* in Table Bay until June 12. Finally, after a voyage of 172 days, Kolb was ready to go ashore.[36]

While Kolb's first appointment was with the governor, the crew and the soldiers of the *Unie* hit town. The first thing that most soldiers did when they reached land was to splurge on a great feast of fresh food—mutton, vegetables, and Cape wine—making themselves ill from overindulgence.[37] The Cape was expensive and such celebrations could not last long, particularly on meager pay, which in many cases had been advanced on interest. The great majority of soldiers would be moving on after a few weeks of recovery to garrisons in the east, but the Cape garrison was allowed to select the best men from the ships for itself. The soldiers were, on the whole, keen to be selected. According to Mentzel, "The Cape of Good Hope is indisputably the best place in the whole of the East Indies for military service. At the other stations—Batavia, Banda, Ceylon, Bengal, Amboina and the rest—the conditions are far worse, and the soldier is held in far lower estimation than at the Cape. Now even at the Cape military service is bad, so you may easily see how a soldier fares if he has the misfortune to be stationed at one of the other establishments" (12).

The main reason the Cape was better than the other posts—apart from its healthier climate—was that it offered more prospects for advancement. Thanks to Mentzel, we have a detailed breakdown of the wages, and deductions, that a company soldier could expect. Mentzel calculated that after five years, at a wage of nine guilders a month, a soldier would have earned 540 guilders. From this sum, however, various deductions were made, such as money for subsistence, uniforms, for the very bed he slept on, and so on. The end result was that an ordinary soldier returning to the Netherlands after five years would have a mere thirteen guilders and ten stuivers against his name. This translated to living on less than two stuivers per day, and the cost of a little portion of meat in the meanest eating house was at least two stuivers (20–27, 11).

These dismal prospects could be offset, to some extent, by finding employment outside the garrison, and it was in this respect that the Cape was superior to other postings. The existence of European settlers, engaged in agricultural production based on slave or Khoikhoi labor, meant a demand for farm managers and labor supervisors. Such people were known as *knechts,* and they were frequently drawn from the ranks of soldiers. Sometimes, educated soldiers acted as tutors for the colony's settler children. Others could find work as scribes or accountants for the company. It was also the custom that soldiers who knew a trade were exempted from service so that they could practice their trade. In exchange for this privilege, they had to pay nine guilders and ten stuivers a month to the garrison, to be shared among those soldiers who were not exempted from military service. This money was called *dienstgeld* and was an important supplement to a soldier's basic wage.

Despite these advantages, the Cape could still be a terribly hard posting for a soldier who had no particular skills or who did not make a favorable impression upon those who were in a position to advance him. Neither at the Cape nor in the East Indies was promotion dependent on rank or seniority. Merit or the ability to attract patronage was the key to success. When he was still an ordinary soldier, Allemann very nearly committed suicide after a spell spent on sentry duty in the ovenlike heat of the Cape's midday sun. His ordinary rations of only bread and tea amounted to a starvation diet (42–43). Punishments were incredibly harsh. Running the gauntlet was regarded as mild. A sentry who fell asleep on guard or who was absent without leave would be placed between three and a half pikes and held there by three men while two of his comrades beat him with thin Spanish canes. The beaters were changed eight or ten times. The culprit then had to walk outside the guard room, eight hours a day for eight days, carrying five muskets on his shoulders. (In Batavia, the culprit had to wear a steel helmet on his head, causing blindness on occasions.) He was then confined to barracks for ten weeks, unable to earn a stuiver (133–34). If an offense was judged to be particularly disgraceful, the guilty party might also expect to be banished to Batavia and demoted to a sailor, in addition to other forms of punishment. In such circumstances, desertion was common, and the flow of fugitives into the Cape's frontier regions was steady. Since the penalty for desertion might be death, this was not an option taken lightly. Despite this, the records show that some soldiers preferred this risk to the misery of military service, even throwing in their lot with fugitive slave gangs if it increased their chances of evading recapture.[38]

A fortunate soldier might aspire to gain promotion, a raise in salary, and posting to a job that allowed for the accumulation of some capital. Once such a soldier had served his period of enlistment, he could either return to Europe with some money or stay on at the Cape as a free man.[39] Many stayed on, married local women, and founded families that became part of the Afrikaner population.[40] The most successful German soldier at the Cape was probably Martin Melk, a man who started off as a *knecht* and married his boss's widow. When she died, Melk married another wealthy widow and ended up the richest man in the Cape, owning several farms, many slaves, and earning respect as the founder of the colony's Lutheran church.[41] Mentzel himself would have liked to stay on at the Cape, where he had found employment as the tutor of Allemann's children and was provided with his own house. Unfortunately, however, he was unable to disembark from a ship he was visiting in Table Bay before it sailed, occasioning his inadvertent return to Holland in 1741.

Somewhat surprisingly, despite his own and his patron's success stories, Mentzel did his best to dissuade his countrymen from following in his footsteps. Though he had not been to the East Indies himself, he was emphatic that his readers should not themselves go to the East—a destination, or geographical location, that seemed to include the Cape. He ended his biography of Allemann with the following words:

> Most earnestly and emphatically do I commend these words to the notice of my readers. Perhaps some of them are young men; perhaps, under the pretext of seeing the world, and really in the hope of amassing great fortunes, they are inclined to go to the East Indies. If so, let them remember that in times of peace every ship that leaves Holland for the East carries between two hundred and fifty and three hundred men, whereas the homeward-bound ships bring back only one hundred. Where are the rest? Where are those whose ships never return at all, but remain in the East, or else suffer shipwreck? My friends, out of every hundred men—especially if they be soldiers—who go to the East, seldom more than thirty live to return. Out of every hundred men who remain in the East seldom more than ten obtain promotion or are employed in a service that enables them to earn a decent living. Out of a thousand men who did obtain promotion, you would seldom—very seldom—find a single one who had experienced real good fortune, and who returned to Europe a rich man.

Remember these things, my friends, and do not go to the East. Learn to support yourself by some honest trade and remain at home in your Fatherland.[42]

It is apparent that, by the nineteenth century, it had become conventional wisdom in Germany that only one in three returned from the East. Heinrich von Kleist referred to the East Indies in one of his plays with the words "And from there, as you know, only one out of three men returns."[43] Van Gelder's study of those Germans in the VOC who wrote accounts of their lives shows that while seventeenth-century accounts of the East were largely positive and fanciful, eighteenth-century accounts were likely to be more cynical, portraying it as a graveyard rather than an earthly paradise, likening service in the VOC to slavery, and emphasizing ills like nepotism, sickness, corruption, and hardship.[44] Were these valid impressions?

Historical evidence suggests that they were. Batavia was a very unhealthy post and became more so during the eighteenth century as the incidence of malaria, dysentery, and typhoid increased. Mortality in the outgoing fleets increased to 23 percent during the period 1770–75, and sickly men who entered the hospital at Batavia had virtually no chance of survival, with two thousand a year dying within its walls.[45] Despite large arrivals of men, the population of company servants in Asia failed to increase during the eighteenth century and, in fact, declined. A study of the papers from the Delft chamber of the VOC reveals that while one in three soldiers returned to the Netherlands in the first decade of the eighteenth century, a mere one in ten returned in the latter part of the century.[46] Gaastra, a historian of the VOC, concludes that for most foreign soldiers, Asia was indeed the end of the line.[47] Even those who did return after five years or more in the tropics were exhausted, "and the Republic in particular and certain parts of Germany as well suffered a serious loss of human resources. It was a very heavy bloodletting also because of the one-sided character of this emigration to Asia: men in their prime left Europe for good or for a long period which had an effect on the sex-ratio in the countries and regions they left."[48]

The chances of any of these survivors' returning to Europe having made their fortunes in the East were slim. There were a few success stories. Two of the forty-seven Germans who lived to write about their voyages to the East returned as commanders, but they did so in the seventeenth century.[49] The great majority of those who sailed as soldiers were happy to return with their lives. Just as at the Cape, success depended on the patronage of well-disposed superiors, a pleasing manner, a marketable skill, and the possession of good health. As the Dutch proverb put it, "He who does not take Amsterdam with him to Batavia will not bring Batavia back with him to Amsterdam."[50] Some soldiers managed to save small amounts from their wages but were often relieved of this by the tavern keepers of Cape Town on the voyage back or by the whores of Amsterdam upon the soldiers' return. It was possible to make a profit by smuggling certain Eastern items, like silk, porcelain, and ivory, and then hoping that the company inspectors of luggage would turn a blind eye for a small bribe. Other soldiers did well by supplying the demand for curiosities—such as shells, stuffed animals, unusual stones, and exotic plants—for the *rariteiten-kabineten* of European collectors.[51] It would seem, however, that for most of those Germans who wrote accounts of their VOC years, it was the book itself that secured jobs or patronage for them when they returned to Germany.[52] This was the case with Mentzel, who entered Prussian state service, and it was certainly the case with Kolb.

When Kolb stepped ashore at the Cape, he was not the same man who had departed the Netherlands. Though he was fortunate that he did not have to proceed to the East Indies, it is doubtful whether his health ever really recovered from the ordeal of his voyage. In 1713, he was forced to leave the Cape when he was suddenly overcome with blindness. Though his sight was partially restored by a series of operations in Europe, he died, sickly and unmarried, in 1726 at the age of fifty-one in the town of Neustadt an der Aisch. All his life Kolb had depended on patronage. His misfortune was that he sided with the Cape colonists in their struggle against Governor W. A. van der Stel—a stance that very likely cost Kolb the patronage of Baron von Krosik in Germany.[53] But Kolb's decision to publish a book about the Cape, and to dedicate this book to Duke Georg Wilhelm van Brandenburg, rescued Kolb from poverty and secured for him the post of rector at the Latin school in Neustadt.[54]

Kolb would subsequently win considerable fame for his description of the Cape of Good Hope, particularly for his lively and sympathetic account of Khoikhoi society that would later inspire Rousseau, among others, with developing the concept of the "noble savage."[55] Whereas earlier commentators had doubted whether the Khoikhoi were truly human or descendants of the biblically accursed Ham, Kolb described their appearance, language, dress, dances, music, religious beliefs, and crafts, as well as their social and political organization. He emphasized their intelligence, sense of justice, humor, loyalty, and bravery.[56] For him, the Khoikhoi compared most favorably in every respect with the "coarse, unruly and almost savage" men whose foul language, peculiar gait, revolting food, filthy stench, crude amusements, and extraordinary customs he had been observing for more than five months at sea. We may also note that, when he erected his observatory at the Cape, he was obliged to do so on the bastion of the castle, in other words, in the VOC's citadel, a world regulated by a discipline as strict as that on board a company ship and populated by the same types. Having experienced the rigors and torments of life among the lower strata of the VOC, Kolb, we may conclude, was ready to find a less-regimented society more attractive, and he very likely was predisposed to view the "strange graces and gay manners" of Africans in an unusually favorable light.

NOTES

1. This figure is the estimate of J. R. Bruijn, F. S. Gaastra, and I. Schoffer, *Dutch-Asiatic Shipping in the 17th and 18th Centuries* (The Hague: Martinus Nijhoff, 1987), 143.

2. Georg Fertig, "Transatlantic Migration from the German-Speaking Parts of Central Europe, 1600–1800: Proportions, Structures, and Explanations," in *Europeans on the Move: Studies on European Migration, 1500–1800*, ed. Nicholas Canny (Oxford: Clarendon Press, 1994), 195.

3. Jan Lucassen, "The Netherlands, the Dutch, and Long-Distance Migration, in the Late Sixteenth to Early Nineteenth Centuries," in Canny, *Europeans on the Move*, 154–91.

4. See population figures for migrants in the Netherlands in Lucassen, "Netherlands, the Dutch, and Long-Distance Migration," 181. Lucassen quotes an observation by Malthus in 1806: "Holland, indeed, has been called the grave of Germany," 159n.

5. The duration of the voyage has been calculated by Bruijn, Gaastra, and Schoffer, *Dutch-Asiatic Shipping*, chap. 4.

6. Ibid., 67–72.

7. The number of voyages comes from Bruijn, Gaastra, and Schoffer, *Dutch-Asiatic Shipping*, chap. 10. The number of accounts, which may yet increase if more discoveries are made in the world's archives and libraries, is the figure provided by the assiduous scholarship of the Dutch historian Roelof van Gelder, *Het Oost-Indisch Avontuur: Duitsers in dienst van de VOC* (Nijmegen: Sun, 1997).

8. See also S. P. L'Honore Naber, ed., *Reisebeschreibungen Von Deutschen Beamten und Kriegsleuten im Dienst der Niederlandischen West-und-Ost-Indischen Kompagnien, 1602–1797* (The Hague: Martinus Nijhof, 1931).

9. P. Kolb, *Caput Bonae Spei Hodiernum. Das ist, vollstandige Beschreibung des Afrikanischen Vorgeburges der Guten Hofnung* (Nürnberg: n.p., 1719). I have used the unpublished English translation by R. Raven-Hart in my possession.

10. I have extracted biographical details concerning Kolb from the entry in *Allgemeine Deutsche Biographie* 16 (Leipzig: die Historische Commission bei der Königl. Academie der Wissenschaften, 1882), 460–61, and from E. Moritz, *Die Deutschen am Kap unter Hollandischer Herrscaft, 1652–1806* (Weimar: Böhlau, 1938), 69–71. There is also an autobiographical essay in the Kolb Papers at the Gymnasium of Neustadt an der Aisch. I thank Professor David Wardel for translating this for me from the Latin and Professor Hans Raum for accompanying me there.

11. Greg Dening, *Mr Bligh's Bad Language: Passion, Power, and Theatre on the* Bounty (New York: Cambridge University Press, 1992).

12. A remark made by A. Barnard, *Hunters and Herders of Southern Africa: A Comparative Ethnography of the Khoisan People* (Cambridge: Cambridge University Press, 1992), 253. This assessment is warmly endorsed by Johannes W. Raum, "Reflections on Reading Peter Kolb with Regard to the Cultural Heritage of the Khoisan," *Kronos: Journal of Cape History,* no. 24 (November 1997). For a discussion of Kolb's epistemic system, see Nigel Penn, "Notes towards a Rereading of Peter Kolb," *Kronos: Journal of Cape History,* no. 24 (November 1997): 41–45.

13. Van Gelder, *Het Oost-Indisch Avontuur,* chap. 5.

14. Ibid. A detailed description of this process appears in O. F. Mentzel, *Life at the Cape in Mid-eighteenth Century: Being the Biography of Rudolf Siegfried Allemann* (Cape Town: Van Riebeeck Society Reprint, 1919 [1784]), 13–20.

15. Bruijn, Gaastra, and Schoffer, *Dutch-Asiatic Shipping,* 149.

16. Mentzel, *Life at the Cape,* 25.

17. Ibid., 12 and 30–32. "Landspassaten" were soldiers who had a certain authority on board.

18. O. F. Mentzel, *A Geographical and Topographical Description of the Cape of Good Hope* (Cape Town: Van Riebeeck Society Reprint, 1921 [1785]), 8.

19. Kolb, *Caput Bonae Spei Hodiernum,* 8. All Kolb quotes come from the Raven-Hart translation.

20. "The first effect of the sea air and the rolling of the ship from side to side is to cause sea-sickness, which is most discomforting to the newcomer who is obliged to perform his duties. He vomits frequently, and is on that account laughed at and ridiculed by the others" (Mentzel, *A Geographical and Topographical Description,* 7).

21. Kolb, *Caput Bonae Spei Hodiernum,* 10. "Those who are making the voyage for the first time suffer most severely from the effects of the hard, coarse, salty and indigestible ship's fare [and] from the want of sufficient drinking water" (Mentzel, *A Geographical and Topographical Description,* 8).

22. Van Gelder, *Het Oost-Indisch Avontuur,* 164.

23. Ibid., 165.

24. Bruijn, Gaastra, and Schoffer, *Dutch-Asiatic Shipping,* 161–67. The VOC ship *Amerika* lost 147 men on its voyage to the Cape in 1675. The authors add that "disease and mortality were appalling on the outward voyage" (161).

25. Van Gelder, *Het Oost-Indisch Avontuur,* 160–63. "A German can bear anything except thirst," proclaimed Simon de Vries in 1694 (162).

26. Van Gelder, *Het Oost-Indisch Avontuur,* 161.

27. The watches were called, respectively, the Prins Quatier and the Graaf Maurits Quatier. See Mentzel, *Life at the Cape,* 33–34, and *A Geographical and Topographical Description,* 8.

28. Van Gelder, *Het Oost-Indisch Avontuur,* 152.

29. Karel Schoeman, *'n Duitser aan die Kaap, 1724–1765* (Pretoria: Protea, 2002), 190.

30. Mentzel, *Life at the Cape,* 54.

31. For an article that explores the notion of honor and status among the lower ranks of VOC society, see Nigel Worden, "Forging a Reputation: Artisan Honour and the Cape Town Blacksmith Strike of 1752," *Kronos: Journal of Cape History,* no. 28 (November 2002): 43–65.

32. See, for example, the case of Captain Berkman and two cabin boys of the ship *'t Huis ter Boede* in 1715, in Susie Newton-King, "For the Love of Adam: Two Sodomy Trials at the Cape of Good Hope," *Kronos: Journal of Cape History,* no. 28 (November 2002): 21–42.

33. The articles of the VOC stipulated that anyone who took the Lord's name in vain was to be fined ten stuivers (van Gelder, *Het Oost-Indisch Avontuur,* 155).

34. Van Gelder, *Het Oost-Indisch Avontuur,* 165.

35. Mentzel, *Life at the Cape,* 32.

36. This was slightly longer than the average time for such a voyage, which was 141 days in that period (1700–24) (Bruijn, Gaastra, and Schoffer, *Dutch-Asiatic Shipping,* 96).

37. Mentzel, *Life at the Cape,* 38–39.

38. Nigel Penn, "Fugitives on the Cape Frontier, c. 1680–1770," in *Rogues, Rebels and Runaways: Eighteenth-Century Cape Characters* (Cape Town: David Philip, 1999), 73–99.

39. "I have known men who have been in this service [i.e., as a *knecht*] for 20 years. They have passed from farm to farm, led a comfortable life, and saved a small fortune. These contracts of service are exceptionally favourable in this country, and the knecht or schoolmaster who does not succumb to the temptations of habitually drinking more of the abundant wine of the Cape than is good for him can secure his position and make a good marriage" (Mentzel, *A Geographical and Topographical Description,* 165–66).

40. Studies that trace the influence of Germans at the Cape include J. Hoge, *Personalia of Germans at the Cape, 1652–1806* (Pretoria: Archives Year Book, 1946), and Eduard Moritz, *Die Deutschen am Kap unter der Holländischen Herrschaft, 1652–1806* (Weimar: Verlag Hermann Bölaus Nachf., 1938). Schoeman, *'n Duitser aan die Kaap,* is a very useful source.

41. Melck's estate was valued at 225,000 guilders on his death in 1776. See L. Guelke, "Freehold Farmers and Frontier Settlers, 1657–1780" in *The Shaping of South African Society, 1652–1840,* 2nd ed., ed. R. Elphick and H. Giliomee (Cape Town: Maskew Miller Longmans, 1989), 82.

42. Mentzel, *Life at the Cape,* 162.

43. Quoted in Lucassen, "Netherlands, the Dutch, and Long-Distance Migration," 159n.

44. Van Gelder, *Het Oost-Indisch Avontuur,* 282–86.

45. Femme S. Gaastra, *De Geschiedenis van de VOC* (Leiden: Walburg Pers, 2002), 81–87.

46. Ibid., 91.

47. Ibid.

48. Bruijn, Gaastra, and Schoffer, *Dutch-Asiatic Shipping,* 143.

49. Baron von Wurm and Heinrich Morgenstern amassed fortunes, but they had been rich before they went to the East; see van Gelder, *Het Oost-Indisch Avontuur,* 184–86, 209, and 213.

50. Mentzel, *Life at the Cape,* 11.

51. Van Gelder, *Het Oost-Indisch Avontuur,* 242–52. See also his "De Wereld Binnen Handbereik: Nederlandse Kunst-en Rariteiten-verzamelingen, 1585–1735," in *De Wereld Binnen Handbereik,* ed. E. Bergvelt and R. Kistemaker (Amsterdam: Zwolle, 1992).

52. Van Gelder, *Het Oost-Indisch Avontuur,* 253–80.

53. Penn, "Notes," 44–45; Mentzel, *A Geographical and Topographical Description,* 16–28.

54. Van Gelder, *Het Oost-Indisch Avontuur,* 267.

55. Ibid., 193.

56. There is a considerable literature on this topic but see, in particular, M. Van Wyk Smith, "'The Most Wretched of the Human Race': The Iconography of the Khoikhoin (Hottentots), 1500–1800," *History and Anthropology* 5 (1992).

Bound for Botany Bay

John Martin's Voyage to Australia

CASSANDRA PYBUS

WHEN THE BLACK SAILOR John Martin appeared at the Old Bailey on July 3, 1782, justice was perfunctory. A man named Stephen Turnbull told the judge and jury how he had apprehended Martin as he attempted to steal from Trumbull's house four overcoats, several waistcoats, and a pair of breeches, all of which Turnbull valued at sixty-eight shillings. No statement was recorded in Martin's defense. For Justice Buller and the Middlesex jury this ought to have been a clear-cut matter: larceny of items valued at more than forty shillings was a capital offense. Under the draconian sentencing regime of the day, death was the penalty for about two hundred crimes, and public hangings were a common feature of life in London. As the numbers of men and women facing execution spiraled upward, judges and juries became increasingly squeamish about their city's being festooned with gibbeted corpses. A sentence of transportation beyond the seas was given to those pardoned of capital offenses and by the 1780s was liberally applied to reprieve a fair percentage of felons sentenced to the gallows and handed up as an initial sentence. In Martin's case the jury chose to exercise discretion and found him partially guilty, thus placing the value of stolen goods below the forty-shilling threshold for the death penalty. Consequently, he was sentenced to seven years' transportation, rather than the gallows. Transportation to where, exactly, no one could hazard a guess.[1]

Among the many disagreeable aspects of the revolt of the American colonies was that it put an abrupt end to the traffic in convicts that had sent about fifty thousand people to the American colonies as involuntary indentured laborers. It had been a lucrative business for tobacco merchants like Duncan Campbell, who contracted to transport the convicts on his outbound ships and sell them into indenture for seven years in the colonies of Maryland and Virginia; his ships then returned to England with a cargo of tobacco. For Campbell the American Revolution had been an economic disaster. It also had disastrous consequences for Britain's inadequate jails since the courts continued to dole out sentences of transportation to America as if nothing had changed. Every kind of carceral institution was overflowing—with felons sentenced to transportation with nowhere to go, as well as an ever-increasing number of debtors.[2]

When John Martin was sentenced, he joined thousands who were struggling for survival in fetid and disease-ridden jails that were run on a private-enterprise basis. The prison governor and the turnkeys made their money by selling accommodations, procuring sexual favors, dispensing gin, accepting bribes, and charging admission fees to a curious public. Most notorious was London's Newgate, an overcrowded, stinking cesspit that had been the focus of incendiary fury in the Gordon Riots. By the time Martin was received into Newgate, the prison had been rebuilt, but it was no less foul than before the rioters burned it down. Its population had almost doubled without the jail's being increased in size. Little had changed since the prison reformer John Howard had condemned Newgate in 1777. Poverty-stricken prisoners like Martin were held in disgusting conditions in the common wards. There were no beds or bedding, no proper sanitary arrangements, no medical attention, and next to no food, except for the prison issue of a three-halfpenny loaf supplemented by charitable donations and a weekly ration of meat of a highly dubious quality. A prisoner had to depend, for clothing, food, bedding, and money for bribes, on the visitors who streamed into the jail. During the day the prison thronged with families, curious strangers, hawkers, prostitutes, and accomplices. Wives managed to hide and stay overnight with their imprisoned husbands, pets were kept, spirits flowed freely (as long as one could pay), and sexual activity of all persuasions was openly indulged. Without any work or exercise, the prisoners were left with the sole distractions of sex, drinking, and gambling, all of which were rife within the walls of Newgate.[3]

With its rudimentary sleeping arrangements and unsanitary conditions, Newgate was only marginally worse than the poorest areas of London; the only real difference was that the prison was more densely crowded and closely confined. John Howard revisited the new jail in 1783 and was shocked to find that the stench of the prison overwhelmed him, just as it had six years earlier, while conditions continued to breed epidemic disease. He warned that without more care, the prisoners would be in great danger of a deadly outbreak of typhus, a dangerously debilitating condition that caused high fever, vomiting, and hemorrhaging from the gums, nostrils, and mouth, that could readily spread into the rest of the London population. Although Newgate had an infirmary, medical practitioners could rarely be induced to enter it. The sick and dying were left untended. The only time the keeper of Newgate paid any attention was when a burial was required. Martin was a stranger in England, probably from the American slave colonies, so, without a family to provide the bare necessities of life such as food and bedding, he was condemned to a squalid existence that must have been utterly soul destroying.[4]

Late in October 1782 Martin received a reprieve from the foul environment of Newgate when he was selected to go aboard the *Den Keyser,* which was at Portsmouth and had been chartered to take forty men and women to the west coast of Africa and leave them there. If, when Martin was embarked aboard the *Den Keyser* on November 1, he was anticipating a future of freedom and a possible return to a long-lost homeland, he was to be sorely disappointed. He was seriously ill, probably suffering from typhus, which was rightly called jail fever for its highly contagious nature. Too sick to make the voyage and likely to infect the entire cargo, Martin was returned to jail. Those who did make the journey had every reason to wish themselves back in the horrid confines of Newgate. They were landed without any provisions and no information as to what was expected of them. The exasperated governor at the slave fort Cape Coast Castle had no provisions to spare and ordered that they must look out for themselves or starve. He was not without sympathy but at a loss for what to do for people "landed naked and diseased upon the sandy shore . . . seen dying upon the rocks or upon the sandy beach, under the scorching heat of the sun." Three of the youngest and fittest male convicts did eventually manage to get back to England, where they were promptly arrested and retried for returning unlawfully from transportation, another hanging offense. Soon they were back in Newgate with Martin. Once more, these three were reserved as beneficiaries of the king's mercy and once more were sentenced to transportation to Africa.[5]

Sending convicts to Africa made economic sense. Slave ships from English ports usually sailed empty to the coast of Africa, and it would be advantageous for them to be stocked with a profitable cargo of convicts, just as ships bound for America had carried convicts and returned with tobacco. Since 1776, when the transport to America ceased, new legislation had made it impossible for an independent contractor to trade in the bodies of convicts (even though two illegal attempts were made to sell convicts in Baltimore during 1783). Contractors could no longer sell convict labor nor transact with a convict to buy out his servitude. Nevertheless, while convicts continued to be sentenced to transportation, the potential for profiteering remained, and the slave trader Anthony Calvert was keen to be involved.

Despite the African Company's vehement opposition to landing convicts in West Africa, the British Home Office received unexpected support from a one-time governor at Cape Coast Castle who put forward a radical plan to deport the country's accumulating felons to West Africa. Recognizing that "the government must get rid of them some how or another," John Roberts suggested that convicts should be sentenced to a life of hard labor on plantations established adjacent to the slave fort at Cape Coast Castle. "There is not an island in the West Indies produces better cotton than we every day see growing spontaneously in Africa," he enthused. Land could be purchased cheaply from the free Africans who lived around the castle, and gangs of convicts could be set to clearing the ground for the cotton, under the supervision of drivers with whips. Essential to his scheme was the construction of a penal fortress with twenty strong, locked chambers, each of which would hold ten men under the surveillance of a driver armed with a musket. In addition, whoever was in charge of the facility would have to be invested with judicial power to hang any felon who tried to desert. "No doubt many of them would soon die after they got there," Roberts allowed, if not from fever, then from hard labor under the harsh African sun. Still, he reasoned, "this set of people are now got so numerous that it seems absolutely necessary for humanity to give way in some measure." His outlandish plan appears to have been taken seriously by the long-serving undersecretary of the Home Office, Evan Nepean. While the Home Office was digesting Roberts's plan to turn convicts into plantation slaves at Cape Coast, Nepean was negotiating with Anthony Calvert to transport convicts to Cape Coast on the slave ship *Recovery*, then lying in the Thames.[6]

Nepean also turned his attention to the island of Lemaine, about four hundred miles up the Gambia River, thought to be able to sustain a settlement of about fourth thousand convicts. Nepean's friend James Bradley, chief clerk to the newly formed India Board, had approached his two brothers about a business venture in late 1784 and subsequently informed

Nepean that a convict settlement on Lemaine could be organized and managed as a family enterprise. On January 5, 1785, Nepean authorized Richard Bradley to go to Gambia to negotiate the purchase of the island from its indigenous owners. That same month officials of the City of London were personally informed by Lord Sydney, secretary of state for the Home Office, that convicts would indeed be sent to Africa. The judiciary swung into action to facilitate the process, changing sentences in favor of transportation to Africa.[7]

It was apparent from the draft proposal that Lord Sydney sent to Treasury in February that the transported convicts were not to be put to work on cotton plantations at Lemaine. Instead, they would be left to their own devices, while provided with building materials, agricultural tools, and seeds, to create some kind of a self-governing, self-sustaining society. An agent on an offshore vessel would be responsible for preventing them from interfering with the slave trade. The government's intention was to delay the voyage until the end of August or early September, after the rainy season had passed, and in the meantime to concentrate the designated convicts on one particular hulk. In March, Duncan Campbell was able to inform Treasury that he had secured the hulk *Ceres* "for a temporary reception of convicts under sentence of transportation to Africa" and that he had set about getting it ready. Campbell was well aware how eagerly prison governors across the country would embrace the offer of accommodation for their felons, advising the captain of the *Ceres* that the transportees "will be forced upon us as quick as we can take them." He also recognized that as soon as the convicts discovered they were bound for Africa, they would resist. "I pray you as things are now situated to man your ship well for fear of any mutinous attempt," he instructed his captain.[8]

The government's determination that transportation would be resumed was a great relief to provincial officials in despair at the state of the country's prisons and the escalating rate of criminal convictions. A magistrate from the county of Lancashire reported to the House of Commons that the Manchester prison was so dreadfully overcrowded that it was a serious financial burden. Manchester was beset with unemployment as a result of the demobilization around that city of four or five regiments returned from America. As with London, Manchester had seen an influx of idle men, suddenly cut loose from military discipline and without any paid employment, which inevitably had led to an increase in larceny and other crime. The city had no way of recouping the cost of incarcerating all these felons, the magistrate explained, because they were chained together and therefore could not be put to work. Some had been confined for three or four years awaiting transportation, and more convicts were anticipated.[9]

John Martin was among a hundred convicts from Newgate transferred to the *Ceres* in April 1785. Duncan Campbell's mode of incarceration was more efficient and more humane than that of the keeper of Newgate. It was also much better regimented. The opportunity for interaction with family and friends was significantly more limited on the *Ceres,* if for no other reason than the cumbersome business of getting aboard a ship moored on the Thames. Although the food allowance was more substantial than in Newgate, the shipboard diet was conducive to scurvy and other illnesses, compounded by damp, confined living arrangements. Between July and December 1785, sixty men on the *Ceres* died, almost certainly the result of typhus, which thrived among closely confined populations.[10]

Perhaps it was thought that Martin and others like him were most likely to survive abandonment in Africa, as nearly all the convicted black men in London had been put aboard the *Ceres* for Africa, regardless of the severity of their sentence. They represented 6 percent of the men on the *Ceres,* whereas black felons constituted but roughly 1 percent of the prison population. However, few commentators had any doubts that Africa would make short work of one and all those assembled on the *Ceres.* As Edmund Burke sardonically observed, transportation to Africa was in reality nothing less than a "singularly horrid" death sentence given "after a mock display of mercy." Gambia was "the capital seat of plague, pestilence and famine," Burke told the House of Commons, where "the gates of Hell were open day and night to receive the victims of the law."[11]

Burke was one of the members of the House of Commons who had raised the alarm about the Lemaine proposal and persuaded Parliament to establish a committee to investigate the scheme. One after another, experts told the committee that Africa was a place of disease and death, effectively scuttling that idea. Nepean was more than a little disgruntled that "from the mistaken humanity of some and the affected tenderness of others" the plan had foundered. He still had some cause for optimism as the sloop HMS *Nautilus* had been sent to examine Das Voltas Bay, in present-day Namibia, as a potential place for a penal colony. This seemed an attractive option since convicts could be carried there on outward-bound slave ships that could then continue up the coast in their normal business.[12]

An even more radical proposition was to create a convict settlement at Botany Bay, a place thirteen thousand miles distant on the coast of the isolated southern continent that the explorer James Cook had named New

South Wales. The obvious drawback was the absence of any established trading enterprise that could easily incorporate convict transportation. No trading ships were outbound for New South Wales, and without a lengthy detour to China or India, which was prohibited to most by the East India Company's monopoly, they would return with either a worthless cargo or no cargo at all. But when the *Nautilus* returned with the news that the Das Voltas region of Africa was unfit for settlement, Lord Sydney promptly decided on Botany Bay as the destination for his unwanted felons. Shedding his previous objections to this place where hardly a soul had ever ventured, he drew on the evidence from Cook's voyage to show that its climate was healthy and the land fertile enough to produce abundant crops. Sydney was especially enthusiastic about Botany Bay's location, so far from England that it was "hardly possible for people to return without permission." Having sung the praises of this Elysium of the antipodes, Sydney asked Treasury to provide shipping to transport about eight hundred convicts to this far distant shore.[13]

A Royal Navy contractor named Richards had taken the contract to supply ships for the fleet, and he set about refitting his ships to carry closely packed human cargo, made secure against mutinous outbreaks. One such ship, the *Alexander*, moored at Woolwich, required reinforced hatches with "bars and strong bolts," as well as a supply of "security handcuffs," before transfers from the *Ceres* and other hulks began. On January 6, 1787, John Martin had been aboard the *Ceres* for more than a year and a half when he was among 210 men transferred from the *Ceres* to the *Alexander*. The *(London) Evening Post* pictured the forlorn procession of convicts in clanking chains as on their way to an earthly paradise:

> They go to an Island to take special charge,
> Much warmer than Britain, and ten times as large:
> No customs house duty, no freightage to pay,
> And tax free they'll live when in Botany Bay.

However idyllic the popular perception of their final destination, none of the convicts put aboard the *Alexander* could have taken any pleasure from his changed circumstances. They were in a pitiful condition. Some were so sick "they were unable to help themselves."[14]

The slap of unfurling canvas, the crack of ropes tensing with the strain, and the coarse chanting of sailors would have been familiar sounds to Martin as the *Alexander* pulled down river and set sail for the Motherbank, an anchorage outside Portsmouth. Yet he was not scampering aloft or heaving away on ropes; he was chained between decks with 209 other convicts filled with dire apprehension, listening to the bark of command and the clatter of running feet above their heads. If this claustrophobic confinement was not something Martin had experienced before, he knew about it from those who had endured the middle passage on a slave ship. Was he now to be delivered into another kind of slavery at the end of the world? For months before the prisoners' transfer, confused talk about the government's intentions had rippled through the hulk *Ceres*. Martin knew that he had only just escaped transportation to certain death at a slave fort on the coast of Africa, and three fellow convicts miraculously returned from that convict expedition had horrendous tales to tell.[15]

When the *Alexander* reached Portsmouth and was once more at anchor, the convicts on board remained bolted together in the cramped, dank space between decks and had a monotonous meager diet of salted provisions. Inevitably, with the sick handcuffed to the healthy, disease broke out in the confined conditions. News of a malady on the *Alexander* soon drifted ashore, alarming the town's residents. When the surgeon general for the voyage arrived at Portsmouth, he was confronted by a deputation of town gentlemen, who had come to tell him that the convicts on the *Alexander* had "a malignant disease among them of a most dangerous kind." The doctor went below decks to find that the sick were not infected with typhus, but they were chronically debilitated, mentally and physically, from the effect of long incarceration, dressed only in rags, and incapacitated by the piercing cold. He ordered warm clothes and made sure their rations would be supplemented with fresh meat and vegetables. The ship's master was instructed to bring the men up on deck to take fresh, clean air. Some time later most of the convicts were taken off onto lighters, while the ship was thoroughly cleaned, smoked, sponged down with oil of tar, and then whitewashed. Even with these welcome changes, eleven men died on the *Alexander* between January and March.[16]

By the end of March 1787 all the convict transports were congregated at Portsmouth. There were six transports in all, with 582 male convicts and 193 female convicts with eighteen children, plus 212 marines to guard them. Most convicts were from London, and eleven were, like Martin, black men from the Americas who had fetched up in England in the wake of the American Revolution. The black men represented nearly 2 percent of the male convicts at Portsmouth, the same in as the general London population at the time.[17]

As the fleet commander, Captain Arthur Phillip, had not yet arrived, the expedition remained stalled, with the male convicts chained together on the transports and scant opportunity for exercise or fresh air. Phillip was still in London upbraiding the Navy Board for its dangerous presumption that so many people could be sent to the extremity of the known world with inadequate provisions and no special supplements to retard the spread of scurvy during the long voyage. A month's delay ensued as Phillip pressed his case with the authorities in London, while aboard ship at Portsmouth the convicts remained closely confined. Four men, bolted together, shared a space of seven feet by six feet, with so little headroom they needed to bend almost double in order to stand. Between the decks where the convicts were stowed, it was perpetually dark, since lanterns were forbidden for fear of fire. Another five on the *Alexander* were buried before the fleet sailed.

On May 3 those aboard the various transports would have heard screams of agony emanating from the deck of the *Alexander,* where a man was being flogged with the vicious cat-o'-nine-tails, a lash made of nine strands of whipcord, each strand knotted in three places. The individual whose back was shredded was not a convict but a marine private. The convicts were marshaled on deck, alongside the marines, to witness the gruesome spectacle, as each drumbeat was followed by the sharp crack of the lash that opened long cuts on the man's back. Here was a foretaste of what convicts could expect in their new life governed by laws laid down by marine and naval officers—men who would order such savage torture without so much as a second thought.[18]

Four days later Captain Phillip finally arrived at Portsmouth and expressed a determination to sail immediately, despite still not having received clothes for the women or any documentation of the sentences of his charges. At first light on May 13, 1787, the ships weighed anchor and by noon the fleet was into the channel, setting a course for Tenerife, sails billowing with a brisk easterly breeze. Almost immediately, seasickness overwhelmed convicts and marines alike. The smell of vomit and the rasping of involuntary retching invaded every ship. The unspeakable misery was far worse for the male convicts, who were still chained together and forced to lie in slimy pools of vomit and bile. Two days into the voyage Phillip ordered the prisoners' irons struck off so they could remove their disgusting clothes, wash, and keep themselves clean. He had little fear: virtually all the convicts were so incapacitated by seasickness that they could barely move, let alone mutiny.

Among the unchained convicts were a few seasoned seamen who were not prostrate with nausea. A small group on one of the transports had managed to obtain some knives and tools, and on the night of May 18 they attempted a breakout. It was hardly a serious or threatening mutiny. The guards were waiting for them, tipped off by a convict informant. The men received the paltry punishment of twenty-four lashes, though the two ringleaders were removed to another ship and kept in double irons. Phillip was unperturbed by the incident, reporting to undersecretary Nepean that no one had "any reason to be seriously alarmed." One convict, however, had every reason to be alarmed; a fortnight later four men pinned down the informer below decks and slashed his calf with one of the contraband knives.[19]

When the fleet reached Tenerife, freshwater was loaded, as well as the supplies of fresh meat and vegetables needed for the *Alexander*'s twenty-three ill convicts. But as the fleet neared the equator, water became very scarce, reduced to three pints for each person every twenty-four hours. As the chief surgeon feared, this measure hastened the onset of various maladies. On July 18 he was summoned to the *Alexander,* where a number of men were dangerously sick. The source of their illness was identified as the ship's bilge water, in which food waste, excrement, vomit, and stale water had fermented to such a degree that the noxious gases thus emitted tarnished the officers' metal buttons. When the surgeon removed the bilge hatches, "the stench was so powerful that it was scarcely possible to stand over them." Even though the source of the foul miasma was reduced by regularly pumping the bilges, five more men died before reaching Rio, where fresh meat, vegetables, and fruit could again be purchased. Another nine had developed ulcers, symptoms indicative of the onset of scurvy.[20]

Scurvy was caused by a lack of enough vitamin C to produce the protein that maintains the body's internal connective tissues and was the horror of long sea voyages. Without an adequate supply of ascorbic acid, the body literally begins to fall apart: capillaries break down, bone tissue unravels, teeth deteriorate and loosen. If the body still cannot obtain sufficient vitamin C, internal hemorrhaging causes blotching of the skin, and bones become so weakened that they cannot support the weight of the body. Fractured bones come apart and old wounds reopen, causing excruciating pain. Without a change in diet, the disease is irreversible and a horrible, drawn-out death inevitable. Scurvy was especially worrying on this voyage because sailors, marines, and convicts were all likely to be deficient in vitamin C when they came aboard, while the very conditions under which they lived and worked accelerated the disease. Despite all the sweet blood oranges greedily consumed during the weeks the ships were resupplied at Rio, four months into the journey the signs of the disease were clearly evident, as the ideal conditions for hastening its progress overtook the fleet.

On September 11 the sun was slowly enveloped in a thick haze and the waves grew heavy and dark. The tune played by the rigging began to change. During the night people were awakened by the sound of shrieking ropes and the movement of violent rocking as sudden squalls buffeted the fleet. In the weeks that followed, the sky was constantly shrouded in low, purple clouds, and the oily sea was whipped into massive waves that crashed over the decks and poured through the portholes. As the shrieking ships rolled and shuddered in the monstrous seas, their passengers voided their stomachs in uncontainable vomiting.

The first indication of the onset of acute illness was noticed on the *Alexander*, where, on October 4, the captain took the precaution of isolating the sick convicts. On the same day thirty convicts on a second transport were reported dangerously ill. The most worrying matter was that the marines were also falling like ninepins. Whether from the terror of an agonizing death by scurvy or just sheer opportunism because of the incapacity of so many marines, four disgruntled sailors on the *Alexander* conspired with a bold young convict to take control of the ship as they neared the Cape and to desert once they reached Cape Town. The conspirators were betrayed to the ships' officers, and few convicts seem to have been involved in the plot. While there was doubtless a great deal of mutinous resentment, few convicts would have entertained expectations of fair treatment at the hands of the Dutch East India Company (VOC). As the convicts sailed into Cape Town harbor they were greeted by an array of gruesome instruments of execution and torture: gallows, racks, and spikes sporting impaled heads, as well as six wheels used for breaking the body that were elevated about nine feet above the ground on posts.[21]

Marine captain David Collins, who had been vested with legal responsibility as the judge advocate for the new settlement at Botany Bay, was very interested in the way the VOC regulated its remote settlement. He observed with awe the broken bodies displayed upon the wheels, and he carefully wrote down the inscription over the courthouse: *Felix quem faciunt aliena pericula cautum,* which was translated as "happy is the man whom other men's misfortunes make wary." Collins wondered just how wary such severity made the denizens of Cape Town and whether this might be a principle to be adapted to the needs of Botany Bay. On leaving Cape Town, with its gruesome display of mangled bodies and severed heads, Collins indulged in the melancholy reflection that "the land behind us was the abode of a civilized people; that before us was the residence of savages."[22]

On January 18, 1788, the fastest ships sailed into Botany Bay. First ashore was Captain Phillip, who went with some of his officers to look for water on the north side of the bay. As their small boat approached its destination, they sighted a group of male Aborigines who were calling out to the intruders in a menacing tone while brandishing their long spears. The Aborigines were entirely naked, and their dark skin was scarred with raised welts on their chests and upper arms. The right front tooth of each man had been knocked out, while several wore a bone through the cartilage of their nose, as well as ornaments of shell in their greased hair. Tentative at first, the astonished Aborigines accepted the glass beads and mirrors that Phillip held out to them. They would have been even more astonished to know that this small pale man in his ridiculous uniform held the title of governor-in-chief and that, in putting ashore, he had assumed control of the entire region of eastern Australia. The following day Phillip's party saw more naked warriors brandishing spears and calling across the water: "*Warra, warra,*" which the British later learned meant "Go," or "Get away."[23]

The strange visitors had no intention of going away. Over the next few days Phillip explored his new domain with several officers in tow. They found a place that deceived the eye: at first it resembled a gentleman's park, with stately trees and grassy meadows, but in reality no landscape could have been more unlike the tranquility of pastoral England. The grass was coarse and massive tree trunks rose straight up for fifty feet or more before extending contorted limbs to the sky, their drooping, narrow leaves providing little shade from the remorseless sun. All day the officers were tormented by flies crawling in their eyes and ears; as dusk fell, they were ready prey for swarms of mosquitoes. The more closely they looked, the more bewildered they became: Botany Bay in no way resembled the descriptions offered by Captain Cook and his crew. Phillip resolved to move the entire fleet a few miles north to Port Jackson, where he found a magnificent harbor and a sheltered cove ideal for settlement. At sunset on January 26 the governor and his party briefly stepped ashore at the cove, named after Lord Sydney, where they hoisted the Union Jack up the ready-made flagstaff. As the flag fluttered limply in the humid air, a detachment of marines fired several volleys, loyal toasts were drunk, and Phillip formally took possession of the continent on behalf of King George III.

The surgeon commandeered a large number of tents to serve as a makeshift hospital for the many men debilitated by dysentery and scurvy.

"More pitiable objects were perhaps never seen," he lamented. "Not a comfort or a convenience could be got for them." Convicts still able to fend for themselves might, if they were lucky, find a billet in a tent. More likely was a bed of leaves under the vast, star-studded sky. A handful of convicts eluded the guards, bolting to the surrounding forest where the dense tangle of undergrowth promised concealment. Some were never seen alive again, though their remains were found later. One or two staggered back, nearly demented with starvation, after many days at large in the bush.[24]

February brought electrical storms of terrifying intensity that swept in from the ocean accompanied by drum rolls of thunder and shards of lightning spitting in all directions, splitting trees from crown to roots. Squalls of rain turned the ground upon which they slept into a filthy quagmire. On February 6 the full and final muster of convicts ashore numbered 732, after the 189 convict women were landed. The next day they were all summoned to hear the governor as he read out his commission and instructions to appoint a criminal court with David Collins as judge advocate, assisted by six military officers. Turning his attention to the bedraggled convicts, encircled by the marines as they sat in the mud, Phillip told them he was convinced that most were incorrigible and they needed to understand that they were in New South Wales to work; if they did not work, they would not eat.[25]

Phillip's words were a severe shock to his convict audience. Nothing in their sentence implied that transportation meant years of forced labor. Yet Lord Sydney's instructions to Phillip on this point were precise: the convicts' labor was assigned to the governor. Although Sydney's ultimate ambition was for convicts to become self-sufficient yeoman farmers, Phillip understood that all sentences were to be served at the governor's direction before the allocation of any land. Not that Phillip knew when the convicts' sentences expired; that paperwork had not been completed before the fleet had sailed. In actuality John Martin had only six months left to serve, but the governor was not about to take the word of a thief on the subject. He insisted he must receive written proof of sentences from England, a process that was bound to take several years.[26]

Thus Phillip was the master of a bonded workforce of more than seven hundred people who were compelled to create a settlement out of the antipodean wilderness. All the heavy work of clearing and building had to be done by convicts still suffering the effects of scurvy. They had no beasts of burden; the task of carting the huge trees and stones fell on the convicts' puny shoulders. Unfortunately, the ration allocation took no account of size or the amount of labor undertaken. With remarkable fairness Phillip had decreed that, regardless of status, every man would have the same weekly ration: seven pounds of beef, three pints of peas, seven pounds of bread biscuit or flour, and six ounces of butter. This ration was nowhere near sufficient to sustain someone at eight to ten hours of backbreaking labor each day. The hungry newcomers were rarely able to supplement their meager diet with seafood because the seasonal movements of the fish were a mystery and the cumbersome Brown Bess musket was next to useless in hunting the kangaroo. A few edible herbs and berries were found to make sweet tea and help cure the scurvy, but these did nothing to fill empty stomachs. Within a few months the rations had been severely cut, and hunger began to determine the pattern of life at Sydney Cove.

With deadening regularity Collins's court heard cases concerning the theft of rations. One officer who regularly sat in judgment commented in his journal: "[W]e had a few trials and plenty of floggings, but I believe the Devil's in them, and can't be flogged out." The usual sentence for men convicted of petty larceny was up to five hundred lashes; even so, those sentenced to the lash could count themselves lucky. A seventeen-year-old boy was hanged after he was caught stealing bread; his soiled and purple-faced body was left dangling from a branch, while beneath it the lesser offenders were lashed to the trunk and flogged insensible.[27]

Hanging was unusual; flogging was the norm. To be publicly flogged was a humiliating and emasculating ordeal, a calculated invasion of the body designed to reduce the convict to an insensible thing with no will to resist. Stripped naked to the waist, the offender would be tied at ankles and wrists to a tree and beaten with the naval cat. Each time the flagellator drew back the cat-o'-nine-tails, he would run the cords through his fingers to dislodge the bloodied flesh. To ensure the victim did not die under the lash—a very real possibility for men affected by scurvy—the surgeon was always in attendance. Men were flogged for the smallest infraction of the ironbound rules. John Martin tried hard to work as he was ordered and to stay out of trouble, but in August he too was lashed to the tree and given twenty-five strokes merely because he lit a fire without permission in order to get warm.

The bloody ritual of humiliation and intolerable pain quickly became one of the most common features of life in the new colony. Yet hunger made the lash a poor deterrent. Excessive sentences of five hundred to one thousand lashes had to be dealt out in stages. After 250 or so strokes, or the intervention of the surgeon, the near-lifeless body would be cut down and taken to the hospital. Once the pulped back had healed sufficiently, those sentenced to further punishment would be strung up for a second, and sometimes third or fourth, dose of Collins's ineffective hunger remedy. So it was that the fledgling settlement was constantly assailed with the noise of drumbeats and screams of agony.

Collins's severe sentences made convicts loath to implicate each other in any crime. "There was such a tenderness in these people to each other's guilt," the judge advocate moaned, "that unless they were detected in the fact, it was generally next to impossible to bring an offence home to them." Collins's journal, with its litany of savage punishment, was published in England in 1793, prompting the penal reformer Jeremy Bentham to protest that in New South Wales the rights of Englishmen, enshrined in Magna Carta, the Bill of Rights, and habeas corpus, were illegally denied. Collins's interpretation of the law certainly made a mockery of the English fantasies that New South Wales would be an antipodean paradise.[28]

While the fleet had been assembled at Portsmouth, Captain Phillip had determined that the penal colony in New South Wales would be run according to the laws of England, and one law in particular would be observed: "[T]here can be no slavery in a free land and consequently no slaves." Six months into his governorship it could not have possibly escaped him that his outpost of empire bore many of the hallmarks of a slave plantation. The overwhelming majority were at Sydney Cove against their will and were forced into long hours of hard labor with inadequate rations, while the sole weapon available to compel compliance was infliction of violent torture to induce a submission born of fear. As the disgusted marine private Easty confided in his journal, convicts were "the same as slaves all the time they are in this country."[29] John Martin had almost certainly escaped from slavery as one of thousands of slave fugitives recruited by the Royal Navy and its accompanying fleet of privateers during the American Revolution. But in this howling wilderness at the extremity of the known world where no ships called, there was nowhere a desperate, brutalized man could escape.

NOTES

1. Trial of John Martin, *Old Bailey Session Papers, 1781–82* (London: E. Hodgson, 1782), 454. For a discussion of the draconian Hanoverian repression, see E. P. Thompson, *Whigs and Hunters: The Origin of the Black Act* (Harmondsworth, U.K.: Peregrine, 1977), 21–24; and Peter Linebaugh, *The London Hanged: Crime and Civil Society in the Eighteenth Century* (Cambridge: Cambridge University Press, 1992), 16–18.

2. Although the American colonists affected to despise this trade, George Washington was a keen buyer of such indentured labor. See *The Papers of George*

Washington: Colonial Series, ed. W. W. Abbott and Dorothy Twohig (Charlottesville: University Press of Virginia, 1992–95), 9:314 and 10:341–42 and 366; see also Lund Washington's Account Book, typescript, Mount Vernon Ladies Association, 9–11.

3. For a discussion of eighteenth-century prisons see Linebaugh, *London Hanged;* V. A. C. Gatrell, *The Hanging Tree: Execution and the English People, 1770–1868* (Oxford: Oxford University Press, 1994); and Douglas Hay et al., *Albion's Fatal Tree: Crime and Society in Eighteenth-century England* (New York: Pantheon, 1975).

4. John Howard, *An Account of the Present State of the Prisons, Houses of Correction, and Hospitals in London and Westminster* (London: Society . . . Against Vice and Immorality, 1789), 72.

5. Richard Miles to African Committee, February 1, 1783, National Archives of the United Kingdom (hereafter cited as NA) HO 70/33.

6. John Roberts to Gilbert Ross, December 1784, NA HO42/5; Sydney to African Company, December 21, 1784, NA HO 43/1/355 For *Recovery,* see Anthony Calvert to Treasury, January 15, 1785, NA HO 42/6/36, HO 42/6/4370, T 70/69, T/70/145.

7. For Richard Bradley's mission see *Journal of the Commons* 43, 411, re £ 457 10s 6d to Bradley per Thomas Cotton.

8. Duncan Campbell letterbooks, April 2, 1785, manuscript, Mitchell Library, State Library of New South Wales (hereafter cited as ML), A3229.

9. Quote from "Minutes of the House of Commons respecting a plan for transporting felons to the island of Lemaine in the River Gambia," April 26–May 25, 1785, NA HO 7/1.

10. Duncan Campbell letterbooks, 1785, ML A3327; *Ceres* lists, December 1785, NA T 1/637.

11. Burke in *Journal of the House of Commons* 40, 1785, 954–59.

12. "Minutes of the House of Commons," 1785, NA HO 7/1; Lord Beauchamp's Report from the Committee Enquiring into the Transportation Act of 1784, *Journal of the House of Commons* 11, 1785, 1161–64; Nepean's comments, 1785, NA T 1/624.

13. Sydney to Lords of Treasury, August 18, 1786, NA T 1/369. Sir Joseph Banks's evidence to the Beauchamp committee, May 10, 1786, NA HO 7/1.

14. For the *Alexander* refit see Navy Board Minutes, December 10 and 19, 1786, NA T 1/369; poem in the *Evening Post,* December 19, 1786; Captain Arthur Phillip to Nepean, January 11, 1787, *Historical Records of New South Wakes* (hereafter cited as *HRNSW*) (Sydney Government Printer, 1892), 1, pt. 2, 46.

15. John Rugluss, Thomas Lipmus, and Samuel Woodham were on board the *Den Keyser* to Goree in 1782 but escaped back to England and were rearrested and transported to Botany Bay. See Mollie Gillen, *The Founders of Australia: A Biographical Dictionary of the First Fleet* (Sydney: Library of Australian History, 1989).

16. John White, *Journal of a Voyage to New South Wales* (Sydney: Angus & Robertson, 1962), 47–51.

17. My analysis of records of black baptisms, 1770–1800, for the parishes of Greater London, using data supplied by the London Metropolitan Record Office, indicates that about 1 percent of baptized Londoners were black, but these records underestimate the black population, many of whom were not Christian. Analysis of trial records from the Old Bailey, which encompassed Middlesex and the Kent assize court in the period immediately after the American Revolution, reveals that about 0.9 percent of those indicted were identified as black, but the court documents do not always specify racial identity.

18. For the account of the flogging see John Easty, *Memorandum of a Voyage from England to Botany Bay, 1787–1793: A First Fleet Journal* (Sydney: Angus and Robertson, 1965), 5. For flogging in the Royal Navy see Greg Dening, *Mr Bligh's Bad Language: Passion, Power, and Theatre on the* Bounty (New York: Cambridge University Press, 1992), 116–22 and 383–86.

19. Phillip to Nepean, May 1787, *HRNSW* 1, pt. 2, 108.

20. White, *Journal of a Voyage,* 67; "Return of Sick," August 30, 1787, *HRNSW* 1, pt. 2, 111.

21. For a description of the entry to Cape Town see Arthur Bowes Smyth, *The Journal of Arthur Bowes Smyth: Surgeon, Lady Penrhyn, 1787–1789,* ed. P. Fidlon and R. J. Ryan (Sydney: Australian Documents Library, 1979), 40, and Easty, *Memorandum of a Voyage,* 57.

22. David Collins, *An Account of the English Colony in New South Wales: with remarks on the dispositions, customs, manners, etc., of the native inhabitants of that country,* ed. Brian Fletcher (Sydney: A. H. and A. W. Reed, 1975 [1798]), 1:82 and 86. The translation appears in William Bradley, *A Voyage to New South Wales: The Journal of Lieutenant William Bradley RN of HMS* Sirius, *1786–1792* (Sydney: Ure Smith, 1969), 533n5.

23. Translation in Southwell Papers, *HRNSW* 2, 700.

24. White, *Journal of a Voyage,* 113.

25. Bowes Smyth, *Journal,* 68.

26. Phillip to Nepean, July 9, 1788, *HRNSW* 1, pt. 2, 156.

27. The quote is from George B. Worgan, *Journal of a First Fleet Surgeon* (Sydney: Library of Australian History, 1978), 32. For the hanging see Watkin Tench, *1788: comprising A narrative of the expedition to Botany Bay and A complete account of the settlement at Port Jackson,* ed. Tim Flannery (Melbourne: Text Publishing, 1996), 66.

28. Collins, *An Account of the English Colony,* 28. For Bentham's reaction see John Currey, *David Collins: A Life* (Melbourne: Melbourne University Press, 2000), 140.

29. Easty, *Memorandum of a Voyage,* 127.

SIX

"The Slave Trade Is Merciful
Compared to [This]"

Slave Traders, Convict Transportation, and the Abolitionists

EMMA CHRISTOPHER

IT WAS A KEY MOMENT for early Australia. The tiny European settlement perched on the edge of a huge continent had been struggling to survive since January 1788 when the eleven ships known as the First Fleet arrived to found a penal colony more than thirteen thousand miles from Britain. What they urgently needed was food, clothing, and other supplies, but the only ship that had reached them from Britain was the *Lady Juliana* with its cargo of female convicts. Then, in June 1790, three more ships arrived in Sydney harbor. Hopes were high. It soon became clear, though, that the arrivals had suffered a terrible tragedy. In contrast to the remarkably healthy state of the convicts on the First Fleet and *Lady Juliana* when they reached their destination, the felons arriving on the *Neptune, Scarborough,* and *Surprize* were sick, naked, and starving. Judge Advocate David Collins wrote that "both living and dead exhibit[ed] more horrid spectacles than had ever been witnessed in this country."[1] "Great numbers were not able to walk, nor to move hand or foot," noted another observer, and they had to be "slung over the ship side in the same manner as they would sling a Cask, a Box or anything of that nature."[2] One of those who found that he "could not climb the ladder" when he was finally ordered ashore was Thomas Milburn, a convict who, in a letter to his parents back home in Britain, lamented the terrible treatment he had suffered aboard the *Neptune*.[3]

The settlement's chaplain, the Reverend Richard Johnson, quickly went aboard the ships to meet his newly arrived parishioners. "Was first on board the Surprize," he wrote, "went down among the Convicts where I beheld a sight truly shocking to the feelings of Humanity[,] a great number of them laying some half and others nearly naked without either Bed or Bedding, unable to turn or to help themselves—spoke to them as I passed along but the smell was so offensive that I could scarcely bare it." The *Scarborough*'s captain, John Marshall, discouraged Johnson from visiting the convicts on his ship because of the state they were in, and as the sufferings of those on the *Neptune* were the worst of all, Johnson did not even try to reach them.[4]

Most observers in the colony quickly recorded their own thoughts on this disaster. Governor Arthur Phillip blamed overcrowding on the vessels and the fact that the convicts had rarely been allowed to walk on deck.[5] David Collins attributed the suffering to their "confinement in a small space and in irons, not put on singly, but many of them chained together."[6] Watkin Tench, a young captain of the marines whose keen eye provides much insight into the early settlement, claimed that the ships' officers had "violated every principle of justice, and rioted on the spoils of misery."[7] It was the comments of William Hill, however, a soldier in the New South Wales Corps who arrived on the *Surprize,* that have most captured historians' attention. Writing both to his acquaintance Samuel Wathan and to the abolitionist leader William Wilberforce, Hill claimed that "the slave trade is merciful compared to what I have seen in this fleet."[8]

This was not a throwaway remark belonging to a later age, when to compare anything to slavery or slave trading was a rhetorical device of outright condemnation. Hill had specific reasons for his argument that slave trading was more merciful than convict transportation. He suggested that the economics of the transatlantic slave trade, in which captains generally had a financial interest in the sale of their passengers, created better conditions than the Second Fleet voyages in which they had none. Instead, he argued, the captains could actually gain financially from the death of the convicts, as the food of the deceased was saved and could be sold once the ships reached their destination. His complaint that the contractors had used the heavier shackles generally used on slave ships—the type that fastened with a short bolt between the legs—reveals a different attitude, however. Tacit in this aspect of Hill's argument is the suggestion that the convicts had not actually suffered more than slaves but that they should never have been treated as badly as they in the first place. Convicts should always have had the lighter shackles common in jails, Hill implied.

Hill's comparison with the transatlantic slave trade was also grounded in his knowledge that the Second Fleet ships had been contracted by the London slave-trading company of Anthony Calvert, William Camden, and Thomas King. Beginning in the mid-1770s and continuing into the early years of the nineteenth century, they would together finance at least sixty slaving voyages that transported, at bare minimum, 10,500 African captives to the Americas. Individually, they were also engaged in countless other slaving ventures.[9] Before retiring from the sea to become a merchant, Thomas King had captained several slave ships, including the *Surry's* 1771 voyage that had landed him in the admiralty courts, accused of killing the sailor John Warren. It was said that King had called Warren "an Irish son of a Bitch" as he kicked him to death.[10]

In fact, the origins of the Second Fleet were closely bound up with slavery and the slave trade. Anthony Calvert appears to have become interested in transporting convicts as well as trading slaves during the period when Britain's felons were sent out to the slave-trading forts of West Africa. An army captain, Kenneth Mackenzie, who commanded some convicts freed to join the military, had bought a plantation and put some of his soldiers to work on it alongside African slaves he had purchased, much to the soldiers' disgust. Private William Reeves complained that he had been forced to "work upon a plantation belonging to him [Mackenzie] from six in the morning till seven in evg. along with his Slaves."[11] Others alleged that they had been made to labor "with the common Negroes."[12] When Kenneth Mackenzie murdered one of those soldiers, who was also his nephew, by attaching him to a cannon and firing it, and Mackenzie was subsequently sent home to stand trial, Anthony Calvert wrote expressing an interest in buying the plantation for his own ends.[13] Later, when slave ships were used to transport convicts to West Africa before loading their other human cargo for the dread middle passage, Calvert and King financed one of those ships, the *Recovery.*

The *Recovery* had also been captained by Donald Trail, the man who, in 1790, was the commander of the worst of all the Second Fleet ships, the *Neptune.* Trail and Andrew Hewson, the captain of the *Recovery* when it delivered twenty-two convicts to West Africa, seem to have joined forces to captain that ship and the slave ship *John* on their voyages from England and to the West Indies.[14] Donald Trail had also commanded the *Venus,* which had delivered 296 slaves to Kingston, Jamaica.[15] Not the original choice for the master of such a large ship as the *Neptune,* Trail had taken over from Thomas Gilbert, who had already captained a First Fleet ship to New South

Wales and who gave his surname to the Pacific islands of that name on the way home.[16] For the Second Fleet, however, Gilbert had been replaced after a row with the New South Wales Corps officers Nicholas Nepean and John Macarthur before they left England. Macarthur's wife, Elizabeth, wrote in her journal that they soon discovered that they had made a dreadful error in having Gilbert replaced as "Mr Trail's character was of much blacker dye than was ever in Mr Gilberts nature to exhibit." Because of conflict with Trail and the horrifying death rate, the Macarthurs moved from the *Neptune* to the *Scarborough* long before Australia was sighted.[17]

Beyond these practical ties between the Second Fleet and slave trading, William Hill had another, unstated reason for the comments in his letter to Wathan and Wilberforce, one that would have been immediately apparent to his contemporaries but that has been little explored by Australian historians of the Second Fleet. The slave trade had become politically and morally contentious in the late 1780s, at the very moment that the convict colony in New South Wales was founded. The Society for the Abolition of the Slave Trade was formed in May 1787; the following year the opening debates about the issue were heard in the House of Commons. The slavery debate ignited in 1788 and 1789, shortly after the First Fleet's departure and immediately preceding the embarkation of the three Second Fleet ships. This period saw the publication of some of the most influential books, pamphlets, and speeches by both sides of the debate. Thomas Clarkson's *Substance of the Evidence of Sundry Persons on the Slave-Trade* presented his report of the exhaustive tour of Britain that he had made in 1783, when he had interviewed many who had been involved in the slave trade as captains, surgeons, mates, and crew.[18] Vicars preached sermons expressing their opinions about the biblical message about slavery, and planters and slave traders quickly came to the defense of the institution.

While the slave trade was undoubtedly controversial, attitudes toward slavery influenced discussions about transportation as a mode of punishment. Right from the start the existence of the transportation of convicts provided antiabolitionists with a vindication of slavery. In 1788, months after the First Fleet's departure but with news of the colony not yet filtered home, John Matthews wrote in the diary of his journey to Sierra Leone that "[a] pretty close parallel may be observed between the African condemned for some offence against the laws of his country, to be sold to a white man, and the English felon transported to a wild uncultivated country; for such is Botany Bay represented."[19] The slave trader Robert Norris's *Memoirs of the Reign of Bossa Ahadee,* published in 1789, argued that Africans had sold their countrymen for centuries and "had never entertained any more doubt of their right to do so, than we do of sending delinquents to Botany Bay."[20] Three years later Jesse Foot took the argument to its logical endpoint: as Africans did not have the power to take possession of faraway lands for the purpose of dumping their criminals, the slave trade was their next best option.[21]

The infamous racist Edward Long was probably the first to raise this notion. In the 1770s he suggested that Africans ripped from their homelands and shipped across the Atlantic as slaves were in a similar position to felons sentenced to transportation from the shores of Britain. He suggested that in some parts of Africa crimes "great and small" were punished with enslavement. "It is clear that the African states have just as good right as any European power, to banish their criminals to other parts of the world that will receive them," he wrote.[22] Some proslavery advocates later twisted this argument further by suggesting that the slaves were criminals who would otherwise have been condemned to death. They therefore "ought to be thankful that they had been carried safe in to the British colonies."[23] Thus it was claimed absurdly that the slave trade actually protected human life.

When the abolitionist campaign gained momentum, the idea of slave-as-criminal became a major point of contention. Thomas Clarkson used this issue as the fulcrum of his interrogation of those involved in the trade. Several of his informants denied that the Africans were criminals, pointing out that some were only children while others had blatantly been kidnapped.[24] At other times responses grounded in emergent romantic philosophy raised the issue of African civilization and civility. Thus the abolitionist reverend James Ramsay wrote in 1788, "Crimes are the offspring of civilization. Crimes exist not among savages."[25] The following year, perhaps influenced by Ramsay, Bryan Edwards, historian and planter, used similar arguments when he spoke to the Jamaican Assembly. He said that it was foolish to use the transportation of British convicts to justify the slave trade, as crimes were applicable only to civilized society, whereas Africans were "wolves towards each other."[26] Thomas Clarkson put it a slightly different way, alleging that one of the crimes slaves had been found guilty of was witchcraft. As a Christian man, Clarkson felt confident in writing that "we knew the crime to be impossible."[27]

Slave traders and their supporters also sought to suggest that the lot of slaves was in some ways preferable to that of British people who had committed misdemeanors. The arch proslavery campaigner James Tobin argued in 1787 that the punishments inflicted on slaves were more humane than those imposed in the British courts, an accusation endorsed by the planter Gilbert Franklyn, who alleged that "there are fewer capital punishments in seven years in the West Indies, than are inflicted in one session at the Old Bailey."[28] In 1792 "A Plain Man" acknowledged that slaves were whipped, "but generally for crimes for which in England they would be hanged, or (in our great mercy) sent to starve to death in Botany Bay."[29] Newspapers also took up this theme. When in 1788 Margaret Sullivan was sentenced to death by burning at the stake for the crime of coining, the *Times* [London] wrote, "Must not mankind laugh at our long speeches against African slavery . . . when . . . we roast a fellow creature alive, for putting a penny-worth of silver into a halfpennyworth of brass?"[30] Ultimately, the slavery proponent William Knox argued, British workers could choose only between labor and jail, whereas slaves could similarly opt for hard work or punishment.[31]

Beyond comparing slavery and transportation, pro–slave trade advocates raised the prospect of the reintroduction of convict transportation to the West Indies as a straw man to highlight the benefits of slavery. This suggestion was never discussed seriously, even when the jails were at their most severely overcrowded after the loss of the American colonies. Nevertheless, defenders of the slave trade used the possibility as a scare tactic premised upon the unspoken racial bias that it was objectionable and inhumane for white felons to be put to work in the Caribbean. Because the bias remained unspoken, the proslavery lobby put forward various alternative explanations for the planters' reluctance to accept British convict labor. In 1788 Gilbert Franklyn argued that Britain would not be "unloading her gibbets, or emptying her goals" in the Caribbean. If, as the abolitionists alleged, he continued, there were already precious few humane white men in the West Indies, supplementing their numbers with felons would hardly improve matters. Much of the mistreatment of slaves in earlier times, he added, had been perpetrated by convicts transported from Britain.[32]

A planter writing in 1789 had slightly different concerns:

> It may be argued, that our Convicts might be sent [to the West Indies], in Preference to the New Settlements lately discovered. Numerous as they are, they would be insufficient to supply the Demand of half the Settlements, and even that Number would be so greatly reduced, that one-third would never see a second Crop, and the miserable Remains so incapacitated by Indisposition, Pain and Sorrow, from pursuing their necessary Employment, that the Ground (for want of Hands) must lie uncultivated and unproductive.[33]

To this planter the transportation of convicts to the West Indian colonies made no economic sense. Meanwhile, the planter William Beckford, who had inherited sugar plantations in Jamaica, suggested that if white men were sent to the Caribbean plantations in place of the slaves, crime in Britain might increase as men would envy the "easy soil and happy clime" of Botany Bay.[34]

Whatever the complex ways in which convictism and slavery intertwined in abolitionist and pro–slave trade discourse in 1788–92, it is clear that to many of the slavery proponents the transportation of felons to New South Wales posed a major question to which their opponents had no answer. Bryan Edwards, who had an ambivalent attitude toward the whole controversy, acknowledged that if the slave trade had to be defended, then the abolitionists should also condemn convict transportation "to Botany Bay; a voyage comprehending more than one half of the globe's circumference, and encountering every variety of climate."[35] And, by 1792, at least one writer was linking racist sentiment with this question. An anonymous author, a man who wrote that he thought blacks to be "little more than incarnate devils," while white people "reflect . . . their Maker's image," challenged Wilberforce and the abolitionists, claiming that they could justify attacking the slave trade only if they also outlawed all other forms of "slavery," including the "penal laws" of Britain. After all, he found it "rash and inconsiderate . . . to maintain, that the vile and barbarous blacks of Africa have an equal claim to freedom with the rest of the human race."[36]

When William Hill wrote that he was going to copy his letter to his friend Wathan and send it to William Wilberforce, he doubtless thought he was contributing to a dispute that was raging when he left Britain in January 1790. In fact, however, quite contrary to the claims of the pro–slave trade faction, the abolitionists did not believe it was worth addressing the question of transportation's relationship with slavery. Thomas Clarkson had called convicts "voluntary slaves" and made clear in his 1788 publication that he separated the issue of abolitionism from all other humanitarian causes.[37] Similarly, William Roscoe had written that criminality was a legitimate reason for enslavement.[38] The leading abolitionists were deeply religious men who saw a great difference between the slaves—men and women raised without the benefit of Christian education who were being sold to rapacious traders—and those who had grown up in a Christian land but, in committing crimes, had turned their backs upon the teachings and principles of the Gospels. To Wilberforce, Clarkson, and most of their supporters, convicts sent to New South Wales may have approached the situation of slavery, but they had legitimately been cast into that role by their former actions.

In these earliest years of British settlement in Australia, Wilberforce's role was not to cast doubt on the legitimacy or morality of transportation but to ensure the appointment of a suitable chaplain to try to redeem the wayward flock for the Lord.[39]

Wilberforce therefore had little say, at least publicly, about Hill's comments upon the Second Fleet or, indeed, the tragedy in general. In fact, the abolitionists had nothing openly to do with the murder prosecutions of Donald Trail and his first mate, William Ellerington. The action against them was not a government initiative, despite Governor Phillip's pressing for state involvement. Rather, it was the result of the untiring exhortations of Thomas Evans, an attorney who called himself "solicitor to the tars of old England."[40] In addition to publishing a book about the Second Fleet (of which no copies are known to have survived), he wrote a book in 1791 arguing about sailors' rights.[41] He was very probably the (by then disbarred) solicitor of that name who helped the Nore mutineers in 1797.[42] Although the abolitionists were interested in the wrongs done to slave-trade seamen as part of the abolition campaign, Evans's interests in the case, and his politics in general, were poles apart from those of Wilberforce.

In fact, Wilberforce's silence on the prosecution of Trail and Ellerington was willful. He was at that time engaged in the high-profile prosecution of a Captain John Kimber, a slave trader accused of murdering slaves aboard his ship *Recovery*. Kimber was being held in Newgate Gaol alongside William Ellerington.[43] Trail should also have been on the masters' side of the jail but had fled to Belgium to escape prosecution.[44] After he returned to face the charges, all three men were tried at the same sessions of the Admiralty Court before the same judges, and some papers, such as the *London Chronicle,* reported on both trials in the same edition.[45] The slave trade and its horrors were all around: also, at the same court sessions three sailors were sentenced to hang for attempting to take two different slave ships. John Slack and Charles Berry from the *Fairy* and George Hindmarsh of the *Fly* were condemned to be hanged at Execution Dock, Wapping; the last, as a convicted murderer, was also sentenced to have his corpse dissected.[46]

It was ironic that the abolitionists were not involved in the prosecution of Donald Trail, as the complaints of treatment aboard the *Neptune* bore many similarities to the copious allegations of cruelty heard at the contemporaneous parliamentary investigations into the slave trade that had been instigated by Wilberforce, Clarkson, and their allies. Often used by historians, the far less-well-known testimonies of those aboard the Second Fleet ships closely mirrored the testimony about slave ships, with tales of mass brutality, starvation, and murder. Another parallel was that Trail and Ellerington were charged with the murder of an unidentified male convict. Unknown African slaves were killed in vast numbers during the middle passage, yet few of their original names survive in the historical record. Ironically, because of the demands of bureaucracy, it was rare for the identity of a felon under transportation to Australia to be nameless. Former slave-trader Trail, almost alone among those who captained transports on the long voyage to the antipodes, kept his shackled passengers as a nameless, impersonal mass. Moreover, like the abolitionists, for both political and pragmatic reasons Thomas Evans also decried the mistreatment of seamen on ships carrying unfree human cargo. Like many slave traders before them, including their employer, Thomas King, Trail and Ellerington also were charged with the murder of two of their crew. Their purported victims were the sailor Andrew Anderson and the cook John Joseph.

Most of the main allegations of cruelty on board slave ships surfaced in the "Accounts and Papers" presented to Parliament about the Second Fleet and in the subsequent trial of Trail and Ellerington.[47] Reflecting William Hill's original criticisms that the convicts had been put in slave rather than jail shackles, it was reported that the men had been chained in pairs and had remained in irons for the duration of the voyage. Standard practice on slave ships where male captives were chained "a right and a left leg, and a right and a left arm" and infrequently released because of the threat of revolt, this was definitely not the norm on convict transports.[48] This meant not only that getting on deck for fresh air was difficult even in fine weather but also that the convicts "frequently ha[d] blood running down their heels."[49] It would have been a story that Thomas Clarkson knew well, having heard plenty of accounts of male slaves who were rarely allowed on deck. A man named Thompson who had made two slave-trading voyages had also told Clarkson that "the [slave] men are chained when they come on board both at wrists and ankles, and continue so on the passage. Their irons frequently chafe them, and are the means of considerable pain."[50]

In fact, this issue of the men's being kept shackled was behind the death of the unknown convict that led to the trial of Trail and his former chief mate for murder. Seamen Robert Fletcher and John Rogers testified that this man had died from a flogging ordered by Trail and Ellerington. On Ellerington's suspicion that the man had somehow removed his irons, Trail ordered the boatswain to lash the man to the "bows of the Long Boat and give him a Damned good flogging." The cat-o'-nine-tails used for this punishment was unusually cruel, Fletcher reported; he had "seen a Cat made for punishing Thieves and suspected Sodomites," but even it was not any-thing "like the Cat made use of on the Neptune." With a bloodied and lac-erated back, the convict was left without medical assistance or even water to drink and died, it was claimed, within a few hours.[51]

Similarly, this propensity for the deployment of extreme physical pun-ishment was alleged in relation to the convicts, just as it was reported to be meted out on slave ships to both captives and crew. Quartermaster George Churchill complained forcefully about the treatment of the female convicts and reported "he hath frequently seen . . . Donald Trail and Wm. Elring-ton kick and beat women convicts without Mercy." They beat the women "like Man oppos'd to Man in Quarrel," he said, while Trail had struck a woman named Jane Haly "with all his weight" and put her in "Irons Hand and Feet with a Collar round her Neck and fastened by a Chain."[52]

The allegations of appalling living conditions aboard the Second Fleet also paralleled the horrors that, by 1792, the British public was becoming accustomed to hear in relation to slaving vessels. Quartermaster John Beale claimed that conditions in the Second Fleet were so rank, with the buckets used as toilets often overflowing or overturned in heavy seas, that "the smell coming up from the said Orlop Deck . . . was very nauseous."[53] Slave ships were infamous for reeking so badly that other vessels could smell them from some distance away. "I was so overcome by the heat, stench and foul air that I nearly fainted," a slave ship seaman had similarly testified.[54] Beale also reported that the Second Fleet seamen spent their nights listening to the "shrieks and cries" of those chained below, also a phenomenon often described at the parliamentary inquiry into the slave trade. On the *Neptune* convicts who had "died in the Night as Corpses were frequently brought up in the morning,"[55] just as slave-ship sailors routinely brought up the bod-ies of the dead at daybreak.

There were also accusations that convicts had been starved. The five cats that were aboard when the *Neptune* sailed were all eaten, it was reported, while John Beale related that he had bought "a new pair of Shoes" from a convict "for 4 biscuits" because the convict was so hungry. Also paralleling testimony about the slave trade, the *Neptune* gunner William Sabuston claimed "he hath known several of the convicts conceal the dead Bodies of their Messmates below for the sake of gaining their Allowance of Provi-sions." Thomas Milburn, the convict who wrote to his parents about the voyage, described how he had been chained to a man named Humphrey Davies who had died "about half way." Milburn said that he had kept Davies's corpse beside him for a week to get his food and water as he had been so hungry that once he ate the poultice given him for his sore leg.[56] Another convict, James Tucker, under transportation for the theft of a tea-spoon and part of a shirt, apparently did likewise.[57] The parliamentary com-mittee into the slave trade heard that many African captives had tried the same survival tactic.[58]

In terms of discussions about sexual impropriety on the part of slave and convict ships' officers, on the surface things were very different. In contrast to the frequently heard complaint that female slaves had been raped by cap-tains, mates, and seamen, witnesses at the trial of Trail and Ellerington com-plained that they had not been allowed to form sexual relationships with the women, something they clearly felt was their right. Seaman Daniel Con-nolly claimed that one of the reasons he had signed on to the *Neptune* was because he had been told that the vessel had a "parcel of fine women on board with their Hats & Feathers flying" and that they "would be all amongst them." Donald Trail apparently also promised several other sea-men, including Richard Tomkin and Joseph Silk (alias Collins), that the female felons would be available to the sailors. And the seamen were less naive in believing him than might be assumed. Before the First Fleet had sailed in 1787, the *Times* published an article stating that each sailor aboard was allowed "to select a mate for the voyage" and that the government was sending out sixty sets of baby clothes in anticipation of the result.[59] On the *Lady Juliana,* which sailed just before the three Second Fleet ships, many seamen and female convicts formed relationships, leading to the ship be-coming known as "the floating brothel."[60]

In the Second Fleet, however, the seamen complained that they had been prevented from even speaking to the women or having their assistance in washing or mending clothes. In fact, "talking to the Women through the Bulk Head" on the night they sighted the Cape of Good Hope was the crime for which Andrew Anderson, one of the men whom Trail and Ellerington were accused of murdering, had originally been punished. Later, it was said, Trail had again knocked Anderson down, beaten him, jumped on him, and hit him with a rope. Anderson survived for some weeks after this, eventu-ally writing a letter to his father on the eve of his death, reporting that he was "wore away to a Skeleton the captain has used me very ill in this Voy-age in beating & confining me."[61]

It was not just their lack of access to the women that infuriated the sea-men, however, but that the ship's officers, including William Ellerington and the government agent John Shapcote, had been allowed to choose a woman with whom they "cohabited as Men with their Wives." What is more, Beale alleged that "divers Foreign[ers] were permitted to come and sleep on board and have promiscuous Enjoyment with several of the Women who were on those occasions permitted to prostitute themselves" while the ship was anchored at Cape Town.[62] The officers of the *Lady Juliana* had similarly allowed this at various points, including offering the women's services to the sailors aboard a slave ship they met en route.[63]

Clearly, much difference could be seen between the abolitionist presentation of African women as innocents suffering greatly at the hands of appalling slave traders and the testimony that depicted convict women as "damn'd whores" who allowed seamen to choose them as candy in a store.[64] And the seamen's interpretation of convict women as sexually available had some truth to it. Although clearly part of the larger "female convict as whore" myth, some of the women did have enough agency to calculate for themselves that forming a relationship with a sailor would bring them some protection and better conditions. The vast majority of seamen and female convicts came from the same social groups within Britain and had the same expectations from life, and, although it was highly uncertain, some of these relationships did survive after the convicts were discharged in Australia.

The difference was, perhaps, as much in the retelling as in the reality of the situation. Thomas Clarkson's central claim in repeating allegations of sexual abuse was the suffering of innocent women; Thomas Evans, the sailors' lawyer, had no apparent interest in the lot of the women convicts. Evans therefore let the sailors' gripes about not having sexual access to the women stand as a central part of the case, not least in demonstrating Trail's alleged treachery to his crew. Thomas Clarkson could allow no such thing.

Clarkson may have heard similar complaints from slave-ship seamen he interviewed but never publicized them. Some slave traders did claim that they refused their common seamen sexual access to slave women, although on economic rather than humanitarian grounds. Donald Trail had his own de facto wife—probably a relative of his old slave-trading colleague Andrew Hewson's—on the voyage with him, but in allowing his surgeon and the first and second mates to select a woman while keeping the common seaman at bay, Trail was adopting a pattern that other slave traders apparently followed.[65] The former slave-ship surgeon Alexander Falconbridge claimed that "common sailors" were only "allowed to have intercourse with such of the black women whose consent they can procure," while "the officers were permitted to indulge their passions among them at pleasure."[66] Of course, this runs contrary to much of the evidence about what really happened, but it remains possible that sailors had been lured to slave ships by promises of female company, only to find that the reality was quite different.

Clarkson would have had good reason for hiding such reports, as African women and girls at the mercy of sexually rapacious slave traders was a major cannon in the abolitionist assault. This certainly was part of the popular imagery of the case against John Kimber, the slave trader tried at the same time as Trail and Ellerington, although there is scant evidence that this had actually been a factor in the affair. Rather, the main element of the prosecution's case was that Kimber had murdered a girl of about fifteen, who was not only in the advanced stages of gonorrhea and may have been suffering from malaria. She also had some deformity of the legs, which the seamen had attempted to "cure" by tying them to the yardarm and pulling her torso at regular intervals to straighten her bent limbs.[67] Nonetheless, popular responses to the case alluded to a sexual motive behind the girl's mistreatment. An illustration of the punishment allegedly inflicted suggested that she had incurred Kimber's wrath for "protecting her virgin modesty," while a seamen in the image is shown saying that "if he had taken her to bed with him it would have been well enough."[68]

There was one clear way in which the allegations against slave traders significantly differed from those against Trail. What Kimber was actually tried for was not just gross inhumanity but trying to increase the market price of the girl, of treating the girl as an object, a commodity, one of his trading goods. This aspect of the slave trade, over and above simple atrocity, had outraged abolitionists and troubled Britons in general for some time. They had been aware of such issues since the legal arguments over the 1781 drowning of 132 slaves from the ship *Zong* so they would be an insurance claim rather than a loss to the underwriters.[69] This issue of the commoditization of people was then reborn in the parliamentary debates about the slave trade, descriptions of which included captains' darkening slaves' gray hair, polishing their skin, using grease to cover scars, and even blocking the anuses of those who had dysentery so that their illness was temporarily hidden.[70]

This was definitely different from the convict experience, particularly as, unlike in earlier times, when their destination had been the Americas, there was no "sale" awaiting miscreants arriving in Australia. Ironically, though, where commoditization caused such incredible suffering on slave ships, it was the absence of any financial interest at all that partly caused the misery on the *Neptune*. First Mate William Ellerington was alleged to have declared, in a chilling reflection of William Hill's words, "let them die and be damned the owners have been paid for their passage and if we deliver 150 or 200 of them it will be enough if we deliver some and don't go empty handed."[71] Inured to the kind of cruelty that pervaded the trade in slaves, and with no financial incentive to check their behavior, Donald Trail and his fellow officers cared little for their charges. Indeed, John Beale claimed that the convicts had "declared they had rather been hanged ten times over."[72]

From a contemporary perspective it is most notable that those prosecuting Trail and Ellerington apparently made no overt attempts to "play the race card," in other words, to assert that the felons were deserving of better treatment because they were (with a few exceptions) white men.[73] Not even the attorney Thomas Evans, who seems to have been prepared to throw any number of unsubstantiated accusations at the indicted men, alluded to the racial implications of a slave trader's standing trial for the murder of white men and women. Nor, interestingly enough, did he make much of Trail's history as a slave trader, never arguing, for example, as historians have done, that his work on "guinea ships" had brutalized him and led to his behavior on the *Neptune*.[74]

Yet the question of race and skin color remained an undercurrent. Although racial arguments did not prove to be the most effective for the pro–slave trade faction, they did on occasion turn to them, as I have shown. With regard to convicts, racial arguments had already clearly surfaced during the era of transportation to West Africa. Furthermore, the kind of brutal commoditization of a woman perpetrated by John Kimber was not considered in any way acceptable for forced migrants of British origin, even (or especially) among those who argued that Kimber was merely doing his job. By the 1790s the buying and selling of people of European origin was controversial in the Americas, which were firmly invested in a racially divided society. After all, whatever the cruelties inflicted on Britain's convicts in these years, there had been no serious discussion that they would be sent to stand on the auction block beside African "chattels."

It took only three hours for the jury to find Trail and Ellerington not guilty. One newspaper reported that the jurors reached their decision "without giving the Judge the trouble of summing up."[75] Another reported that Thomas Evans was "ordered to be struck off the roll" for his handling of the affair.[76] Two days earlier John Kimber had also been acquitted, while the two main witnesses for the prosecution, the *Recovery*'s mate and surgeon, were arrested for perjury. The main paper in Kimber's hometown of Bristol reported "the promptness of the verdict can . . . exact no surprise:

particularly when it is considered that they endeavoured to support their charges by nothing."[77] William Wilberforce was not only humiliated, he was apparently threatened physically by Kimber and was in fear of his life.[78]

By June 1792, when these trials took place, the initial tide of support for the abolition of the slave trade had died away as war with Revolutionary France inched closer. The Haitian Revolution had also terrified British planters. Initially, the British abolitionists had worked closely with their equivalents in France and had cheered the French successes. But after the British joined the coalition to fight France at the end of that year, this stance became a liability, and to call oneself an abolitionist was to risk being tainted as unpatriotic or even a republican. Still, the Kimber trial, like that of the *Zong* in the previous decade, became a cause célèbre, and Kimber was infamous for years to come, the focus frequently falling upon the five subsequent slaving voyages he made.[79] In 1797 a witness in Africa declared that he had "never seen ... such savage ferocity" in any man.[80] The newspapers paid less attention to Donald Trail, who was quickly freed to rejoin the Royal Navy. He subsequently fought in the French Revolutionary Wars under Horatio Nelson, who had, at the time of Trail's trial, given him a reference. Trail would later return to the slave trade, working at Cape Town with Michael Hogan, a man who had also once transported convicts to New South Wales and got into trouble for his treatment of them.[81]

By the time of Trail's acquittal another fleet of Camden, Calvert, and King–contracted ships, with one captain who had been engaged in the "guinea trade," had also arrived in New South Wales. Although not in quite such a poor state as those the previous year, Governor Phillip wrote home, "the greatest part of them are so emaciated, so worn away by long confinement or want of food, or from both those causes that it will be long before they recover their strength, and which many of them never will recover." The chief offender was Richard Owen on the transport *Queen* who had apparently been shortening the convict rations to line his own pocket.[82] One witness said the ship "exhibited most dreadfull *[sic]* instance of Cruelty you Ever hard *[sic]* of."[83] Richard Owen had previously delivered 242 captive Africans to Jamaica aboard the slaver *Experiment*.[84] Nobody made the connection however, not even William Hill, who sailed on the *Queen* from Norfolk Island to Sydney.[85] Whether this was simply an oversight, due to changing priorities, or because the *Queen*'s convicts were Irish, is uncertain.

William Hill's comments about the slave-trading connections of Donald Trail and the Second Fleet's contractors belonged to a specific moment when the abolitionist movement had provoked open debate about such issues. Caught up in them were changing ideas about humane treatment of people in general and new attitudes about decency and benevolence. As the *Neptune* case showed, the kind of savage mercilessness that slave traders showed could also seep outward to affect their behavior in other situations. Cruelty could be endemic. It definitely was not confined to slaving vessels.

The only consolation was that the British government had learned its lesson. Although other ships would arrive with allegations of mass cruelty, and of course with scenes of immense suffering due to disease, shipwreck, and other disasters, no slave-trading company ever successfully contracted to transport convicts. The abolitionist movement, ambiguous though its feelings were toward these fallen men and women, led to a change in perception about the way that Africans and Britons should be treated. Within a few short years ever more checks were placed upon the handling of transported convicts, and laws changed to ensure their humane treatment. And later, after the slave trade was made illegal in 1807, former abolitionists did turn their attention to improving conditions on convict transports. Many convicts who followed in the steps of the Second Fleeters would compare their situation to slavery, but by that time it had become a rhetorical trope, shorthand for all manner of the worst kind of barbarity. What set the convicts of the *Neptune* apart was that their comparisons had borne an altogether different relationship to reality.

NOTES

1. David Collins, *An account of the English colony in New South Wales: with remarks on the dispositions, customs, manners, etc., of the native inhabitants of that country*, ed. Brian Fletcher (Sydney: A. H. and A. W. Reed, 1975 [1798]), 1:99.
2. National Archives of the United Kingdom (NA) CO 201/6 ff.353–57.
3. Copy of a letter from Thomas Milburn in Botany Bay to his father and mother in Liverpool, Mitchell Library, State Library of New South Wales (hereafter cited as ML) (original in Edinburgh).
4. NA CO 201/6 ff.353–57.
5. Phillip to Treasury, August 13, 1790, NA T 1/694.
6. Collins, *An account of the English colony*, 1:99–100.
7. Watkin Tench, *1788: comprising A narrative of the expedition to Botany Bay and A complete account of the settlement at Port Jackson*, ed. Tim Flannery (Melbourne: Text Publishing, 1996), 132.
8. William Hill to Samuel Wathan and Hill to William Wilberforce, NA CO 201/5 ff.281–82.

9. David Eltis, Stephen D. Behrendt, David Richardson, and Herbert S. Klein, *The Trans-Atlantic Slave Trade: A Database on CD-ROM* (Cambridge: Cambridge University Press, 1999).

10. NA HCA 1/24 ff.57–59.

11. NA T 70/1549, pt. 1.

12. NA TS 11/1016.

13. NA T 70/1549, pt. 2.

14. Eltis et al., *Trans-Atlantic Slave Trade*, voyage IDs 83296, 85052.

15. Ibid., voyage ID 83949.

16. Thomas Gilbert, *Voyage from NSW to Canton in the year 1788* (London: J. Debrett, 1789), 32. The Gilbert Islands are now part of Kiribati.

17. Elizabeth Macarthur, "Journal and Correspondence, 1789–1840," ML A2906, CY Reel 940, quote ff. 353.

18. Thomas Clarkson, *The Substance of the Evidence of Sundry Persons on the Slave-Trade* (London: James Phillips, 1789).

19. John Matthews, *A Voyage to the River Sierra-Leone, on the Coast of Africa* (London: n.p., 1788), 157.

20. Robert Norris, *Memoirs of the Reign of Bossa Ahadee* (London: W. Lowdnes, 1789), 160.

21. Jesse Foot, *A Defence of the Planters in the West Indies* (London: J. Debrett, 1792), 63.

22. Edward Long, *The History of Jamaica, or, General Survey of the Antient [sic] and Modern State of That Island* (London: T. Lowndes, 1774), 2:388–91.

23. Thomas Clarkson, *History of the Rise, Progress and Accomplishment of the Abolition of the African Slave-Trade by the British Parliament* (London: Longman, Hurst, Rees and Orme, 1808), 2:280.

24. Clarkson, *Substance of the Evidence*, 13, 36, and 43.

25. James Ramsay, *Objections to the Abolition of the Slave Trade, with Answers* (London, 1788), 48.

26. Bryan Edwards, *A Speech delivered at a free Conference between the Honourable the Council and Assembly of Jamaica, held the 19th of November 1789 on the subject of Mr. Wilberforce's Proposition in the House of Commons concerning the slave trade* (Kingston: J. Debrett, 1790), 10–11.

27. Clarkson, *History of the Rise*, 2:325.

28. James Tobin, *A Short Rejoinder to the Rev Mr. Ramsay's Reply* (Bristol: J. Becket, 1787), 29–31; Anon. [Gilbert Franklyn], *Observations Occasioned by the Attempts made in England to Effect the Abolition of the Slave trade . . .* (Liverpool: A. Smith, 1788), reprinted in *British Transatlantic Slave Trade*, ed. David Ryden (London: Pickering and Chatto, 2003), 4:73.

29. "A Plain Man," *The True State of the Question Addressed to the Petitioners for the Abolition of the Slave Trade, by a plain man who signed the petition at Derby* (London: J. Bell, 1792), 5.

30. Quoted in Siân Rees, *The Floating Brothel* (London: Headline, 2001), 81.

31. W[illiam]. K[nox]., *A Letter from W. K. Esq. to W. Wilberforce, Esq.* (London: J. Debrett, 1790), 13–14.

32. Franklyn, *Observations,* 39 and 87–88.

33. "A Planter and Merchant . . ." [Barrell?], *Commercial Reasons for the Non-Abolition of the Slave Trade in the West-India Islands* (London: W. Lane, 1789), 7–8.

34. William Beckford, *A Descriptive Account of the Island of Jamaica* (London: T. and J. Egerton, 1790), 331.

35. Edwards, *A Speech delivered at a free Conference,* 24.

36. Anon., *An Apology for Slavery, or, Six Cogent Arguments against the Immediate Abolition of the Slave Trade* (London: J. Johnson, 1792), 7, 22–23, and 47.

37. J. B. Hirst, *Convict Society and Its Enemies* (Sydney: George Allen and Unwin, 1983), 21.

38. Anon. [William Roscoe], *A General View of the African Slave-Trade, demonstrating its Injustice and Impolicy: with hints towards a Bill for its Abolition* (London: R. Faulder, 1788), reprinted in John Oldfield, ed., *The Abolitionist Struggle: Opponents of the Slave Trade,* vol. 3 of *The British Transatlantic Slave Trade,* ed. Kenneth Morgan (London: Pickering and Chatto, 2003), 64.

39. Robert Isaac Wilberforce and Samuel Wilberforce, eds., *The Correspondence of William Wilberforce* (London: John Murray, 1840), 1:64–65, 90–92, 195–98.

40. Michael Flynn, *The Second Fleet: Britain's Grim Convict Armada of 1790* (Sydney: Library of Australian History, 2001), 54.

41. Thomas Evans, *A Letter to the Right Honourable The Earl of Sandwich, On the Actual State of the Master's Mates, Midshipmen, Inferior Officers, and Seamen, of his Majesty's Navy . . .* (London: David Steele, 1791).

42. James Dugan, *The Great Mutiny* (New York: George Putnam's Sons, 1965), 92.

43. NA HO 26/1 ff. 88, 91. Kimber's *Recovery* was not the same ship as that previously captained by Donald Trail.

44. Flynn, *Second Fleet,* 55.

45. *London Chronicle,* June 7–9, 1792.

46. NA HCA 1/25 ff.191, 205; NA HO 26/1.

47. Accounts and Papers relating to Convicts on Board the Hulks and those Transported to New South Wales, ordered to be printed 10th and 26th March 1792, Dixon Library, Sydney.

48. Evidence of John Knox, NA ZHC 1/82 85.

49. Evidence of John Beale, NA TS 11/381.

50. Clarkson, *Substance of the Evidence,* 23.

51. *HM King v. Trail and Ellerington* for the murder of Andrew Anderson and *HM King v. Trail and Ellerington* for the murder of John Joseph, NA TS 11/381.

52. Ibid.

53. Ibid.

54. NA ZHC 1/84 f.368.

55. NA TS 11/381.

56. Ibid.; Milburn to parents.

57. Evidence of Daniel Connolly, TS 11/381, NA; Flynn, *Second Fleet,* 579.

58. Evidence of Connolly; Emma Christopher, *Slave Ship Sailors and Their Captive Cargoes* (New York: Cambridge University Press, 2006).

59. NA TS 11/381; Rees, *Floating Brothel,* 103.

60. Rees, *Floating Brothel,* 103.

61. *King v. Trail.*

62. Evidence of John Beale.

63. Rees, *Floating Brothel,* 127–30.

64. Ralph Clark, *The Journal and Letters of Lt. Ralph Clark 1787–1792,* ed. Paul G. Fidlon and R. J. Ryan (Sydney: Australian Documentary Library, 1981), 12.

65. Evidence of George Churchill, NA TS 11/381; Christopher, *Slave Ship Sailors, 189–92.*

66. Alexander Falconbridge, *An Account of the Slave Trade on the Coast of Africa* (London: n.p., 1788), 24.

67. NA HCA 1/61 ff.166–72.

68. Marcus Wood, *Blind Memory: Visual Representations of Slavery in England and America, 1780–1865* (New York: Routledge, 2000), 160–61.

69. *Zong* Records, file 19, National Maritime Museum, London; Prince Hoare, *Memoirs of Granville Sharp* (London: Henry Colburn and Co., 1820), 236–47 and appendix 8.

70. Christopher, *Slave Ship Sailors,* 188–191.

71. NA TS 11/381.

72. Ibid.

73. A very small number of black convicts sailed on the Second Fleet just as on the First Fleet; see Flynn, *Second Fleet,* 110.

74. Ibid., 76.

75. *St. James Chronicle,* June 9, 1792.

76. *London Chronicle,* June 7–9, 1792.

77. *Felix Farley's Bristol Journal,* June 9, 1792.

78. Reginald Copeland, *Wilberforce* (London: Collins, 1945), 177.

79. Eltis et al., *Trans-Atlantic Slave Trade;* "Dicky Sam," *Liverpool and Slavery: An Historical Account of the Liverpool African Slave Trade . . .* (Liverpool: A. Bowker and Son, 1884), 126–27.

80. Zachary Macaulay journals, December 2 to February 3, 1797, file 18, Huntington Library, San Marino, California.

81. Michael H. Styles, *Captain Hogan: Sailor, Merchant, Diplomat on Six Continents* (Fairfax Station, Va.: Six Continent Horizons, 2003), 99–100.

82. NA T 1/714 ff.254–59, 268–69.

83. *Queen* documents, MKH/9, National Maritime Museum, London.

84. Eltis et al., *Trans-Atlantic Slave Trade,* voyage ID 81335.

85. Flynn, *Second Fleet,* 332–33.

Convict Passages in the Indian Ocean, c. 1790–1860

CLARE ANDERSON

DURING THE FIRST HALF of the nineteenth century violent disorder broke out on a number of the British East India Company ships carrying convicts from India to Southeast Asia, Mauritius, and the Andaman Islands. The East India Company had established, in 1787, a penal settlement for the reception of Indian convicts in Bengkulu that was followed by more penal settlements in the Andaman Islands (1793–96), Penang (1790–1860), Malacca and Singapore (1825–60), Arakan and the Tenasserim Provinces in Burma (1828–62), and Mauritius (1815–53). Though the first Andamans settlement ended in disaster for the British, the islands were recolonized successfully as a destination for mutineer-rebels in the wake of the north Indian uprisings of 1857–58.

The number of mutinous voyages was a tiny proportion of the total, nothing like the recent estimates of 10 percent of slave ships that experienced uprisings on the transatlantic middle passage. What makes the convict mutinies of particular interest is that convict transportation was officially regulated by the East India Company, a charter company that answered to Parliament, whereas the Atlantic slave trade was an unregulated private enterprise. Although unrest on slave ships could be covered up, disorder of any kind on the company's convict ships created voluminous records. The records and copies of the extensive colonial inquiries, legal proceedings, and newspaper reports all survive. These archival remnants constitute an important glimpse into the culture of convict vessels. They also allow us to place convicts at the center of shipboard practices and so to conceptualize the convict passage as a space of creative negotiation and resistance.

Indian convicts transported to penal settlements in the Indian Ocean came from all religious and caste groups, though low-caste Hindu and tribal communities made up the largest percentage. Most were convicted of crimes against property, including theft, burglary, robbery, and gang robbery *(dacoity)*. Some convicts' offenses can be directly linked with resistance against British expansion, as was the case when Santals and other tribal groups were transported from eastern India to Burma after the Hul (rebellion) of 1855. Transportation ships were central to the process of convict migration, and each year as many as twenty left from the Bengal, Bombay, and Madras presidencies of India, with the number of convicts on board ranging from a dozen to more than two hundred (see table 1). Ship indents suggest that about thirty thousand Indian convicts were shipped overseas from 1787 to 1858.

For most Indian convicts the ship was an unfamiliar space that marked the start of their cultural, social, and geographical displacement. Indeed, colonial administrators commonly expressed the view that for high-caste Hindus the voyage across the ocean represented a journey across the *kala pani,* or black water. Because normal practices regarding the preparation and eating of food and the performance of ablutions could not be respected, the journey itself was an important element of the punishment of transportation. Though in many ways this view of the religious and symbolic aspect of the journey represented the mistaken assumptions of colonial officials, the cultural dynamics of overseas transportation are a good starting point for a consideration of the nature of the convict middle passage.

REGULATING INDIAN CONVICT TRANSPORTATION

The East India Company had a monopoly on long-distance trade routes until 1834, and so it shipped convicts on board its China fleet. If no such ships were available, it gave tenders to private trading vessels working shorter routes. After 1834, when the company lost its monopoly, most convicts were transported on private trading vessels and arrangements became more piecemeal and irregular. Without exception, convict revolts took place on private trading ships—all but one sailing in the years following the abolition of the company's charter. Tendering and embarkation procedures varied across the presidencies and were largely based on the desire to cut costs.[1] Convicts from

TABLE 1

Disorder on Indian Convict Ships, c. 1790–1860

Route	Ship	Captain	Embarked	Number of Convicts	Summary of Events
Bombay to Mauritius	*Constance*	Captain Reynaud	Dec. 1827	7	Dec. 16, convicts take over ship and force crew to sail them back to India. They are arrested but later escape from jail.
Bombay to Penang and Singapore	*Catherine*	Captain F. W. Pendygrass	Dec. 1838	60	Plot to murder captain and officers uncovered off Mangalore, Dec. 25. Convicts taken back to Bombay; no court proceedings, and convicts transported as per original sentences.
Bombay to Singapore	*Virginia*	Charles Whiffen	Dec. 1839	36	Convicts murder captain and mate Dec. 17, taking possession of the ship until they abandon it and make for shore south of Goa. Several people subsequently arrested and released on suspicion of being escaped convicts. Seven convicts tried, six executed. The remainder transported as per original sentences, two of them on the *Freak* (see below).
Bombay to Singapore	*Singapore Packet*	Captain Tingate	Feb. 1841	18	Unsuccessful attempt to seize captain and officers off Ceylon.

TABLE 1 (*continued*)

Route	Ship	Captain	Embarked	Number of Convicts	Summary of Events
Bombay to Singapore	*Freak*	Captain T. J. Suffield	Jan. 1841	45	Convicts murder captain and chief mate, anchor near Aceh (northern Sumatra). Recaptured and tried in Straits Settlements, eight convicts were executed, three transported for life, remainder have original sentences carried out.
Bombay to Singapore	*Recovery*	Captain Thomas Johnson	Feb. 1846	79	Plot to mutiny uncovered before arrival; even so, mutiny breaks out Feb. 5, and one man killed and five injured. The captain secures and summarily flogs several convicts.
Allahabad to Calcutta	*Kaleegunga* (in tow of *Burrampooter* [*Brahmapootra*])	Captain John Stout	April 1850	39	June 22, the convicts murder two guards and escape near Patna.
Bombay to Penang	*Chinsurah*	Captain W. Rogers	Dec. 1851	62	Jan. 5, 1852, two convicts inform the ship's officers of a planned mutiny. A convict uncovered as a ringleader was threatened with a flogging. He threw himself overboard shortly afterward.

Route	Ship	Captain	Date	Number	Description
Bengal to Penang	*Clarissa*	Captain Johnstone	April 1854	171	Convicts seize vessel May 10, murder captain, chief officer, and boy. Land in Tenasserim Provinces and offer their services to the Burmese authorities to fight the British in the mistaken belief they have landed in Burmese territory. Tried in Calcutta; four executed, the remainder transported as per original sentences.
Allahabad to Calcutta	*Burrampooter* [*Brahmapootra*]	Acting commander Robert Ewin	Feb. 1855	204	The steamer was damaged during a storm on Feb. 14. Six convicts took the opportunity to escape. Another convict killed.
Bombay to Singapore	*Julia*	Captain John Edward Fittock	Feb. 1858	44	Nothing known of the outbreak, except that one man was killed. Forty convicts had been convicted of treason, mutiny, rebellion, and riot in 1857. As mutineers, they were transferred to Andaman Islands before they could stand trial in Singapore.*
Karachi to Singapore	*Edward*	—	Feb. 1858	133	Nothing known of the mutiny, except that it was quelled. Six or seven convicts were killed.

* C. Beadon to C. J. Buckland, junior secretary to the government of Bengal, April 24, 1858, IOR p. 407.10 (July 6, 1858); G. W. Blundell, resident councilor of Penang, to Governor G. W. Anderson, secretary to the government of Bombay, June 15, 1858, IOR p. 407.13 (September 21, 1858); *Singapore Free Press*, July 22, 1858.

Madras were only ever transported with troops. This perhaps explains in part why there were never any mutinies on board the presidency's ships during this period.[2] The cost of transportation depended on the availability of ships, the length of the voyage, and whether rations and water were supplied. Shipping links could be erratic, and because insurance offices excluded claims arising from mutiny, often those ships with room to spare were not keen to take convicts on board.[3] Two-thirds of the money was paid to ship owners on departure and the remainder upon delivery of the convict cargo. Indian transportation ships were not specially fitted out for convicts. They were put between decks, often alongside the ship's cargo. The space allotted to each convict varied. In Bombay it was supposed to be six feet by two feet, which the superintendent of the Indian navy in Bombay described at the time as "about the same" as that allotted to native sailors and troops.[4] Bengal ships had a much smaller specification—six feet by six inches. Overcrowding beyond these far-from-generous allowances was not unknown. Moreover, until 1858 medical attendants did not accompany convicts.

After the convicts of the *Catherine* attempted to take the ship on the way to the Straits Settlements in 1838, it emerged that there were no rules for the regulation of transportation at all.[5] When, a year later, convicts sailing from Bombay to Singapore on the *Virginia* murdered their captain, sailed to Goa, and escaped inland, the colonial authorities accused the ship's officers of not following the rules they had framed after the *Catherine* affair. After the public expressed astonishment that the crew of the *Virginia* had flouted the new rules on transportation, the Bombay government devised new regulations that sought both to ameliorate the convict grievances that led to mutiny and to tighten up the slack management that made it possible. The rules stated:

1. The whole of the guard shall be under arms every morning from day light til 8 o'clock a.m. during which time the convicts shall be allowed to come on deck by 20 at a time for one hour; the same again in the evening for one hour.

2. The whole of the guard shall be loaded with musket grape and a particular spot shall be marked out on the deck beyond which the convicts shall not move.

3. Convicts are on no account to be made servants of.

4. Convicts are on no account to have their irons taken off except in dangerous illness or even of the ship being in most imminent danger.

5. All convicts to be ironed on both legs and on any mutinous or troublesome conduct to be double ironed.

6. The days the convicts are not admitted on deck to be entered in the log with the reasons.

7. All punishments amongst the convicts to be noted in the log.

8. Complaints by convicts to be written into the logbook. Sick convicts to be removed to the infirmary or hospital; death or escape to be entered into the log.

9. Food to be served out according to table. The irons of the convicts to be examined by the ship's carpenter every morning when they come out on the deck for exercise.

10. Opportunity to be given to the convicts to bathe themselves in salt water during their morning exercise.

11. Handcuffs and leg irons spare to be sent with each convict ship.

12. The place where the convicts are kept shall always have the trellised hatch down, and a sentry or sentries on duty over this day and night; a lamp shall if possible be so fixed on the deck against the mast as to reflect the light down into the prison house.

13. If a Medical Officer be on board all the prisoners shall be minutely inspected once a week.

14. The main tops always to be furnished with a few firearms and spare ammunition, water and biscuit and the crew or guard to be directed as a last resort to retreat there.[6]

Yet even these rules were not always followed, as was apparent in 1841 when a group of convicts under transportation from Bombay to Singapore on the *Freak* murdered the captain and escaped near Aceh.[7] This catastrophe would never have occurred, the secretary to the government of Bombay insisted, if the new regulations had been followed, particularly the provision of a sufficient guard.[8] In discussing the middle passage of Atlantic slavery, David Richardson puts the incidence of slave shipboard revolts down to weaknesses in ships' managerial regimes.[9] It is clear that these failings were also critical in Indian penal transportation.

INDIAN CULTURAL PRACTICES AND THE CONVICT SHIP

Transportation was "a weapon of tremendous power," according to the 1838 Prison Discipline Committee, which constituted the first major colonial penal intervention in India.[10] Convicts of all classes and religions were chained and messed together, which compromised caste. Twenty years later the civil surgeon of Allahabad central jail wrote that conditions on board convict ships produced a "state of depression" conducive to disease.[11] Convict responses to the voyage into transportation were more nuanced than such interpretations suggest. Many convicts were not caste Hindus and so did not have the particular prohibitions regarding the preparation and eating of food that were held by groups such as the priestly Brahmin caste.[12] Nevertheless, it is clear that the maintenance of cultural practices relating to caste was important to a large number of—if not most—convicts. The East India Company or ship owners were responsible for supplying convict rations. In an acknowledgment of the cultural impact of sea voyages, there were supposed to be two types of rations: the first for convicts who cooked on board ship—Muslims, low-caste Hindus, and tribal groups—and the second for high-caste Hindus who did not. Those who ate cooked food received the same rations as the lascar crew—rice, dhal, and fish—together with chewing and smoking tobacco, betel nut, salt, ghee (clarified butter), tamarind, chillies, pepper, garlic, and onions. Those who did not cook received the same tobacco, betel, salt, and condiment rations but sugar, powa, and parched gram in lieu of rice, dhal, and fish.[13] Although officials were responsible for inspecting supplies before ships left port, it is clear that captains sometimes skimped on rations, and provisions were either of poor quality or in short supply. There is no doubt that on occasion this produced feelings of desperation among convicts. During the trial of one group of recaptured mutineers from the ship *Virginia,* several convicts claimed that they had received better rations in jail.[14] The convicts on the *Singapore Packet,* who made an ill-fated attempt to seize the ship between Bombay and Singapore in 1841, also held that their provisions were bad.[15]

Overcrowding too impacted on convict experiences of transportation. Although regulations governed the number of convicts permissible per square foot, one vessel, the *Catherine* in 1838, shipped almost double the number of convicts that it had been certified to carry. Contemporary officials could not find words to describe the stench below deck. Adding to the general misery was the embarkation of a number of sick convicts and a total lack of medical attention.[16] Convicts often suffered from debilitating seasickness, which only added to their woes. One British woman, who was a passenger aboard the convict vessel *Enterprize,* wrote of the "rolling, pitching and jogging" of the ship as it sailed to Moulmein in 1849. The convicts on board were "a miserable set," she noted, and even the captain felt ill.[17] There is little evidence of a direct link between sickness and mutiny, as was apparently the case on Atlantic slave ships, but fears about disease undoubtedly fed into convict anxieties about conditions more generally. Mortality rates in Indian jails were appalling; during the first half of the nineteenth century they sometimes peaked at 25 percent.[18] However, as the weakest convicts often died while awaiting embarkation and sick convicts were normally detained in jail, it was unusual for convicts to die during the process of transportation. Aboard 215 convict vessels sailing from Bengal between 1793 and 1848, for instance, there were just twenty-five deaths.[19]

In this context the death of six of the 164 convicts shipped to Singapore on the *Margaret Skelly* in 1853 was extraordinary. An inquiry revealed that only thirty days' rations had been supplied—almost a fortnight short of the convicts' needs. Moreover, the convicts had not had enough drinking or cooking water. There was a cultural dimension too. The ship's commander, Alfred Pearce, claimed that many convicts had thrown cooked food overboard. Chief Mate George Holland reported that they had been "too lazy to cook" and refused their rations. When pressed, Holland admitted that this was only at the end of the journey, when the noncooking convicts' grain had run out and been substituted with rice.[20] Of course, caste Hindus would not eat cooked food at sea.[21]

Papers relating to unrest on board other convict ships reveal similar cultural transgressions on the part of European crews. When convicts from the *Freak* who had murdered the captain and escaped were recaptured and put on trial, one testified that he had mixed "rice and sugar with grain as he would not eat what was cooked." He had apparently complained to the captain, who threatened to withhold his allowance altogether.[22] Saduck Ali of the *Virginia* stated that the Hindu convicts on board would not eat their rice ration, preferring to die instead.[23] Mutiny apparently also broke out on the *Clarissa* as it sailed from Bengal to Penang in 1854, after convict complaints about rations. Third Mate Charles Blaney said, "[T]he convicts used to grumble about not having enough water."[24] Boor Singh, one of the convicts, put it like this: "In the ship we all got cheated out of our provisions. Short measure and not enough water. All men discontented and began to be alarmed at our fate."[25]

Convict mutineer-rebels shipped from Karachi to the Andamans on the *Boanerges* in 1859 also complained bitterly about conditions on board. One convict stated that because they were not allowed water to clean themselves during their ablutions, many tried to avoid the need to use the privy and stopped eating. Moreover, noncooking Hindus did not receive their allowance of flour. "If we had received it," another convict said, "we should have suffered less inconvenience, as we should have made hulwa [*halwa*], with equal parts of flour, ghee and sugar, which is an article which can be eaten by Hindoos on board ship." One of the medical attendants on board,

Deedar Allee, said that the Muslim convicts had suffered much less because, although they too were short of water and toilet facilities, they ate cooked food. He added: "Hindoos cannot eat without washing the parts and their hands after easing themselves, and as they were not allowed even Sea-water for the purpose, they did not eat till driven by necessity, and from this they became weak." This doctor also said that because there were no night tubs in the wards, convicts either eased themselves where they slept or into their clothing. They then ripped off the cloth and tied it into a bundle that they threw into the sea. If they made a mess, the convict sweepers (cleaners) complained and the convicts were flogged. According to another convict witness, a man named Mistereewa was taken to the deck, held by two Europeans, and thrashed with a riding whip. Deedar Allee also claimed to have seen a convict urinating into the guards' compartment, surely as much an act of insubordination as of the desperation perceived by the doctor.

Lieutenant Hurlock of the ship's command relied on a familiar set of cultural representations when he responded to the allegations. "If the Convicts did make water into their drinking vessels, or ease themselves into their clothes," he said, "they did so from sheer laziness, it being well known to the Commanders of Emigrant Ships and Convict Transports, that Indian Emigrants and Convicts do so from that cause." Furthermore, he said, the convicts had bathed only when they had been compelled to do so. Another senior officer in the Indian navy, Captain C. D. Campbell, confirmed his experience of the "filthy and reckless abandonment" of transportation convicts. The "horrid alternatives" that the convicts described were, he said, well known to be common and voluntary on transportation ships as well as among native troops. If anybody was to blame, it was the native doctors. The lieutenant governor of Bengal took a much more sympathetic line. Even making allowances for "the filthy habits of the Natives when on board Ship," he recognized that they had no choice but to resort to the "disgusting alternatives" detailed during the inquiry. He therefore suggested that the rest of the passage money be withheld. The advocate general agreed.[26]

MUTINY AT SEA

Though such cultural transgressions were an obvious motive for convict unrest, they did not constitute the means. Rather, mutiny was enabled by failures in securing or guarding convicts. When the *Catherine,* for instance, was inspected before the convicts' embarkation in 1838, there was no survey in these respects. Neither did the authorities search the convicts' possessions.[27] The *Ararat* (1859) convicts were able to smuggle a knife on board. Theirs was an extraordinarily violent uprising in which almost half of the seventy-four convicts on board were shot or drowned.[28] In every instance of a convict outbreak it is clear that the crew had flouted the regulations, either allowing too many convicts out of the hold at one time or failing to lock weaponry away. At the time of the *Virginia* uprising, for instance, all thirty-four convicts had been on deck.[29] Mutiny on the *Recovery* (1846) was also caused in part by the slack management of the movement of convicts around the ship.[30] Sometimes weaponry was not properly stored. Eighteen loaded muskets were, for instance, held within arm's reach of the *Kaleegunga* convicts (1850). The thirty-nine men on board were able to seize them and escape.[31] Access to arms did not, however, imply successful use of them. One of the recaptured *Clarissa* convicts stated in his defense: "I am a cultivator . . . I never knew how to hold a musket how could I have fired one on board?"[32]

Convicts were embarked for transportation in leg and wrist irons. Dangerous or notorious offenders were sometimes chained from the waist to the wrists and neck.[33] Fetters were a far from perfect penal technology, both sustaining and yet confounding the goals of prison management.[34] The restriction that they placed on movement caused real problems in marching and working convicts, and for this reason lighter restraints were often used.[35] The disturbances on board the *Recovery* were partly the result of Bombay district prisoners' wearing lighter than normal irons, which were necessary if they were to march the long distance to port. Captain Thomas Johnson wrote of the district prisoners: "[T]heir irons are of no use only to deceive us."[36] The city prisoners in their heavy fetters played no part in the uprising. Moreover, irons did not always fit properly. Master Attendant D. Ross claimed that those worn by the *Virginia* convicts gave "too much freedom of their limbs."[37] Even the heaviest irons were a relatively unsophisticated means of securing convicts. The *Kaleegunga* convicts, for instance, were locked on a single chain padlocked at one end only. If one man needed to be released, they all had to be unlocked. In the instance that led to mutiny, two men were unchained to answer the call of nature, which allowed the remaining convicts to slip off the chain.[38] Further, one group of transportation convicts told a jail superintendent that they used waxed silk to cut through their fetters and stuffed the cuts with cement made from wax, chaman, and dye to disguise them. The superintendent noted that small files, iron nails, and emery boards were often found sewed in the folds and ends of transportation convicts' bedding.[39]

There is a further dimension to shipboard disorder, for it mainly took place among convicts with experience at sea, which might explain why convict mutinies occurred overwhelmingly on vessels sailing out of Bombay. Two of the *Virginia* convicts, for instance, were sailors by profession and in the surviving records are variously described as "caffrees" and "sydees" (both words mean African in maritime parlance).[40] At least one of the convicts shipped on the *Catherine* had been a lascar, and Moideen Ally of the *Chinsurah* was also a seaman.[41] The key factor here was not simply that some convicts were seafarers but rather the suggestive hints that captains of vessels sometimes took convict seafarers on as crew. This was an informal arrangement through which the captain gained a free pair of hands and the convict escaped the privations below deck. When the captain of the *Lady Wallace* (1840), which had been shipwrecked off Cape Comorin, was picked up at sea, he declined to mention that he was carrying convicts. When challenged to hand them over to the authorities, he angrily refused, stating that they were "like private servants to him."[42] Sheikh Ramran, a sepoy guard on the *Clarissa,* claimed that a convict was even in charge of the captain's swords and muskets.[43]

The desire to escape from British control was an obvious factor in convict shipboard mutiny, and, in this sense, at least some ship mutinies drew on wider-ranging sociopolitical grievances.[44] It is clear that many incidents were planned while convicts were still in mainland jails. A paper detailing the convicts' plan was found on the *Catherine* convicts, for instance. According to two convicts on board, Sahoa Fuzul and Rama Balloo, the ringleaders were *bhils* named Kondajee Bapoo and Ram Chunder Valalloo. The *bhils* were a tribal community from western India, and many had been caught up in resistance against the extension of British control over their forests. In planning the mutiny on the *Catherine,* they had used a "conjuring book" in deciding the timing of events. This can probably be read as a reference to the witchcraft and sorcery in which *bhils* were commonly believed to engage.[45]

If the depositions of other convicts are to be believed, Muslim convicts sometimes had their own specifically religious goals. A Christian convict on board the *Freak,* Michael Anthony, claimed that after killing the chief mate, one of the convicts declared: "[N]ow all the poison all the liquor is coming out." The convicts then threw the crew's shoes overboard, declaring them "infidels' things." The convicts resolved that they would kill the ship's crew and go to Mecca. When they realized they would likely be recaptured at sea, they decided to go to Aceh instead—according to Michael Anthony, because "all are Musselmen there and they would be safe."[46] Though his testimony should be treated with caution because he was seeking to distance himself from events, the testimony of the second mate, Francis Ward, corroborates Anthony's account. Rebelliousness does sometimes have its roots in religion, as Ranajit Guha has argued in another context.[47] In the case of the *Recovery* the convicts were said to have sworn on the Qur'an to mutiny. Before the ship set sail, rumors reached the authorities that some Arabic vessels would be waiting in the harbor to help the convicts. However, no such vessels appeared, so the captain dropped his guard and it was then that the convicts rose to take the ship.[48]

There were at least two outbreaks on transportation ships in the aftermath of the mutiny-rebellion that swept across north India during 1857–58. However, due to somewhat chaotic record keeping and newspaper reporting during this time, only a few details survive. In February 1858 forty men convicted of the mutiny-rebellion were embarked on the *Julia* for Singapore and, though unrest broke out on board, we know almost nothing about it. As these men were political offenders, the authorities in Singapore promptly transferred the mutineers to the Andaman Islands before they could stand trial for mutiny. Much to the chagrin of the *Singapore Free Press* the mutineers did not face charges in the Andamans, either.[49] At the end of 1858 another thirty-seven mutineer-rebels were sent from Multan to Karachi on the *Frere,* ready for shipment to the Andamans. Although they had previously tried to escape from jail, no special instructions were given to the ship's commander, and these political prisoners were able to take their fetters off and rush up on deck. Before the ship's command retook the ship, seven convicts went missing and two were killed. The inquiry into the uprising assumed the existence of a desire to escape on the part of the mutineer-rebels and so did not take evidence from them. Rather, it noted the practical difficulties of chaining convicts: "Unless a prisoner is secured in a manner which humanity must forbid, he cannot be kept in safe custody unless he is constantly watched."[50]

Women were also transported on the ships that experienced mutiny. However, they were only a small minority of convicts, 10 percent at the very most and, other than that they were separated from men, we know almost nothing of their experiences on board.[51] Whether the women engaged in sexual relations—voluntary or otherwise—we do not know. Richardson has demonstrated that, in the case of the slave trade, enslaved women were often closely involved in slave-ship revolts because they were rarely shackled.[52] Indian convict women were not put in irons and they were sometimes allowed to remain on deck.[53] It is possible that Indian convict women used their relative freedom to pass along to the men details of changes in the crew or the whereabouts of arms, since the role played by the convict women on board was one of the main official lines of inquiry after the 1850 *Kaleegunga* mutiny and escape. Commander John Stout's testimony, that the women could not have released the men because the guards were "too careful," was a curiously contradictory explanation, given that every single convict on board had escaped his ship.[54]

MARITIME AUTHORITY

Maritime authority structures were often violent and arbitrary.[55] The slightest hint of convict disorder provoked swift action. Captain Thomas Johnson of the *Freak* summarily flogged a convict who had threatened to kill him.[56] When the convicts of the *Singapore Packet* complained about their rations, they were not satisfied by Captain Tingate's response and broke out of their accommodation below deck. Tingate's response was extremely violent; four convicts died from the wounds they received. The governor of the Straits, S. G. Bonham, congratulated the captain, with the press reporting Tingate's most satisfactory "bold and manly conduct."[57] Attempted mutiny on board another Bombay ship, the *Recovery*, was suppressed with even more brutality: Captain Johnson gave all convicts on deck at the time three dozen lashes, and twenty others received "as much as they could take."[58] The violent undercurrent to maritime authority was both a response to and a cause of unrest. After the convict Kondajee Bapoo was slapped and threatened with a flogging for complaining to the captain of the *Catherine*, Bapoo resolved to kill the captain and seize the ship, according to a convict informer.[59] Captain Charles Whiffen of the *Virginia* apparently threatened to throw any seasick convict passengers overboard, and he physically assaulted a number of his charges.[60]

It must surely have preyed on captains' minds that ships' commanders were on occasion seriously injured, or even killed, by mutinous convicts. Given these stakes, the violence directed against unruly convicts is perhaps not surprising. Nor is it surprising that after taking ships, convict mutineers relished the opportunity to turn the violence at sea on its head. The *Virginia* convicts, for example, beat Captain Whiffen so severely that they caused extensive head injuries.[61] When the captain of the *Clarissa* was fatally wounded, there was, according to one of the sepoys on board, "a very great noise in the ship."[62] There was something symbolic about this sort of violence, as revealed in the evidence of the convict Michael Anthony of the *Freak*. The convicts had first bound the captain, Thomas Suffield, then, according to Anthony: "The 2nd Prisoner kicked the Captain when he asked for water, he had tied up his irons and so was able to kick the Captain . . . [he] kicked the Captain and said he should have only two tinpots." After cutting the throats of the captain and the chief mate, the *Freak* convicts chained them up before throwing them overboard, saying, "[N]ow this chain has been so many days on your legs is now on their's." Second Mate Francis Ward testified that before the final bloody mutiny, the crew had uncovered a plot to take the ship, and the captain's response had been to chain all the convicts to the anchor cable, so that they could all be thrown overboard with the anchor if they caused further trouble.[63]

The destruction of the ship's papers was another inversion of authority at sea. Ripping up or burning the log book and the convict indent—the monotonous roll that identified individuals through careful registration and description—was a highly symbolic act, for it prevented convicts' bodies from being matched to their criminal record. The *Freak* convicts apparently threw all the books and papers found in the captain's cabin overboard.[64] The *Clarissa* convicts also ransacked the ship, destroying the log book and descriptive roll. Papers were strewn all about, a disorderly scene that contrasted sharply with the orderly method characteristic of colonial record keeping.[65]

After taking ships, convicts dressed themselves in the clothes of the captain and his officers. The *Freak* convicts, for instance, adorned themselves with the garb of the captain and chief mate.[66] The leaders of the *Virginia* convicts put on the captain's coat and hat.[67] Perhaps these acts were meant to fool passing ships that all was in order, but they were also inversions of authority.[68] Yet authority was not overturned altogether; convicts used clothing in their construction of alternative structures of command. Dress became a visual token of status and power—convict leaders usually wore the captain's coat, sash, and sword; others took silk handkerchiefs and wore them around their necks. The convicts enjoyed a sort of carnivalesque atmosphere on board, and feasting at the captain's table usually followed a successful mutiny. After convicts seized the *Clarissa,* one of their first acts was to make sugared water with supplies they found in the hold. The convicts on the *Freak* slaughtered four sheep and six fowl and made pilaf and curry for all on board, then turned the ship's stock of sugar into sherbet. Although the Hindus and Muslims dined separately, there was "dancing singing merry making," according to Michael Anthony.[69] The *Virginia* convicts also dined at the captain's table.[70] Dressed in the garb of captain and crew and feasting on their provisions, convicts in these extraordinary scenes must have delighted at their metaphorical capsizing of the transportation ship.

Yet convicts were not necessarily united in their experience of mutiny. First Officer James Squire said that there were often fights among the *Clarissa* convicts about their provisions. Most Bengali convicts on board further claimed that they had nothing to do with the mutiny and that the Sikhs were responsible, having locked the Bengalis below deck and kept most of the rations for themselves. When the ship ran aground, the Sikh mutineers made the Bengalis carry their luggage. The *Clarissa* mutineers also targeted convicts who had enjoyed various privileges. Convict Bunkur Doss, an overseer in Alipur jail who had previously reported several of the men for bad conduct, said he feared for his life.[71]

CONCLUSION

Indian convict experiences on the passage across the Indian Ocean were multifaceted and diverse; management, confinement, and provisioning on board transportation vessels varied widely. Though outbreaks of disease were rare, there is no doubt that convicts sometimes experienced intolerable conditions and that commanders and crew did not always respect convicts' religious mores, leading to considerable deprivation among caste Hindus. The dramatic events that sometimes followed such poor conditions or cultural transgressions—and the threatening undercurrents that were surely always present as convict ships sailed across the Indian Ocean—revealed the extent and limitations of shipboard authority structures, just as it revealed divisions and hierarchies that dispel any simplistic constructions of a single or unique convict experience. Moreover, the complex dynamics of Indian transportation ships have potentially broader implications for cultural readings of the shipboard experiences of other labor migrants since the cultural performances involved in the process of voyaging moved both within and beyond supposedly common identities.

NOTES

This research was generously supported by an Economic and Social Research Council research fellowship. I am additionally grateful to staff at the Centre of South Asian Studies, University of Cambridge (CSAS); at India Office Records (IOR) at the British Library; and Tamil Nadu State Archives (TNSA), and to

Crispin Bates, Huw Bowen, Ian Duffield, David Eltis, Anthony Farrington, Cassandra Pybus, Marcus Rediker, Harald Tiné-Fischer, and David Williams.

1. Note by undersecretary to government, A. R. Young, December 29, 1846, IOR p. 142.60 (January 6, 1847); J. P. Willoughby's memorandum, January 19, 1839, IOR p. 402.30 (January 30, 1839).

2. Agents of *Resolution* to secretary of the Marine Board, June 21, 1841, and minute of government, June 22, 1841, TNSA Judicial Proceedings (hereafter JP), vol. 418A.

3. E. Baynes, superintendent of convicts in Bombay, to J. G. Lumsden, secretary to government in Bombay, May 9, 1848, IOR p. 404.33 (May 29, 1848).

4. Oliver to J. P. Willoughby, August 6, 1842, IOR p. 403.11 (August 31, 1842).

5. W. Howard, acting advocate general in Bombay, to Willoughby, January 22, 1839, IOR p. 402.30 (January 30, 1839).

6. "Instructions to the officers of convict ships," n.d., IOR p. 403.2 (November 10, 1841).

7. Resolution on the court's dispatch, February 22, 1843, IOR p. 403.17 (April 26, 1843).

8. Willoughby's memorandum, August 8, 1841, IOR p. 403.6 (March 2, 1842).

9. David Richardson, "Shipboard Revolts, African Authority, and the Atlantic Slave Trade," *William and Mary Quarterly* 58, no. 1 (2001): 75.

10. *Report of the Committee on Prison Discipline, 8 January 1838* (Calcutta: Baptist Mission Press, 1838), 86.

11. J. Irving, civil surgeon, Allahabad central prison, to C. B. Thornhill, inspector general of prisons of the North-West Provinces, August 2, 1859, IOR p. 206.61 (June 3, 1859).

12. Clare Anderson, "The Politics of Convict Space: Indian Penal Settlements and the Andamans," in *Isolation: Places and Practices of Exclusion,* ed. Alison Bashford and Carolyn Strange (London: Routledge, 2003), 41–45.

13. J. Burrows, captain and superintendent of convicts in Bombay, to Willoughby, November 29, 1843, IOR p. 403.24 (December 6, 1843).

14. *Bombay Gazette,* July 20, 1840. See also the deposition of Charles de Cruz, seacunnie [steersman] of the *Virginia,* n.d., IOR p. 402.39 (December 31, 1839).

15. *Bombay Gazette,* July 6, 1841. This incident made the pages of the *Times* [London], September 6, 1841.

16. Depositions of Captain F. N. Pendygrass, January 12 and 19, 1839, IOR p. 402.30 (January 23, 1839).

17. Typescript copy of diaries of Mrs. Clementina Benthall, January 1849–March 1850, CSAS Benthall Papers, box XXX, pt. iii.

18. David Arnold, "The Colonial Prison: Power, Knowledge, and Penology in Nineteenth-Century India," in *Subaltern Studies VIII,* ed. David Arnold and David Hardiman (New Delhi: Oxford University Press, 1994), 167; David

Arnold, *Colonizing the Body: State Medicine and Epidemic Disease in Nineteenth-Century India* (Berkeley: University of California Press, 1993), 103–104.

19. Data extracted from convict ship records in the IOR Bengal judicial proceedings series. When the number of convicts embarked did not match the number that arrived, the records usually provided an explanation. If not, officials in India always called for one.

20. F. Church, resident councilor of Singapore, to E. A. Samuells, superintendent of Alipur jail, September 30, 1853; information of Shekh Hyder, December 22, 1853; Alfred Pearce, commander *Margaret Skelly,* to Church, October 31, 1853; information of Chief Mate George Holland, December 22, 1853, IOR p. 144.55 (March 16, 1854).

21. C. Beadon, secretary to the government of Bengal, to F. E. Rogers, superintendent of the marine department, March 6, 1854, IOR p. 144.55 (March 16, 1854).

22. Deposition of convict Michael Anthony, Court of Judicature Penang, June 7, 1841, IOR p. 403.6 (March 2, 1842).

23. *Bombay Gazette,* July 20, 1840.

24. Deposition of Sheikh Suvraj son of Sheikh Kitaboodeen aged 30—burra tindal (head petty officer) of the *Clarissa,* May 19, 1854; deposition and information of Charles Blaney, aged 14 years and 7 months, third mate on board the barque *Clarissa,* June 13, 1854, IOR p. 144.61 (June 15, 1854).

25. Deposition of Boor Singh son of Humeer Singh no. 115, July 6, 1854, IOR p. 145.18 (September 13, 1855).

26. Walker to Rivers Thompson, September 10, 1859, enclosing Judicial inquiry regarding the treatment of the Convicts on board the Ship *Boanerges,* September 5–8, 1859 (henceforth *Boanerges* inquiry); Captain C. D. Campbell, senior officer, Indian navy, to Rivers Thompson, November 18, 1859; Thompson to secretary to Government of India (Home Department), April 24, 1860,, IOR p. 146.21 (Bengal Judicial Proceedings [BJP], October 27, 1859); opinion of advocate general, W. Ritchie, May 30, 1860, IOR p. 146.28 (BJP [jails], June 1860).

27. W. Howard, acting advocate general of Bombay, to Willoughby, January 22, 1839, IOR p. 402.39 (January 30, 1839).

28. *Bengal Hurkaru,* September 15, 1859.

29. P. W. Le Geyt, acting senior magistrate of police, to Willoughby, December 24, 1839, IOR p. 402.39 (December 31, 1839).

30. Willoughby's minute, June 9, 1846, IOR p. 402.2 (June 24, 1846); W. F. Curtis, superintendent of convicts in Bombay, to W. Escombe, secretary to the government of Bombay, July 18, 1846, IOR p. 404.3 (August 6, 1846).

31. E. H. Lushington, magistrate of Patna, to J. P. Grant, secretary to the government of Bengal, June 23, 1850, IOR p. 143.51 (July 31, 1850).

32. Deposition of convict Verream Sing, son of Joe Sing, no. 105, July 5, 1854, IOR p. 145.18 (September 13, 1855).

33. H.M. Durand, commissioner of Tenasserim Provinces, to F. J. Halliday, secretary to the government of Bengal, November 20, 1845; R. H. Mytton to Halliday, December 8, 1845, IOR p. 142.40 (December 24, 1845).

34. Clare Anderson, *Legible Bodies: Race, Criminality and Colonialism in South Asia* (Oxford: Berg, 2004), 34.

35. J.A. Forbes, acting senior magistrate of police, to Willoughby, January 25, 1839, IOR p. 402.32 (March 20, 1839).

36. Forbes to Willoughby, January 25, 1839, enclosing Thomas Johnson to Messrs W. Nichol and Co., off Cochin, February 12, 1846, IOR p. 402.32 (March 20, 1839).

37. D. Ross, master attendant, to R. Oliver, superintendent of the Indian navy, January 9, 1840, IOR p. 402.43 (March 11, 1840).

38. Captain H.M. Nation, commanding Behar station guards, to J.W. Dalrymple, undersecretary to the government of Bengal, June 25, 1850, IOR p. 143.51 (July 31, 1850).

39. H. Fergusson, superintendent of Alipur jail, to A. W. Russell, undersecretary to the government of Bengal, January 24, 1856, IOR p. 145.32 (February 14, 1856).

40. Undated de Cruz deposition; minute of Governor J. R. Carnac, December 28, 1839, IOR p. 402.39 (December 31, 1839); Willoughby's summary, February 27, 1840, IOR p. 402.43 (March 11, 1840).

41. "Depositions taken before the officers and crew of the Brig *Catherine* now employed by government for the conveyance of convicts from Bombay to Penang and Singapore and the former of these ports we left on the 22nd December 1838 on the intended voyage"; deposition of Sahola Fuzul (the lascar convict was called Tuzlodeen Bagdadee), IOR p. 402.30 (January 23, 1839); list of convicts to Penang per *Chinsurah*, December 23, 1852, IOR p. 405.36 (January 21, 1852).

42. E. P. Thompson, magistrate of Tinnevelly, to H. Chamier, secretary to the government of Madras, July 6, 1840, TNSA JP vol. 398.

43. Deposition of Sheikh Ramran, son of Russub Alla, sepoy Alipur militia, June 17, 1854; for corroboration see also deposition of Sheikh Joomur, son of Sheikh Talib, sepoy Alipur militia, June 17, 1854, IOR p. 145.18 (September 13, 1855).

44. Jane Hathaway, introduction to *Rebellion, Repression, Reinvention: Mutiny in Comparative Perspective,* ed. Jane Hathaway (London: Praeger, 2001), xv.

45. Pendygrass deposition, January 19, 1839; Forbes to Willoughby, January 22, 1839; depositions of Sahola Fuzul and Rama Balloo, December 25, 1838, IOR p. 402.30 (January 30, 1839); Ajay Skaria, *Hybrid Histories: Forests, Frontiers and Wildness in Western India* (Oxford: Oxford University Press, 1999), 42.

46. Depositions of convicts Michael Anthony and Francis Ward, June 7, 1841, IOR p. 403.6 (March 2, 1842).

47. Ranajit Guha, "The Prose of Counter-Insurgency," in *Subaltern Studies II: Writings on South Asian History and Society,* ed. Ranajit Guha (New Delhi: Oxford University Press, 1985), 1–2, 38–39.

48. J. Geddes, marshal of Bombay county jail, to Curtis, February 1, 1846, IOR p. 403.56 (March 11, 1846).

49. Beadon to C. J. Buckland, junior secretary to government of Bengal, April 24, 1858, IOR p. 407.10 (July 6, 1858); G. W. Blundell, resident councilor of Penang, to J. L. Anderson, secretary to the government of Bombay, June 15, 1858, IOR p. 407.13 (September 21, 1858); *Singapore Free Press,* July 22, 1858.

50. H. B. E. Frere, commissioner of Sind, to Anderson, June 4, 1859; G. W. Hamilton, commissioner of Multan, to judicial commissioner of Panjab, November 8, 1858, IOR p. 407.30 (July 4, 1859).

51. On the separation of women from men see, for example, Baynes to H. E. Goldsmid, secretary to the government of Bombay, December 12, 1851, IOR p. 405.34 (December 31, 1851); Anderson, *Legible Bodies,* 37; Satadru Sen, "Rationing Sex: Female Convicts in the Andamans," *South Asia* 30, no. 1 (1999): 29–59.

52. Richardson, "Shipboard Revolts," 76.

53. Information of Pendygrass *(Catherine),* January 19, 1839, IOR p. 402.30 (January 30, 1839).

54. Deposition of John Stout, commander of the *Kaleegunga* (July 31, 1850), Committee of Inquiry, IOR p. 143.51 (July 8, 1850).

55. Marcus Rediker, *Between the Devil and the Deep Blue Sea: Merchant Seamen, Pirates and the Anglo-American Maritime World, 1700–1750* (Cambridge: Cambridge University Press, 1987), chap. 5.

56. Deposition of Second Mate Francis Ward, June 7, 1841, IOR p. 403.6 (March 2, 1842).

57. *Bombay Gazette,* July 6, 1841.

58. *Bengal Hurkaru,* May 23, 1846.

59. Deposition of Rama Balloo, another convict, December 25, 1838, IOR p. 402.30 (January 23, 1839); information of Pendygrass, January 19, 1839, IOR p. 402.30 (January 30, 1839).

60. *Bombay Gazette,* July 30, 1840.

61. *Bombay Gazette,* July 20, 1840.

62. *Bengal Hurkaru,* August 18, 1854.

63. Depositions of Anthony and Ward.

64. J. W. Salmond, resident councilor of Penang, to Willoughby, July 15, 1841, IOR p. 403.5 (February 16, 1842).

65. S. R. Tickell, principal assistant commissioner and district magistrate of Amherst, to A. Bogle, commissioner of Tenasserim Provinces, June 8, 1854, IOR p. 145.18 (September 13, 1855).

66. Deposition of Anthony, June 7, 1841, IOR p. 403.6 (March 2, 1842).

67. *Bombay Gazette,* July 20, 1840.

68. As claimed in the *Bengal Hurkaru,* March 27, 1848.

69. Depositions of Anthony, June 7 and 8, 1841, IOR p. 403.6 (March 2, 1842).

70. *Bombay Gazette,* July 20, 1840.

71. Deposition of First Officer James Squire, May 18, 1854, IOR p. 144.61 (June 15, 1854) ; convict depositions nos. 21, 27–28, June 30, July 3–7, 12, 1854; deposition of Casee Barah, son of Indee Narain, convict no. 49, June 28, 1854; deposition of Bunkur Doss, son of Sewa Sing, convict no. 6, IOR p. 144.61 (June 21, 1854).

After Slavery

Forced Drafts of Irish and Chinese Labor in the American
Civil War, or the Search for Liquid Labor

SCOTT REYNOLDS NELSON

AS AN INTERLOPER WHO HAS studied how forced labor made railroads possible in the American South, I am interposing this essay in a massive and complex historical debate in which I have read widely but not deeply.[1] Historians of the period during and immediately after the American Civil War may object to my using the term *forced labor* to describe Irish and Chinese workers brought to the United States to fill its armies and build its railroads. But I want to suggest a somewhat different angle for viewing these migrations: how a new technology of transport, enclosed arrival points, and the railway ensemble in the 1860s limited the power of migrant workers who apparently left home of their own free will but did not arrive at work that way.[2] I hope to provide another way to think about how these immigrants crossed two oceans between 1863 and 1868. While workers may not have been forced onto steamships, much of the rest of their journey by steamboat, railway, and handcar put them in a position that forced them to do menial and painful work and prevented them from leaving it. Although immigrant workers may not have understood the coercion at the beginning of the process, many sought to protest it at the end.

There were two major "arteries" into the United States during the last two years of the American Civil War and the three that followed. One route crossed the Pacific and another the Atlantic. In both cases, tens of thousands of immigrants came to the United States by steamship, having signed contracts that obliged them to some form of long-term repayment. Mostly poor young men arrived as replacement workers, to work in the stead of American sailors and soldiers. The federal government directly involved itself in this overseas shipment of immigrants and indeed viewed these infusions of immigrants as crucial to buttressing a foundering American sovereignty.

One story is the familiar and now hotly debated issue of Chinese American workers on the western end of the nation's first transcontinental railroad. The other is a less familiar story of Irish American workers drafted for the eastern end of that railroad and for others like it. The comparison suggests how steamships shortened travel across the oceans, creating a special category of labor somewhere between slavery and freedom. These cheap laborers sent by steamship provided "liquidity" that helped railway contractors cut the price of labor in the Middle and Far West and on the eastern border of California. Critics at the time may have overstated the dangers. A Union government did not reinstate slavery in the North and West just as it abolished it in the South, but it did briefly fashion two new middle passages, harnessing steamships to the project of building a new kind of corporate and state power.

In January 1862, soon after the war started, the steamship lines of Inman, Dale, and Cunard were packed with Irish workers. But this middle passage was toward Ireland. In that year most eastern steamships were filled with Irish Americans *returning* to Ireland to escape the Civil War.[3] Few came to the United States between 1861 and 1862. Indeed, from the end of the famine exodus in 1855 through 1862, yearly emigration from Ireland hovered at a bare forty thousand, dropping into the twenties to thirties in the first years of the war.

In 1863, however, the number of Irish emigrants to the United States tripled, approaching 100,000.[4] Most argue that U.S. wage increases drew Irish sojourners across the Atlantic.[5] This "pull" factor does not quite work, however. As many have remarked then and since, while nominal wages increased slightly, most workers after 1862 were paid in depreciated U.S. currency while paying inflated wartime prices for goods.[6] What put nearly 100,000 Irish workers into steerage on American ships was more complicated.

"Pulls," as economists rarely mention, are generally aided by concerted private and public action. American railways, in concert with informal emissaries of the U.S. State Department, were key to the resurgence of the Irish middle passage. Eastern railroads had a critical need for workers. To take advantage of the wartime demand for fast freight, a few firms bought up roads to extend their connections during the war. For example,

Thomas A. Scott, vice president of the Pennsylvania Railroad, was named assistant secretary of war and never stepped down from his position at the railroad. He facilitated an amalgamation of railroad lines, particularly his own Pennsylvania Railroad, that promised rapid interstate delivery of goods for federal forces and private shippers. The Pennsylvania Railroad soon stretched from New York to Washington, D.C., and across the Midwest; the Northern Central, the Erie, and the Atlantic and Great Western also gained ground during the war.[7] The Union Pacific, building westward from Omaha, Nebraska, was hoping to cross the Great Basin to California. What Scott and other railway directors needed to facilitate these extensions was a body of cheap, unskilled workers for the construction and reconstruction of track. More specifically, the railroads needed young men between eighteen and thirty who could engage in the punishing stoop labor involved in laying and re-laying track. The Union army was also swallowing up young men for stoop labor, namely, soldiering. Few of the young American men who were not drafted longed to join in brutal gang labor under a railroad boss. Most who remained behind turned to domestic labor and factory work.[8]

The demanding work of breaking rocks, moving rocks away from hills and mountains, and laying track was more physically debilitating than most other kinds of labor. From the 1890s to the 1920s union magazines for trackliners were filled with patent-medicine cures for backache, lumbago, and damaged kidneys. The physical strain meant that while railroad bosses could work into their sixties, trackliners never remained trackliners past age thirty. Speaking of the American men available during the war, West Evans, a railroad contractor, told a congressional committee, "[T]hey nearly worried me out; and they did not any of them want to work at the kind of work I wanted to have done."[9]

Getting the kind of men who did not question the work given them meant reaching across the oceans. On their own and at times under the auspices of the American Emigrant Company, American railroads and American military recruiters found cheap and tractable stoop laborers in the British Isles. Railways sent "runners" throughout the countryside in England, Scotland, and Ireland. The runners promised emigrants high wages, short indentures, and access to free land afterward under the newly passed Homestead Act. State Department immigration agents, paid out of a "secret service fund," apparently offered bounties of five hundred to seven hundred dollars for emigrants who would travel to the United States to enlist in the army.[10] As the Cunard, Inman, and the Dale lines had close relationships with the railroads, these firms may have been able to offer special rates and extra trips from the British Isles to New York, Philadelphia, and Boston. In 1864, the three steamship lines ran a total of 121 trips to and from Great Britain, and they were packed.[11] As the *New York Times* noted in early 1865, "[T]he object of emigrant agents seems to be to rival one another in the number of human beings they can crowd 'tween decks. Ships have arrived in this harbor within the last three months so crowded that the passengers were obliged to accommodate each other in the use of their sleeping arrangements—frequently three persons occupying the same bed."[12]

These transatlantic journeys were greatly facilitated by a new kind of State Department apparatus established in Europe by the Republican administration. The U.S. ambassador to Britain later complained that from the beginning of the war his secretary of state had bypassed him completely, hiring "what amounted almost to a mob of special agents and representatives." These spies would report to Washington about public opinion in Europe and try to influence or bribe journalists. This "press-bureau diplomacy," as the ambassador called it, short-circuited most official channels of communication and gave the secretary of state considerable influence abroad.[13] Beginning in 1863, this "mob" of American agents of the State Department, along with private agents of the major railroads and the American Emigrant Society, also lured tens of thousands of Irish, Scottish, and even English emigrants.

Once recruited, the emigrants would board steamers, giving some sign to steamship officials that they accepted a contract for travel. They would not receive tickets for their journey. When they arrived in the United States, they would sign a contract with New York recruiting agents to repay a specified percentage of their ticket over an agreed-upon time, generally between one and five years. Agents would then hold these notes, repaying the steamship company first, and then workers. This system hewed to U.S. laws that required U.S. labor contracts to be signed in the United States. A different system apparently also emerged, of local recruiters in Ireland, railway firms that paid bounties to emigrants, and go-betweens that managed men with contracts signed in Ireland.[14] In 1864, Congress declared these Irish labor contracts valid when they had been signed abroad, eliminating the problem of catching those who sought to escape signing a contract once they had arrived in the United States.[15]

Still, few workers could escape signing a labor contract before they left the steamship. Critical to the compulsion of labor was the mechanics of the arrival. Immigrants who arrived by steamship in New York waited at Castle Garden on the southern tip of Manhattan, the central spot for arrival between 1855 and 1892. The New York State Board of Emigration Commissioners, established by the legislature in 1847, created a labor exchange at Castle Garden, an entirely closed debarkation point apparently founded to provide a monopoly to the Erie and New York Central railroads.[16] The immigrants were screened. Everyone with a destination, and money, could leave for the cheap immigrant trains. A clerk then called out the names of those with money orders or waiting friends. This would include contractors for labor who had requested laborers or soldiers beforehand; immigrants who had signed up with these contractors also were allowed to leave. Finally, those without a destination but with sufficient money for lodging would be turned over to owners of rooming houses. Those without cash or contract went to the "Labor Exchange," where contractors worked out an arrangement for labor. The remainder would be sent to Ward's Island in the Hudson River, where the death rate for those awaiting contract or money was quite high. Thus, for those without contacts or capital, a prearranged relationship with a railway or army recruiter provided the cash to cross the ocean and the cash to enter the city. The alternative was rather dire.[17] It is probable that the person who established an efficient overseas recruiting agency for the federal government was Thurlow Weed, a member of the Board of Emigration Commissioners and a prominent Republican who was closely associated with the New York Central.[18] Weed was one of that "mob" of Republican agents sent over to England in 1861 by his best friend, the U.S. secretary of state.

The British Parliament, seeing the loss of its stoop labor, protested the disappearance of nearly 100,000 Irish workers in 1863 into this complex waterborne labor-recruitment system. While British officials could not fully understand the system, it was clear that American bounties were succeeding in luring thousands to American ships. Both houses of Parliament rang with stories of unlicensed American "crimps" who spirited workers onto steamships and into Lincoln's army.[19] While many, perhaps most, of these prepaid immigrants were shouldering picks and mauls rather than rifles, it is clear that unlicensed military recruiters also paid bounties from American states to contracted laborers in much the same way that railways did. The alleged recruitment of Irish workers into the Union army became the source of one of the most interesting songs of the Civil War era, "By the Hush":

It's by the hush, me boys
I'm sure that's to hold your noise,
And listen to poor Paddy's narration.

For I was by hunger pressed,
And in poverty distressed,
And I took a thought I'd leave the Irish nation.

Cho[rus]: So, here's you boys,
Do take my advice;
To Americay I'd have youse not be farin'
For there's nothing here but war,
Where the murdering cannons roar,
And I wish I was at home in dear old Erin.

I sold me horse and plough,
Me little pigs and cow,
And me little farm of land and I parted.
And me sweetheart, Biddy McGhee,
I'm sure I'll never see,
For I left her there that morning, broken hearted.

Cho[rus]:
Meself, and a hundred more,
To America sailed o'er,
Our fortune to be making, we was thinking;
But when we landed in Yankee land,
They shoved a gun into our hand,
Saying, "Paddy, you must go and fight for Lincoln."

Cho[rus]:
General Mahar (Meagher) to us said,
"If you get shot or lose your head,
Every murdered soul of you will get a pension."
Well, in the war I lost me leg
All I've now is a wooden peg;
I tell you, 'tis the truth to you I'll mention.

Cho[rus]:
Now I think meself in luck
To be fed upon Indian buck
In old Ireland, the country I delight in;
And with the devil I do say,
"Curse Americay,"
For I'm sure I've had enough on their hard fighting.[20]

Outside of folk songs, who would complain about this middle passage—
a transition that was not quite like slavery but not quite like a free enlistment

of workers, either? Some workers complained to British consuls, if they could find them, about their recruitment. The sticky problem of paying back the note for the trip may have inclined fewer to complain, and the outstanding note led some consuls to ignore requests for dismissal from railroad or army, given that the labor contracts were technically signed in the United States and thus enforceable in the United States as a contract between private parties.[21]

Luckily, Irish soldiers and laborers had a benefactor that would complain about the horrors of the middle passage on their behalf: the Confederate government. The Confederacy responded in British newspapers, and in formal complaints to the British crown. As early as the summer of 1863, the Confederacy approached the pope directly to ask him to urge Irish Catholics to avoid this new middle passage. Confederate president Jefferson Davis sent a personal message to the pope, asking for aid in stemming the tide of Irish Catholics to northern American ports, regaling him with stories of the many soldiers in the Union army who were Irish "hirelings." The Confederate charge was not baseless, as surely some of the 144,000 Irish soldiers in the Union army were wartime emigrants attracted onto steamships by the promise of wartime bounties.[22] Irishmen had other benefactors too: English mining, railroad, and cotton manufacturers. By 1865, according to the *New York Times,* "[a]t all of the principal ports [in Britain], cards depicting the horrors of war in the United States are displayed and men representing themselves as soldiers returned from this country tell frightful tales of the miseries they have suffered, and the hardships they have endured— the object of which is to prevent emigration, and induce men to engage as laborers in the many monopolies seeking for raw material."[23]

What are we to make of the sudden philanthropy of English manufacturers and southern slaveholders who were crying alligator tears over the plight of Irishmen who were partly coerced and partly seduced on this new middle passage? While workers and soldiers trapped in remote locations with long-standing debts might complain, American laws of property trumped international laws about foreign recruitment. One simply did disagreeable work, whether soldiering under the blistering oaths of windy lieutenants or breaking rocks and lining track under the blistering oaths of windy railway captains. Protest might take place formally but was more probably manifested in heavy drinking and fighting. Direct protest in either situation was distinctly dangerous.

The middle passage from the Pacific Ocean has a very similar pattern but one that has been discussed very differently by historians. That migration was among Chinese workers to San Francisco. Ireland, impoverished but at peace, was a decent source of coercible labor, but the Guangdong Province in southern China, impoverished and at war, was even better. Beginning in 1851, the Taiping Rebellion had claimed the lives of approximately twenty million civilians and soldiers, perhaps twice that many. The rebellion had erupted in southern China between 1851 and 1864; its leader Hong Xiuquan, was a Kejia, or "visitor," a member of an ethnic group whose ancestors had settled in Guangdong centuries earlier, often as tenants of local landlords.[24] Ethnic tensions between the Kejia and the native Bendi had existed for centuries. Kejia tended to settle in the less desirable hills and mountains of the province. Other Kejia who settled among the Bendi worked as day laborers and charcoal sellers for landowning families.[25]

In the Gold Rush days after 1849, thousands of gold seekers from Guangdong, many from prominent Bendi families, established themselves as miners and merchants in California. The initial settlements between 1849 and the mid-1850s were generally middling merchants from prominent families who established themselves in mining camps, on farms, and in the port of San Francisco. At first four and finally six major groups formed, many from prominent families.[26] For those with less capital, a shorter trip to Indonesia (especially Kalimantan and Bangka) would have seemed more viable, and indeed a larger percentage of Kejia migrants appear to have settled in Indonesia in the nineteenth century.[27] Through the 1840s and 1850s, those bound for the more distant ports of Cuba, Panama, and Peru were more often "coolies," forced laborers lured into barracoons near Amoy and Macao by free food, then pressed into ships' holds against their will. Hong Kong, in the 1850s, tended more toward free migration and less toward crimping of laborers.[28]

By the mid- to late 1850s, steam navigation had lowered the price of steerage transportation from Hong Kong to San Francisco to approximately forty dollars, making it less than half the "hundred and odd dollars" involved in a transcontinental voyage.[29] According to the historian June Mei, the percentage of Kejia migrants and forced migrants to California increased by the latter part of 1850s and 1860s.[30] During the same period, Britain sought to weaken regulations that guaranteed free passage back and forth between Hong Kong and California, holding open the possibility that quasi-forced laborers with long contracts could be pressed into service for longer periods.[31] British agents in Hong Kong and in Britain argued that, given the competition from the "coolie ports" of Amoy and Macao, the high standards of the antislavery days had to be lowered.

Beginning in 1851, Chinese American benevolent associations or guild-halls emerged, called the Hui-Kuan. Anglos called them the Chinese Brotherhoods and, later, the Chinese Six Companies. By the latter part of the 1850s and early 1860s, as civil war and genocidal conflict threatened in Guangdong, more Kejia, the most experienced miners, may have been lured to steamers at Hong Kong. Their middle passage would have had fewer of the protections that early migrants in the Gold Rush period had had. Thus, as one circular posted in Hong Kong in the 1860s noted,

> Great Pay. Such as would be rich and favoured by SHAN, come to the writer for a ticket to America. The particulars will be told on arrival.[32]

As June Mei suggests, the earliest arrivals in San Francisco may have been "local" (Bendi) compradors from Guangdong and later arrivals—Kejia with fewer resources—may have disliked the initial Hui-Kuan that had been established. Indeed, Kejia-Bendi conflicts in Guangdong had spilled into the West as early as 1854.[33] In all likelihood, many Chinese laborers, like Irish emigrants, were persuaded to go by agents and by the apparent wealth of the few who returned. Once contracted, many workers proved unable to leave their indentures.

To understand how force worked in the railroad camps, and its extent, it is worth considering the route from overseas to the workplace more carefully. The Pacific Mail and Steamship Company had a federal subsidy for the shipment of mail by steam that ensured that regular traffic would proceed from Hong Kong to San Francisco.[34] U.S. law dictated that steamship companies with arriving passengers make a bond for each immigrant to prove that he or she would not be a public burden. Steamship and state thus kept workers penned in the port of San Francisco until they could be sorted out—just as at Castle Garden. Chinese workers arriving in the nineteenth century by steamship would have been housed initially at the two-story shed owned by the Pacific Mail and Steamship Company.[35] Anyone who took a person away from the shed would have to post the bond on behalf of the immigrant.

The Hui-Kuan, or brotherhoods, thus appeared at the sheds of the Pacific Mail and Steamship Company to await each arrival. Hui-Kuan apparently posted agents near the shed, recruiting immigrants and pledging the organizations' support. According to the Hui-Kuan presidents' petition to President U. S. Grant, the Hui-Kuan did not make contracts in China. Of course, the Hui-Kuan may have had a prearranged relationship with boatloads of immigrants that was much like of the railroads and army recruiters who awaited a set number of workers at Castle Garden.[36] As in Castle Garden, a disembarking worker without capital would have had to sign some sort of work contract to leave the shed. This may explain the proliferation of Hui-Kuan organizations, from two in 1851 to six by the 1860s, including a Hui-Kuan specifically for the Kejia, called the Yan-Wo Company.

But what were the Hui-Kuan? As Cindy Hahamovitch has argued about a very different group of wartime guest workers, the line between oppressive labor contractor and supportive labor union was not always easy to determine.[37] As with contractors at Castle Garden, the Hui-Kuan would have been a little bit of both. Laborers who arrived would choose between Hui-Kuan at the port based on an assessment of the strength of the family names affiliated with the agencies and on one's sense of the deal offered. But laborers recruited on the U.S. side of this middle passage were decidedly junior members of the Hui-Kuan. Laborers not in a major family did not receive positions in the Hui-Kuan on a profit-sharing basis, as the original settlers did, but were incorporated as simple wage earners. Without a share in the firm, they were often treated with suspicion by the houses that represented them.[38] Hui-Kuan provided housing, food, and equipment to railway workers on the site. The entire arrangement, however, depended on support from the railroad itself. The Central Pacific Railroad had an official agent for food.[39] Hui-Kuan bought from this agent to provide cooked food for workers. The Central Pacific insulated itself from the political factions and controversies among the Hui-Kuan. But the railroads also reached all the way to Hong Kong and beyond. Beginning in 1864, railroads paid local agents to deliver local workers, and as early as 1865, the railroads contracted with agents abroad for immigrants. The Central Pacific paid gang bosses, or headmen, collectively. Headmen then worked out how many days individual workers worked and what they still owed on their tickets.[40]

Others have discussed conditions for Chinese workers at great length. I want only to point out that new technologies deployed against less powerful workers are crucial to understanding the high death rate. Beginning as early as 1864, the Central Pacific began to use nitroglycerine, which American tunnel workers and miners refused to work around. Chinese workers, given their relatively weak position vis-à-vis the railroad, could not refuse to work around nitroglycerine. Like everyone in this period, they were surely unaware that nitroglycerine's dangers went beyond the terrific blast itself. The aftermath of the blasts created murderous clouds of sand.

What was in those clouds of sand that the dynamite generated? Freshly ground silica between five and ten microns wide floated through men's nostrils and directly into their lungs. Even a single day's exposure to freshly ground silica can cause acute silicosis and early death. In a process that is still not well understood, these microscopic particles of silica get caught in the alveoli, or air sacs of the lungs. The lungs have microphages that ordinarily ingest bacteria, but when the microphages ingest these freshly ground silica, they die. Other microphages and white blood cells rush to the site, also dying. Pus fills the air sacs, providing a breeding ground for tuberculosis and pneumonia, as well as constricting the body's air supply. People not killed by tuberculosis and pneumonia will die anyway, because acute silicosis is almost always fatal within a year or two. A hundred years later, federal guidelines mandated that power drills have collars to prevent silica from shooting out, that workers wear masks near them, and that drills be wet. Power drills, like blasting, produce immense quantities of ground silica.[41]

But Chinese workers, like the convict laborers in the American South who followed them, were effectively trapped at work. Who would complain about their middle passage? The first group to complain, perhaps ironically, were the representatives of competing railroads. A. A. Sargent, known as the senator from the Southern Pacific, organized congressional investigations into the use of Chinese workers. His central problem was that the Central Pacific had received land grants and used Chinese workers to finish a transcontinental railroad over which it held a monopoly. Attracting Chinese workers to Los Angeles to build the competing Southern Pacific had proved impossible. Left to wring his hands on behalf of the unfortunate workers was Sargent himself. He discovered that by weaving the testimony of contractors and railway directors, he could invent a conspiracy to undermine the position of native-born workers in California by the Chinese Six Brotherhoods and the Central Pacific Railway, which had been formed by the Big Four—Charles Crocker, Mark Hopkins, Collis Huntington, and Leland Sanford, the wealthiest men in Sacramento. As with the complaints of the Confederacy about Irish workers, the story was always more complex. The plot that the Southern Pacific claimed rested on the so-called credit-ticket system, which certainly bound workers to repay their debt to the Central Pacific before returning home, but it was never the systematic conspiracy that the Southern Pacific claimed. Complaints about so-called coolie labor in California, like complaints about Irish "hirelings" in the Union army, pointed to something concrete, but, in the rhetoric of the day, mislabeled it as slavery.

Workers themselves were at "end of track," a location that constantly moved. The "railway ensemble" of steamship, immigrant shed, and railroad track deposited them across the ocean and then immediately over rail into the farthest reaches of American settlement. Like Irish workers who were deposited in Utah for the Union Pacific, Chinese immigrants who arrived during the Civil War were simultaneously newcomers, sojourners, and pioneers. Steamships made it inexpensive for them to get to the United States; the workers themselves then made it inexpensive for others to cross the entire continent, a feat that seemed to prove the territorial integrity of the Union. So crucial to economic development was the construction of a transcontinental railroad that the British colony of Canada repeated the operation within a decade.

These Irish and Chinese workers were powerful enough to hold together a nation after crossing oceans, yet they were less powerful than the employers and contractors who held the price of their tickets and who could prevent their return home. Indeed, because workers' food was provided by the railroad's own agency, a strike proved nearly impossible. As Gunther Peck has shown, contractors tended to be most affable when everyone was in a city and most brutal as the distance from city and society increased.[42] Pathbreakers may have faced a smiling face in Cork and Canton, Castle Garden and the sheds at Pacific Mail, but they were nonetheless ill treated and unable to return home once they reached the end of track. The entire edifice—both the railroad ensemble and the nature of the contracts—made collective action difficult, as the contracts intended. In 1867, when Chinese workers went on strike to gain the same pay as white workers, the Central Pacific apparently starved workers out.[43] In responding to workers, Crocker, who managed the construction of the Central Pacific, told a crowd of whites at an Independence Day celebration that Chinese workers had no independence or any right to an eight-hour day. Crocker repeated his discussion with Chinese strikers, telling the crowd: "Says I—John, Chinaman no make laws for me; I make laws for Chinaman. You sell for $35 a month, me buy; you sell for $40 a month and eight hours a day, me no buy."[44]

In Nevada Territory, Crocker did make the law, just as Thomas Clark Durant of the Union Pacific made the laws in Nebraska, Colorado, and Utah. When the Central Pacific met the Union Pacific at Promontory Point, Utah, the ceremony for driving in the final spike had to be delayed a few days. Irish American workers had kidnapped Durant, holding him in an undisclosed location against his will. For ransom, the Union Pacific workers demanded their pay, which was months in arrears.[45] Contemporaries were shocked that a man would be held hostage on American soil until he paid back the money he owed. But it was a tactic that Chinese and Irish workers had both learned from hard experience.

NOTES

1. This chapter was delivered as a paper at the "Workers of War" panel, of the Middle Passages Conference, Fremantle Maritime Museum, Western Australia, July 12–16, 2005. I would like to thank Cindy Hahamovitch, Ed Crapol, Carol Sheriff, and Craig Canning for initial comments and criticism. Cassandra Pybus made it possible for me to deliver the paper in Fremantle, a favor that places me forever in her debt.

2. I borrow and slightly extend Wolfgang Schivelbusch's term *railway ensemble*; see his *The Railway Journey: The Industrialization of Time and Space in the Nineteenth Century* (Berkeley: University of California Press, 1986).

3. "The Inman Line," *Cork Examiner*, January 3, 1862, available at www .immigrantships.net/newsarticles/ireland1862.html (accessed June 30, 2005).

4. "Immigration," *New York Times*, September 12, 1865.

5. See Robert Doan, "Green Gold to the Emerald Shores: Irish Immigration to the United States and Transatlantic Monetary Aid, 1854–1923" (Ph.D. diss., Temple University, 1998).

6. John Bach McMaster, *A History of the People of the United States during Lincoln's Administration* (New York: D. Appleton, 1927), 552–53.

7. On Tom Scott generally, see Scott Reynolds Nelson, *Iron Confederacies: Southern Railways, Klan Violence, and Reconstruction* (Chapel Hill: University of North Carolina Press, 1999). On the recruitment of workers for railways, see U.S. Department of State, *Correspondence Concerning Claims against Great Britain, Transmitted to the Senate of the United States in Answer to the Resolutions of December 4 and 10, 1867, and of May 27, 1868* (hereafter cited as *CLMS*) (Washington, D.C.: Government Printing Office, 1869), 2:413.

8. McMaster, *A History of the People of the United States*, 549; *Advance Advocate*, c. 1895–1920 (journal of the Brotherhood of Maintenance of Way Employees Journal, available at Center for Research Libraries, Chicago).

9. U.S. Congress, Joint Special Committee to Investigate Chinese Immigration, *Report of the Joint Special Committee to Investigate Chinese Immigration, February 27, 1877* (hereafter cited as *CIR* [Chinese immigration report]) (Washington, D.C.: Government Printing Office, 1877), 721.

10. This was the claim made by Confederate agents in Europe. See John Bigelow, "The Southern Confederacy and the Pope," *North American Review* 157 (October 1893): 465. For discussion of the secret fund used by American consuls, see Charlotte Erickson, *American Industry and the European Immigrant, 1860–1885* (Cambridge, Mass.: Harvard University Press, 1957), 8.

11. "Immigration."

12. "Local Intelligence," *New York Times,* February 5, 1865.

13. Charles Francis Adams, review of *Retrospections of an Active Life* by John Bigelow, *American Historical Review* 15 (July 1910): 881–87.

14. This is a reconstruction based on the two adjudicated cases that appear in the *CLMS,* vol. 2.

15. Public Law 246, 38th Cong., 1st sess. (July 4, 1864).

16. U.S. Senate, *Exec. Document no. 26: Message of the President, in Answer to a Resolution of the Senate, calling for Information on the Subject of Contracts Made in Europe for Inland Passage Tickets,* 35th Cong., 1st sess. (January 27, 1858), 27–29.

17. "Immigration." The best discussion of Castle Garden is James Macaulay, *Across the Ferry,* quoted in Rhoda Hoff, *America's Immigrants: Adventures in Eyewitness History* (New York: H. Z. Walck, 1967), 79–81.

18. Glyndon G. Van Deusen, "Thurlow Weed: A Character Study," *American Historical Review* 49 (October 1944): 437–38.

19. See the letters of protest from Lord Russell in *CLMS,* 2: 405–408, 414–15, 417–18.

20. From Margaret Christl and Ian Robb, *The Barley Grain for Me* (Folk Legacy 62), reprinted on the Digital Tradition Folk Music Database, http://sniff.numachi.com/~rickheit/dtrad/pages/tiBYHUSH;ttBYHUSH.html (accessed July 6, 2005).

21. For an example of Irish soldiers' complaints to the British consul in Boston, see "Incidents of the Draft," *New York Times,* July 19, 1863. Ambassador Charles Francis Adams discusses his own predicament for Americans who volunteered in the British navy in *CLMS,* 2:406–407. On the significance for enforcement of contracts signed in the United States, see *CIR,* 82–83, 89.

22. "Interesting from the South," *New York Times,* August 9, 1863; Irish Americans comprised somewhere between 4 and 7 percent of the U.S. Army and a larger percentage of its common soldiers. The number 144,000 comes from Philip S. Paludan, *A People's Contest: The Union and Civil War, 1861–1865* (New York: Harper & Row, 1988), 281, though it is not clear whether this figure represents enlistments or those who fought. Enlistments were 4.3 million, according to Lonnie R. Speer, *Portals to Hell: Military Prisons of the Civil War* (Mechanicsburg, Pa.: Stackpole, 1997), 341, but this includes reenlistments. James McPherson estimates the number of soldiers in the Union army at 2.1 million; see James M. McPherson, *Battle Cry of Freedom: The Civil War Era* (New York: Ballantine, 1988), 306n.

23. "Local Intelligence."

24. "Taiping Rebellion," in wikipedia.org; Jonathan D. Spence, *God's Chinese Son: The Taiping Heavenly Kingdom of Hong Xiuquan* (New York: W. W. Norton, 1996).

25. Lynn Pan, ed., *The Encyclopedia of the Chinese Overseas* (Cambridge, Mass.: Harvard University Press, 1999), 25–26.

26. Eve Armentrout-Ma, "Urban Chinese at the Sinitic Frontier: Social Organizations in the United States' Chinatowns, 1849–1898," *Modern Asian Studies* 17, no. 1 (1983): 107–35.

27. Pan, *Encyclopedia of the Chinese Overseas*, 161.

28. The early shipment of forced laborers from Guangdong is discussed in Robert L. Irick, *Ch'ing Policy toward the Coolie Trade, 1847–1878* ([Taipei]: Chinese Materials Center, 1982), 11–97.

29. Senator A. A. Sargent, Republican of California, claimed that, at some point in the 1850s, when the Nicaragua and Panama routes were in competition, the price dropped closer to $40 or $50. But for most of the period it stood closer to $100 (*CIR*, 523–24).

30. June Mei, "Socioeconomic Origins of Emigration: Guangdong to California, 1850–1882," *Modern China* 5, no. 4 (October 1979): 463–501.

31. Irick, *Ch'ing Policy*, 164–90.

32. "Circulars Recruiting Labor in Hong Kong," in *America's Immigrants: Adventures in Eyewitness History*, ed. Rhoda Hoff (New York: H. Z. Walck, 1967), 75.

33. Mei argues that some measure of force was involved in the movement of laborers to China ("Socioeconomic Origins of Emigration"). Shih-Shan Henry Tsai argues that they were all voluntary migrants (*China and the Overseas Chinese in the United States, 1868–1911* [Fayetteville: University of Arkansas Press, 1983]). On the conflict between the locals from the Sze Yup ("four counties") region and the Kejia ("visitors"), see Armentrout-Ma, "Urban Chinese," 115.

34. Senate, Exec. Doc. 50, "Reports of the Secretary of the Navy . . . [in] relation to the contracts for the transportation of the mails, by steamships, between New York and California," 32nd Cong., 1st sess., 1851.

35. H. Mark Lai, Genny Lim, and Judy Yung, *Island: Poetry and History of Chinese Immigrants on Angel Island, 1910–1940* (Seattle: University of Washington Press, 1991), 13.

36. L. Vernon Briggs, *California and the West, 1881, and Later* ([Boston]: privately printed [Wright & Potter], 1931), 99–103.

37. Cindy Hahamovitch, *The Fruits of their Labor: Atlantic Coast Farmworkers and the Making of Migrant Poverty, 1870–1945* (Chapel Hill: University of North Carolina Press, 1997).

38. Adam McKeown, *Chinese Migrant Networks and Cultural Change: Peru, Chicago, Hawaii, 1900–1936* (Chicago: University of Chicago Press, 2001), 115.

39. *CIR*, 674 and 681.

40. William F. Chew unpacks this process using Central Pacific payroll sheets in *Nameless Builders of the Transcontinental* (Victoria, B.C.: Trafford, 2004). On the actual pay arrangements on payday, see *CIR*, 673.

41. Abstract of P. Dee, P. Surratt, and W. Winn, "The Radiographic Findings in Acute Silicosis," *Radiology* 126 (February 1978): 359–63; U.S. Department of Labor, Mine Safety and Health Administration, "Dust—What You Can't See CAN Hurt You!" (1999); Dean E. Schraufnagel, Suman Goel, and Nai-San Wang, "Inhaled Noninfectious Toxicants and Their Effects on the Lung," in *Pulmonary Biology in Health and Disease,* ed. E. Edward Bittar (New York: Springer, 2002), 403–404.

42. Gunther Peck, *Reinventing Free Labor: Padrones and Immigrant Workers in the North American West, 1880–1930* (New York: Cambridge University Press, 2000).

43. See Tzu-Kuei Yen, "Chinese Workers and the First Transcontinental Railroad of the United States of America" (Ph.D. diss., St. John's University, New York, 1977).

44. *Sacramento Union,* July 6, 1867, quoted in Norman E. Tutorow and Evie LaNora Tutorow, *The Governor: The Life and Legacy of Leland Stanford, a California Colossus* (Spokane, Wash.: Arthur H. Clark, 2004), 247.

45. David Haward Bain, *Empire Express: Building the First Transcontinental Railroad* (New York: Viking, 1999), 649–51.

La Trata Amarilla

The "Yellow Trade" and the Middle Passage, 1847–1884

EVELYN HU-DeHART

THE MID-NINETEENTH-CENTURY surge in lucrative and export-oriented revenue production in Cuba, Peru, and Australia prompted the recruitment of cheap labor from south China. Cuba's main export crop was sugar, Peru's were guano and cotton, and Australia needed workers chiefly for mineral extraction, but all these different industries were labor intensive. In response to this demand for workers, European and American entrepreneurs looked to South China as a vast untapped labor reserve. Already familiar with slave-labor systems that they had abandoned, or were pressured to terminate (as in the case of slavery in Cuba), these businessmen had no difficulty imagining Chinese men working for them under similar conditions, although the entrepreneurs were careful, meanwhile, to characterize the recruits from China as "voluntary emigrants" or *colonos asiáticos*. The Chinese, however, were always aware that they were being recruited for labor *(gung)* and not to be colonists or settlers.

My focus in this chapter is on the recruitment, export, and transportation of Chinese coolies, who were almost exclusively male, to Cuba and Peru. During this same period, Chinese—again, mostly men—were also sent to (or voluntarily departed for) Australia. Whatever their destinations, the Chinese left from Macao after the mid-1850s and from Hong Kong after it fell into British hands. However, like the Chinese who went to

Hawaii and California, those who went to Australia did not go under the onerous and abusive eight-year contract system that was imposed without exception on the Chinese labor migrants to Cuba and Peru from 1847 to 1874, when the notorious "yellow trade" *(la trata amarilla)* ended.[1]

During the second half of the nineteenth century, as many as one million people, if not more, left China; approximately one quarter ended up in Cuba and Peru and perhaps as many as 200,000 in Australia. The rest went to Singapore and other parts of Southeast Asia and to Hawaii, California, and other parts of the expanding United States. From Singapore, an unknown number were transshipped to Australia.[2] The early treaty port of Amoy (Xiamen) in Fujian Province had been accustomed for decades to sending emigrants to Taiwan, the Philippines, and the Malay Peninsula in their own junks, which explains why so many Chinese in these regions of Asia were natives of Fujian and to this day continue to speak the regional language called Hokkien. The British, who had condemned slavery by this time and pressured the French, Spanish, and Portuguese to follow their lead in ending the African slave trade, took the lead in developing and profiting from this new system of forced labor. In 1806, at precisely the time when the British banned the slave trade, they sent two hundred Chinese to Trinidad, under contract to plantations for five years, a period known euphemistically as "industrial residence." The Spanish in Cuba and the Peruvians quickly followed the British example, faced as they were with the same dilemma—the end of slavery and the need for labor as their plantation economies continued to flourish.

In 1844, the eminent Cuban landowner and international businessman Julián Zulueta, whose brother Pedro managed the family's business in London, sent an agent to China to study the possibility of importing coolies. As old hands at importing slaves, the Zulueta brothers were a good example of what we would call today a multinational or transnational company—global capitalists closely linked to the world financial markets, importing and exporting a variety of products around the world. So, for them to initiate the coolie trade from China to the Americas constituted a normal expansion of their global economic activities. Sometime in 1846, an agreement was sealed between Zulueta and Company in London and the British in the treaty port of Amoy. On June 3, 1847, the Spanish ship *Oquendo* docked in Havana with 206 Chinese on board after 131 days at sea. Shortly after, Peruvian planters emulated their Cuban counterparts. In November 1849, an immigration law granted exclusive license for four years to two planters,

Domingo Elías and Juan Rodríguez, to introduce Chinese into the departments of Lima and La Libertad. In 1852, other ships were taking Chinese labor to Sydney, Australia.[3]

During the next four decades, the ports of Swatow, Canton, Huangpu, Hong Kong (before and during its British colonial status) in Guangdong Province, as well as Macao on the Pearl River delta, which came into Portuguese possession in 1848, all actively engaged in shipping Chinese men abroad, most of whom came from Guangdong and Fujian provinces.

LABOR RECRUITMENT AND EMBARKATION

The Spanish government in Cuba and the Peruvian government both followed the same system of granting licenses to big merchants to import coolies "on consignment." The merchants then distributed the coolies by selling their contracts to the highest bidders upon the coolies' arrival in Havana or Callao (the port for Lima, Peru), after a brief quarantine to check on their physical health, lingering diseases, and other serious or debilitating illnesses. The Zuluetas soon were joined by a number of other companies based in Havana with branches and agents in New York, London, and Paris.[4]

After 1855, these companies also posted agents in the export ports such as Macao, because the British cut off other nations' access to their own treaty ports, ostensibly because the British objected to the abuses of the coolie trade. It was more likely that the British wanted to suppress competition for recruits, since they continued to send contract laborers from China to British colonies in Australia and the West Indies, although the bulk of British indentured labor came from India.

When the Cuban and Peruvian companies moved their operations to Macao, the much more pliant Portuguese government eagerly cooperated because of the profits to be made. Portuguese authorities would issue many regulations to curtail abuses and protect the rights of the recruits, but few contemporary observers, including some government officials, really believed that such regulations were closely or consistently observed in the face of competition and profits. Men who acted as agents for the Cuban or Peruvian companies, such as the honorary consul of Peru, José Manuel Cantuarios, a merchant based in Macao, would get in touch with a local labor agent, who would agree to supply a certain number of recruits on prearranged terms. The labor agent was most likely a Portuguese or a Portuguese Chinese mestizo who could manage both Spanish and the local

Chinese dialects. The same type of individual was also employed as an interpreter on shore and later on board some of the coolie ships.[5] These agents in turn used a number of subagents—called runners or crimps, terms also used in the African slave trade—to go deep into the villages of Guangdong and Fujian to look for men, using whatever methods necessary to pry them loose from village and family. If these crimps could not meet their quota by sweet talk or deception, they would quickly resort to other forms of inducement, including violence or coercion, such as collecting on gambling debts and using opium as a lure.

Decoyed was a word commonly used to describe what happened to Chinese villagers. A frequent deception used by the crimps was to describe a "foreign year" as equivalent to only half a Chinese year in order to persuade potential recruits that the stated eight-year term of servitude was really half as long. Some were also told they were going to nearby Vietnam or Singapore, places they probably had some vague notion about, rather than Cuba and Peru, of which they had never heard.[6] The recruits would then be delivered to Macao, where they were practically incarcerated in barracoons, or holding pens, locally dubbed chu-tse-kwan, meaning pig pens, there to await embarkation on the ship contracted by the company in Havana or Lima.[7]

Absolutely critical to this system of recruitment were the Chinese crimps, who were probably little different from the men they recruited but invariably described by their victims as vicious.[8] Paid a few dollars at the outset, the Chinese crimps collected another small sum upon delivery of the recruits to the barracoons, making a total of $8 to $10 per head. In 1866, British Vice Consul Mayers of Canton noted: "I was informed that Chinese crimps were in the habit of travelling up and down in the river steamers [dubbed 'crimp boats' locally] between Canton and Macao, and of purchasing from the second rate crimps at this place all coolies brought to the steamer . . . the price paid being $10, or an advance of $7."[9] The local agent who hired the crimps would receive $30 by some accounts and, according to other accounts, as much as $60 to $80 per head from the importing company in Havana or Lima. So it was that "the yellow trade" also made use of outsourcing or subcontracting, now so prevalent in the current era of globalization, to the point of crimps' subcontracting with subcrimps.[10]

The recruitment of poor and witless young men was no less than kidnapping in the eyes of both the local Chinese government authorities and local critics, who fingered the crimps, scornfully dubbed chu chay tau, or pig brokers, as the major perpetrators of the abuses soon widely associated with the coolie trade. After enraged Chinese in Canton caught and killed eighteen crimps in 1857, even the Spanish consul in Amoy supported the viceroy of Canton's allegation that 90 percent of the men put on coolie ships were boarded against their will by deceit, fraud, and violence.[11] Even after 1856, when shipping to Cuba and Peru was handled exclusively by the Portuguese in Macao, the recruitment grounds remained South China, with Chinese crimps and subcrimps scouring the villages of Guangdong and Fujian for recruits to send to the Macao barracoons. They were shipped from Canton, Swatow, and Huangpu on lorchas provided by the Portuguese agents in Macao. These were the same sources and same methods used for recruiting laborers for Australia through the British treaty ports.[12]

The Portuguese superintendent of emigration in Macao supposedly supervised the embarkation by inspecting the recruits from the barracoons to ascertain that they had willingly agreed to emigration, after which they were to sign the contract with their name or, if illiterate, a chop or X. The contracts were essentially the same for both destinations, and often the coolie did not know where he was heading until on board ship. The contract was to be read to the coolie in the appropriate Chinese language, so that he fully understood its terms, and by signing he signified acceptance and agreement. The contract was printed in both Chinese and Spanish and issued in duplicate: one to the coolie to be kept on his person for the duration of his servitude and one to the contracting agency; the latter was transferred to the person who bought the contract. Printed in clear type in both the Spanish and Chinese versions, and usually on a durable fine blue paper, the contract included such details as the name, age, and home village of the coolie, the name of the on-site agent as well as the contracting agency in Havana or Lima, sometimes the name of the coolie ship, and the signatures of the Spanish consul and the Portuguese authorities in Macao. Throughout the years of the trade, the eight years of servitude almost never varied. Taken as a whole, the contracts and the regulations all made clear that coolies in Cuba and Peru during their eight-year servitude were the property of the planters, constituting a fixed capital investment in their economic enterprise.

Later regulations also required a medical examination before embarkation, as well as the presence of linguists who spoke the many dialects of Guangdong and Fujian (including Hakka), to ensure that the recruits understood the contract and conditions of their departure from home.[13] Francisco Abella, local agent for the Cuban importer Ibáñez and Company in Havana, frankly admitted that the inspections by Portuguese authorities and their minions were farcical:

The Portuguese authorities would address a group of coolies through an interpreter, who often knew only one of the eleven dialects spoken in China, asking them if they were willing to embark. Silence on their part was taken for consent, or sometimes the native recruiting officer would mingle in the group and, with the full knowledge of the agents and the Portuguese authorities, shout affirmative answers to all questions in such thunderous tones as to drown out the voices of any who replied in the negative. Then, after giving their own names and ages, they would send other Chinamen on board the transports in their place, paying them $8 and promising them to come on later and rescue them. On the other hand, if the Chinamen raised objections to embarking they were thrown into the street to get back to their homes as best they could. Ragged, starving and shivering with cold, some through false promises, they were persuaded to return to the barracoon and others were waylaid and maltreated by the recruiters until they were willing to return and sign their contracts.[14]

As Abella was one of the notorious coolie agents and someone who knew exactly what he was talking about, his admission that the coolie trade "was full of pages stained with blood" was a frank assessment. According to testimonies taken from the Chinese in Cuba, many signed contracts under compulsion and duress, and others never signed any or were merely handed signed contracts (under someone else's name) after being boarded.[15]

For the Cuban trade, precise figures were kept by the government subagency in charge of the trade, presided over by none other than the ubiquitous Julián Zulueta. This was because, officially, the coolie trade was characterized as a colonization project, little different from the recruitment of white Europeans to settle in Cuba. Hence the name of the government agency Zulueta headed up: Comisión de Población Blanca of the Junta de Fomento y Colonización (Commission for the Settling of Whites). The *Boletín de Colonización*, published in 1873–74, was the official organ of the Comisión and contained many detailed statistics of the Cuba trade.[16] According to these figures, between 1847 and 1874, a total of 124,813 Chinese coolies arrived in Havana and were sold, but 16,576 died at sea, making a total of 141,389 who actually embarked from China and Macao. Ninety-two percent of these men were between twenty and fifty years of age. Despite the law that prohibited anyone younger than twenty from leaving home, the cargo included boys as young as eleven and twelve, with others not much older.[17] For Peru, precise figures are unknown. About 95,000 men were landed, and several thousand more must have been lost at sea because mortality rates for the longer voyage to Peru were at least as high as that to Cuba.[18]

For the Cuba trade, ships carrying the flags of sixteen nations were involved, with British and American ships among the earliest participants. From 1863, however, French ships were by far the most dominant in terms of numbers carried. The list of nations involved included Norway, Denmark, Switzerland, El Salvador, New Granada (Colombia), and various German states, as well as Italy, Holland, Belgium, Spain, and Russia. Peruvian ships prevailed in their own trade.[19] The voyages to Cuba took 80 to 151 and even 226 days.[20] While Cuba and the rest of the Caribbean could be reached via Cape Horn and Panama, this route was not popular because of the distance, cost, and danger. The preferred route to Cuba from Macao was through the Sunda Strait between Java and Sumatra, crossing the Indian Ocean below the equator to round the Cape of Good Hope, stopping at St. Helena for freshwater before heading to the Guianas to enter the Caribbean, and passing by Trinidad and Barbados to reach Havana from the back or underside to avoid the vicious storms of the Bahamas straits.

The voyage of one thousand miles to Callao took 72 to 180 days.[21] The trip to Peru from Macao might stop first at Yokohama, Japan, then veer south toward the Pacific, to the Carolinas, Nauru, Samoa, Cook Island, the Society Islands, Easter Island, Cape Horn, and Valparaiso, then along the coast northward to Callao. The trips to Australia were relatively short at about 59 days from Amoy to Melbourne, but they could be as long as 80 days. Depending on the final destination, there were two routes to Australia: by way of the Coral Sea from the east and by way of Cape Leeuwin from the west.[22]

Ships used in the coolie trade became larger and more modern over time and were usually built in American shipyards in towns such as Baltimore. Large clippers of five hundred to one thousand or more tons were not uncommon by the 1850s; later, modern steamships joined the trade.[23] These coolie transports were called devil ships or floating hells. One reason for their terrible reputation was that the extremely long and often tumultuous voyage to Cuba or Peru, especially at times of the year when the weather was bad, made it difficult to stock sufficient provisions, let alone fresh drinking water, for trips that could last as long as six months. Food rations were basic and monotonous. Portuguese regulations in Macao stipulated sufficient provisions for one hundred days, if sailing to the west coast of the Americas between October and March (storm season, hence delay was likely), and seventy-five days the rest of the year. Sailing south of the equator, ships had to carry 120 days' worth of provisions. But as with all other regulations on the coolie ships, there was no guarantee that the prescribed minimum rations, even when stocked on board, were actually distributed.[24]

A second reason for the bad name of coolie ships was that the human cargo was packed unbearably tight, with severe overloading well beyond the regulations. Instead of one passenger for every two tons, some ships cut that space to pack more than permitted, sometimes double. As it was, two tons of space can be described as fourteen superficial and seventy-two cubic feet, that is to say, a space about the size of a coffin.[25] One egregious transgressor was the *John Calvin,* which was cleared in 1855 with only 81 passengers but actually sailed from Hong Kong with 298. The *Duke of Portland,* in 1856, packed 334 men when its size allowed for only 238; another ship of thirteen hundred tons was cleared for 650 passengers but was fitted with bunks for 800 for its trip to Callao.[26]

To accommodate so many men, these ships had to be refitted to create more sleeping space. In 1857, an American, who observed up close how the *Norway* was fitted to transport such large numbers of coolies, gave a graphic description accompanied by detailed pencil drawings:

> Down the whole length of both lower decks were built tier on tier of berths, or rather shelves—for they were without sides or dividing partitions. Large quantities of beef, pork, rice, etc. were stowed away. Hundreds of water-casks filled the holds, and on the upper or spar deck were erected galleys for cooking. Over every hatchway save one were set iron gratings to prevent too free access from below to the upper deck; that one, the main and nearly central one, was covered by the ordinary housing. . . . The gratings were made of bars of iron, arched in the centre, and having a circular opening of eight or nine inches diameter at the summit of the arch. The housing was merely the continuation of the ordinary one in which were the galleys, the door of it opening outwards. In addition to these preparations on the spar deck a barricade was built, running athwart ship, from rail to rail, a short distance in front of the captain's cabin,

twelve feet wide, two feet high, and arranged so that a guard of armed men could, from their station, command the whole deck, while within it were accommodations for their sleeping.[27]

About the only relief from boredom, homesickness, depression, and physical and emotional pain and suffering was the use of opium, which was part of the coolie trade from its inception. Opium was in use as soon as the men were decoyed to the south China coast and put in warehouses in Canton and Macao to await the ships to Peru or Cuba. The drug was also doled out to the men during the long and arduous passage and was then used by plantation owners as an effective means of labor control.[28] Many Chinese became addicted, often using their food rations to barter for the drug. Other distractions were gambling and games such as dominoes. The playing of Chinese instruments provided a more benign activity, even though it sounded discordant to the untrained ears of the ship's crew. Coolie ships routinely carried "a one-string violin, enormous clarinets without keys, flutes six feet long, cymbals, gongs, drums and marine trumpets," and the Chinese cargo staged a "rough sort of theatricals" to wile away the time.[29]

MORTALITY AND MUTINY

A long and turbulent voyage with tight packing, insufficient food, and severely limited drinking water made for a combustible situation. Mortality was very high due to illnesses such as dysentery, cholera, typhus, yellow fever, dropsy, typhoid, dehydration, scurvy, diarrhea, fever, infections of the liver and lungs, severe ulcers, and "general debility" from using opium instead of eating food. Suicide, by opium overdose or by "voluntary jumping overboard," also contributed to the mortality.[30] Bad weather on these long voyages was another significant contributing factor. The *Luisa Canevaro*, bound for Peru, experienced a month's worth of storms and high winds necessitating the battening down of the hatches, which meant that for this long period of time the 739 coolies aboard could not come on deck or change and wash clothes and bedding. "Neither could their quarters have been disinfected while they were occupied." When the *Luisa Canevaro* arrived in Callao, 192 of the 739 had perished.[31]

Mutinies became more and more frequent, contributing to enormous casualties, whether successful or not in seizing control of the ship. The captain had only a small crew of thirty to sixty men to keep control and discipline on an overcrowded ship whose human cargo could quickly turn into an unruly mob. Coolie ships were also required to board interpreters and added as many as twelve watchmen as guards for the forehatch and barriers on the upper deck.[32] The crew consisted of a master, quartermaster, carpenter and mate, boatswains, cooks, steward, sailmaker, armorer, midshipmen, and sailors. The doctor or surgeon (usually European) and his medicine chest were very important. Under him worked the engineer, in charge of distilling saltwater for drinking, a technological innovation that partially alleviated the drinking water problem, and of supplying steam for cooking. In addition to these safeguards against trouble, the captain organized his human cargo into a self-policing military-style system of fifty-man platoons subdivided into ten-man squads, with sergeants and corporals selected for each unit, each paid a small sum. In adopting this method of indirect rule, coolie-ship captains appeared to have had some knowledge of the self-organization of Chinese immigrant communities in Southeast Asia and the Americas into affinity groups or voluntary associations, some open, others secret. As the threat of mutiny mounted, the captain often appointed a Chinese to be chief over all his fellow coolies. Appointing a Chinese chief to supervise his compatriots resembled the *kapitan* system used by British, French, and Dutch colonial authorities all over Southeast Asia, where designated Chinese acted as intermediaries, and occasionally also cultural brokers, between the Chinese and larger state political authorities.[33]

As fear of mutiny increased with each shipload, the captain's greatest nightmare was an angry mob chasing after him and cutting him down, for he was the favorite target of mutineers. Hence the tactic was to keep the coolies down in the hold or between decks, allowing only a few at a time to come on deck for brief periods of fresh air. Extra precaution was taken to prevent them from moving quickly through the narrow passages along the bunks, so they could not easily mobilize and form a mob. In this fear-filled atmosphere, minimum sanitation regulations, such as washing and airing clothing and bedding, were rarely observed. Sanitation deteriorated, and ventilation below deck became increasingly difficult, all exacerbated by the seasickness of a rough voyage. An old man in Cuba minced no words when he recalled his trip on a coolie ship: "As there was no water issued it had to be bought, and for a single cup a dollar was paid. The hatchway only allowed one man at a time to come down or go up, and the stench below from the crowd of men was most offensive, and the deaths hence produced were without number."[34]

For reasons of bad weather, or just because of fear, the Chinese men were often kept below deck for a month or longer, converting the crowded space into what one contemporary observer described as a "loathsome dungeon" that could not be ventilated or swept after meals "or to be decent in the common wants of nature." When the hatchways were finally open, "the steam rose and the stench was like that from a pen of pigs. The few beds they had were in a dreadful state, for the straw once wet with sea-water, soon rotted, beside which they used the between deck for all sorts of filthy purposes."[35] Here the observer could have been referring not only to disposal of human waste but to the metaphorical "filth" of homosexual practices, since these were men, homesick and bored, locked in tight quarters for long periods of time with practically no recreational or emotional release.[36]

Thomas King, who had witnessed the coolie trade while at the U.S. consulate in Hong Kong, testified to the Joint Special Committee to Investigate Chinese Immigration of the U.S. Congress in 1876 that such harsh control measures were entirely counterproductive:

Going to Peru and Cuba their ships are fitted as prisons with bars and grates, the same as the slave ships are said to have been fitted, and with much larger crews. There are only a certain number allowed on deck, and they are treated with all the surveillance as if they were prisoners, and they would, as they do, I believe, on almost every occasion when opportunities offer, take the ships and destroy them and escape from their bondage.[37]

Desperate men sought to escape their prisons by breaking out of their confined quarters. For weapons, they stole cleavers from the cooks, broke down the wooden berths to use as clubs, burned joss paper for fire, and let loose blood-curdling cries that the Italian and Portuguese crews could not understand. If the Chinese failed to kill the captain and turn the ship toward home, the mutineers often set fire to the ships. By the time the trade ended in 1874, mutinies had become endemic, some of which ended dramatically in fires, shipwrecks, emergency dockings in foreign ports, always with high mortality rates that provoked enormous outrage around the world. Yet despite growing international notice of such mutinies, coolie shippers and importers only increased their loads in the waning years of the trade, even as political authorities piled on new, stricter regulations to placate critics.

From the inception of the trade, mutinies on coolie ships were frequent occurrences. Forty-three mutinies on ships of all registries were recorded between 1850 and 1872; thirteen of these ships were captured and abandoned by the coolies, six were destroyed by fire, and twenty-four were subdued by armed crew. Of the thirteen successful mutinies, coolie-controlled ships were steered to Singapore, Hong Kong, Macao, Batavia, Canton, Hainan Island, Celebes, Samarang, and, in the most celebrated case, to Yokohama, where the Japanese authorities conducted a trial and set the Chinese men free.

The mutiny on the American ship *Flora Temple* in 1859 was widely reported in the world press and provoked considerable sympathy for the coolie mutineers. Having initially suppressed the mutiny, the captain and some crew then abandoned ship in the middle of a huge storm, leaving all 850 Chinese locked up below deck. When the wreck was discovered after the storm, all the men in the hold were dead. Equally tragic was the fate of the *Hongkong,* which sailed under the Spanish flag with a French crew to Havana on its maiden voyage. Just a few miles from Macao, the coolies mutinied and took possession but, not knowing how to steer the ship, drove it aground on a sandbar, where it was boarded by Chinese pirates who massacred the entire ship's complement—four hundred coolies and the crew.[38]

From the Chinese coolie's perspective, the mutiny on board the French clipper *Nouvelle Penelope,* bound for Peru in 1870, had to count as one of the most satisfying. Some days out of Macao, mutineers killed the captain and eight crew members, took possession of the ship, and turned it back to China, where many escaped. Although the French authorities captured and executed sixteen men, one mutineer escaped to Hong Kong where supporters hired a lawyer for him. During his British-controlled court hearing, it was ascertained that most of the coolies had been recruited and forced on board by armed Portuguese guards in Macao and that the coolies had signed contracts under duress and fear.[39]

One of the most publicized mutinies occurred on board the American clipper *Norway,* described as a "magnificent clipper" of 2,424 tons built in New York specifically to sail the Pacific. It sailed from New York in 1857 with coal for the U.S. naval squadron in the China seas and also made a run from Liverpool to Hong Kong with weapons for the British army. From Hong Kong, it took coolies for the Australian mines. In 1859, it was contracted by agents of Vargas and Company of Macao, agents for coolie importer Torices, Ferrán, Dupierris and Company of Havana. Because the British Passenger Act of 1855 prohibited British-controlled ports from loading Chinese coolies for non-British destinations, the *Norway* sailed to Macao to pick up its cargo of humans, who were waiting in the barracoons.

In Macao, the ship boarded 1,037 coolies, who were rowed on sampans from shore to the big ship. The *Norway* also boarded several women and children returning to the United States by way of Cuba. These privileged passengers "occupied a part of the cabin protected by the barricade," noted another American passenger, Edgar Holden, who wrote a detailed piece on the mutiny for *Harper's* magazine in 1864 that was accompanied by a series of etchings describing the appalling conditions on board this ship.

Barely out to sea on the third day, a quarrel below deck became a near riot as one coolie cut down another with a cleaver stolen from the cook. The Chinese "police" sent down to investigate reported that "desperados" had deliberately boarded the ship to provoke an uprising. The peace was deceptive, as two days later "a terrible ball of fire shot up from the forecastle and a large yell of 'ten thousand demons' pierced the night," as Holden reported. Crew members succeeded in subduing the revolt by quickly locking the door of the main hatch, the only means of exit from the hold, and the steward passed out every kind or weapon to the crew. Tarpaulins were then thrown over the forward hatches and streams of water were directed against the rioters, dousing the fires but also causing smoke to fill the ship. At this point, the coolies crowded the forward opening to get air. "But men, stationed at every loophole and crevice, shot down with remorseless vengeance every one of them who appeared within range, till ere long not one could be seen from any point on deck." The defeated coolies were eventually persuaded to pass up the dead for burial at sea, and the *Norway* continued its voyage around the Cape of Good Hope, arriving in Havana four months later with a freight lightened by 130 dead, seventy of them direct casualties from the mutiny. Another sixty died from dysentery while docked in Havana.[40]

In many ways, this final accounting of the mortality rate on the *Norway* sums up the coolie ships. Mortality rates were higher than for the Indian coolie trade and comparable to those of slave ships and early Australia-bound British convict ships. The highest death rate was 66.6 percent for the *Lady Montague* out of Hong Kong in 1850, followed by 50 percent on the *British Sovereign* out of Amoy in 1852, 45.3 percent on the *John Galvin* out of Hong Kong in 1856; 44.4 percent on the *Dolores Ugarte* from Macao in 1870, and 40 percent on the *Cora* from Macao in 1870. Overall, Cuba's trade fluctuated wildly because of the mortality; the average mortality rate for the entire duration of the trade was closer to 10 percent than the oft-cited 25 percent.[41] For the Peru trade, mortality remained high throughout, with an average 30.4 percent during 1860–63. Some coolie ships to

Australia also experienced very high mortality: in 1851–52, the *General Palmer* suffered a mortality rate of 20.1 percent, while on the *Onyx* it was 11.1 percent.[42]

The reasons for the consistently high mortality rate were not difficult to explain, as even the Peruvian official who examined the drastic statistics for his country in the 1860s could see. He wrote,

> I am informed that the immigration of Asiatics is taking place under such bad conditions that their mortality ascends to the fourth and even the third part of those that each boat brings. This calamity results from the excessive number of colonists embarked in cramped and badly equipped boats, from the food of scant quantity and bad quality, from careless and even cruel treatment, and from lack of observance, in short, of all the rules of hygiene with which they ought to be transported.[43]

The contract system of coolie trade to Cuba and Peru stopped in 1874, driven out partly by international outrage. In any case, Peru was converting its coastal plantation labor force from coolies to free labor from the highlands, and Cuban planters had begun buying cane from subcontractors called *colonos,* or independent farmers, as a way of reducing their incessant demand for cheap labor, slave or coolie. Furthermore, the Cuban sugar plantation economy was being severely challenged by the movement for independence in Cuba that began in 1869 and culminated with independence from Spain in 1898. With that came the final abolition of slavery. In Australia, however, hundreds of coolies each year continued to arrive throughout the 1880s, long after the trade to Cuba and Peru had ended.[44]

CONCLUSION

The coolie trade constituted a prime example of nineteenth-century globalization, or global capitalism. The ships could be owned by any number of European or American entrepreneurs, manned by a motley crew of mixed European nationalities, subcontracted to all sorts of international merchants, shipping any goods from one part of the world to another in a new configuration of the famous "triangular trade." From European ports, they took on guns, steel products, and textiles for the China market, and from China they took coolies to the Americas. After unloading the human cargo in the Caribbean, they would take on sugar and honey for New York or

Europe. On the Asia leg, the human cargoes known as coolies were the central merchandise, in continual demand for almost thirty years. This trade operated out of a number of south China ports under the control of Chinese and various European nations.

There can be no question that the coolie trade was extremely lucrative, since profits were made not only on the coolie cargo but also upon other freight that the coolie ships carried around the world, not wasting any carrying capacity as they crossed the oceans. By one calculation, the profits of the triangular trade were "succulent," as much as eighty pesos per ton, even before counting profits from the sale of coolies in Cuba, which alone could more than double investors' money.[45] By another calculation, the entire "yellow trade" produced profits reaching US$80 million and yielded profits as high as 150 percent of investment. One account of a ship that carried 900 coolies to Cuba reported that the cargo represented a value of 450,000 pesos for the importers, with original outlay at only 50,000 and the cost of the expedition less than 100,000. Thus, the investors cleared a profit of 300,000 pesos for this one voyage alone. In the case of the Cuban importers, the government agency overseeing the trade—the Junta de Fomento y Colonización—subsidized the cost of shipping coolies, and foreign banks in New York, London, and Paris eagerly financed these shipments.[46]

In this lucrative world trading and shipping system, everyone except for Chinese labor migrants profited. These men counted themselves fortunate for surviving the voyage with its horrendous mortality rates and managing to live out the eight-year indenture on the plantations, where the labor regime was brutal and demeaning, and where the number of suicides was the highest in the world during the nineteenth century.[47] By the time the trade had ended, these exploited Chinese men found themselves real pariahs in the distant places to which they had been carried. Their prospects were aptly summed up by Manuel Villanueva in 1877 when he said of the coolies in Cuba that they had been

> [i]nduced to abandon their native land through the stimulus of false promises which they begin to suspect they will never see realized within a few days after they embark, separated from their native land by a distance which their imagination exaggerates upon recollection of the immense amount of water crossed during the long voyage, exploited by the rapacity of the ship's crew, placed at tasks foreign to their training, subjected to the discipline of a plantation ruled by the criterion and traditions of slavery, walking from deception to deception even to seeing in many cases a lack of religious fulfillment of their contracts, excluded from family life

because of a lack of women of their own race, despised by the Whites, hated by the Negroes, separated from their master more than are the slaves in proportion as the time of expiration of their contracts approaches and for the same reason treated with less consideration.[48]

The fortune these men could count was small indeed.

NOTES

1. Evelyn Hu-DeHart, "Chinese Coolie Labor in Cuba and Peru in the Nineteenth Century: Free Labor or Neoslavery?" *Journal of Overseas Chinese Studies* 2, no. 4 (1992): 149–81; "*Huagong* and *Huashang:* The Chinese as Laborers and Merchants in Latin America and the Caribbean," *Amerasia Journal* 28, no. 2 (2002): 64–90; and "Opium and Social Control: Coolies on the Plantations of Peru and Cuba," *Journal of Chinese Overseas* 1, no. 2 (2005): 169–83.

2. Sing-wu Wang, *The Organization of Chinese Emigration, 1848–1888* (San Francisco: Chinese Materials Center, 1978), 126–38. For Australia, Wang gives the figure of 57,883 shipped from Macao from 1848 to 1872, with men recruited from Guangdong and Fujian, the same sources as workers for Cuba and Peru. Another 4,840 had left Amoy by 1852 and about 12,000 from Hong Kong (1849–54), with 62,147 sent between 1855 and 1857.

3. Wang, *Organization of Chinese Emigration,* 119–21. *Coolie* was a generic term used for laborers, not necessarily contract laborers; hence wage laborers in Southeast Asia who were not bound to a contract were also called coolies.

4. In fact, during the coolie trade to Cuba (1847–74), the Zuluetas were joined and even overtaken by other companies. Some importers were general merchants and importers, but Zulueta also organized partnerships of large planters like himself—with names like Alianza y Cía, Compañía de Hacendados (Landowners), and Empresa de Colonización (Colonization Enterprise)—to import coolies directly. See *Boletín de Colonización,* Havana, August 15 and 30, September 15 and 30, 1873, and Denise Helly, introduction to *Cuba Commission Report: A Hidden History of the Chinese in Cuba: The Original English-Language Text of 1876* (Baltimore: Johns Hopkins University Press, 1993), 3–30.

5. These mestizos were described as "a sort of half Chinaman half Portuguese." See "A Chapter on the Coolie Trade," *Harper's New Monthly Magazine,* June 1864.

6. *Cuba Commission Report,* 36–38.

7. "A Chapter on the Coolie Trade," 3.

8. *Cuba Commission Report,* 36–38.

9. Quoted in Wang, *Organization of Chinese Emigration,* 135.

10. Watt Stewart, *Chinese Bondage in Peru: A History of the Chinese Coolie in Peru, 1849–1874* (Durham, N.C.: Duke University Press, 1951) 33–39; Duvon

Clough Corbitt, *A Study of the Chinese in Cuba, 1847–1874* (Wilmore, Ky: Asbury College, 1971), 27–28; Fernando de Trazegnies Granda, *En el País de las Colinas de Arena.* 2d ed. *Reflexiones Sobre la Inmigración China en el Perú del s. XIX desde la Perspectiva del Derecho* (Lima: Pontífica Universidad Católica del Perú, Fondo Editorial, 1995), 1:61–72; Wang, *Organization of Chinese Emigration,* 131–33.

11. Corbitt, *A Study of the Chinese in Cuba,* 27–28.

12. Wang, *Organization of Chinese Emigration,* 137.

13. Trazegnies Granda, *Reflexiones Sobre,* 61–72; Corbitt, *A Study of the Chinese in Cuba,* 35–39.

14. Corbitt, *A Study of the Chinese in Cuba,* 41–42.

15. *Cuba Commission Report,* 38–42

16. The *Boletín* was an important source for this chapter.

17. Juan Pérez de la Riva, "Demografía de los Culíes Chinos en Cuba (1853–1874)," in *El Barracón y Otros Ensayos* (Havana: Ciencias Sociales, 1975), 471–75; *Cuba Commission Report,* 39–40.

18. Stewart, *Chinese Bondage in Peru;* Hu-DeHart, "Chinese Coolie Labor."

19. Corbitt, *A Study of the Chinese in Cuba,* 57–58; Wang, *Organization of Chinese Emigration,* 165–73; *Boletín de Colonización.*

20. Corbitt, *A Study of the Chinese in Cuba,* 51.

21. Trazegnies Granda, *Reflexiones Sobre,* 83–84.

22. Ibid.; Wang, *Organization of Chinese Emigration,* 193–97; Corbitt, *A Study of the Chinese in Cuba,* 53.

23. Juan Pérez de la Riva, "El Viaje a Cuba de los Culíes Chinos," in *Contribución a la Historia de la Gente sin Historia,* ed. Pedro Deschamps Chapeaux and Juan Pérez de la Riva (Havana: Ed. Ciencias Sociales), 193; Wang, *Organization of Chinese Emigration,* 173; Helly, introduction, 15.

24. Stewart, *Chinese Bondage in Peru,* 64.

25. Wang, *Organization of Chinese Emigration,* 176–79.

26. Ibid.; Stewart, *Chinese Bondage in Peru,* 57–58.

27. "A Chapter on the Coolie Trade," 3.

28. Hu-DeHart, "Opium and Social Control," 169–83.

29. "A Chapter on the Coolie Trade," 5; Stewart, *Chinese Bondage in Peru,* 60–61.

30. Trazegnies Granda, *Reflexiones Sobre,* 101–102; Corbitt, *A Study of the Chinese in Cuba,* 53; Wang, *Organization of Chinese Emigration,* 213–19.

31. Stewart, *Chinese Bondage in Peru,* 60–61.

32. Wang, *Organization of Chinese Emigration,* 187–91 and 247.

33. Stewart, *Chinese Bondage in Peru,* 60–61; see Xiao An Wu, *Chinese Business in the Making of a Malay State, 1882–1941* (London: Routledge Curzon, 2003), for a clear and succinct discussion of the *kapitan,* secret society, and *Hui-Kuan* systems in Southeast Asian Chinese communities of the nineteenth and twentieth centuries.

34. *Cuba Commission Report*, 42–43.

35. Quoted in Wang, *Organization of Chinese Emigration*, 180–81.

36. While it is quite certain that situational homosexuality occurred on board, among the few scholars who have examined the coolie ships, only the Peruvian legal scholar Fernando de Trazegnies Granda attempted to tackle the issue, while others, including the normally detail-minded Sing-wu Wang, remained silent.

37. Quoted in Corbitt, *A Study of the Chinese in Cuba*, 61.

38. Wang, *Organization of Chinese Emigration*, 225–35; Corbitt, *A Study of the Chinese in Cuba* 39–40; Pérez de la Riva, "El Viaje a Cuba," 200.

39. Stewart, *Chinese Bondage in Peru*, 48; Trazegnies Granda, *Reflexiones Sobre,* 97–98.

40. "A Chapter on the Coolie Trade," 6–10.

41. Pérez de la Riva, "Demografía de los Culíes Chinos," 469.

42. Wang, *Organization of Chinese Emigration*, 211–13; Stewart, *Chinese Bondage in Peru*, 62.

43. Quoted in Stewart, *Chinese Bondage in Peru*, 62.

44. Wang, *Organization of Chinese Emigration*, 119–46.

45. Pérez de la Riva, "El Viaje a Cuba," 193–95.

46. Helly, introduction, 15.

47. Pérez de la Riva, "Demografía de los Culíes Chinos," 471–75 and 480; Hu-DeHart, "Opium and Social Control."

48. Manuel Villanueva, on Chinese coolies in Cuba, recorded in 1877, quoted in Corbitt, *A Study of the Chinese in Cuba*, 81–82.

"A Most Irregular Traffic"

The Oceanic Passages of the Melanesian Labor Trade

LAURENCE BROWN

NEAR THE END OF JULY 1883, Bakala went out to fish near his home village of Denmala, in Malekula, a northern island of the Vanuatu group. As
he walked along the beach at sunrise, he observed a "two masted ship
anchored a short distance from Denmala; she had two boats, painted red,
trying to get men; the ship had been anchored there for two nights."[1] Bakala
knew what such labor vessels represented; he had already sailed on one to
work for three years as an indentured migrant laborer in Fiji. The two red
boats slowly rowed toward Bakala, each propelled by the oars of four sailors
from the nearby island of Efate. Following the customary practice of labor
recruiters in the western Pacific, one boat landed on the beach, while the
other remained close to shore to provide support in case of conflict. One of
the Efate sailors called out to Bakala in Fijian, "Come here, you."[2] Bakala
answered in Fijian, "I do not know your ship, it is not a ship from Suva
[Fiji]." "Come near to the boat and let us have a talk," countered the Efate
sailor named Sam. As Bakala walked closer, he was seized by Sam, who
dragged him into the boat, which then was rowed out to sea before Bakala's
fellow villagers could reach the beach. As Bakala remembered, the "Sandwich [Efate] men were all armed with guns; when Sam pulled me into the
boat I called out, and cried; I said to Sam, 'Do not steal me, Sam, put me
ashore again'; he answer, 'No we will go to Sandwich.'"[3] Bakala was hauled

on board the fifty-ton schooner *Caledonia*, which had sailed from Nouméa in the French colony of New Caledonia.

The white master and supercargo of the *Caledonia* were settlers from Fiji, although both ignored Bakala's tears and his pleas in Fijian for release. However, Bakala did find he was able to communicate with another member of the *Caledonia*'s human cargo. Usi was from Malaita in the south of the Solomon Islands but had learned Fijian while working under indenture in Levuka, which had been the capital of Fiji's cotton boom during the early 1870s. Usi was accompanied by four other men and seven women from Malaita, all of whom had been seized by the *Caledonia*. Arriving at Efate, Bakala and Usi were set to work on a copra plantation, but within four days they had fled their employer in a stolen canoe and were picked up by the *Christine,* another labor vessel, which carried them to Fiji.[4]

The circular crossings of Bakala and Usi to Fiji and then to Efate highlight the fluid and heterogeneous character of what was called the "labor trade" of the western Pacific. Whereas in the Atlantic and Indian oceans, slavery and indenture were seen by many nineteenth-century observers as two polarized systems of migrant labor, the oceanic passages of these Melanesians were distinctive in that they frequently moved between enslavement and contract, and their travels were marked by both external coercion and islander agency. The holds of labor vessels such as the *Caledonia* and the *Christine* mixed migrants from different villages and islands, voluntary and abducted migrants, returning migrants, and new recruits.[5] Focusing on the maritime dimensions of the Melanesian labor trade emphasizes the complexity of islander participation in shaping this migration, both as cargo and crew, recruits and passage masters.

During the second half of the nineteenth century, more than 100,000 islanders from the western Pacific were recruited as migrant laborers for British Queensland (62,500) and Fiji (27,000), French New Caledonia (15,000) and Tahiti (2,500), German Samoa (12,500), Hawaii (2,500), Peru (3,600), and Guatemala (1,100).[6] More than 80 percent of this migration was concentrated on Queensland, Fiji, and New Caledonia, where white settlers sought to claim land and native labor on the margins of the British and French empires. The emergence of plantation production in the western Pacific during the 1860s was directly fueled by the collapse of North American cotton production with the dislocations of the Civil War and slave emancipation. This cotton boom transformed the western Pacific's economy, drawing settler-adventurers from other parts of the British and

French empires, although many of those reaching Queensland, Fiji, and New Caledonia lacked the economic and coercive resources to convert indigenous populations into plantation labor forces.[7] Importing indentured islanders from Melanesia and New Guinea was one of many projects for migrant labor recruitment attempted in the period; however, its rapid escalation was due to the trading networks and maritime labor practices that were central to the intensification of European shipping on the Pacific frontier.

The emergence of the Melanesian labor trade in the early 1860s paralleled the development of indentured African migration in the Atlantic a decade earlier; both were marked by the conversion of maritime labor into plantation labor. With the abolition of the transatlantic slave trade, the Kru sailors who had manned European vessels along the West African coast were among the first Africans recruited under contract to replace slave labor on British and French sugar estates in the Caribbean. Beginning in 1841, more than a thousand Kru crossed the Atlantic as indentured migrants; however, this flow of migrants quickly ended because of the Kru's own conceptions of circular migration and their opposition to accepting plantation conditions that had altered little from slavery.[8]

Equally, in the western Pacific, labor recruitment patterns and practices developed in interisland shipping that first responded to land-based demands for migrant workers. Few vessels regularly working the region would have been without island crews and laborers from the early 1840s. As Kerry Howe argues, "[T]housands of Melanesians, especially Loyalty Islanders and men from Tana, Eromanga and Aneitym, travelled beyond their own reefs in European ships."[9] By the early 1860s, some of these sailors from the southern islands of Vanuatu (the New Hebrides) were working on the wharves of Sydney, when their employer, Robert Towns, sought a new supply of labor for cotton production in northeastern Australia.[10]

At the end of May 1863, Towns sent one of his trading ships, the 130-ton schooner *Don Juan,* to employ "a useful class of *men, lads* and *active boys*" from the Loyalty Islands near New Caledonia and southern Vanuatu for his cotton plantation on the Logan River in the new colony of Queensland.[11] The recruitment of migrants was to be done by Ross Lewin, who was experienced in trading in Vanuatu, and Towns directed him to take the

Don Juan to "such islands as you are known to the natives."[12] If Lewin failed to obtain enough workers at Efate, the captain of the *Don Juan* was instructed to visit the other trading stations used by Towns at the southern islands of Erromanga and Aniwa.[13] The arrival in Brisbane of sixty-seven islanders on the *Don Juan* on August 18, 1863, was therefore the result of existing networks of maritime labor and trade in the southern islands of Melanesia.

Towns's initiative in bringing Melanesian labor to Australia depended on his extensive commercial connections in the western Pacific and his maritime experiences and resources. He had become a wealthy landowner and leading Sydney politician through speculative commerce with the Melanesian islands, especially the export of sandalwood to China, the interisland trade in coconut oil and tortoise shells, and whaling. Towns had made quick profits by purchasing old ships to trade with the neighboring Pacific islands and then reexporting the trade goods on more seaworthy vessels to Asia.[14] Such speculative practice had fueled Towns's rapid economic and social rise in Australia. His claim to gentlemanly respectability was symbolized by his sponsorship of the largest cotton plantation in Queensland, a four-thousand-acre estate he named Townsvale.[15]

Despite his extensive trading relationships in the western Pacific, Towns had initially intended to use European or Asian migrant labor on his Townsvale plantation. Shortly after his arrival in Australia in 1827, he captained a ship carrying British emigrants to the colony and later invested in the importation of indentured Chinese laborers. For his cotton estate, he first attempted to recruit Germans to migrate and then indentured Indians. His decision to send one of his ships to Madras and Calcutta was blocked by the colonial government in India, which resulted in his turning to the Pacific for migrant labor. Towns indignantly denied public accusations that his private project for Melanesian migration represented a "species of slavery or kidnapping," confidently comparing his recruitment scheme with the shortcomings of both Britain's state-directed system of indentured Indian migration and the colony's state-subsidized importation of Europeans.[16]

The year before the *Don Juan* voyage, the Queensland Parliament had passed an act for the introduction of laborers from British India that was modeled largely on the detailed immigration regulations of Mauritius and the British Caribbean. In contrast to this formalized regime of Asian indentureship, where the colonial state directly intervened in standardizing and regulating the written contract that each migrant received in leaving India and China, the recruitment of Melanesians depended on an oral agreement that gave employers maximum flexibility. Towns instructed his agent to offer six- or twelve-month contracts, but given that his recruiting agent (Lewin) was illiterate, any such arrangements were probably not transcribed and thus all the migrants would have worked for a full year. Eleven months after the *Don Juan*'s voyage, two more contingents of Melanesians arrived at Townsville on the *Uncle Tom;* all these workers were claimed by Towns to be under three-year contracts, although there was no written evidence that the migrants had been fully informed or consented to such terms.[17] The oral nature of the contract and the rapid expansion of the period of service were tolerated by the British Colonial Office, even though two decades earlier it had strenuously opposed as neoslavery such measures in its Caribbean colonies.

When the *Don Juan* departed, Towns had insisted that Lewin should engage only males, telling him that "I will prefer young lads, from 14 and 15 to 18, in preference to older men, as the bulk; you must have some old hands amongst the lot to induce the young ones to enlist."[18] This emphasis on youth at Townsvale was directly related to concerns about controlling labor, as Lewin acted as overseer of the plantation. By late 1866, there were 170 islanders housed in large barracks at Townsvale, where they worked as horsemen, bullock drivers, stockmen, and laborers in the cotton fields.[19] In January 1868 the range of occupations in which these early migrants were employed, including on sheep and cattle stations, drew public protests that the islanders were a direct threat to local white workers.

CULTURES OF HUMANITARIANISM AND THE NEOSLAVERY DEBATE

The unregulated character of labor recruitment in southern Melanesia was increasingly criticized during the late 1860s by metropolitan and colonial opponents, ranging from missionary groups in Vanuatu to workers in Brisbane and abolitionists in London. These groups were successful in forcing the Queensland government and British consul in Fiji to tentatively intervene in the labor traffic by requiring ships to obtain licenses specifying the number of migrants they could import. Despite such regulations, opponents of the trade argued that attacks by island communities on British missionaries and naval vessels represented reprisals for the continued kidnapping by labor recruiters. To investigate these accusations, Commander George Palmer of HMS *Rosario* sailed from Sydney in early March 1869 to observe labor recruitment in New Caledonia and Fiji.

In New Caledonia, Palmer visited the sugar estate of Didier Joubert, who had been importing migrant labor from the Solomon Islands for more than a decade and would soon experiment with Asian migration.[20] Traveling on to Fiji, Palmer stayed with acting British consul John Thurston, who not only was responsible for licensing labor vessels but owned a cotton and cacao plantation that employed indentured migrants. There Palmer met Perout, Malawa, and Kaurak from the Gilbert Islands; each had been abducted after boarding a labor vessel to trade for goods. Nonetheless, the naval commander's report was largely uncritical of plantation conditions, describing both Didier and Thurston as humane employers.

Palmer was more rigorous when the fifty-six-ton schooner *Daphne* arrived in Fiji. The ship was carrying a hundred indentured migrants to Brisbane under a license from the Queensland government to carry only half that number. "I considered it a most extraordinary thing that an English ship should be found in the position of the *Daphne,*" Palmer complained. The ship's irregular paperwork meant that there was "no clearance for the port she comes to, and which is nearly 600 miles dead to windward of the one she ought to be at, and with double the number of natives on board she was allowed."[21] Palmer was stunned to see that Ross Lewin, the *Don Juan* recruiter—who had been forced to leave Queensland after being prosecuted for the rape of a thirteen-year-old Tannese girl—was listed as master of the *Daphne*. Lewin was not on board the vessel, and his absence, together with the ship's irregular license and Lewin's reputation as a renegade, led Palmer to conclude that the *Daphne*'s human cargo had been kidnapped.[22]

Palmer drew upon his personal experience of anti–slave-trade patrols in West Africa to legitimize his identification of the *Daphne* as a slave ship. Thus, his accusations of slavery were authoritative and carried considerable public weight. Later, he publicly argued that the schooner was

fitted up precisely like an African slaver, *minus* the irons, with 100 natives on board, who had been brought here from the New Hebrides, having experienced the pleasure of a dead beat to windward for twenty-one days; they were stark naked and had not even a mat to lie upon; the shelves were just the same as might be knocked up for a lot of pigs, no bunks or partitions of any sort being fitted, and yet the vessel was inspected by a Government officer of Queensland.[23]

This was the kind of overcrowding sanctioned in the transatlantic slave trade at the end of the eighteenth century, and so it was the appearance of naked black bodies, "emaciated and frightened," that drove Palmer's initiative to seize the ship as a slaving vessel.[24] The naval officer lacked any interpreter to speak with the islanders packed in the hold. He had the men on the *Daphne* released "on the suspicion that the vessel, master, supercargo and crew had been engaged, if not in active slaving, at the least in a most irregular traffic, tending to promote and encourage the slave trade, in violation of Acts 5 Geo[rge]. IV c. 113 and 6 and 7 Vict[oria]. c. 98."[25] This tortured phrasing emphasizes the extent to which the legal powers of the Royal Navy to intervene on British vessels were limited to cases of crime, piracy, and the slave trade.[26] Palmer still had to contend with the opposition of local planters in Fiji who were willing to pay six pounds for each laborer. Later, his charges were overturned by the Australian courts, which refused to hear "native" testimony. The *Daphne* returned to Fiji to continue its participation in the growing trade in labor.[27]

The seizure of the *Daphne* did have a significant impact by stirring the British antislavery movement to call for greater imperial intervention. Indeed, Palmer's narrative of his encounter with Pacific slavery was cited in parliamentary debates.[28] If legal uncertainties encouraged British naval officers to interpret the labor trade as a form of slavery, so did the culture of Christian humanitarianism that shaped their vision of imperial guardianship in the Pacific islands.[29] Lobbying intensified with the murder of Bishop John Coleridge Patteson by islanders at Nukapu in September 1871, which was publicly interpreted as a reprisal killing for the abuses of the labor trade. Yet new imperial and colonial legislation had little impact as the western Pacific remained a jurisdictional frontier where most Melanesians were not British subjects and where offenses occurred outside British colonies or involved vessels under foreign flags.

A decade after the controversy about Patteson's death, Captain Cyprian Bridge of the Royal Navy visited Efate, where he found two hundred migrants working on coffee, maize, and copra plantations.[30] Among them was Toby from nearby Ambrym who had previously worked in Efate for four years. After his first period of employment, Toby had returned to his home island by the schooner *Idaho*. When the children Lèwa and Bomerarè (aged eleven) came aboard to help him land, all three were taken to Efate, where they were employed by Harry Taylor, a black Antiguan. Taylor had left the Royal Navy to settle in a small house at Havannah Harbor, where he was engaged in copra making and breeding poultry to sell to passing vessels (569). He paid no wages to his three laborers, and they received little food. As Bridge observed, "[I]t is highly probable that they were in effect little better than slaves" (549).

Bridge's interpretation of the labor trade was echoed by Arthur Kennedy, the governor of Queensland, the Australian state that was the leading importer of migrants. "I have never concealed my opinion of the traffic in Polynesian savages," Kennedy reported to his superiors in London. "I feel assured that scandals exist, which do not reach the public, and which are inevitable, under the conditions on which the Polynesian labour is obtained." Like many other colonial and naval officials, Kennedy had a vision of the passages of indentured Melanesians that was colored by his experiences elsewhere in the empire. He was a former governor of Sierra Leone and Hong Kong. "I have had many years experience in the suppression of the West African slave trade, and the Chinese Coolie trade," he wrote, "and I cannot divest myself of grave fears, that the Polynesian labor trade partakes of many of the evils of both" (448).

AGING VESSELS AND UNCERTAIN VOYAGES

The speculative nature of the Melanesian labor trade was exemplified in the voyage of the *Daphne*. Ships and their crews passed in and out of the labor trade, often moving between other forms of Pacific commerce. As the number of vessels engaged in labor recruitment for Queensland, Fiji, and New Caledonia swelled during the early 1870s, the trade drew former pearling schooners, timber barques, whaling ships, lighters, and opium runners.[31] Even one of the longest-serving captains in the labor trade, William Wawn, had spent a dozen years sailing between Vanuatu and New Britain seeking bêche-de-mer, gold, coconut oil, copra, salvage, and trade before returning to the same islands as a labor recruiter.[32]

Like the *Daphne,* many vessels engaged in the labor trade tended to be lighter than one hundred tons, especially those that were based in Fiji and New Caledonia, so that they could sail between the reefs that surrounded the islands and represented a constant threat to labor vessels.[33] In 1877, the large 386-ton barque *Prospector* carried 460 passengers returning to their islands from Fiji but was able to obtain only twenty new recruits after four months at sea. William Seed, the acting agent general of immigration in Fiji, complained that the *Prospector*'s failure was "partly attributable to the captain of the vessel lying too far off the land while recruiting."[34] The maneuverability of smaller ships was also important in terms of providing defensive cover to rowboats engaged in recruiting on the coast and in resist-ing attacks from the islanders in canoes.

The small tonnages of labor vessels was also a reflection of the limited economic resources of planters in the islands, particularly after the cotton boom came crashing down in the early 1870s, followed by the global depres-sion of sugar prices in the 1880s. Planters in New Caledonia and Fiji either owned or chartered vessels directly to recruit and return their laborers. In 1880, one such voyage was made by the thirty-seven-ton cutter *Rose,* whose Captain Moore was seeking to engage migrants from the Gilbert Islands for his own copra plantations at Vanua Levu in Fiji. With testimonials provided by fifteen of Moore's workers who were returning to Beru, and the support of community elders, the *Rose* quickly embarked nineteen men, sixteen women, two boys, and two girls.[35] Competing with these direct relation-ships offered by small planters in the islands were the larger ships and larger financial resources of Queensland that offered double the wages or trade-goods offered by Fiji and New Caledonia.

The speculative nature of the labor trade was most clearly revealed by the age and condition of the vessels used for recruiting Melanesians. The labor trade emerged from the commercial practices of men like Robert Towns, who had made his fortune through purchasing ships at the end of their working lives and nursing them between the islands. Compared with the vessels that engaged in the long-distance commerce of the transatlantic slave trade or Asian indentured migration, the Pacific labor vessels were aged and decaying.[36] Many ships were more than twenty years old before they entered the trade.[37] In 1892, the port master of Brisbane complained that the ves-sels employed in the labor trade were "of a very inferior class, requiring con-stant patching and repairing after every cruise, which is most unsatisfactory, and the result of not having proper regulations for the class and equipment of the vessels employed in the South Sea Island labor trade."[38] The old and undersized schooners that carried Melanesian laborers might have seemed an anomaly in an age of steam-powered mass transportation, but these nev-ertheless had a powerful impact on small island societies.

The conditions of such "superannuated vessels" with torn rigging, rotten hulks, and leaking holds made passages between the islands far from cer-tain for both cargo and crew.[39] One such ship was the *Bobtail Nag,* a 170-ton brigantine built in Suffolk in 1862 that had undergone a harsh working life carrying timber along the Australian coast. According to Deryck Scarr, the *Bobtail Nag* exemplified how "ships were put into the labor trade when they had been so strained by rough usage that they could no longer carry an inanimate cargo."[40] As a labor vessel, the leaking and unsanitary hold of the *Bobtail Nag* made it a particularly dangerous environment for its Melanesian passengers. Dysentery claimed four migrants on a voyage in 1875, another four in 1876, and eight out of 102 islanders carried on a passage in 1877.[41]

During rough weather, labor recruiters commonly confined the Melanesian migrants in the ship's hold, which could have devastating consequences if there was an epidemic of dysentery. One of the most extreme cases was the *Stanley's* voyage in 1879, when fifty-seven of 153 recruits died from dysentery. In 1884, dysentery also caused nineteen deaths on the *Meg Merrilies,* whose passengers had been on the ship for more than two months and confined below decks for up to three days at a time because of bad weather.[42] Mortality rates such as these were exacerbated by vessels' spending up to four months returning migrants and then gathering a new cargo. For ships sailing from Fiji, the return voyage from Vanuatu, the Solomon Islands, or Bismarck Archipelago was often against the variable southeast trade winds, which could considerably lengthen the voyage. During such prolonged passages, food supplies and water would often run low, and recruitment ships could find themselves competing for provisions as well as bodies at different islands.

To combat such outrages as happened on the *Stanley,* the newly established British authorities in Fiji passed a series of ordinances in the late 1870s to regulate the number of passengers per ton, the amount of provisions and water carried, and the class of vessel, and they restricted recruiting to the months outside the hurricane season of November through March. Governor Arthur Gordon and the entourage of administrators who accompanied him to Fiji in 1875 shared a common experience of having managed indentured Indian migration in the British colonies of the Caribbean and Indian Ocean. Drawing on these previous experiences, the governor argued that greater state intervention would reduce abuses in the labor trade.[43] Gordon's "enlightened" intervention in the labor trade drew praise from naval commodore John Wilson, who further recommended that no vessel lighter than three hundred tons should participate in labor recruiting.[44]

With this "new order of things" in Fiji, the number of Melanesians recruited for the colony fell by more than half after its annexation by Britain, a rate that drew vitriolic criticism from local opponents of Gordon's.[45] Fijian planters particularly attacked Charles Mitchell, the Trinidad-born agent general of immigration who had worked extensively in the regulation of indentured Indian migration in Trinidad and Mauritius.[46] Mitchell refused to use small local vessels in the labor trade and turned to larger ships, which were seen as more responsive to state management. Yet the cost of chartering vessels from outside Fiji was too high for the colonial government, and Mitchell managed to secure only the unhealthy *Bobtail Nag* for three recruiting voyages before he went to India to initiate a new flow of indentured migrant labor to Fiji.

TRADING ENCOUNTERS AND THE ISLAND "FORTRESS"

In Melanesia and New Guinea, labor recruitment emerged from within established maritime trading networks and customs of exchange. During the early nineteenth century, island communities bartered food, handicrafts, and wood for iron goods from passing vessels. As trading on the beach exposed Europeans to attack from the land, many seafarers preferred to negotiate such exchanges at sea. Even though there were relatively few direct attacks on European shipping in the Bismarck Archipelago, whalers seeking supplies looked for safe anchorages and traded directly from their own vessels with natives in canoes.[47] Such cross-cultural exchanges were concentrated in areas with reputations for safety or plentiful supplies, as islanders quickly expanded the range of commodities they traded and expected.

Indeed, natives in canoes offering trade with European shipping provided the earliest targets for labor recruiters seeking a quick cargo. The first three labor vessels to visit Malaita in the Solomon Islands were the *Isabella, Ellen,* and *Carl* in 1871, and each obtained "recruits" by forcing Malaitans from their canoes, either through deception or direct violence.[48] The *Carl* claimed forty-three Malaitans by capsizing their canoes and shooting into the water. Off Bougainville, the same ship claimed eighty more recruits in three days "by dropping lumps of pig iron into them [trading canoes], so that the natives could be picked up whilst in the water by the crews of the ship's boats."[49] The *Carl's* hold was divided into three: "recruits" from Malekula (Vanuatu) in the fore, Malaitans in the aft, and islanders from Bougainville under the main hatch. When those seized at Bougainville sought to break out of the hold, they were fired on by the crew of the *Carl,* and seventy-five wounded and dead were thrown overboard.

Kidnapping on this scale rapidly deterred islanders from seeking contact with European vessels at sea. From the 1870s, the majority of recruitment for the labor trade was done on the beach, where whites felt most vulnerable. Beach recruitment considerably extended the length of the voyage, requiring prolonged periods of coasting, or days at anchor waiting for "bushmen" to descend from inland. It also required the constant use of row-boats to link ship and shore, with the common practice to land one boat on the beach, facing out to sea in case of attack, with another boat nearby to provide covering fire.

Apart from the threat of violence by island communities, the beach was a problematic site of exchange for Europeans because of the economic worldliness of island traders, who were confident that the next ship would always provide an alternative market for their goods. In May 1871, former Fijian consul Thurston embarked on a four-month passage on the forty-ton schooner the *Strathneve* to obtain sixty laborers for his plantations in Fiji.[50] At the start of the voyage, when visiting Efate to trade for yams, Thurston discovered "the curse of English speaking natives." On all sides he was assailed with bold cries of "Well, what have you got?" or "Show us your cloth," or, more pointedly, "What do you wear a pistol for—are you afraid of us?" One islander, standing with crossed arms, challenged him in measured tones, saying, "[L]ook here, are you going to buy these yams according to your own rate, or according to ours, because if you don't buy as we are inclined to sell[,] you had better take your things away."[51] Thurston's frustration at the costly delays and high prices of bartering in Vanuatu provides an insight into why labor recruiters increasingly turned northward in an effort to seek less sophisticated trading areas.

Strikingly, the labor trade in the western Pacific remained focused on beach exchanges with none of the physical infrastructure that had developed along the west coast of Africa or the port cities of India through which indentured migrants passed. Without European-controlled forts, slave barracoons, or migrant depots, the Pacific islands were often a citadel closed to white seafarers. The Australian historian Clive Moore has described how Europeans were unable to penetrate the mountainous island of Malaita, which remained "a cultural bastille, around the walls of which were a series of *portes cochères* through which Malaitans left and returned."[52] In this island fortress, the trade was dominated by indigenous passage masters, particularly community chiefs and elders, whose control determined which young males would present themselves for passage overseas.[53]

White recruiters were keen to represent the labor trade as providing an important outlet for refugees from intertribal conflicts or community violence. However, to secure regular and large-scale numbers of recruits required labor ships to depend on negotiations with returned migrants who acted as the indigenous intermediaries with island communities. As the government agent of the *Jessie Kelly* explained in 1880, when describing recruits taken to Queensland and New Caledonia who had returned to Malaita, these "salt-water people" from the coast now acted as the translators and negotiators for the "bush" people from the island's interior.[54]

With the rapid expansion of the labor trade during the 1870s and 1880s, it is striking how quickly the southern islands that had first supplied Towns with sailors and laborers responded to the increasing opportunities for maritime employment. Recruiting vessels depended on indigenous crews of Tannamen and Kanakas, although these were often divided between those who sailed with the ship for the whole voyage and a specialist boat crew that manned the two longboats usually used in ferrying recruits from the beach to the ship.[55] The southern islands of Vanuatu, especially Tana, Erromanga, and Efate, became the first point of call for labor vessels to obtain longboat crew members, many of whom had either sailed with such ships before or had previously migrated to Queensland, New Caledonia, or Fiji. When the 145-ton schooner *Jessie Kelly* began its recruiting voyage in early July 1880, it first sailed from Fiji to the small island of Mele, near Efate, where eight men were hired to crew the longboats; all spoke English because they had worked in Queensland.[56]

That returned indentured migrants worked aboard labor vessels is significant because these members of Melanesian boat crews occasionally acted as translators and intermediaries in the recruitment process. William Giles, a passenger on the labor schooner *Bobtail Nag* in 1877, complained in Vanuatu that he had "seen many a time a crowd of natives all round the [row]boat, which was itself also filled with others." To his annoyance, the boat crew, "instead of minding their business and looking after the boat, had thrown down their oars and were chatting away with the other Kanakas."[57] Such events were much less likely to occur as labor recruiting extended into new areas of the Solomon Islands and islands of New Guinea; however, the expansion of the labor trade also increased maritime employment opportunities for those southern islands that had been the early focus for plantation migrant labor. By 1882, one French planter in Efate estimated that the islands of Vanuatu provided more than five hundred recruits for boat crews each year.[58]

The Royal Navy's Commodore Wilson recognized the significance of Melanesian sailors in Pacific commerce in 1882 when he drew a distinction between vessels that were employing and transporting laborers. Wilson argued that in addition to the laborers imported into Queensland and Fiji for agricultural purposes or as domestic servants, "a considerable number are employed outside the Colonies as divers in the pearl-shell and sponge industries, in collecting and curing bêche-de-mer and copra, or as seamen to man the different vessels engaged amongst the Islands, whether as labour or produce traders." He estimated that "the natives thus employed must consist of many thousands."[59]

The circular crossings of Melanesians powerfully reshaped the labor trade over time, as migrants who returned to the islands took the lead in challenging and changing recruitment practices. Those who worked through indenture on the plantations returned to the islands with new attitudes and new weapons. The rifle was a central form of payment for recruits in the labor trade and one that powerfully changed the balance of power between returnees and those who had never left, recruits and recruiters.[60] In 1882, the changes were apparent in the clash over the trade of a pig by a British settler near Havannah Harbor at Efate and a "bushman" returned from Queensland. Investigating the incident, Captain Bridge reported that

> The Native—who seems to have retained a satisfactory recollection of the impartial administration of the law in British Courts—is said to have told Mrs Glisson that if they were in Brisbane he would have had her up before the magistrates for calling him a thief. More words passed, and the bushman, who shares what I am informed is his fellow countrymen's objection to being scolded by a woman, at last pointed his gun at her.[61]

Recruiters were acutely conscious of the dangers of armed returnees.[62] Imperial efforts to restrict the exchange of arms as payment for labor were bitterly resisted in the British colonies for fear of creating a labor shortage. Not only did the quantity of rifles present in the islands increase exponentially with the labor trade, but recruiters who had initially tried to unload obsolete muskets as payment increasingly found that recruits expected payment in Snider rifles and ammunition. With such firepower, islanders were able to seize and loot several labor vessels.

The labor ships were also heavily armed, especially as the vessels pushed into new areas or areas that were known for attacks on European shipping. In September 1880, when the *Jessie Kelly* sailed to the Ontong Java archipelago in the far north of the Solomon Islands, its government agent reassured himself that the ship's defenses "seemed really formidable." He, the captain, and both mates had revolvers and cutlasses, and they had additional

Fijian crew "with rifle and cutlasses in each boat on the davits, one other on either side in the waist, one other on the poop, one in the forecastle head and two in the hold among the Solomon Islanders."[63] While recruiting labor and trading for food, the ship was surrounded by twenty canoes carrying 140 islanders, some of whom had already looted the 131-ton brigantine *Borealis,* which was another labor vessel that operated from Fiji.[64] It was the "beach men," probably former migrants, who threatened the *Jessie Kelly,* rather than the "savages" from new recruiting areas.

Returned migrants also confronted recruiting practices by bringing kidnapping cases directly to British and French authorities. A commission of inquiry into abuses of the labor trade held in New Caledonia in late 1880 was transformed by the testimony of returned migrants. One of those testifying was Feufeu of Ambrym, who had already worked as an indentured laborer on Joubert's sugar estate at Koé and, after serving out his contract, had returned home. While selling tobacco and yams from his canoe to a passing labor vessel at Ambrym, Feufeu was seized and carried back to New Caledonia.[65] Like Bakala and Usi in Fiji, Feufeu and his fellow returnees in New Caledonia knew the labor trade well enough to refuse its symbols of consent, such as trade goods. In appealing to British or French colonial authorities, they could offer only their refusal of payment in trade as proof that they had been coerced onto the plantations.

The Melanesian labor trade was a circular labor migration, and the necessity for labor vessels to return passengers on each voyage had important implications for recruiting routes. As much as the winds, reefs, and currents, it was the return of those who had served out their indentures that limited the range of voyages and determined which islands were the most accessible. As a result, returnees represented an increasing proportion of those recruited. Revealingly, in 1877, of the fourteen migrants returning to Fiji, a dozen declined the offer to work again for the same employer.[66] By the mid-1880s, a third of the recruits arriving in Fiji had already served indentures in that colony or in Queensland, Samoa, or New Caledonia.

The growing presence of returnees also reflects the failure of the labor trade to expand beyond Vanuatu and the Solomon Islands. Vanuatu had been the focus of such intense competition between labor vessels from Fiji, Queensland, and New Caledonia that in 1871 Thurston believed the supply of migrant labor would soon be exhausted.[67] By the early 1880s, the attempts by British and French settlers to establish plantations in the islands of Vanuatu led to increasing complaints that their own migrant labor was being abducted. Ferdinand Chevillard, a French planter at Vila Harbor, complained that five of his migrants had been carried off by the *Stanley,* which was recruiting labor for Queensland.[68] Chevillard estimated that more than 10 percent of the island's population was working overseas as migrant labor, mostly in Queensland and Fiji.[69]

At the same time, the *Suva Times* reported that the Vanuatu group was "studded with vessels and very few are getting men, several having returned home short of provisions and after a six months cruise with but 20 to 30 recruits."[70] When the paper welcomed the arrival of the sixty-five-ton schooner *Windward Ho!* as the first labor vessel to reach Fiji in 1881, it especially noted the captain's doubt that "it will be very easy to procure immigrants for all vessels."[71] On its following voyage, the *Windward Ho!* spent fourteen weeks sailing between the islands, obtaining only twenty-nine recruits for Fiji, with the captain reporting "great difficulty . . . in obtaining men from the New Hebrides."[72]

The *Suva Times* advocated extending the recruiting grounds into New Guinea and establishing a permanent northern depot for migrants at Ugi or Santa Anna to increase the of flow labor. It claimed in an editorial that the use of steamships in the labor trade would "do away with the tedious beating, that ships have generally to encounter in working back from the islands, reduce the cost in time and food, and so far as can be judged, would certainly not increase the cost to the employer here."[73] However, the horrific mortality rate for islanders from New Guinea on the sugar estates of Fiji and Queensland led to the rapid suspension of recruiting from the far north.

CONCLUSION

Contemporary understandings of the Melanesian labor trade were powerfully shaped by connections between the voyages of indentured Melanesians and those of enslaved Africans and indentured Asians in the Atlantic and Indian oceans. These links and contrasts were strongest for the colonial officials, ships' captains and crew, planters, and merchants who had direct experience of the different streams of slavery and indenture. The labor trade emerged from islander engagement in maritime labor and the trading networks and practices established by communities across the western Pacific. The most significant force in reshaping the labor trade was not imperial regulation, colonial competition, or the crises of the global economy but rather the negotiation and resistance of the migrants themselves.

Shifting the historian's gaze from the plantation to the sea provides new evidence of subaltern mobility and of the uncertainties of colonial attempts to control migrant labor.

NOTES

1. British Parliamentary Papers, "Correspondence respecting Natives of Western Pacific and Labour Traffic," 47 (1883), C.3641, p. 565.

2. Ibid.

3. Ibid.

4. Ibid.

5. Clive Moore, *Kanaka: A History of Melanesian Mackay* (Port Moresby: Institute of Papua New Guinea Studies and the University of Papua New Guinea, 1985), 73.

6. Doug Munro, "The Origins of Labourers in the South Pacific: Commentary and Statistics," in *Labour in the South Pacific,* ed. Clive Moore, Jacqueline Leckie, and Doug Munro (Townsville, Australia: James Cook University, 1990), xxxix–li.

7. Hugh Hastings Romilly, *The Western Pacific and New Guinea: Notes on the Natives, Christian and Cannibal, with some Account of the Old Labour Trade* (London: John Murray, 1887), 174–75.

8. Donald Wood, "Kru Migration to the West Indies," *Journal of Caribbean Studies* 2, no. 2–3 (1981): 266–82; David A. Chappell, "Kru and Kanaka: Participation by African and Pacific Island Sailors in Euroamerican Maritime Frontiers," *International Journal of Maritime History* 6, no. 2 (1994): 83–114.

9. Kerry Howe, "Tourists, Sailors and Labourers: A Survey of Early Labour Recruiting in Southern Melanesia," *Journal of Pacific History* 13, no. 1 (1978): 27.

10. Ibid., 25–27.

11. Robert Towns, *South Sea Island Immigration for Cotton Culture: A Letter to the Hon. the Colonial Secretary for Queensland* (Sydney: n.p., n.d. [1863?]), 5.

12. British Parliamentary Papers, "Correspondence relating to the importation of South Sea islanders into Queensland," 48 (1867–68), p. 538.

13. Ibid., 3.

14. Dorothy Shineberg, *They Came for Sandalwood: A Study of the Sandalwood Trade in the South-West Pacific, 1830–1865* (Melbourne: Melbourne University Press, 1967), 109–18.

15. British Parliamentary Papers, "Correspondence relating to the importation of South Sea islanders into Queensland," 4–5.

16. Towns, *South Sea Island Immigration,* 2.

17. British Parliamentary Papers, "Correspondence relating to the importation of South Sea islanders into Queensland," 64.

18. Ibid., 2.

19. Ibid., 7.

20. Howe, "Tourists, Sailors and Labourers," 31–33; Frédéric Angleviel, "De l'Engagement comme 'Esclavage Volontaire': Le cas des Océaniens, Kanaks et Asiatiques en Nouvelle-Calédonie (1853–1963)" (Indentureship as "Voluntary Slavery": The Cases of Melanesians, Kanaks, and Asians in New Caldedonia), *Journal de la Société des Océanistes* 110 (2000–2001): 67.

21. George Palmer, *Kidnapping in the South Seas: Being a Narrative of a Three Months Cruise on H.M. Ship* Rosario (Edinburgh: n.p., 1871), 107–108.

22. Reid Mortensen, "Slaving in Australian Courts: Blackbirding Cases, 1869–1871," *Journal of South Pacific Law* 4 (2000), available at www.vanuatu.usp.ac.fj/journal_splaw/Articles/Mortensen1.htm (accessed January 16, 2007).

23. Palmer, *Kidnapping in the South Seas,* 108.

24. Ibid., 109.

25. Ibid.

26. Mortensen, "Slaving in Australian Courts."

27. "Report of the Immigration Department for 1877," *Fiji Royal Gazette* 6, no. 1 (1878): 56.

28. *The Annexation of Fiji and the Pacific Slave Trade: Speech of Mr Alderman McArthur MP in the House of Commons on Tuesday June 13, 1873* (Strand, South Africa: Aborigines' Protection Society, 1874), 11; Jane Samson, "Imperial Benevolence: The Royal Navy and the South Pacific Labour Trade, 1867–1872," *Great Circle* 18, no. 1 (1997): 19–22.

29. Jane Samson, *Imperial Benevolence: Making British Authority in the Pacific Islands* (Honolulu: University of Hawaii Press, 1998).

30. British Parliamentary Papers, "Correspondence respecting Natives of Western Pacific and Labour Traffic," 572.

31. Jeff Siegel estimates that in 1871 forty-four vessels completed seventy-two recruiting voyages for Fiji. See Siegel, "Origins of Pacific Islands Labourers in Fiji," *Journal of Pacific History* 20, no. 1 (1985): 43.

32. Peter Corris, introduction to William T. Wawn, *The South Sea Islanders and the Queensland Labour Trade,* ed. Peter Corris (Canberra: Australian National University Press, 1973), xxii–xxvii; Deryck Scarr, "Recruits and Recruiters," in *Pacific Islands Portraits,* ed. J. W. Davidson and Deryck Scarr (Canberra: Australian National University Press, 1970), 230 and 239.

33. G. H. Moore, "The Halcyon Days of Fiji," 59, unpublished manuscript, Vaughan Evans Library, Australian National Maritime Museum, Sydney; Scarr, "Recruits and Recruiters," 228; Moore, *Kanaka,* 30.

34. "Report of the Immigration Department for 1877," 52.

35. Moore, "Halcyon Days of Fiji," 50.

36. Kay Saunders, "'The Middle Passage?' Conditions on the Labour Vessels from Queensland to Melanesia, 1863–1907," *Journal of Australian Studies* 5 (1979): 38–49.

37. E. V. Stevens, "Blackbirding: A Brief History of the South Sea Islands Labour Traffic and the Vessels Engaged in It," *Journal of the Historical Society of Queensland* 4, no. 3 (1950): 361–403.

38. Quoted in Saunders, "'Middle Passage?'" 41.

39. Saunders, "'Middle Passage?'" 39.

40. W. E. Giles, *A Cruise in a Queensland Labour Vessel to the South Seas,* ed. Deryck Scarr (Canberra, 1968), 24.

41. Ibid.

42. "Annual Report of Polynesian Immigration for 1884" (Suva, 1886), Mitchell Library, Sydney.

43. Owen Parnaby, "The Regulation of Indentured Labour to Fiji, 1864–1888," *Journal of the Polynesian Society* 65, no. 1 (1956): 61–63.

44. *Suva Times,* November 18, 1882, 2.

45. *Fiji in 1877: The first three years since annexation under Governor Sir Arthur H. Gordon: A Crown Colony of a very Severe Type,* c. 1878, 7–9, Mitchell Library.

46. "Mitchell's efforts to restrict the labor trade to larger vessels were paralleled in New Caledonia, where French authorities also sought to establish greater control of maritime traffic through seeking to exclude smaller craft from labor recruiting" (Dorothy Shineberg, *The People Trade: Pacific Island Laborers and New Caledonia, 1865–1930* [Honolulu: Center for Pacific Islands Studies, University of Hawaii Press, 1999], 30–31).

47. Alastair C. Gray, "Trading Contacts in the Bismarck Archipelago during the Whaling Era, 1799–1884," *Journal of Pacific History* 34, no. 1 (1999): 29–43.

48. Moore, *Kanaka,* 36–38.

49. G. S. Searle, *A Narrative of the Voyage of the Brig* Carl *in 1871* (Melbourne: n.p., 1875), 14.

50. Deryck Scarr, *The Majesty of Colour: A Life of Sir John Bates Thurston,* vol. 1, *I, the Very Bayonet* (Canberra: Australian National University Press, 1973), 142–57.

51. Ibid., 146.

52. Moore, *Kanaka,* 48.

53. Ibid., 48.

54. Moore, "Halcyon Days of Fiji," 74.

55. Giles, *A Cruise in a Queensland Labour Vessel,* 38.

56. Moore, "Halcyon Days of Fiji," 67.

57. Giles, *A Cruise in a Queensland Labour Vessel,* 39.

58. British Parliamentary Papers, "Correspondence respecting Natives of Western Pacific and Labour Traffic," 573.

59. John Wilson, *Labour Trade in the Western Pacific* (Sydney, 1881), 2.

60. Scarr, "Recruits and Recruiters," 240 and 249–50.

61. British Parliamentary Papers, "Correspondence respecting Natives of Western Pacific and Labour Traffic," 554.

62. Moore, "Halcyon Days of Fiji," 101.

63. Ibid., 111.

64. Ibid., 127–29.

65. Shineberg, *People Trade*, 38–39 and 46–47.

66. "Report of the Immigration Department for 1877," 53.

67. Scarr, *I, the Very Bayonet*, 157.

68. British Parliamentary Papers, "Correspondence respecting Natives of Western Pacific and Labour Traffic," 575.

69. Ibid., 573.

70. *Suva Times,* September 29, 1883, 2.

71. *Suva Times,* June 3, 1882, 2.

72. *Suva Times,* October 6, 1883, 2.

73. *Suva Times,* December 21, 1881, 2.

ELEVEN

La Traite des Jaunes

Trafficking in Women and Children across the China Sea

JULIA MARTÍNEZ

The port of Haiphong in Tonkin had been declared a French concession and opened to foreign commerce for only a few years in 1880 when the harbormaster boarded the English ship *Conquest*. Hidden on the steamer he found eighteen children aged five to thirteen, all but one of them girls. Some were rolled in blankets, while others were in closed baskets covered in clothes. The harbormaster's find was one of the earliest documented accounts of a clandestine traffic within Asia across the China Sea, although the trade can be traced for centuries. It was a phenomenon that French commentators referred to as "La Traite des Jaunes" to distinguish the Asian trade in slaves from the African trade.

A study of prostitution in colonial Singapore by James Warren describes it as part of "a multi-million-dollar network linking remote villages in rural China and Japan with ports such as Nagasaki and Canton to the dockside in Hong Kong and brothels in Singapore."[1] His study showed trafficking in women and children increased, as did the immigration of thousands of single male Chinese laborers, alongside the expansion of Chinese and Japanese business networks in the Nanyo, or Southeast Asia.[2] My own work reveals a similar trade conducted by Chinese merchants between the ports of colonial Vietnam and the destination ports of Hong Kong, Canton, and Shanghai.

In the age of the steamship from the late nineteenth century onward, a network of steamers plying the China Sea encouraged a high degree of transshipping, whereby the first leg of a voyage might be the first of many as women and children were moved from port to port. The steamer passage across the China Sea and beyond was highly organized and efficient, but as it was clandestine and illegal, the perils of the ocean passage were greatly increased as traffickers sought to conceal their human cargo. By the early twentieth century, the trade had reached a peak, and, in 1933, a League of Nations commission published an extensive report on the traffic in Asian women and children.[3] Trafficking in women and children was driven by expanding markets across Asia: the women and older girls were destined for "common" prostitution in brothels and the ranks of the more exclusive "singing-girls" who worked in restaurants and clubs, while older boys were trained for various criminal occupations, such as thief or brothel pimp. Younger girls might be sold as *mui tsai,* that is, unpaid family servants, sometimes referred to as "slave girls," while young boys and babies were most likely adopted into Chinese families.[4]

THE WHITE SLAVE TRADE

The trade in women and children for coerced sexual exploitation was called the *White Slave Trade* in the late nineteenth century. Initially, the term referred more specifically to European women, but by the early twentieth century the term had come to be applied to the trade in women and children of every nationality. The International Agreement for the Suppression of the White Slave Traffic, which was signed at Paris in 1904, made reference to suppressing "the procuring of women or girls for immoral purposes abroad" and referred generally to women "of foreign nationality." The International Convention for the Suppression of the White Slave Traffic, which was signed in 1910, included a statement that changes might be made to the age of consent "on the condition that it is the same for women or girls of every nationality." In 1921, when the convention was revised, the term *White Slave* was removed from the title and the scope expanded to include children "of both sexes."[5] Nevertheless, the term *White Slave Trade* remained in popular usage as a means of distinguishing sexual slavery from other forms of slavery, though it no longer carried connotations of "racial" specificity. For example, a 1937 Australian government file on allegations of trafficking of Chinese children into Australia was titled "White Slave Trafficking between

China and Australia."[6] The 1933 League of Nations commission into trafficking "in the East" was instituted with the intention of drawing attention specifically to the scale of trafficking of Asian women. It came only two years after the publication of a French study, *Les Jauniers,* in which Paul Monet described the Asian slave trade, that is, *la traite des jaunes.* Monet suggested that the traditional *traite des jaunes* had been conducted by the Chinese who trafficked in women and children for sexual purposes, but he also argued that European colonists were also *jauniers* (traders in Asian slaves) when they engaged in the trafficking of Chinese workers. In this second sense, *la traite des jaunes* is more aptly translated as the "coolie trade."[7] My own use of the phrase *la traite des jaunes,* however, refers to the trade in women and children.

The trade in women and children declined in the 1930s as more stringent regulations were administered by the sender- and recipient-countries in Asia. However, a resurgence in trafficking began in the 1980s, and by the turn of the twenty-first century, it was estimated that about 225,000 women and children from the Southeast Asian region were trafficked annually, making up approximately one-third of the global trade in coerced sex workers.[8]

TRAFFICKING FROM COLONIAL VIETNAM AND JAPAN

Following the harbormaster's raid on the *Conquest* in 1880, French consul Louis Eugène Palasme de Champeaux informed the governor of Indochina that the ship had been on its way to Hong Kong and that the English captain claimed to know nothing of his cargo. This was clearly a Chinese affair. The children hidden on board had originally come from Hanoi, Nam Dinh, and elsewhere in the Red River delta, where each port each had a Chinese trading community, making connections to Chinese export merchants in Haiphong possible.[9] The riverboats that carried passengers and cargo to Haiphong were mostly owned by Chinese merchants in Haiphong, which would have facilitated the traffic, and most likely it was Haiphong merchants rather than the locals who coordinated the traffic. While the *Conquest* flew an English flag, it was owned by Kwong Li Yuen of Hong Kong.[10] Champeaux stated that some Chinese in Haiphong openly engaged in trafficking. He had seen many Vietnamese children, all of whom were well fed and well dressed, when he visited the houses of Chinese merchants. The children were being taught to read Chinese, he was told. The consul complained that the authorities were able to arrest only those who took the children aboard the ships, rather than the influential people organizing the traffic, primarily English subjects from Hong Kong and compradors for the shipping companies that traded out of Haiphong.[11]

The trade in women and children in Hong Kong was similarly a subject of concern for the British in 1880. In October 1879, Hong Kong's chief justice, John Smale, heard the first prosecutions for the kidnapping and detention of children with the intent to sell them for the purposes of prostitution. He spoke against both the selling of girls as *mui tsai* and women as prostitutes, proclaiming that slavery was against English law. In January 1880, the Po Leung Kuk, the Society for the Protection of Women and Children, was founded with the intention of aiding the victims of slavery.[12]

The network of ports in the China Sea that traded in human cargo was extensive. In 1891, more than twenty girls were returned to Vietnam from the Chinese port of Pakhoi (Beihai). A newspaper reported that there was no way to find out exactly where to return the women; they were so young when they were taken from their parents that the girls did not know their home village. The ports for which these women and girls were destined lay on the shipping route from Haiphong to China. Pakhoi was the first stop, then Haihow (Haikou) on Hainan Island, then Hong Kong, and from there they would be shipped to Canton (Guangzhou). The report claimed that the brothels of China were full of young Vietnamese girls taken from Tonkin and that they had been found as far north as Shanghai, having been sold several times.[13]

In 1907, eighteen Vietnamese boys and girls were repatriated from the port of Haihow, where they were taken to the mother superior of Sainte Enfance, a home for Vietnamese children established by the Sisters of Saint Paul de Chartres in Nam Dinh.[14] The children had been on board German steamers, and among them were two boys aged twelve and fourteen.[15] It was suggested that they had been disembarked at Pakhoi and Haihow because there was less risk of discovery at these ports but that their ultimate destination was Guangdong. The children in this case were both Vietnamese and Sino-Vietnamese. Apparently, they had been well cared for by the traffickers, but one young Sino-Vietnamese girl claimed to have been hit for refusing to dress in Chinese costume. The children were intended to work as servants *(mui tsai)* and prostitutes in Chinese brothels. A newspaper report spoke of nurseries in Canton where young Sino-Vietnamese girls were raised, ready for the floating boat brothels, known as *bateux de fleurs*.[16] In 1909, the consul of Canton repatriated a Vietnamese woman who had been taken ten years previously from Nam Dinh and kept on a *bateau de fleurs* in Canton as a prostitute.[17]

According to Warren, the trade in women and children grew dramatically between 1890 and 1900, and kidnapping became a way for traffickers to ensure a steady supply. A survey of the newspaper *Courrier d'Haiphong* indicates that the kidnapping of children had become an issue of public concern in Tonkin by the early twentieth century, although the problem was not peculiar to Tonkin. Two articles in 1907 concerning the port of Tourane (Da Nang) also commented on the increase in kidnapping, reporting that about twenty Chinese in Tourane made their living by trafficking in prostitutes and that children were knocked out with chloroform and taken away by fishing boats at night.[18]

Given Haiphong's easy access to overseas markets, the rate of kidnapping in this location was particularly high. The newspapers are full of detailed reports, such as that of a four-year-old boy who disappeared while playing in front of his parents' house one morning in March 1908. His mother found him at midday in the Quai du Commerce in the arms of an old woman who claimed that she had bought the child from another Vietnamese woman. Judge Gaudin noted that there had been nineteen such cases of kidnapping in two months. Also during March 1908, a five-year-old daughter of a servant in the service of a European was stolen. The father was told that she had been taken to Gia Lam, north of Hanoi.[19]

What is striking about the kidnapping cases is that they demonstrate that trafficking victims were not only the children of destitute families, as has previously been suggested, but included the children of relatively prosperous families. In April 1908, new victims included the nine-year-old daughter of a Vietnamese guard, the six-year-old son of the secretary of public works, and the five-year-old son of a merchant. In 1922, although kidnappings apparently continued, the *Courrier d'Haiphong* lists them as simply "disappearances." In the space of one month, the newspaper reported the disappearance of three Vietnamese children—two boys aged nine and ten and a girl aged five.[20] Not all children who were kidnapped were Vietnamese. In 1909, when an eight-year-old Chinese girl was taken in Hanoi, her father filed a complaint with the police two days later. Her mother suspected a Chinese merchant reputed to trade in children who lived with a Vietnamese concubine and a Chinese wife. A newspaper noted that the merchant's wife left home for a few days after the child disappeared.[21]

Layers of people were involved in trafficking in northern Vietnam. At the local village level, the traffickers were usually Vietnamese or Chinese middle-aged women, mostly petty street merchants, as in the case of a sixty-year-old Vietnamese woman who worked as a sweet merchant and was convicted of kidnapping a four-year-old boy in 1907. In a case in 1912, a forty-seven-year-old Vietnamese woman who worked as a vegetable merchant in Haly, a village on the outskirts of Haiphong, was convicted of kidnapping a child. Some traffickers traveled from Haiphong to country villages under the pretext of visiting relatives. A two-year-old Vietnamese boy was kidnapped as he and his mother took the riverboat on their way to Haiphong.[22] The writer, Henri Laumônier, claimed that some Vietnamese women specialized in buying young girls, taking good care of them in order to resell them at the highest price. He argued that the buyers were sometimes Europeans but noted that the rich Chinese merchants of Canton and other trading ports regarded Vietnamese women as very attractive.[23]

In Haiphong, which was the primary port of embarkation, there was more evidence of Chinese involvement. Young Chinese men were usually in charge of boarding the women and children onto ships, sometimes with the help of Vietnamese women. Chinese merchants housed the children while waiting for the next suitable steamer. When a Chinese woman was arrested in Haiphong in Rue Sam Cong in 1909, the newspaper commented that the trade in children would not be stopped until the famous Chinese merchant who lived on that street was put behind bars.[24] The profits to be made in child trading were substantial. According to a 1909 newspaper article, the price of a child on the Hong Kong market was somewhere between 100 and 200 piastres, whereas the local price was one piastre.[25]

In 1910, the Criminal Court of Haiphong accused the chief of the Cantonese congregation of Haiphong of trafficking. He was acquitted after the young girls involved testified that he was their adopted father, but the newspaper reported that the victims were terrorized into giving favorable testimony. The report claimed that girls were being trafficked for prostitution to Canton, Macao, and Hong Kong and that the trade was centrally organized by a secret Chinese society with headquarters in Fatshan (Foshan) near Canton.[26]

The Chinese traffickers of Haiphong also had business connections with British and German steamer companies. It is not clear whether the European captains of these ships were also involved in, or at least aware of, the traffic or whether the Chinese supercargo was the main contact for traffickers. According to the director of a French shipping company, A. R. Marty, a Chinese shipping coalition was established in October 1895 by the secret Société Tsap to trade on the shipping routes between Hong Kong, Hoihow (Haikou), and Pakhoi and later Haiphong. This group chartered ships from the German firms Sander, Wieler and Company and Jebsen and Company.

Two Chinese companies were Hop Sing and Company, sailing the *Alwine* and *Activ* under the Danish flag, and Tsap Yet, sailing the *Cosmopolit, Triumph, Mathilde, Apenrade, C. Diederichsen, J. Diederichsen,* and *Michael Jebsen* under the German flag.[27] Of these ships, the *Carl Diederichsen* was the subject of the most arrests for trafficking.

In one such arrest, in January 1912, the port police of Haiphong found women and children on board the *Carl Diederichsen.* As a Vietnamese agent was leaving work at one o'clock in the morning, he heard some Chinese men talking about embarking children, and he followed these individuals. Three hours later, they boarded a sampan to cross to a steamer. The agent alerted Gentil, the port police officer, who boarded the *Carl Diederichsen* and found below deck, near the boilers, eight children aged seven to fourteen. During the raid, one small girl fell into the water and was drowned. A person named Lum-a-Yao and a Chinese woman who lived in Hanoi in Rue des Pavillons Noirs were arrested. In a second case, eleven children, aged four to six, together with two young women, one of whom was the mother of one of the children, were found after they were heard crying for help from their hiding place beneath sacks of coal. The children had been brought from Lang Son, on the border of Guangxi, by Chinese traffickers and were bound for Hong Kong and the *bateaux de fleurs* of Canton.[28]

In January 1907, following public protests about the Chinese traffic in women and children, Monsieur Keerslaer, the police commissioner, decided to create a special port police unit. He asked for Tonkin to apply the act of February 27, 1799, regarding the control of immigration on ships—an act that was already in force in the southern port of Saigon.[29] After the port police unit was established, it made a series of arrests that provided more evidence of another method of trafficking: traffickers using false passports would board the steamer with children as passengers. In one such case, a Chinese woman was arrested on a steamer as she was trying to board two Vietnamese children, aged eight and four, using Chinese passports. One child had been stolen two weeks previously from the river port of Ninh Binh. In another case, a Chinese man was arrested as he was boarding a ship for Hong Kong with two Vietnamese girls aged fifteen and twenty. He carried travel passes for himself, his wife, and his niece. A second Chinese man, aged twenty-four, was arrested a month later, also boarding two Vietnamese women.[30]

In 1907, another series of arrests revealed that some traffickers were boarding their victims by stealth at night. One evening in 1908, two Chinese men and one Vietnamese woman tried to force a young Vietnamese girl to board a junk at the Chinese river port of Haiphong. Her cries attracted attention, and the Chinese threw the girl into the water. Luckily, the locals pulled the girl out of the river, but the police later found the bodies of two more girls, aged seventeen or eighteen, in the river. Four Chinese men and one Chinese woman, who were living on the Quai de Canton, where the girls had been taken before boarding, were arrested.[31] The Quai de Canton ran alongside the river Song Tam Bac, the port for Haiphong's Chinese commercial center in the Rue Chinoise. This river was quite narrow and was used mostly by junks and riverboats. Steamers normally used the larger, modern "European" port on the river Cua Gam, but some, such as the German steamers, also used the Song Tam Bac. Because most steamers were obliged to leave from large ports with suitable facilities, traffickers usually used the smaller coastal or riverboats to get the women and children to the steamer.

Further efforts were made to stem the flow of trafficking under the administration of Albert Sarraut, the governor general of Indochina, who introduced further judicial reforms.[32] The decree of December 31, 1912, made it illegal to "sell, pledge or hire third persons." If the victim was underage or if the offender was a relative of the victim, the penalty was increased to three years in prison.[33] By the time this decree was passed, there had already been ample evidence of the scale of the problem in Haiphong. By May 1912, a series of arrests had revealed that the Chinese had given up boarding women and children at Haiphong and were now using fishing junks and traveling north along the coast through Ha Long Bay and Cat Ba Island. One such a case occurred in 1913, when the twelve-year-old son of a Vietnamese police officer in Nam Dinh was kidnapped while visiting Haiphong. The boy was lured to the river by a Vietnamese woman and taken to Hongay on a small junk owned by a Cantonese named Pham-ap-Ly.[34] In 1933, the commission of inquiry of the League of Nations heard testimony from a young woman who was fifteen when she was kidnapped from her home in Hai Duong in 1927. She and a twelve-year-old girl were dressed in Chinese clothes and taken by a Vietnamese woman to Moncay to be taken to China. It was a concern that small junks would take days, traveling by night, to reach the coast of mainland China.[35]

A clandestine trade also operated from Japan in the late nineteenth century, with women and children trafficked into Chinese ports. Sailors would be bribed into taking the women and children as stowaways aboard the coal ships sailing between Nagasaki and Shanghai, and then on to Hong Kong; the captives were usually smuggled in the bilge or coal bunkers. It was estimated that procurers in Japan bought girls for approximately thirty yen and sold them in Hong Kong or Singapore for three hundred yen. The

Japanese trafficker Muraoka Iheiji claimed to have trafficked 3,222 women from Japan to Singapore from 1890 to 1894. In 1890, eleven women were buried beneath a load of coal, killing eight, while three others managed to survive in a critical condition. From Hong Kong, where captive women stayed for several months, they would be shipped out again, to Singapore or farther afield. Nine women died on the *Kachidate Maru,* which traveled between Kyushu, Hong Kong, and Singapore, after a boiler burst and they were scalded to death.[36] After 1896, the Japanese government banned the emigration of women for the purposes of engaging in prostitution, but this had little effect on the numbers of women trafficked (82–83). Similarly, the ban against the forced trafficking of women into Singapore had little effect on numbers, as the waterfront inspectors were open to bribery (92).

Japanese women also found their way to Australia in the 1890s, before the implementation of the "White Australia policy" put an end to most Asian immigration. D. C. S. Sissons's study demonstrates that Australia had about two hundred Japanese prostitutes in 1896. H. Sato, a Japanese official reporting on his visit to Australia in 1889, had been shocked to find nineteen Japanese women living in the northern town of Darwin. Five of the young women from Nagasaki had come from Hong Kong with a trafficker, Takada Tokujiro, who "had sold one to a Malay barber for £50, two to a Chinese at £40 each, one he had kept as his concubine; the fifth he was working as a prostitute" (331).

PERSONAL ACCOUNTS

Individual stories about the barbarity of this trade in coerced sexual and domestic workers can be found in a number of sources. The 1932 League of Nations commission took testimony from numerous women who had managed to escape from their bondage. One Vietnamese woman who had been kidnapped in 1922 from Haiphong recalled that when she was eighteen she was approached by a Vietnamese woman who asked her to go with her on her sampan to Nai-chang to buy nuts. They sailed for a day, and the girl went to sleep but was rudely awakened by four Chinese men who tied her up and threatened her with knives to keep silent. She was taken ashore to a cave, most likely in the Ha Long Bay area, where there were five other kidnapped girls. The men put the girls on a junk that traveled only at night; during the day they were taken ashore and hidden. After nine days, they landed and were taken to a village and sold in a market. The informant was sold for 236 silver dollars to a Chinese farmer who took her to Phong Thonh in Guangdong, where she managed to escape, and she returned to her family in Tonkin in 1929. During her time in China she heard two Chinese men complaining that to escape capture by French customs officials, they had been forced to throw ten or twelve Vietnamese women into the sea.[37]

Other accounts can be found in Japanese studies, based upon interviews with elderly women who had been kidnapped from Japan as young girls. In 1904, Minami Haru was one of the many young Japanese women tricked into boarding a ship in the hope that she could earn a good living in Singapore by working in an inn. She was taken by a man in a small boat to the port of Kuchinotsu during the night and transferred to a foreign steamer bound for Singapore. She spent twenty-nine days in the hold of the ship with twenty other girls, with only a crust of bread to eat each day.[38] Kikuyo Zendo, who sailed from Kobe to Singapore in the hold of a ship, explained that she and the other women had been frightened because it was pitch dark in the hold. In an interview with the film director Shohei Imamura, she recalled, "We reached Singapore having spent the entire voyage in darkness. We were all crying when we emerged as we realised that we could not return home. We didn't know the (local) language. There was nothing we could do."[39]

During a Nagasaki radio broadcast in 1960, an unnamed Kyushu woman described how she had been smuggled onto a Chinese coal ship in 1902. She too recalled the darkness, noting that she could not see the faces of the other girls. She spent eight days lying on the wood grate at the bottom of the ship, covered in coal dust, until they reached Hong Kong. In attempts to avoid immigration inspections, women were sometimes hidden in boxes, barrels, and crates with little air or room to move. Reports of intimidation and sexual assault were not uncommon. A woman who was part of a group taken from Nagasaki to Manila reported that a man raped and strangled one of the women and threw her body into the sea in order to persuade the other women to have sex with the crew.[40] Another story came from a shocked ship's captain who explained that his engineers had found girls in the bunkers who were on the brink of starvation and the dead bodies of their two procurers, whom the girls had killed. When the *Fushiki Maru* arrived at Hong Kong in 1890, seven women and one man had died of suffocation in the cofferdam and four other women were barely alive. The survivors testified that the man had lured them with promises of good positions in Hong Kong and dressed them as coal coolies to smuggle them on board.[41]

Those not destined for brothels were most likely sold instead as "slave girls," or *mui tsai*. Janet Lim, who was sold as a *mui tsai* in 1930 when she was just seven, wrote an account of her experiences that was published in

1958 under the title *Sold for Silver: An Autobiography by Janet Lim*. In later interviews with the historian Suzanne Miers, Lim explained that she had been sold in China by her mother, who had told her that they were selling her as "she was their only asset—all that stood between them and starvation."[42] Her mother received 120 Chinese dollars for her daughter. Janet Lim was one of eight such children in the house, made to act as servants for their purchaser. Following an abortive attempt at escape, Lim was chained up and forced to plead for food and water. Several weeks later, she was put on a ship to Singapore with the other children, who ranged in age from four to thirteen. On arrival in Singapore, the authorities made little effort to question the children, even though trafficking in children was illegal. Prospective buyers said that Lim was not pretty enough for a brothel. Instead, she was sold to a woman who resold her as a *mui tsai* for 250 Singapore dollars. In her new household, she slept on the floor and ate leftovers, working as an unpaid servant. When the master of the house began to pursue her at night, she tried to escape by hiding in the house or garden. Despairing, she considered suicide as her only means of escape. In 1932, the Singapore government banned the importation of new *mui tsai* and ordered that existing *mui tsai* be registered and paid wages. During this process, Lim was able to escape and was sent to live at Po Leung Kuk, the home for girls, which she recalled as little better than a prison.[43] "It is very difficult for people to understand what it means to be a slave," Lim wrote of her experience as a *mui tsai*, "to be bargained for and sold like merchandise, to suffer shame and the whips of one's master and mistress."[44]

Young girls who were kidnapped or sold at the age of eight might expect to live in conditions of slavery for at least ten years. Those sold into prostitution would usually begin selling sex at age thirteen, and in Singapore girls would work for an average of five years before they would be deemed free from debt bondage.[45] *Mui tsai* would begin working for a family at a very young age, but it was expected that they would be released and married once they were eighteen. In the case of Janet Lim, however, she believed that she would be forced to remain within the family to provide sexual services indefinitely.

While it was generally believed that this form of sexual and domestic slavery had gradually diminished as immigration restrictions and strict legislation were imposed after the 1930s, a dramatic resurgence of the trade in coerced sex workers has occurred since the 1980s. According to Jaschok and Miers, trafficking in China has resumed because of the greater affluence in rural communities, as well as "enduring patriarchal values, which push up the value of women as childbearers while at the same time perpetuating the low esteem in which they continue to be held."[46]

Li Zhongxiu, of the All-China Women's Federation, claims that people still believe that "buying a wife or child is their own affair."[47] Furthermore, as bride prices have become unaffordable for many men, would-be husbands have instead sought to buy abducted women, who are sold for less than a quarter of the price of a bride. These women come from poorer regions such as Yunnan and Sichuan, where they are kidnapped from "trains, buses, hotels, labour markets or dance halls, sometimes at knifepoint." It has also been suggested that the Chinese "one child" policy has contributed to the problem, as families will sell infant girls so that they may try a second time for a son. In addition, the policy has led to an unbalanced sex ratio, with men outnumbering women, which in turn has fueled the demand for trafficked women.[48]

TRAFFICKING IN THE TWENTY-FIRST CENTURY

With the advent of inexpensive air travel, the form of trafficking has changed dramatically. Women in the thousands now travel from countries such as Vietnam and Thailand to more affluent nations such as Japan and South Korea, but today the women's passage is mostly by plane, with tourist or "foreign entertainer" visas, although clandestine overland trafficking from Vietnam to China and Cambodia, or Burma to Thailand, is also common. The shipping lines that were once used by traffickers are now more likely to be used by people smugglers transporting undocumented migrant workers. In 1999, John McFarlane, the Australian co-chair of the Working Group on Transnational Crime, established by the Council for Security Cooperation in the Asia Pacific, reported on the primary ports of departure from China for people smuggling:

Beihai in Guangxi Province—the major point of exit for Sino-Vietnamese illegal immigrants travelling to Southeast Asia and Australia; Fuqing in Fujian Province—a point of exit for Fujianese illegal immigrants travelling to Japan; Fuzhou in Fujian Province—the major point of exit for Fujianese illegal immigrants travelling to the USA and, recently, Australia; Pingtao Island in Zhejiang Province—a point of exit for illegal immigrants travelling to Taiwan; Taishan in Guangdong Province—a traditional source of illegal immigrants from Guangdong Province moving to Hong Kong and overseas.[49]

In 1998, Australian authorities intercepted one such vessel, the Chinese coastal trader *Kayuen,* and found eighty-two people hidden in cramped compartments on the 278-foot ship.[50] Whether these people were simply illegal immigrants, or bonded laborers, is not clear. More dangerous for the emigrants is ocean travel in sealed shipping containers. In January 2000, three men from Fujien died during a fifteen-day journey from Hong Kong to Seattle in a cargo container, while fifteen others barely survived the trip. In June 2000, another fifty-eight Fujianese were found suffocated in a cargo container in Dover. Since then, the port of Hong Kong has installed carbon monoxide detectors in an attempt to prevent further use of containers for people smuggling.[51] For shorter sea voyages, such as that between Indonesia and Malaysia, smugglers still use small ships, bringing people to the coast by night and then making them swim to shore. The newspapers have reported that people have drowned as they tried to reach land.[52]

The process of trafficking coerced sexual workers may have changed dramatically, but the element of coercion has remained a constant. International efforts to suppress trafficking of women and children have intensified in recent years with the introduction of the Protocol to Prevent, Suppress and Punish Trafficking in Persons, Especially Women and Children, Supplementing the United Nations Convention against Transnational Organized Crime, which took effect on December 25, 2003. The effectiveness of the international effort is limited, however, as neither Vietnam nor China has signed the protocol, while Japan and Cambodia have signed but have not ratified it.[53] Furthermore, there is considerable disagreement about the most appropriate means to combat trafficking. Some activists are concerned that stricter immigration controls and the criminalization of prostitution might drive the traffic underground, leaving women more vulnerable to clandestine traffickers.

At the same time, the definition of the term *trafficking* has become highly contested, with some feminist activists asking that governments acknowledge women's capacity for agency and their right to choose to become sex workers, albeit within the limited choices allowed by economic or social circumstances. Louise Brown argues that trafficking is "not really the best description to apply to the recruitment and transportation of girls for prostitution" in regions such as north Thailand, and she suggests that where coercion is not used and girls are not deceived, the term *rural-urban migration* is more appropriate. On the other hand, in the many cases where deception or force are used, such as when children are sold into sex slavery in Cambodia, the term *trafficked* is clearly appropriate.[54] Drawing such distinctions becomes difficult, however, when a woman's journey might begin with some degree of consent and end in slavery. As Brown acknowledges, a large "proportion of the Thai and Filipina women who are trafficked to Japan realize that they have been sold only after they arrive in the country," when they are taken from Narita International Airport to airport hotels and sold to brothel owners (94). She recounts the story of one Thai woman who had been offered an office job in Japan, but on her arrival in Tokyo she was sold for four million yen and forced to repay the money by selling sex (95).

A significant number of women and children who are held as sex slaves have not been trafficked internationally. In Cambodia, most young girls are trafficked internally, but they are nevertheless left isolated and physically distant from their parents. In cases where the parents have sold them, the girls are left with little hope of being able to return home. In other cases, girls from villages are brought to Phnom Penh by recruiters promising good jobs in the city. "We thought we were going to work in a shop but instead they sold all of us to different brothels," one girl from rural Thailand explained (90). Studies have shown that girls who have been sold to brothels are more likely than free sex workers to be denied the right to use condoms to protect themselves from disease. In an interview with Lisa Marten, an AIDS researcher at the University of Hawaii, a Cambodian woman who was forced to work in a brothel explained that if she refused to receive clients without a condom, she would be hit with an electrical cord. Though she had stayed in the brothel for a year, seeing ten clients a night, she had received no money.[55] Conditions in these brothels are harsh in the extreme, with girls forced to be on call twenty-four hours a day, seven days a week.[56] Cambodian girls trafficked into Thailand suffer the added fear of being put in prison. As one girl who was trafficked at the age fifteen told Brown, "The man said that if I tried to run away the police would catch me and put me in prison because I didn't have a passport and papers. The man raped me many times . . . lots of his friends did too. . . . Some of them were policemen."[57]

In Australia, the situation for trafficked women was brought into the public eye with the tragic death from heroin withdrawal of a Thai woman, Puang Thong Simaplee, in the Villawood Detention Centre for illegal immigrants in 2001. At the inquest into her death, held eighteen months later, the coroner said he did not find any evidence to support the claim that she had been sold into sexual slavery at the age of twelve. Although it was unclear exactly when and under what terms Simaplee came to Australia, the coroner found that she was typical of young women who have been enticed to Australia and forced to work in brothels. Raelene Frances puts current estimates of the number of such arrivals each year at anywhere from two hundred to one thousand. Frances notes, "These women often become vulnerable to extortion from those who contracted to bring them out—subject to threats of violence to themselves and families, and to threats to 'dob them in' immigration officials; they have their documents confiscated; many are virtual prisoners, being 'chaperoned' between home and workplace. Many accrue 'debts' of up to $50,000."[58]

Puang Thong Simaplee died as a result of heroin withdrawal, malnutrition, and pneumonia. As plantation owners used opium addiction to ensure a pliable coolie workforce, traffickers encourage women to use drugs as a way of ensuring their continued compliance, yet there has been no examination of the possible connection between heroin addiction and coerced prostitution. Presumably, Simaplee would not have died had she had access to proper medical treatment at the detention center, which raises serious questions about the response of Australia's immigration authorities.[59]

CONCLUSION

The clandestine trade in Asian women and children for sexual slavery has been an issue of international concern for more than a century, yet it persists as strongly as ever. If we were to compare the various incarnations in the nineteenth and twentieth centuries of the phenomenon of trafficking in Asian women and children, it is clear that changing technologies have radically altered the means of transport, and voyages that took a month by ship are now made in hours by air or days by water. Whatever the technological advances of the twenty-first century, the hardship and cruelty endured are determined less by the traders' desire to ship people inexpensively than by their need to hide their human cargo from the increasing vigilance of immigration authorities. Furthermore, many other countries, like Australia, have a policy of detention and deportation of illegal immigrants that fails to respond adequately to the need to protect and support these highly vulnerable victims of trafficking.

NOTES

1. James Francis Warren, *Ah Ku and Karayuki-san, Prostitution in Singapore, 1870–1940* (Singapore: Oxford University Press, 1993), 32.
2. Ibid., 9.

3. League of Nations, Commission of Enquiry into Traffic in Women and Children in the East, *Report to the Council,* IV Social (Geneva, 1933).

4. Warren, *Ah Ku and Karayuki-san,* 234.

5. League of Nations, *Report to the Council,* 520–27.

6. Department of the Interior, "White Slave Trafficking between China and Australia," 1937, National Archives of Australia, A1 37/8529.

7. Paul Monet, *Les Jauniers, Histoire Vraie* (Paris: Librarie Gallimard, 1930).

8. International Organization for Migration, *Combatting Trafficking in South-East Asia, A Review of Policy and Programme Responses* (Geneva: IOM, 2000).

9. Legrand, Directeur du port de commerce et Chef de la police indigène à le Consul à Haiphong, April 25, 1880, Centre des Archives d'Outre-Mer (CAOM), Aix-en-Provence. Indochine FM SG, Anciens fonds, Carton 1, Dossier A00 (16).

10. Information supplied by Professor Howard Dick, University of Melbourne.

11. Le Consulat de France a Haiphong à Monsieur le Governeur, May 2, 1880, CAOM Indochine, FM SG. Anciens fonds, Carton 1, Dossier A00 (16). See also Gille Raffi, "Haiphong, Origines, Conditions et Modalites du Developpment Jusqu'à 1921" (Ph.D. diss., Université de Provence, 1994), 136.

12. Elizabeth Sinn, "Chinese Patriarchy and the Protection of Women in Nineteenth-Century Hong Kong," in *Women and Chinese Patriarchy: Submission, Servitude and Escape,* ed. Maria Jaschok and Suzanne Miers (Hong Kong: Hong Kong University Press, 1994), 147–48.

13. "La Traite des Jaunes," *Courrier d'Haiphong,* March 12, 1891.

14. "Menus-faits, Chronique Locale," *Courrier d'Haiphong,* January 15, 1907, 4; *Annuaire General de L'Indochine* (1907), 363.

15. "Menus-faits, Chronique Locale," *Courrier d'Haiphong,* January 19, 1907.

16. L. Mahavel, "Le Commerce des Enfants en Extrême-Orient," *Courrier d'Haiphong,* September 23, 1910.

17. "La Traite des Jaunes, Chronique de Haiphong," *Avenir du Tonkin,* September 20 and 21, 1909, 2.

18. "Tourane, Rapts d'Enfants," *Courrier d'Haiphong,* October 10, 1907; "Tourane, La Prostitution," *Courrier d'Haiphong,* October 12, 1907.

19. "Cour Criminelle," *Avenir du Tonkin,* March 2 and 3, 1908, 2; "Enlèvement d'Enfant," *Avenir du Tonkin,* March 6, 1908, 3.

20. "Chronique Locale," *Avenir du Tonkin,* April 23, 1908, 3; "Disparition," *Courrier d'Haiphong,* September 16, and October 7 and 8, 1922.

21. "Hanoi Après-midi, Une Bonne Prise," *Avenir du Tonkin,* p.m. edition, January 4 and 5, 1909, 6.

22. "Cour Criminelle"; "Chronique Locale," *Courrier d'Haiphong,* March 16, 1912; "Enlèvement d'un Enfant de Deux Ans," *Courrier d'Haiphong,* September 13, 1910, 3.

23. Henri Laumônier, "Courrier de Hanoi, Voleurs d'Enfants," *Avenir du Tonkin*, April 1, 1908, 1.

24. "La Police Veille," *Avenir du Tonkin*, a.m. edition, January 9, 1909, 3.

25. "Hanoi Après-midi." At that time, 100 piastres were worth 240 francs.

26. "Bulletin, Sociétés Secrètes Chinoises au Tonkin," *Courrier d'Haiphong*, September 3, 1910.

27. Letter from A. R. Marty, June 2, 1903, CAOM GGI 6153.

28. "Une Belle Prise, Chronique Locale," *Courrier d'Haiphong*, January 4, 1912; "Rapt d'Enfants, Chronique Locale," *Courrier d'Haiphong*, January 30, 1912.

29. Henri Tirard, "L'Immigration Chinoise," *Avenir du Tonkin*, February 27, 1908, 2.

30. "Chronique Locale, Menus-faits," *Courrier d'Haiphong*, January 9, 1907; "Chronique Locale, Menus-faits," *Courrier d'Haiphong*, September 3, November 9, and December 18, 1907.

31. "La Traite des Jaunes," *Avenir du Tonkin*, May 13, 1908, 2.

32. Virginia Thompson, *French Indo-China* (London: G. Allen and Unwin, 1937), 88.

33. League of Nations, *Report to the Council*, 214 and 234.

34. "La Traite des Jaunes, Hongay," *Courrier d'Haiphong*, May 12, 1912; "Hongay, La Traite des Jaunes," *Courrier d'Haiphong*, February 23, 1913.

35. League of Nations, *Report to the Council*, 488–89.

36. Warren, *Ah Ku and Karayuki-san*, 211.

37. League of Nations, *Report to the Council*, 488–89.

38. Hideo Hayashi, cited in Warren, *Ah Ku and Karayuki-san*, 203.

39. Kikuyo Zendo, cited in Warren, *Ah Ku and Karayuki-san*, 208.

40. Ibid., 209.

41. D. C. S. Sissons, "Karayuki-san: Japanese Prostitutes in Australia, 1887–1916—I," *Historical Studies* 17, no. 66–69 (1976–77): 332–40.

42. Suzanne Miers with Janet Lim, "Mui Tsai through the Eyes of the Victim: Janet Lim's Story of Bondage and Escape," in Jaschok and Miers, *Women and Chinese Patriarchy*, 110.

43. Ibid., 113–16.

44. Quoted in Miers, "Mui Tsai," 108.

45. League of Nations, *Report to the Council*, 62.

46. Maria Jaschok and Suzanne Miers, "Traditionalism, Continuity and Change," in Jaschok and Miers, *Women and Chinese Patriarchy*, 265.

47. Ibid.

48. Ibid.

49. John McFarlane, "People Smuggling: A Serious Issue in an Unstable Region," Platypus Magazine, a publication of the Australian Federal Police,

October, 1999, available at www.afp.gov.au/afp/raw/Publications/Platypus/Oct99/people.htm (accessed January 4, 2006).

50. "Raiders Find 82 Boat People Hiding," *Sydney Morning Herald*, May 18, 1999; "People Smuggler Sold Off," *Age*, February 10, 2000.

51. David Kyle and Zai Liang, "Migration Merchants: Human Smuggling from Ecuador and China," Working Paper 43, Center for Comparative Immigration Studies, University of California, San Diego, October 1, 2001, available at http://repositories.cdlib.org/ccis/papers/wrkg43 (accessed January 5, 2006).

52. Eric Tagliacozzo, "Smuggling in Southeast Asia, History and Its Contemporary Vectors in an Unbounded Region," *Critical Asian Studies* 34, no. 2 (2002): 193–220, esp. 207.

53. United Nations, Protocol to Prevent, Suppress and Punish Trafficking in Persons, Especially Women and Children, Supplementing the United Nations Convention against Transnational Organized Crime, December 25, 2003, *WomenWatch*, available at www.un.org/womenwatch/asp/user/list.asp?ParentID =10722 (accessed October 7, 2006).

54. Louise Brown, *Sex Slaves, The Trafficking of Women in Asia* (London: Virago Press, 2000), 80–83.

55. Lisa Marten, "Commercial Sex Workers: Victims, Vectors or Fighters of the HIV Epidemic in Cambodia?" *Asia Pacific Viewpoint* 46, no. 1 (April 2005): 27–28.

56. Brown, *Sex Slaves*, 221.

57. Ibid., 109.

58. Raelene Frances, "'White Slaves' and 'White Australia': Prostitution and Australian Society," *Australian Feminist Studies* 19, no. 44 (July 2004): 187.

59. Ibid.

"All of It Is Now"

KEVIN BALES AND ZOE TRODD

"A bloody traffic, of which our posterity . . . will scarce believe that it
has been suffered to exist so long."

WILLIAM WILBERFORCE

1791

"You have seen how a man was made a slave; you shall see how a slave
was made a man . . . the turning-point."

FREDERICK DOUGLASS

1845

"[A]ll of it is now . . . it is always now . . . there will never be a time
when I am not crouching."

TONI MORRISON

1987

"IT WAS FIRST TIME I saw the sea and my first time in a ship," Maria recalled.
"It seemed very big and beautiful." In 1998, at the age of seventeen, Maria
was trafficked from Albania into sex slavery in Italy. Her passage between
Durrës and Bari began in hope, in the belief that a modeling job awaited
her. Slowly, however, she realized that the conditions of the ship's journey
suggested a different end point, "I thought we were near the engine—the
smell of oil was very strong, also rotten food and the smell of clothes not
washed in long time. . . . We wished to talk about the handsome men we
are going to meet and how the girls at home will be jealous, but the bad
smells and moving ship made me . . . very sick." Maria's memories of her
middle passage sit at the heart of her twenty-first–century slave narrative—

in which, like many slaves and former slaves, she focuses on the journey into slavery.[1]

While the reality of her journey's destination dawned gradually, others experienced the journey as a sudden immersion into slavery. Battis made the journey toward carpet-loom slavery in India: "The broker took me with him as a product in his carry bag," he explained. "He assured my father that I would be getting a proper education and some work to earn my daily bread. Seeing the miserable condition of my family, I did not refuse to go. When we were on the way, the broker did not give me anything to eat. Rats were jumping inside my stomach. But what can be done to prevent them jumping?" Weaving carpets and wearing only underwear, he worked alongside fifteen to twenty other boys. In the evenings, they were confined to a room. Rama, sold by his parents and enslaved in the same loom as Battis, also focused on the starvation conditions of his middle passage: "Once he had paid the 500, the loom owner and I took off from the village. We boarded a train and throughout the entire train journey he refused to feed me. He just didn't give me any food. It was only when I got to Allahabad that he gave me four samosas to eat."

Manju told of a similarly abrupt transition from freedom to slavery. Abducted at the age of eleven and forced to work as a child soldier in Sri Lanka, she described the day she was tricked, trafficked, and taken to a training camp—"forcefully taken away into the movement" (Tamil Tigers). While walking to her grandmother's village, she and two other children had passed a car and asked for a ride. The driver agreed but drove to an unknown place and kept her locked in a house before taking her to a camp. Emphasizing the secrecy of her middle passage, and the disbelief that met her attempts to tell her story, Manju added: "We told our story but nobody listened. They thought we came to join the movement willingly and were making up stories." Now, retelling her story, Manju, along with Maria, Battis, and Rama, is living proof that the slave trade is far from over.

The year 2007 marks the bicentenary of the act to abolish the slave trade throughout the British Empire, which was followed a year later by a U.S. law prohibiting the external slave trade with Africa. Two hundred years later, the middle passage continues. Between 600,000 and 800,000 men, women, and children are trafficked across international borders each year, according to the 2005 "Trafficking in Persons Report" from the U.S. Department of State. The United Nations Office on Drugs and Crime ranks human trafficking as the third-largest source of income for organized crime, exceeded only by arms and drug trafficking. Slavery and the traffic into slavery occur on every continent except Antarctica. In the United States, one of the few countries where preliminary counts have been made, a conservative estimate suggests that about 50,000 people are in slavery at any one time. The State Department estimates that 14,500 to 17,500 people are trafficked into slavery in the United States each year. Forced labor is prevalent in five sectors of the economy: prostitution and sex services (46 percent), domestic service (27 percent), agriculture (10 percent), factory (5 percent), and restaurant and hotel work (4 percent). Globally, 27 million slaves are alive today—more than at any point in history.[2]

While the transatlantic middle passage was highly racialized, today vulnerability counts for more than skin color. The slave traffic of the past provided a resource base and was an instrument for the achievement of colony and empire, but today it is the realm of criminal small businessmen. The result is a complex layering of passages that wraps the world like a web. For every person in the modern passage, slavery has a unique set of causes and effects. The broad variation of trafficking in people across regions and cultures means that the question of what causes trafficking has no uniform answer. But there *are* a number of commonalities in trafficking. Root causes of trafficking in people include the greed of criminals, economic pressures, and political instability. Criminal groups choose to traffic in people in part because it offers high profits and, often, low risk, because, unlike other "commodities," people can be used repeatedly, and because trafficking in people does not require a large capital investment. Many victims fall prey to trafficking because they seek a better life or enhanced economic opportunities. They are vulnerable to false promises of good jobs and higher wages. Political instability, militarism, civil unrest, internal armed conflict, and natural disasters may result in an increase in trafficking. The destabilization and displacement of populations increase their vulnerability to exploitation and abuse through trafficking and forced labor. War and civil strife may lead to massive displacements of populations, leaving orphans and street children vulnerable to trafficking.

In some countries, social or cultural practices contribute to trafficking as well: the devaluation of women and girls in society, for example, and the practice of entrusting poor children to more affluent friends or relatives. Some parents sell their children or agree to take an "advance" on the wages they will supposedly earn. The parents do this not just for the money but also in the hope that their children will escape poverty. The fear of HIV/AIDS is another factor: children become more attractive to sex-slavery traffickers and their customers because of the belief that they are free from the disease.

A recent statistical study sought to determine the factors that most strongly predict trafficking in people from and to countries.[3] It concluded that the most significant predictors, in order of importance, are the level of a country's governmental corruption; the country's infant mortality rate; the proportion of the population younger than fourteen; the level of the country's food production; the country's population density; and the amount of conflict and social unrest the country suffers. This finding confirms much of the common knowledge held by experts working on trafficking in people around the world: traffic is most likely to flow from countries that are poor and suffering from instability and corruption. These are the powerful push factors. At the same time, the study found that pull factors were much weaker in predicting human trafficking. Those that did emerge as significant were the proportion of the destination country's male population older than sixty; the level of governmental corruption; the level of food production; and low infant mortality. For the most part, these are simply indicators of prosperity and stability and reflect the accepted knowledge that the traffic in people flows from poorer to richer countries. From a trafficker's point of view, the perfect destination country would be a relatively rich country with just enough corruption to allow low-risk access across its borders.

While it holds true that enslaved people are moved from poorer societies to richer societies, this is a passage made at many levels: from poorer to richer districts within a country, from poorer to richer countries within a region, and from the poorer global South to the richer global North. One example of this is the complexity of the passage of enslaved children in West Africa. Here, in what was the key original region of the transatlantic trade, children are moved constantly from country to country and into various forms of slavery (see map 5, appendix). Now as then, the flow from the old slave coast is both internal and external. The children trafficked in West Africa also flow to other parts of the world. While the poorest children are moved into agricultural work, perhaps from Mali or Burkina Faso into Ghana, Ghanaian children will be sent as domestics into Nigeria or Cameroon, while Nigerian and Cameroonian children will be sent to Europe or North America as domestics or into prostitution.

Anne Kielland and Ibrahim Sonogo have characterized the process of recruitment into modern slavery as a lottery. Studying a large number of West African families whose children had been trafficked into domestic work, they found that the rare child who managed to return to her or his village often became an advertisement for trafficking, rather than a warning. As they write:

> The children in most of the cases agree to go. They have seen children who have returned to the villages having been paid in kind, in form of a radio or a bicycle. They are impressed by such wealth, and when the intermediaries return, new recruits will be eager to travel in order to get the same things. In a few cases children do well and come home to the village with modern commodities, and in even fewer cases they can afford to build a nice house for their parents, showing the entire village how well they have done. Unfortunately, the children normally come back as poor as they left or they don't come back at all. Girls who have been in domestic service often return pregnant. It resembles a lottery. The grand prize is tempting, and the winner gets a lot of attention. The thousands of losing lottery tickets are forgotten, and the expenses may leave the participants ruined. Unfortunately in the case of child labor migration, the price of the ticket is human, fragile, and extremely vulnerable.[4]

Whether around a region, like West Africa, or from continent to continent, that lottery ticket buys a middle passage that can last four hours or four months and involves abuses of immigration and border-control laws, corruption of officials, document forgery, unlawful confinement, the withholding of identity papers, and extreme physical abuse of the victim at any or all stages of the journey.

In their narratives, modern slaves describe the experiences of their middle passage—what Kielland and Sonogo call "the price of the ticket." In fashioning their accounts of the ordeal, some cast the *physical* journey into slavery as a *psychological* passage. In Battis's narrative, for example, the journey also meant the transformation from human to thing, "a product." His narrative marks this transformation with the sudden introduction of a fatalistic tone: "What can be done?" he asks. Iliona, trafficked from Armenia to the United Arab Emirates, similarly recalled the transformation of women into "senseless objects." Other narrators formulate the *psychological* passage into slavery in *physical* terms. In this way, their narratives recall—and at the same time reverse—Frederick Douglass's famous fight with Covey in the 1845 *Narrative,* which marked for Douglass what he called a "turning-point." It was at this moment that Douglass realized: "[H]owever long I might remain a slave in form, the day had passed forever when I could be a slave in fact." Modern slaves also remember a turning point, though for them it is the physical event or precise moment when the fact and form of their slavery became clear.[5]

For some, this turning point occurred even *before* the physical journey into enslavement. "If I had not left the school," Battis explained, "I would not be in child labor and separated from my family." For Rama, the turning point was the moment when the loom owner appeared in his village: "I was very happy in my village, playing, having a good time," he remembered. "Until the loom owner showed up." One Albanian girl, trafficked into sex slavery within Albania at the age of thirteen, explained that "everything in my life changed because my mother fell in love with a terrible man." Giselle, who became a child soldier in the Philippines at fifteen, traced the origins of her passage into slavery to the death of her mother: "One day, I saw my aunt crying. Then I found out that my mother had died. I didn't have a chance to see her before she died. When she died, that's when everything seemed to fall apart." Abirami, who was thirteen when she became a child soldier in Sri Lanka, pointed to the death of her grandmother: "If my grandmother had lived I would have never left home. She was the only one for me and she died." For Dawn, a Canadian citizen trafficked into sex slavery within Canada when she was sixteen, the turning point came ten years earlier, when her parents divorced and her mother "became an alcoholic and began to severely mentally, emotionally and physically abuse me." Her psychological transformation into a slave after her parents' divorce occurred simultaneously with her physical journey back to her mother's birthplace. "In Edmonton, my life changed forever," she recalled.

For other slaves, the turning point came *after* the physical journey into slavery. Anita Sharma Bhattarai, who was twenty-eight when she was trafficked from Nepal to India, was not conscious of her physical passage into slavery:

I boarded the bus in order to go pay for my vegetables. I sat next to a Nepali man and woman. They offered me a banana to eat and I took it. Soon after I ate the banana, while I was still on the bus, I got a very bad headache. I told the man and woman that I had a headache and they offered me a pill and a bottle of mineral water to help me swallow the medicine. Immediately, I felt myself becoming groggy and then I fell unconscious. The next thing that I remember is waking up in the train station in Gorakhpur, India.

For Anita, the turning point came later. "They cut off my hair," she remembered of her enslavers. "It was shoulder length in the back with short bangs in the front." At this moment, she understood her situation. "I could not leave the brothel without everyone identifying me as a prostitute," Anita explained. "In my culture, short hair is the sign of a wild woman." Similarly, for Alina, who was trafficked into sex slavery from Armenia to the United Arab Emirates and whose turning point came after a liberation raid set her free, her status became a very public revelation. "The most shameful thing happened at Yerevan airport," she said. "Everybody was treating me as if I were a prostitute, saying bad words." And Jill, an American citizen trafficked into sex slavery within the United States at fourteen, recognized the starkly drawn line between slave and free when the public turned its back on her middle passage in "plain view." Thrown into the trunk of a car outside a midwestern city, she was taken across country. "After being left in the trunk for long periods of time in the southwest desert in July, I became sick from dehydration," Jill recalled. "Why did the lady getting into her Cadillac with her husband not help me as the pimp was tying my hands behind my back and putting me back into the trunk in plain view?"

Ashok, enslaved with Battis and Rama in the carpet loom, also remembered one moment in particular. One day, the torture inflicted by his enslaver crossed the limit. "My both hands were tied to the trunk of the tree and I was beaten very badly. I was not able to come out of that situation for more than one and a half months." Two other slaves liberated from the same loom, Rambo and Sandeep, marked the final passage from freedom to slavery as the moment when medical treatment was denied. Rambo recalled:

> I cannot forget the day when I got a cut in my index finger while weaving carpet in the loom and the blood was coming out non-stop. When I asked for treatment from the owner, he shouted at me aggressively, using bad words, instead of giving medicine. He, along with two more boys, forcibly put my hurt finger in the oil, which was boiled to a very high temperature. It was all done so that I would start working from the fear of this punishment."

Sandeep's turning point came on the day when he was "beaten so badly by the owner's father" that his hand was fractured and "no treatment was given for recovery."

For women, the psychological passage into slavery sometimes involved an incident of sexual abuse. Dina Chan, a twenty-four-year-old member of the Sex Workers Union of Cambodia, regarded her turning point as the moment when she became an animal:

He took me to the pig slaughter house where he worked and locked me in a dirty smelly cell. Then he came back with six other men. They all, one by one, raped me; one man raped me twice. After a whole night of gang rape I was faint with pain. When the morning came I heard the workers preparing to start their work. I heard the pigs being pushed into the pens, they were screaming. I knew what that feeling was like: I was no better than the pigs to these men; they could have killed me. Something inside me did die, and I will never be the same.

What Douglass famously described as the journey by which "a man was made a slave" was an irreversible passage for Dina. "My life has become this way now," she said later in her narrative, referring to her decision to remain as a sex worker after her liberation from sexual slavery. "For me there is no turning back." The passage into sexual slavery seemed equally irreversible to Alina. "My life has changed since that time. Now you see me here in the street. I have become a real prostitute," she concluded.[6]

Sabitha, who became a child soldier in Sri Lanka at thirteen, is another who marks her turning point as a moment of extreme sexual abuse: "The worst that will never ever go off my memory [was] that day the torturers used soda bottles and pierced me," she remembered. "I fainted. When I regained [consciousness], I was in a pool of blood." As with Dina and Alina, Sabitha's passage from freedom to slavery has not yet been reversed: "Now at nights I wake up and I do something very strange. I scratch the wall. You must see the wall beside the bed. There is one girl here, she is also up in the night. When she hears, she calls out and asks me what I am up to. I count the holes in the mosquito net. I don't know why I do this." Echoing Harriet Jacobs's ambiguous ending to *Incidents in the Life of a Slave Girl* ("the dream of my life is not yet realized," writes Jacobs), Sabitha added: "My problem in facing the world is beginning only now. . . . I cannot trust anybody. I'm confused all the time. When others discuss about the future I run away. . . . My mind I feel is frozen. My mind is broken. All my lost self-esteem cannot be regained." Inez, who was trafficked into sex slavery from Mexico to the United States, observed that she cannot "seem to get past the ordeal." She described her anxiety attacks and the memory of "horrible beatings, the constant threats, and the drunk and pushy customers," then explained: "I am trying hard to be the person I was before I came to the United States." Similarly, Jill emphasized that to have survived the experience of enslavement "doesn't mean I've become safe from it." After her captivity ended, Jill tried to "readjust to a life that suddenly left me free but with no place to go and no one to turn to." It seemed that she "still didn't exist as anything more than a slave, except I was an escaped slave."[7]

Even people without experiences of sexual violence find the passage out of freedom into slavery seemingly irreversible. As Manju concluded: "Everyone knows that I did not go on my own and I also came back by surrendering. I cannot really understand why this misfortune fell on me. This has changed my life entirely." Vasanthi, another child soldier in Sri Lanka, also found herself unable to make the reverse journey into selfhood, along which a "slave was made a man," as Douglass put it. "I don't make close friends with anyone. I don't trust anyone; I keep everything to myself," Vasanthi explained. "Who am I now? I have an identity card, which does not mean anything. I am confused and sometimes I worry whether I will be able to live as a free person where I was born and struggled to live. I am not afraid of death now." Vasanthi finished her narrative with a vision of herself still trapped on the journey from slavery to freedom: "Eternally I have to be running away from everybody. How long do I run? I don't know."[8]

Some former slaves do make a successful reverse passage. Tamada was born into slavery in Niger. Her master took her from Niger to Mali, where she served his family. Describing how, in 2003, she decided to liberate herself when she learned that her mother and grandmother had escaped from their master, her narrative shifts from a description of the absolute stasis of inherited slavery to an account of her physical movement toward freedom. "With two small children I walked over 30 kilometers over the border into Niger, making my way from encampment to encampment begging for food and shelter," Tamada recalled, "until members of Timidria [a national human rights organization founded in 1991] helped me find my mother."

Salma Mint Saloum was also born into slavery: "My mother and father were slaves for one family, and their parents were slaves of the same family," she explained of her situation in Mauritania. "Ever since I was old enough to walk, I was forced to work for this family all day, every day." Despite not experiencing a physical passage into slavery, Salma remembered the moment when she was finally made a slave in fact as well as form. This psychological turning point from freedom to slavery came when her master tied her hands, branded her with an iron, and hit her across the face. "The ring on his finger left a scar," she added. But she attempted to reverse the turning point and make the passage from slavery to freedom. "The first time I tried to escape was about ten years ago," she remembered in her 2002 narrative. "When I left the family's village, I didn't know where to go, and I went in the wrong direction. I didn't know how close I was to Senegal, just on the other side of the river. So instead of going to Senegal, I walked for two days in the wrong direction." While hiding with the slaves of another family, she was found and sent back to endure a week's enforced stasis: "The head of the family punished me terribly. They bound my wrists and ankles and tied me to a date tree in the middle of the family compound, and left me there for a week." Her second, and successful, attempt at reversing the turning point came in 1997.

> I met a man in the market who told me that Senegal was not far away, that it was just across the river, and that I could escape. So I decided that I had to try. I ran away from the family compound and went to the river. At the river, a man with a small wooden boat agreed to take me into Senegal. There I made my way to a safe house run by a former slave from Mauritania.

Salma then began a journey that retraced the route of the transatlantic middle passage, though her passage to America had a very different outcome. She smuggled herself across the Atlantic on a cargo ship to freedom, arriving in the United States in 1999. The turning point only came, however, when she began to be paid:

> To be paid for my work, that was really liberty. To work for someone and be paid, and I can't even explain it. I had never believed in that. Even here, in New York, I believed that I would be treated like I was in Mauritania. The first time I was paid here, I cried that day. That really helped me. I didn't know that. I had never seen a person paid for her work before in my life. It was a very very good surprise.

Sometimes—very occasionally—the narratives of twenty-first–century slaves reveal that the reverse passage from enslavement to freedom can encompass a reversal for enslavers, too. Joyce, a forty-three-year-old African American woman has one such story. In 1985, after subsisting for years on migrant work, she began to work for the notorious Bonds family, who for many years operated a ring of camps from Florida to the Carolinas. She was locked up each night in a compound ringed with barbed wire and guarded by pit bulls and armed men. Her narrative focuses on the incredible stasis of her life in slavery: "They stay right there with you when you go to the store. The town's so small there's nowhere to run. Got you way down a clay dirt road, mosquitoes eat you up. You so far back out there in the woods you can't walk to town." Like Tamada and Salma, Joyce effected a transition from the stasis of slavery to a movement toward freedom. In 1992, she decided to escape. She and her husband were working at a camp in Benson, North Carolina, when they began to go out into the peach fields at night to make plans and stow their belongings. One night they started running, chased by men in cars and dogs, eventually reaching another camp where they were protected by guards. The following year, the Bonds were charged with conspiracy to hold workers in a state of peonage, distribution of crack cocaine, and two violations of the federal Migrant and Seasonal Agricultural Worker Protection Act. They were released from prison in 2000, but recently Joyce heard that, ironically, her former enslavers were moving on the margins of a transit route. Trapped by the side of the highway, the Bonds were picking up cans for a living.

Though many are still held in its grip, today slavery has so diminished in terms of size and economic importance that it can be eradicated. Twenty-seven million may be the largest number of individuals to ever be enslaved at one time, but it is also the smallest proportion of the global population to be held in slavery. The $13 billion to $30 billion in annual slave-based revenues is a drop in the world's economic ocean, and these funds flow not to support national economies or transnational industries but small-scale criminal networks. Every country and many international agreements condemn slavery. No major religious group attempts to morally justify slavery. The great obstacles faced by abolitionists of the past have either been torn down or blown away.

What stands in the way of eradication is twofold: lack of awareness and lack of resources. Significant portions of the global population do not know or believe that slavery still exists, including large numbers of policy makers and law enforcement officials who should be at the front line of response. This lack of awareness, in turn, means that few resources are brought to bear. The U.S. government, for example, devotes altogether around $100 million each year to combating slavery and human trafficking. Compare that to the $40 billion spent on the "war on drugs" or the $102 billion that will be spent on the occupation of Iraq in 2006. With so little spent to fight slavery, it is not surprising that estimated detection and conviction rates rarely exceed one percent of existing cases of slavery, even in the rich nations of the global North.

These two key challenges, however, are both well within our common power to confront and resolve. In a number of countries, small-scale programs for liberation and rehabilitation have demonstrated that slavery can be eradicated from communities and regions at a relatively low cost. Freed slaves can be "vaccinated" against reenslavement through education and support to gain economic independence. The economic cost of enslaving others and the likelihood of punishment can be increased to the point that slaveholding ceases to be viable. Today, the world is inaugurating its fourth great antislavery movement. Though still in its infancy, it has made remarkable progress.

Salma, who escaped her enslavement in Mauritania, concluded her narrative by remembering family members who didn't make the passage to freedom. "I know many people who are still slaves there," she said. "I never knew people in my family who escaped before me. In my family, I was the first one. My mother and father died slaves." She added: "I told my mother that one day I would be free." This phrase, *one day*—"one day I would be free"— is a reminder that those who remain enslaved face what might be considered a long Juneteenth. The Juneteenth holiday, still celebrated by some, marks the day when news of the Emancipation Proclamation finally reached the people of Texas, on June 19, 1865. In the early 1960s, Atlanta civil rights campaigners wore Juneteenth buttons to signify that true emancipation was still delayed—in fact, was delayed by a century, rather than two and a half years. Now, in the early twenty-first century, the delay in ending slavery, in the United States and around the world, has become much longer than even a century. But in telling the stories of their middle passages, Salma, Joyce, Tamada, Maria, Battis, and others are watching and working for a global Juneteenth. Of our fourth great antislavery movement, we are right to expect a final chapter, an eradication of slavery and a *last* Juneteenth.

NOTES

1. For Maria's full narrative, and those of all former slaves quoted here, see Kevin Bales and Zoe Trodd, eds., *To Plead Our Own Cause: Narratives of Modern Slaves* (Ithaca, N.Y.: Cornell University Press, 2007).

2. Determining the exact number of victims in the United States has proved difficult, given the hidden nature of forced labor and the government's practice of not counting the actual number of people trafficked or caught in a situation of forced labor in a given year. Instead, it counts only survivors (defined by the 2000 Trafficking Act as victims of a "severe form of trafficking") who have been assisted in accessing immigration benefits. But multiplying the number flowing into the country by the average number of years spent in slavery provides a conservative estimate of about 50,000 at any one time. For the figure of 600,000 to 800,000, see U.S. Department of State, "Trafficking in Persons Report," U.S. Department of State publication 11252, Office of the Undersecretary for Global

Affairs, June 2005, p. 6, available at www.state.gov/g/tip/rls/tiprpt/2005 (accessed January 15, 2007). For the figure of 14,500 to 17,500, see U.S. Department of State, "Trafficking in Persons Report," U.S. Department of State publication 11150, Office of the Undersecretary for Global Affairs, revised June 2004, p. 23, available at www.state.gov/g/tip/rls/tiprpt/2004 (accessed January 15, 2007). For an explanation of the figure of 27 million, see Kevin Bales, *Understanding Global Slavery* (Berkeley: University of California Press, 2005), 102–103. For recent statistics on human trafficking, see United Nations Office on Drugs and Crime, "Trafficking in Persons: Global Patterns," April 2006, available at www.unodc.org/pdf/traffickinginpersons_report_2006ver2.pdf (accessed October 7, 2006).

3. Kevin Bales, "Testing a Theory of Modern Slavery," paper presented at From Chattel Slavery to State Servitude: Slavery in the Twentieth Century, sixth international conference of the Gilder Lehrman Center for the Study of Slavery, Resistance, and Abolition, Yale University, New Haven, Conn., October 22–23, 2004.

4. Anne Kielland and Ibrahim Sonogo, *Burkina Faso: Child Labor Migration from Rural Areas, the Magnitude and the Determinants* (Washington, D.C.: World Bank, 2002), 32.

5. *Narrative of the Life of Frederick Douglass, an American Slave and Incidents in the Life of a Slave Girl* (New York: Modern Library, 2000), 74–75.

6. Ibid., 69.

7. Ibid., 350.

8. Ibid., 69.

The Gun-Slave Cycle

MARCUS REDIKER

The prisoner sits
across from me
in the cramped airless cubicle
behind the plexiglass
hands gently folded
during this middle passage
between life and death
wrists ringed by steel
forged by
Smith & Wesson

It is an old story
of guns and slavery

Into the lower decks of the ships
the European merchants loaded
chests of "fine gunns walnut Tree Stocks"
"trading guns"
"buccaneer guns"
musket balls
blunderbusses with shot
boxes of flints
"caskes of powder"

branding irons
"3 doz'n and 2 padlocks"
chains and neck-rings
manacles and leg-irons

The hardware of bondage
to bind the cargo
plantation-bound

The guns for an African king
to wage unjust wars
to produce the next shipment
in the gun-slave cycle

Like manufacturers of old
Smith & Wesson
makes the guns
the handcuffs
and the profits
on an ancient metal circuit
of violence and misery

Appendix

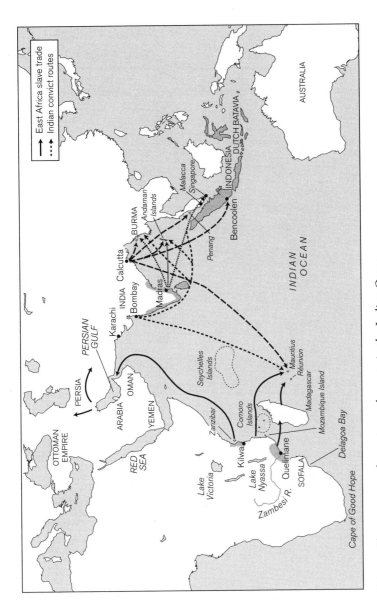

Map 1. Slave routes and convict settlements in the Indian Ocean

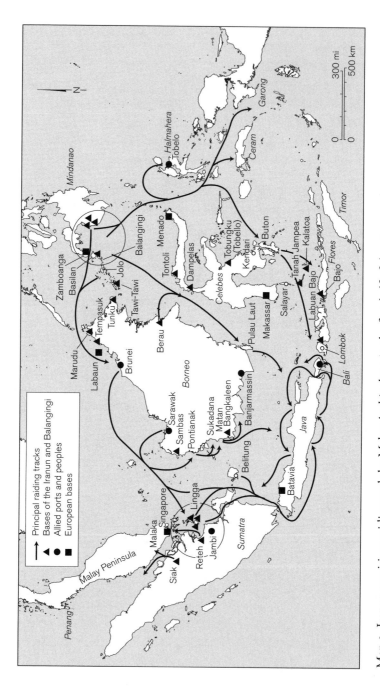

Map 2. Iranun maritime raiding and the Malay Archipelago in the first half of the nineteenth century.

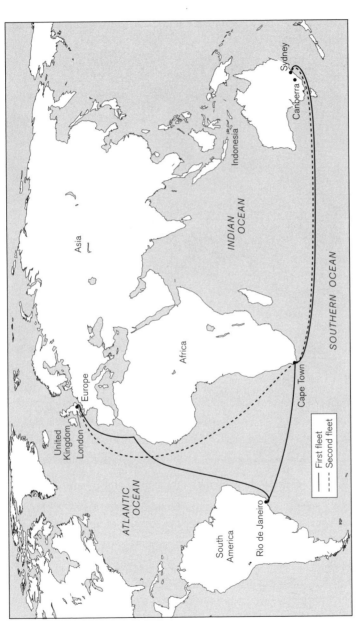

Map 3. Routes taken by the first and second convict fleets to Australia, 1787–1790.

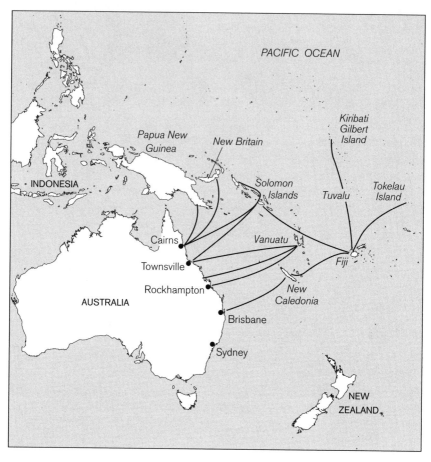

Map 4. The Pacific Ocean showing major trade routes for Kanaka labor.

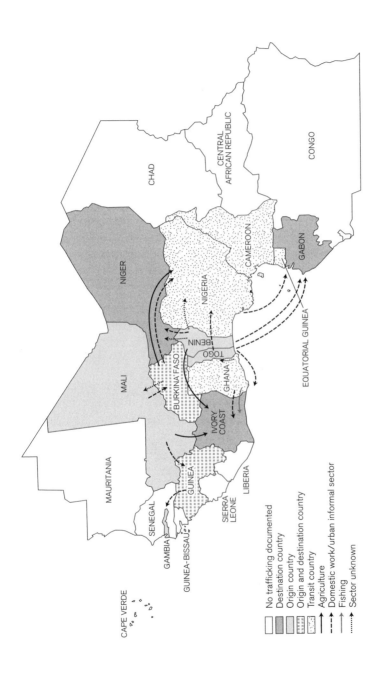

Map 5. Estimated flows of trafficked children in West and Central Africa, including the type of work in which they are exploited. Source: "Etude sous-regionale sur le traffic des enfants en Afrique de l'Ouest et du Centre" (Bassi-Veil: UNICEF West and Central Africa Regional Office, 2000).

CONTRIBUTORS

EDWARD A. ALPERS is Professor of History at UCLA and the author of influential works such as *The East African Slave Trade* (1967) and *Ivory and Slaves in East Central Africa* (1975). More recently he has co-authored *Africa and the West: A Documentary History from the Slave Trade to Independence* (2001); *History, Memory and Identity* (2001); and *Slavery and Resistance in Africa and Asia: Bonds of Resistance* (2005). He has served as President of the African Studies Association (1994) and Chair of its National Program Committee (2001).

CLARE ANDERSON is Senior Lecturer in Historical Studies at the University of Leicester. Her work focuses on penal settlements in the Indian Ocean from the late eighteenth to mid-nineteenth centuries and the history of penal embodiment. She is the author of *Convicts in the Indian Ocean: Transportation from South Asia to Mauritius 1815–1853* (2000) and *Legible Bodies: Race, Criminality and Colonialism in South Asia* (2004). She has recently held a prestigious Economic and Research Council Research Fellowship and is currently Caird Senior Research Fellow at the National Maritime Museum.

KEVIN BALES is President of Free the Slaves and Professor of Sociology at the University of Surrey Roehampton. He is the world's leading expert on contemporary slavery. He has received numerous international awards for human rights and was awarded an Emmy Award in 2002 for the documentary film *Slavery: a Global Investigation,* based on his book *Disposable People: New*

Slavery in the Global Economy (2000). He is also the author of *Understanding Global Slavery: A Reader* (2005) and (with Zoe Trodd) *To Plead Our Own Cause: New Slave Narratives in the Global Economy* (2007).

LAURENCE BROWN is a Lecturer in the Department of History at the University of Manchester. His publications have focused on the intercolonial migrations that shaped the construction of indentured immigration in the Caribbean and the Pacific. He is currently completing a manuscript on Caribbean migrants in the modern Atlantic World.

EMMA CHRISTOPHER is currently Australian Research Council Fellow at the University of Sydney. Her book *Slave Trade Sailors and Their Captive Cargoes, 1730–1807* was published in 2006. She is also the author of several articles on the subject of the transatlantic slave trade and convict transportation to Australia, and her forthcoming book tells the story of the British and Irish convicts transported to West Africa's slave forts.

EVELYN HU-DEHART is Professor of History and the Director of the Center for Race and Ethnicity at Brown University. She has written several books including *Yaqui Resistance and Survival: The Struggle for Land and Autonomy, 1821–1910* (1984); *Missionaries, Miners, and Indians: Spanish contact with the Yaqui nation of Northwestern New Spain, 1533–1820* (1981); and *Across the Pacific: Asian Americans and Globalization* (1999).

IAIN MCCALMAN currently holds a prestigious Federation Fellowship at the University of Sydney. He is a Fellow of the Royal Historical Society and has held many visiting research fellowships in Britain and the United States. He is the author of *Radical Underworld* (1988) and *The Seven Ordeals of Count Cagliostro* (2003). His *Oxford Companion to the Romantic Age* was published in 1999, and he is also general editor of *The Enlightenment World* (2004).

JULIA MARTÍNEZ is a Lecturer in the School of History and Politics at the University of Wollongong. Her publications include articles on indentured Asian and indigenous labor in Australia. Her current projects include a history of Chinese trade in Vietnam and a study of Indonesian labor in the pearl-shell industry.

SCOTT REYNOLDS NELSON is Associate Professor of History at the College of William and Mary and the author of *Iron Confederacies: Southern Railways, Klan Violence and Reconstruction* (1999). His research on the railroad legend John Henry has aired on the History Channel and is the subject of a forthcoming book. He is currently working with Carol Sheriff on a book about the social history of the Civil War.

NIGEL PENN is Associate Professor of Historical Studies at the University of Cape Town. He is a scholar of South Africa and is especially concerned with the history of the northern Cape and the fate of the indigenous Khoisan. He is the author of *Rogues, Rebels and Runaways: Eighteenth Century Cape Characters* (1999) and *The Forgotten Frontier: Khoisan and Colonists at the Cape* (2005).

CASSANDRA PYBUS is an eminent Australian writer and historian. She is author of many books, most recently *The Woman Who Walked to Russia* (2002); *American Citizens, British Slaves* (with Hamish Maxwell-Stewart) (2003); *Epic Journeys of Freedom: Runaways Slaves of the American Revolution and Their Global Quest for Liberty* (2006); and *Black Founders: The Unknown Story of Australia's First Black Settlers* (2006). She has won numerous literary awards and writers' fellowships and is currently a Professorial Fellow in History at Sydney University, Australia.

MARCUS REDIKER is the author of several award-winning and influential works on maritime history, including his groundbreaking first volume, *Between the Devil and the Deep Blue Sea: Merchant Seamen, Pirates, and the Anglo-American Maritime World, 1700–1750* (1989). More recently he has written (with Peter Linebaugh) *The Many-Headed Hydra: The Hidden History of the Revolutionary Atlantic* (2001) and *Villains of All Nations: Atlantic Pirates in the Golden Age* (2004). He is currently working on a history of the slave ship. He is Professor of History at the University of Pittsburgh.

ZOE TRODD is on the Tutorial Board in History and Literature at Harvard. She has published the books *Meteor of War: The John Brown Story* with John Stauffer (2004); *American Protest Literature* (2006); and *To Plead Our Own Cause: New Slave Narratives in the Global Economy* with Kevin Bales (2007).

JAMES WARREN is Professor of Asian Studies at Murdoch University in Western Australia. He has held several visiting professorships in Japan and Singapore and is the author of many books, including *Rickshaw Coolie: A People's History of Singapore, 1880–1940* (1986); *At the Edge of Southeast History* (1987); *Ah Ku and Karayuki-San: Prostitution and Singapore Society, 1870–1940* (1993); *The Sulu Zone, the World Capitalist Economy and the Historical Imagination* (1998); and *Iranun and Balangingi: Globalization, Maritime Raiding and the Birth of Ethnicity* (2001).

INDEX

Text :	11.25/13.5 Adobe Garamond
Display :	Adobe Garamond
Compositor :	Bookcomp
Indexer :	Sharon Sweeney
Cartographer :	Bill Nelson
Printer and binder :	Maple-Vail Manufacturing Group